KB245675

Ableton Live 9.2

최이진 지음

노하우
도서출판

Abletone Live를 완벽하게 익힐 수 있는 국내 유일의 서적

최이진의 Ableton Live 9.2

Professional Music Production - Abletone Live of Choi Yi-Jin

초판 3쇄 발행 2015년 02월 25일
개정판   발행 2015년 09월 16일

지은이 최이진

펴낸곳 도서출판 노하우
기획 현음뮤직
진행 노하우
편집 덕디자인

주소 서울시 관악구 행운동 100-339
전화 02)888-0991
팩스 02)871-0995

등록번호 제320-2008-6호
홈페이지 hyuneum.com

ISBN 978-89-94404-24-0

값 25,000원

Thanks to readers
Ableton Live 9

인생을 바꾸는 한 권의 서적

멀티 출판 부문 1위!
독자 여러분! 고맙습니다.

세상을 살다 보면
차라리 죽고만 싶을 만큼
힘들고, 괴로울 때가 있습니다.

하지만, 누가 봐도
힘들고, 괴로워 보이는 사람들은
오히려 그 속에서 피와 땀을 흘려가며
가슴속 깊이 전해지는 감동을 만들어냅니다.

도서출판 노하우는
힘들게 공부하는 사람들과
함께하는 작은 디딤돌이 되겠습니다.

힘들고, 괴로울 때
내가 세상의 빛이 될 수 있다는
꿈과 희망을 품고 열심히 공부하세요
멈추지 않는다면, 꿈은 반드시 이루어집니다.

그 곁에 도서출판 노하우가 함께 하겠습니다

고맙습니다.

책의 구성 미리보기
Ableton Live 9

본서는 6개의 PART로 구성되어 있으며, 1~5 PART는 Ableton Live 9의 기본 기능을 익힐 수 있는 소프트웨어 학습 편이고, PART 6는 푸시와 런치패드를 익힐 수 있는 하드웨어 학습 편입니다. Ableton Live 학습이 처음인 경우에는 처음부터 학습을 진행하는 것이 좋고, Ableton Live의 기본 지식을 갖추고 있다면, PART 5의 024-실습 편과 PART 6 하드웨어 학습을 먼저 진행해도 좋습니다.

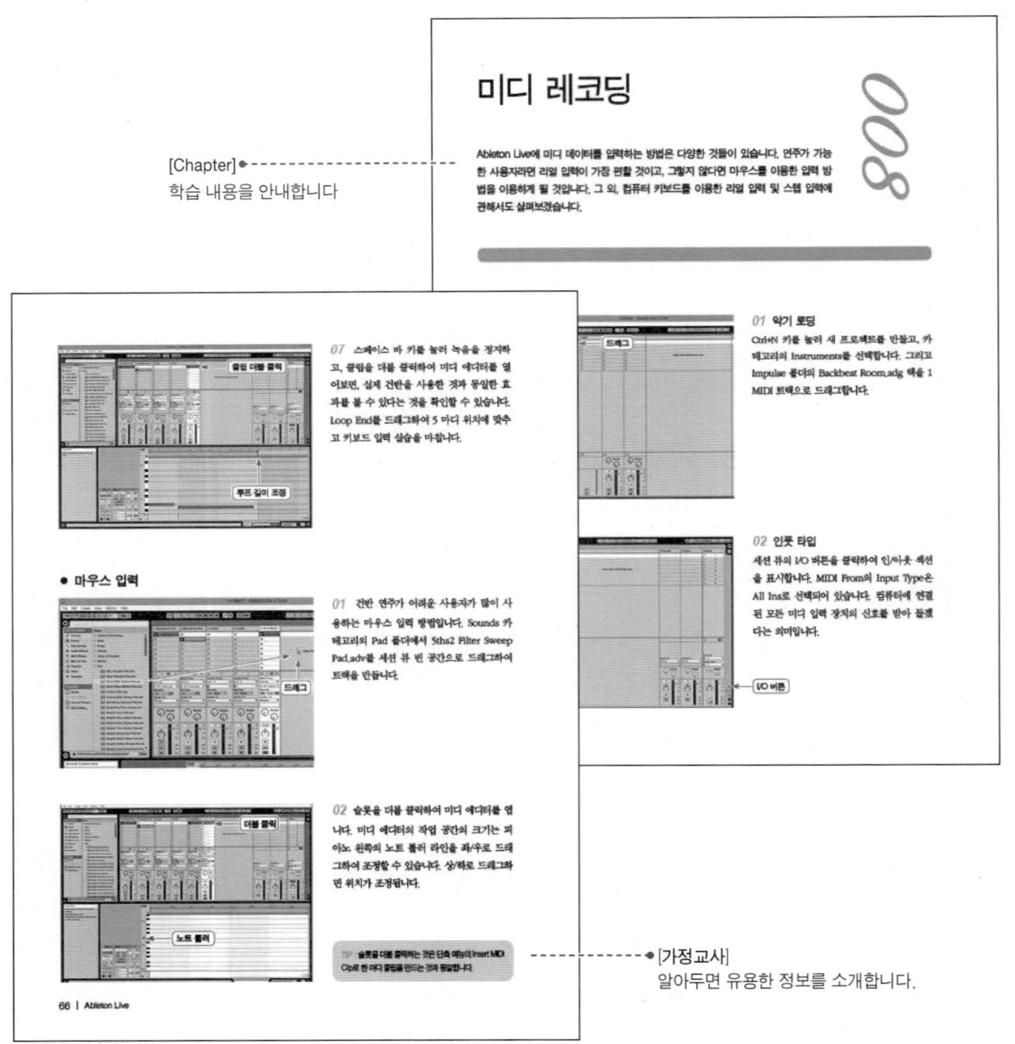

[Chapter]
학습 내용을 안내합니다

[가정교사]
알아두면 유용한 정보를 소개합니다.

[따라하기 제목]
실습 내용을 안내합니다.

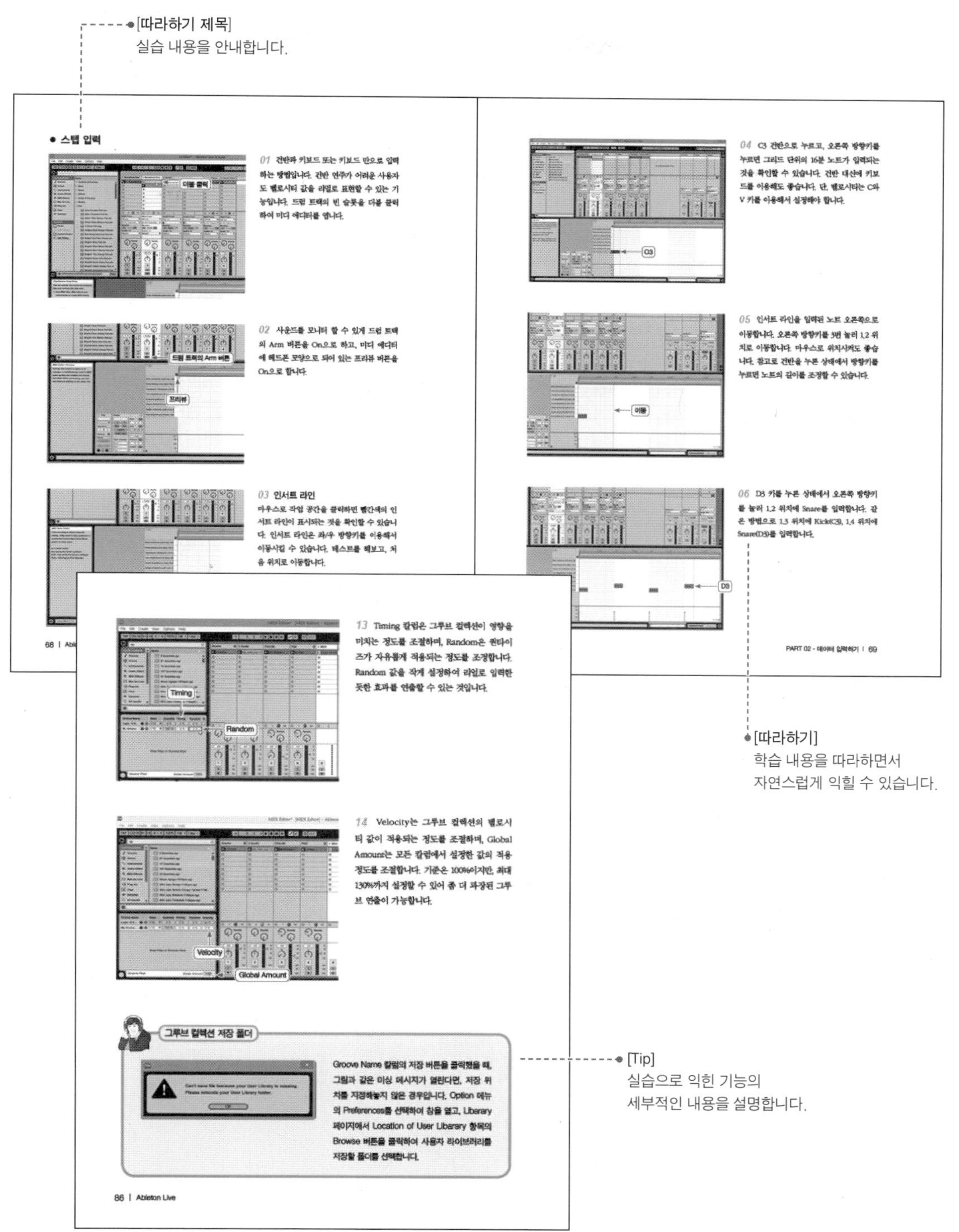

[따라하기]
학습 내용을 따라하면서
자연스럽게 익힐 수 있습니다.

[Tip]
실습으로 익힌 기능의
세부적인 내용을 설명합니다.

CONTENTS
Ableton Live 9

PART 01 준비하기

PART 02 데이터 입력하기

PART

03 작업 뷰 익히기

PART

05　라이브 악기

CONTENTS
Ableton Live 9

PART 06
Push & Launchpad

PART 01
준비하기

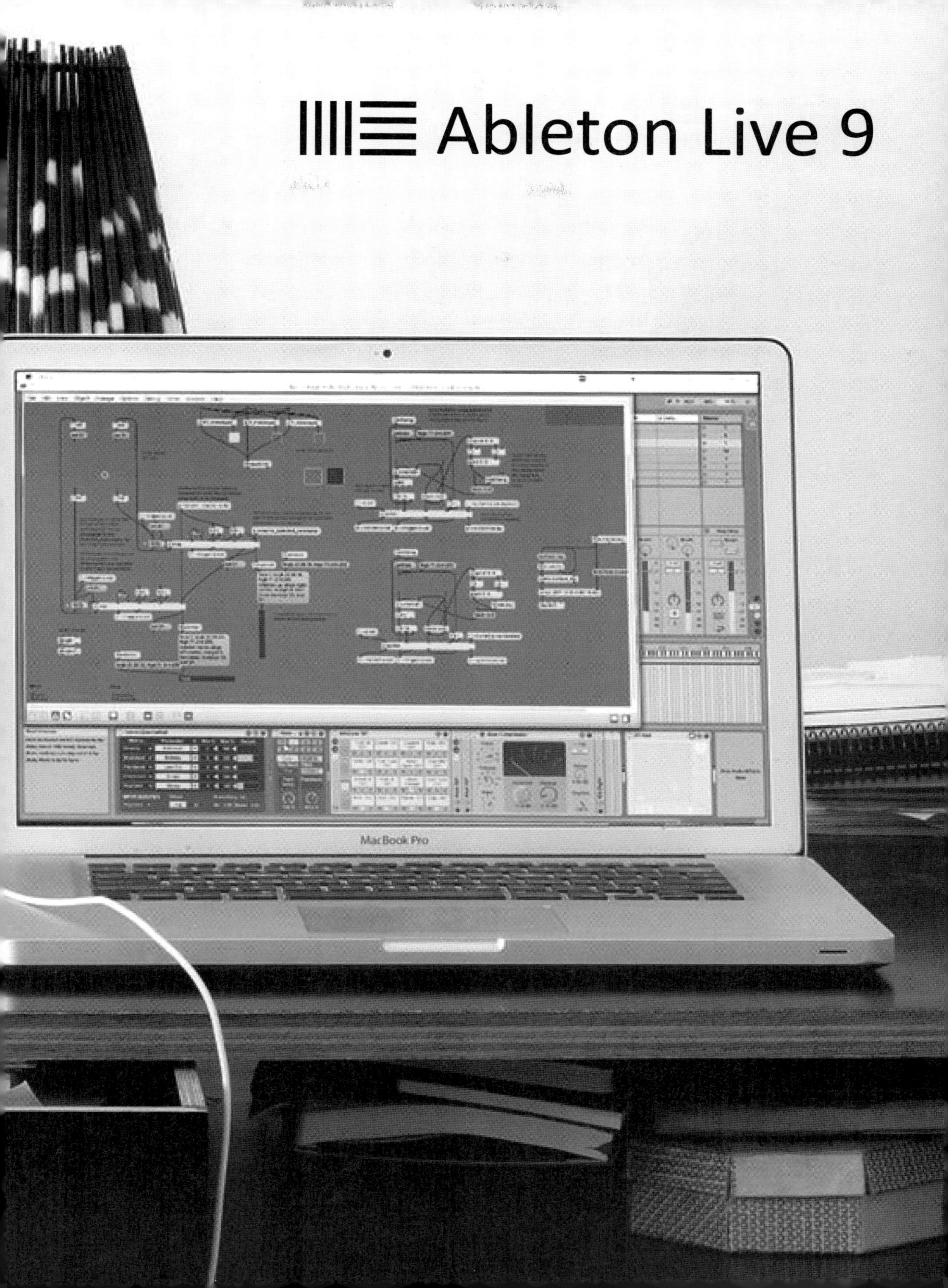

▍▍▍☰ Ableton Live 9

새로운 라이브 9.2

Ableton Live는 독일 베를린 소재 Ableton AG에서 개발한 DAW 프로그램입니다. Logic Pro나 Cubase 등의 DAW 프로그램과 다른 점은 클립을 독립적으로 컨트롤할 수 있는 세션 뷰(Session View)를 제공하고 있어 Ableton Push, AKAI APC40, Novation Launchpad 등의 전용 컨트롤러를 이용하여 실시간으로 조합 연주가 가능하다는 것입니다. 이것은 라이브 공연에 최적화 되어 있다는 것을 의미하며, 연주자나 디제이들에게 절대적인 지지를 얻고 있는 유일한 프로그램입니다.

● Ableton Live의 특징

Ableton Live는 루프 음악 연주 툴로 전 세계 DJ 및 라이브 연주자들이 가장 많이 사용하는 프로그램입니다. 샘플 연주에 특화되어 있어 레코딩 보다는 라이브 악기처럼 이용하는 경우가 많지만, 작/편곡가들이 많이 사용하는 큐베이스와 비슷한 어레인지 창과 미디 편집 기능을 제공하고 있기 때문에 음원 제작용으로도 손색이 없습니다. 특히, 힙합 및 댄스 음악 제작자들이 가장 선호하는 툴입니다.

드럼, 베이스, 기타, 피아노 연주 샘플 소스를 가지고 큐베이스와 에이블톤에서의 작업 과정을 비교하면, 두 프로그램의 차이점을 이해할 수 있을 것입니다.

〈Drums Sample A, B, C〉

〈Bass Sample A, B, C〉

〈Guitar Sample A, B, C〉

〈Piano Sample A, B, C〉

큐베이스는 트랙이 가로로 나열되어 있으며, 음악은 왼쪽에서 오른쪽으로 진행합니다. 음악은 트랙 별로 재생 순서에 맞추어 샘플을 배치하는 방식으로 제작하며, 배열된 샘플은 언제나 순서대로 재생되기 때문에 변수가 많은 라이브 현장 보다는 스튜디오에서 작/편곡 및 음원 제작용으로 사용하는 것이 일반적입니다.

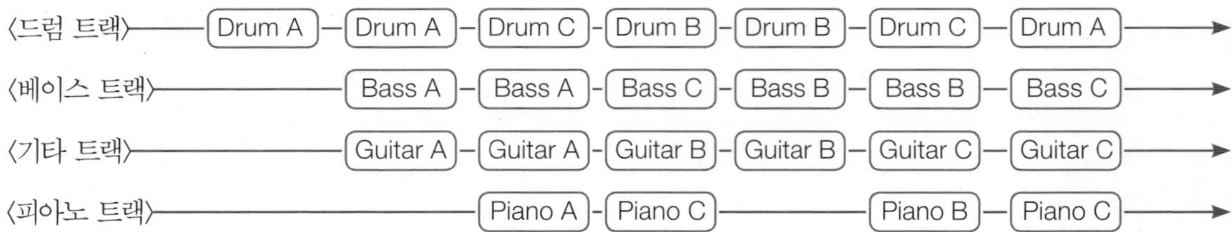

에이블톤은 트랙이 세로로 나열되어 있으며, 트랙 마다 연주 순서에 상관없이 샘플을 배치할 수 있는 슬롯을 제공합니다. 그리고 각각의 슬롯에는 해당 샘플을 독립적으로 재생시킬 수 있는 버튼을 제공합니다. 즉, 시간의 흐름이나 연주 방향에 상관없이 사용자가 원하는 샘플을 바로 재생시킬 수 있는 것입니다.

예를 들어 앞의 큐베이스 작업과 같은 순서로 연주를 하겠다면, ① Drums A 샘플 재생, ② Bass A, Guitar A 샘플 재생, ③ Drum C, Piano A 재생, ④ Drum B, Bass C, Guitar B, Piano C 샘플 재생, ⑤ Bass B는 재생하고 Piano C는 정지, ⑥ Drums C, Guitar C, Piano B 샘플 재생, ⑦ Drums A, Bass C, Piano C 재생 버튼을 순서대로 누르면 됩니다. 물론, 공연장 분위기나 연주자 필에 따라 얼마든지 달라질 수 있기 때문에 라이브 연주에 최적화되어 있으며, 사용자 연주를 바로 기록할 수 있는 어레인지 창을 이용하여 공연 실황을 음원으로 제작할 수 있습니다.

	〈드럼 트랙〉		〈베이스 트랙〉		〈기타 트랙〉		〈피아노 트랙〉
⑦ ①	Drum A	②	Bass A	②	Guitar A	③	Piano A
④	Drum B	⑥ ⑤	Bass B	④	Guitar B	⑥	Piano B
⑥ ③	Drum C	⑦ ④	Bass C	⑥	Guitar C	⑦ ④	Piano C

● 전용 컨트롤러

Ableton Live는 트랙에서 제공하는 슬롯에 샘플을 배치해놓고, 사용자가 원하는 샘플을 무작위로 재생하는 방식이라고 했습니다. 이때 마우스나 키보드를 이용해도 좋지만, 라이브 현장에서는 즉각적인 대응이 어렵습니다. 그래서 Ableton Live 전용 컨트롤러를 사용할 수 밖에 없는데, 국내에서 수입 판매되고 있는 제품으로는 Ableton 사의 Push, Novation 사의 Launchpad, Akai사의 APC 40이라는 제품이 있습니다.

▶ Ableton Push

Ableton Live 전용 컨트롤러는 가로(슬롯) 8개, 세로(트랙) 8개로 배치되어 있는 샘플을 재생할 수 있는 64개의 패드를 갖추고 있습니다. 즉, 패드를 눌러서 각 슬롯에 배치되어 있는 샘플을 재생하는 방식입니다. Push는 Ableton 자사 제품답게 Live 대부분의 기능을 컨트롤할 수 있고, 디스플레이를 제공하고 있기 때문에 라이브 연주뿐만 아니라 음악 제작까지 가능한 제품입니다.

▲ Ableton Live

▲ Ableton Push

▶ Novation Launchpad

Push에 비해서 저렴한 가격대를 형성하고 있고, launchpad-pro.com을 통한 해외 유명 뮤지션들의 퍼포먼스 영상과 프로젝트가 제공되고 있어 사용자가 급증하고 있는 컨트롤러입니다. 다만, 라이브 연주용으로 설계되어 있는 제품이기 때문에 음악 제작용으로 사용하기에는 다소 부족한 부분이 있습니다. 물론, 이를 보완한 Launchpad Pro 기종을 출시하였지만, 대부분 스탠다드 기종을 사용하고 있기 때문에 본서에서도 스탠다드 기종(mk2)으로 설명합니다. 참고로 Novation 사는 연주 전용의 Launchpad 외에 Live의 트랙 파라미터를 컨트롤할 수 있는 Launch Control이라는 제품으로 패드의 부족한 컨트롤러 기능을 보완할 수 있도록 하고 있습니다. 각 제품들에 관한 자세한 내용은 global.novationmusic.com에서 참조할 수 있습니다.

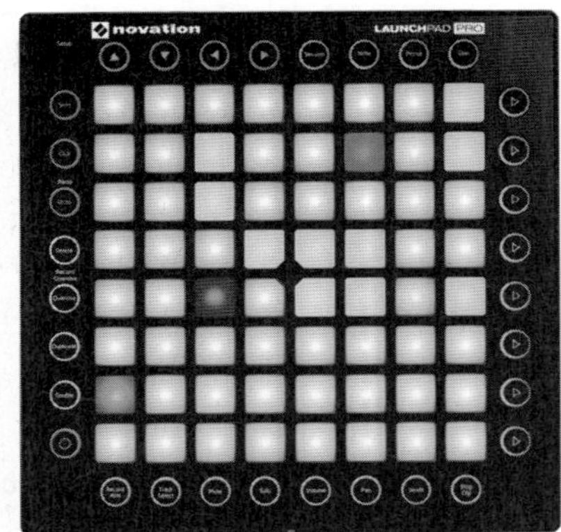

▲ Launchpad PRO

▲ Launch Control XL

▶ Akai APC40 MkII

Akai는 악기 제조 회사로 너무나 유명합니다. 패드 역시 MPC 시리즈로 워낙 유명하고, Live 컨트롤러 역시 최초입니다. 하지만, Push와 Launchpad 출시 이후 사용자가 감소하고 있는 추세이기 때문에 본서에서도 이에 관한 설명은 생략합니다. 제품에 대한 자세한 내용은 akaipro.com에서 참조할 수 있습니다.

● Live 9.0 이후에 달라진 점

2012년 Ableton Live 9 출시 이후에 9.1과 9.2의 마이너 업그레이드가 진행되었습니다. 다른 프로그램 같으면 앞자리 숫자가 10 또는 11로 바뀌는 메이저 업그레이드가 진행되는 기간입니다. 실제로도 메이저 업그레이드와 맞먹는 변화가 있었고, 나중에 업그레이드 될 Ableton Live 10이 기대되는 제작사의 자부심을 엿볼 수 있습니다. 음악 관련 프로그램들은 업그레이드 될 때마다 레이턴시 해결과 향상된 오디오 엔진을 강조합니다. Ableton Live도 마찬가지이지만, 사용자가 체감하기 어려운 부분이므로, 눈으로 보이는 것들만 살펴보겠습니다.

▶ Live 9.1

Ableton Live 9.1 업그레이드 제품을 발표할 때 가장 부각되었던 것은 듀얼 모니터 지원과 Push에서의 노트 스텝 기능입니다. 듀얼 모니터 지원은 다소 민망할 만큼 늦은 감은 있지만, 노트북 하나 달랑 들고 활동하는 라이브 연주자들에게는 아쉬움이 없는 부분이었습니다. 9.1에서는 두 대의 모니터를 기본으로 사용하고 있는 스튜디오 작업자들을 위해서 View 메뉴의 Second Window 명령을 이용하여 독립 창을 열수 있게 되었습니다.

Push에서의 노트 스텝 기능도 라이브 현장에서는 의미가 없지만, 패드 연주가 서툰 입문 자들에게는 더 없이 반가운 기능입니다. 스텝 기능은 노트를 마우스로 찍듯이 패드를 이용하여 입력할 수 있는 기능으로 9.0에서는 드럼 모드에서만 지원했었기 때문에 스튜디오 작업자에게 많이 아쉬웠던 기능이었습니다.

▲ 듀얼 모니터 기능 소개

▶ Live 9.2

Ableton Live 9.2는 기타 및 베이스 연주자를 위한 튜너와 탭 템포 설정 시 재생 관련 옵션을 비롯하여 눈에 띄는 메뉴의 변화가 있지만, 그 무엇보다 강조되고 있는 것은 Push의 64 패드 드럼 레이아웃 지원과 모듈레이션 컨트롤이 가능한 Touch Strip 입니다. 9.1이 스튜디오에서 작업하는 프로듀서 DJ를 배려한 업그레이드라면, 9.2는 Push를 사용하는 라이브 DJ들에게 초점이 맞춰져 있다는 것을 알 수 있습니다.

64 패드 드럼 레이아웃 지원이란 Push 드럼 모드에서 64개의 패드를 모두 사용할 수 있도록 하는 것입니다. 물론, 64패드 드럼 레이아웃을 User 모드에서 지원하도록 업그레이드 되었다면 좋았을 것이라는 아쉬움은 있지만, launchpad-pro.com에서 제공하는 프로젝트를 패치 변경 없이 연주할 수 있게 되었습니다. 그 외, 피치 밴드로만 작동되던 Push의 터치 스트립은 모듈레이션까지 컨트롤할 수 있게 되어 활용도가 높아졌고, Audio Effects에 추가된 Tuner나 Preferences-Record 창에서 제공하는 Tap Tempo 옵션으로 탭 템포 설정 시 자동으로 재생되던 것을 사용자가 선택할 수 있게 하는 등, 연주자를 위한 변화들이 있습니다.

▲ 64 패드 드럼 퍼포먼스(ableton.com)

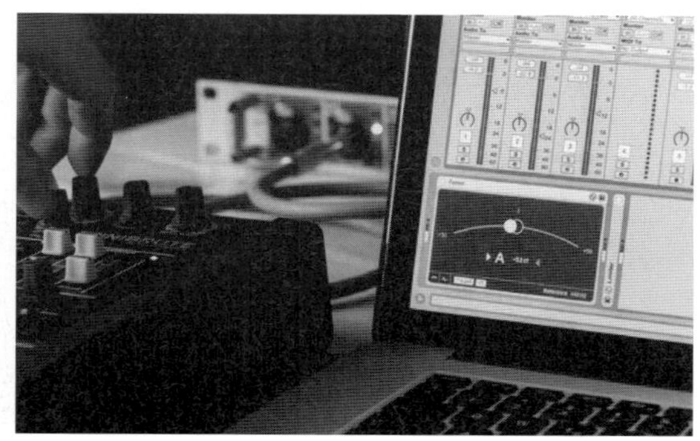

▲ Tuner

시스템 준비하기

Ableton Live를 무리 없이 이용하기 위한 시스템 사양은 쿼드코어 CPU 및 8GB RAM 의 홈쇼핑 제품만으로도 충분합니다. 단, PC의 경우에는 QuickTime을 추가 설치할 필 요가 있는데, 이것은 apple.com/quicktime/에서 무료로 다운로드 받을 수 있습니다.

MAC	PC
• Modern quadcore processor • 8GB RAM • Mac OS × 10.6 or later • Audio interface (soundcard)	• Modern quadcore processor • 8GB RAM • Windows 7 or 8 • ASIO-compliant audio interface (soundcard) • QuickTime 7 or later

● 마스터 건반

Ableton Live에 미디 정보를 입력하는 도구로 컴퓨터의 기본 장비인 키보드와 마우스를 이용할 수도 있지만, 컴퓨터 게임을 할 때 '조이스틱'이라는 게임 컨트롤러를 이용하면, 보다 자유롭게 게임을 즐길 수 있듯이, 미디 정보 입력을 리얼하게 할 수 있는 미디 정보 입력 장치를 사용하는 것이 편리합니다. 미디 정보 입력 장치로 많이 사용하는 것에는 피아노와 같은 모양의 마스터 건반입니다. 외관상으로는 신디사이저라는 건반 악기와 비슷하지만, 미디 연주 정보 입력용으로 사용하는 장치이기 때문에 대부분은 내장된 음색이 없습니다. 마스터 건반 외에 미디 정보 입력 장치로 사용하는 것에는 음원을 내장하고 있기 때문에 미디 정보 출력용으로도 사용이 가능한 신디사이저와 교육용으로 많이 보급된 디지털 피아노, 그리고 Live 전용 컨트롤러가 있습니다.

▲ 마스터건반

▲ 디지털 피아노

● 미디 음원

Ableton Live에 입력한 미디 연주 정보로 연주되는 악기를 미디 음원이라고 합니다. 미디 음원에는 앞에서 살펴본 신디사이저 외에도 건반 없이 음원만 내장되어 있는 모듈이라는 것을 많이 사용합니다. 신디사이저에서 건반만 떼어놓은 것을 마스터 건반, 음원만 떼어놓은 것을 모듈이라고 이해하면 됩니다.

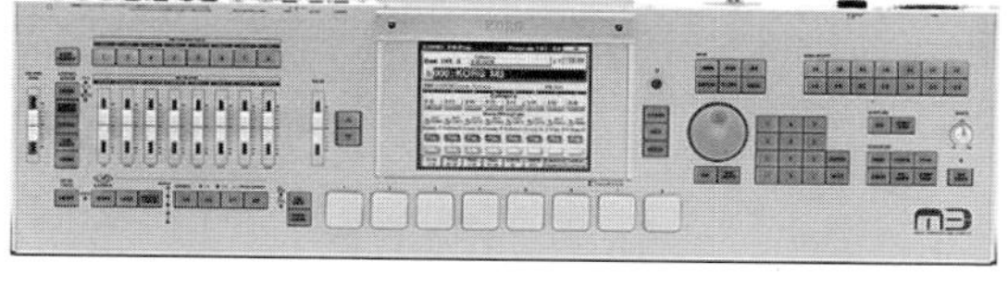

▲ 모듈

모듈은 최소한 백여 가지 이상의 음색이 내장되어 있으며, 신디사이저에 비해 저렴하다는 장점을 가지고 있습니다. 그러나 이미 내장된 음색 이외의 사운드를 만들어 사용할 수 없다는 단점이 있기 때문에 프로 뮤지션의 경우에는 원하는 음색을 만들어 사용할 수 있는 샘플러라는 장치를 미디 음원으로 사용하기도 합니다.

▲ 샘플러

모듈과 샘플러는 가격이 높고 이동이 불편하다는 단점이 있기 때문에 컴퓨터 한 대로 해결할 수 있는 VST Instruments를 선호하는 추세입니다. VST Instruments는 하드웨어 악기를 소프트웨어로 구현하는 기술을 의미하며, 실제 하드웨어 못지 않은 음질을 가지고 있습니다. Ableton Live에는 Analog, Colishion, Drum Rack, Electric 등, 실제 음반 작업에 사용되고 있을 만큼의 뛰어난 음질을 가진 VST Instruments가 내장되어 있으며, 타 회사에서 제작된 VST Instruments를 자유롭게 사용할 수 있습니다. 특히, Ableton Live는 Impulse, Simpler 등, 오디오 소스를 바로 악기로 이용할 수 있는 샘플러 기능을 제공하고 있으며, 자사에서 수 많은 팩을 제공하고 있으므로, 음악을 제작하는데 있어서 부족함을 느낄 수 없습니다.

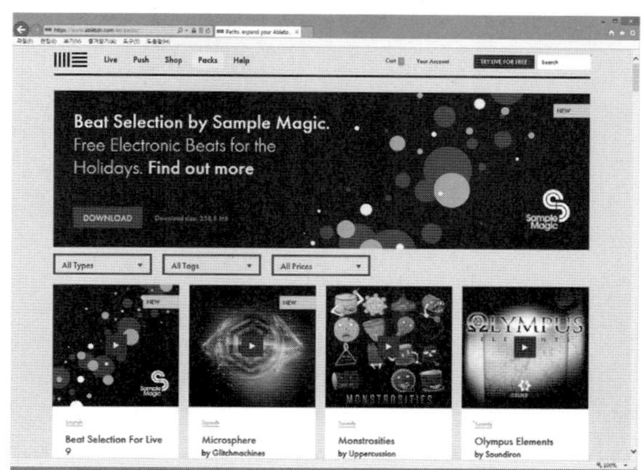

▲ Ableton 제작사 ableton.com/en/packs/

▲ REASON 제작사 propellerheads.se

● 미디 인터페이스와 케이블

미디 연주 정보 입력 장치인 마스터 건반과 미디 연주
정보 출력 장치인 모듈을 서로 연결하기 위해서는 미디
인터페이스라는 장치와 미디 케이블이 필요합니다. 연
결할 장치가 한 두 대 뿐이라면 USB 케이블 타입의 미
디 인터페이스를 사용하는 것도 비용을 절감할 수 있습
니다. 물론, USB를 지원하는 마스터 건반만을 사용하고
있다면, 별도의 미디 인터페이스가 필요 없습니다.

▲ 두 대의 장치를 연결할 수 있는 2포트용

두 대 이상의 장치를 연결할 필요가 있다면, 4포트 또
는 8포트 등의 멀티 미디 인터페이스와 전용 미디 케이
블이 필요합니다. 시중에 판매중인 멀티 미디 인터페이
스는 IN/OUT 포트 수에 따라 가격 차이가 있으므로,
독자의 작업 환경과 비용을 고려하여 구입하는 것이 좋
겠습니다.

▲ 멀티 미디 인터페이스

● 오디오 인터페이스

사운드 카드는 사운드의 입/출력, 미디 인터페이스, 미
디 음원 기능 등을 포함하고 있는 멀티 제품이기 때문
에 컴퓨터 음악 공부를 시작하는 독자에게는 아주 유
용한 장치입니다. 그러나 작업에 어느 정도 익숙해지다
보면, 레이턴시 해결을 위한 ASIO 드라이버 지원 제품
과 좀더 깨끗한 사운드를 원하게 됩니다. 오디오 인터페
이스는 사운드의 입/출력만을 다루는 전문 제품이기 때
문에 컴퓨터에 내장된 사운드 카드 보다 깨끗한 사운드
를 구현할 수 있으며, 마이크 프리 기능이 있는 오디오
인터페이스는 별도의 마이크 프리 앰프를 구입하지 않
아도 스튜디오 급 녹음이 가능합니다.

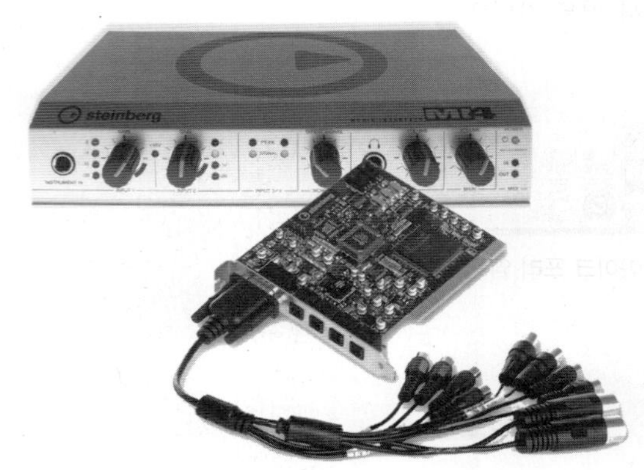

▲ 오디오 인터페이스

● 마이크

사람의 목소리와 같이 라인으로 연결할 수 없는 아날로그 신호를 Ableton Live에 디지털 신호로 녹음할 수 있는 방법은 마이크를 이용하는 것 밖에 없습니다. 특히, 대중 가요에서는 가수의 역할이 음악의 승패를 좌우하므로, 마이크의 성능이 다른 무엇보다도 중요한 역할을 합니다. 마이크는 스튜디오에서 많이 사용하는 콘덴서 마이크와 충격에 강하기 때문에 라이브 공연에서 많이 사용하는 다이내믹 마이크 등이 있습니다. 마이크를 구입할 때는 다른 장비와 마찬가지로 주변에서 많이 사용하는 제품을 선택하는 것이 요령입니다.

▲ 무선 마이크   ▲ 콘덴서 마이크

전문 녹음실의 경우에는 좀 더 질 높은 마이크 녹음을 위해서 마이크 프리 앰프와 컴프레서라는 장비를 사용하고 있습니다. 일부 뮤지션의 경우 "실력 없는 것들이 장비 탓 한다" 라는 말들을 하곤 하는데, 이것을 액면 그대로 받아들여 "실력만 있으면 아무 장비나 사용해도 질 좋은 사운드를 만들 수 있다"라고 오해하면 안 됩니다. 좋은 장비는 좋은 결과를 만들고, 나쁜 장비는 나쁜 결과를 만드는 것이 당연합니다. "실력 없는 것들이 장비 탓 한다" 라는 말은 자신이 사용하고 있는 장비에 대한 충분한 학습조차 하지 않고, 무조건 비싸고, 좋은 장비만을 구입하려고 하는 일부 사람들을 비난 하는 말로 이해하는 것이 좋겠습니다. 독자는 가지고 있는 장비를 충분히 연구하고, 학습하여 최대의 작업 성과를 이룰 수 있도록 하기 바랍니다. 그리고 부족함을 느낄 때쯤 여건이 허락하는 한도 내에서 전문 장비에 욕심을 내는 것이 바람직한 태도입니다.

▲ 마이크 프리 앰프

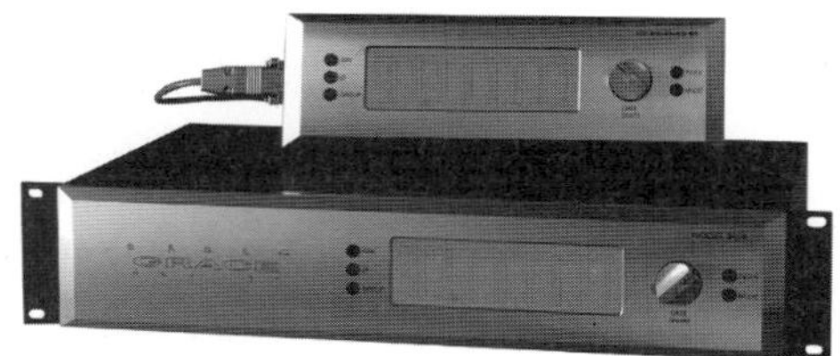

▲ 8채널 마이크 프리 앰프

▲ 컴프레서

● 믹싱 콘솔

멀티 트랙을 지원하는 오디오 인터페이스를 사용하고 있으며, 심플한 작업의 홈 스튜디오를 구성하고 있는 독자라면 필요 없을 수도 있는 믹싱 콘솔은, 여러 대의 악기를 사용할 때, 각 악기의 LINE OUT을 하나의 앰프로 소리를 모아 내는 역할을 합니다. 요즘에 대중화되고 있는 디지털 방식의 믹싱 콘솔은 다양한 이펙트와 EQ, 프리 앰프, 컴프레서 기능 등이 탑재되어 있으며, Ableton Live의 믹서를 외부에서 조정할 수 있는 편리함을 갖추고 있는 제품들이 주류를 이루고 있으므로, 믹싱 콘솔을 구입할 계획인 독자에게는 디지털 방식의 믹싱 콘솔을 추천합니다. 그 외, 라이브 연주가 필요한 경우에는 Ableton Push, Aaki APC 40, Novation Launchpad와 같은 전용 컨트롤러가 필요합니다.

▲ 디지털 믹싱 콘솔

▲ Ableton Push

● 모니터 스피커

Ableton Live를 이용해서 음악 작업을 할 때 가장 중요한 역할을 하는 것이 바로 독자의 '귀' 입니다. 그리고 Ableton Live에서 작업하는 음악을 귀로 들려주는 역할을 하는 장비가 소리를 증폭시켜 주는 앰프와 증폭된 소리를 전달하는 스피커로 구성된 모니터 시스템입니다. 입문자들이 많이 사용하는 모니터 시스템으로는 가정용 오디오와 컴퓨터용 스피커가 있습니다. 그 이유는 적은 비용으로도 모니터 시스템을 구성할 수 있기 때문입니다. 그러나 요즘에 출시되는 모니터 스피커는 앰프가 내장되어 있는 저렴한 제품들이 많이 있으므로 구입을 고려해보는 것이 좋겠습니다. 모니터용으로 나와 있는 제품들의 특징은 가정용 오디오 스피커나 라이브용 스피커와는 다르게 주파수 대역이 고르기 때문에 독자가 원하는 사운드를 구현하는데 효과적입니다.

▲ 앰프 내장형 모니터 스피커 (액티브 타입)

▲ 앰플가 필요한 모니터 스피커 (패시브 타입)

시스템 연결하기

컴퓨터 음악 작업에 필요한 시스템의 종류를 살펴보긴 했지만, 학습을 시작하는 독자가 처음부터 모든 장비를 준비하는 것은 참으로 어리석은 행동입니다. 처음 공부하는 독자라면, 가능한 최소한의 장비로 시작을 하면서 능력이 향상됨에 따라 느껴지는 부족함을 하나씩 채워나가는 것이 자신에게 적합한 장비를 효과적으로 구축할 수 있는 방법입니다. 다만, 장비를 구입하기로 결심했다면 가격을 고려하려 적당한 제품을 선택하는 것 보다는 많은 사용자들로부터 인정을 받고 있는 제품을 선택하는 것이 현명합니다.

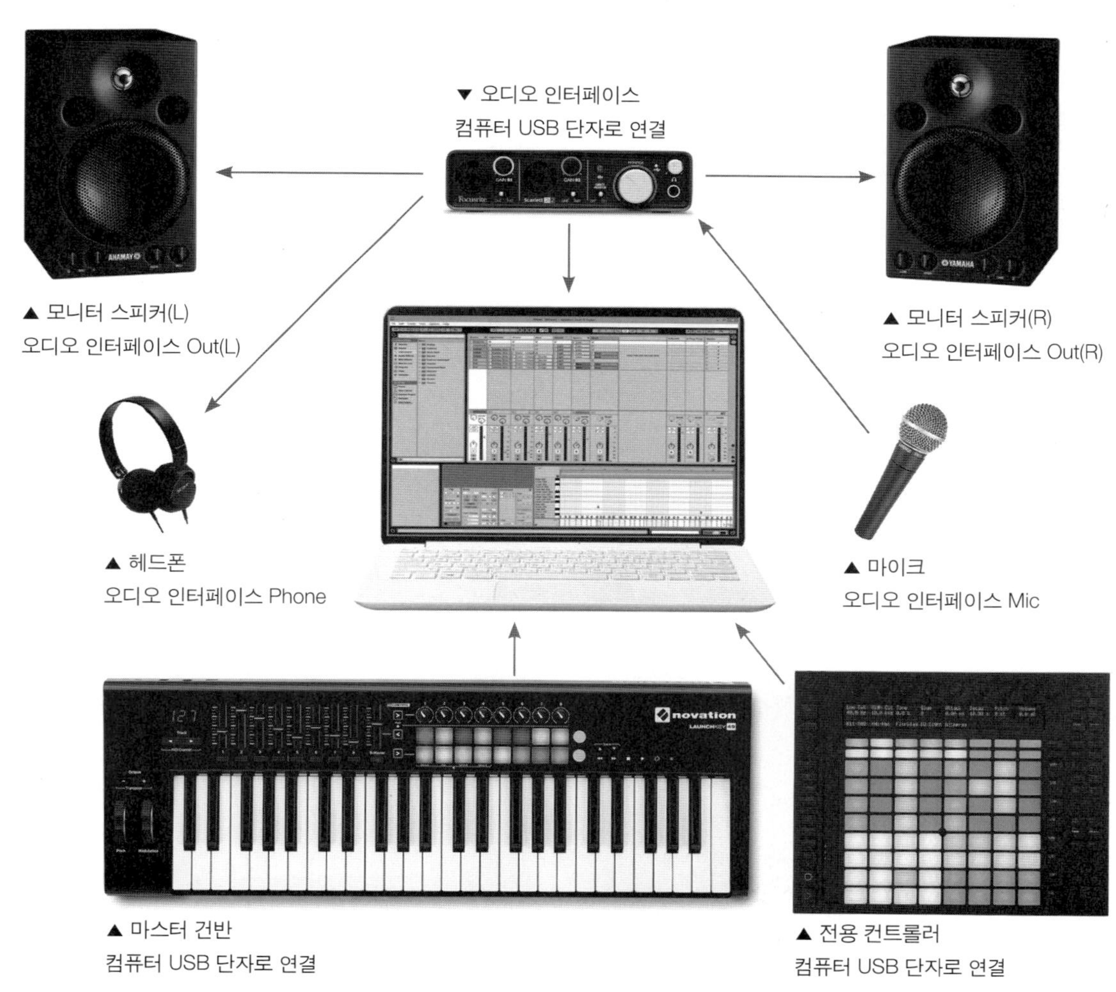

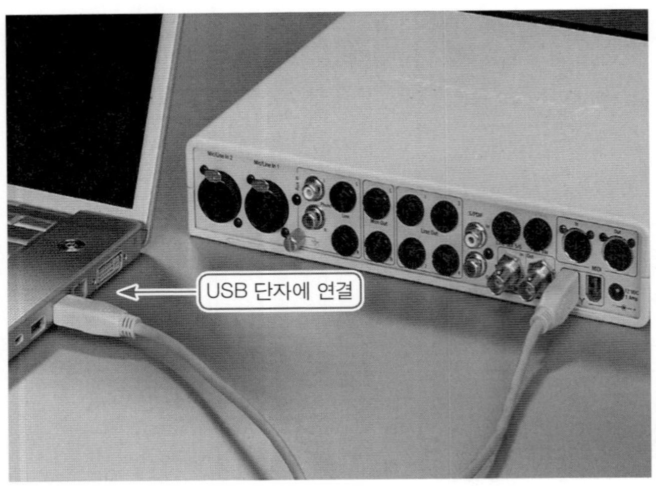

01 오디오 인터페이스를 USB 단자에 연결합니다. 좋은 소리를 얻기 위한 목적 외에 레이턴시 해결을 위해 꼭 필요한 장비입니다. 레이턴시는 오디오 입/출력 타임을 의미하는 것으로, 건반을 눌렀을 때 소리가 늦게 들리는 것은 레이턴시가 길기 때문이며, 이것을 해결하려면 오디오 인터페이스가 필요합니다.

TIP : Mac 용으로 출시되는 오디오 인터페이스는 FireWire 800 지원 제품들도 많습니다.

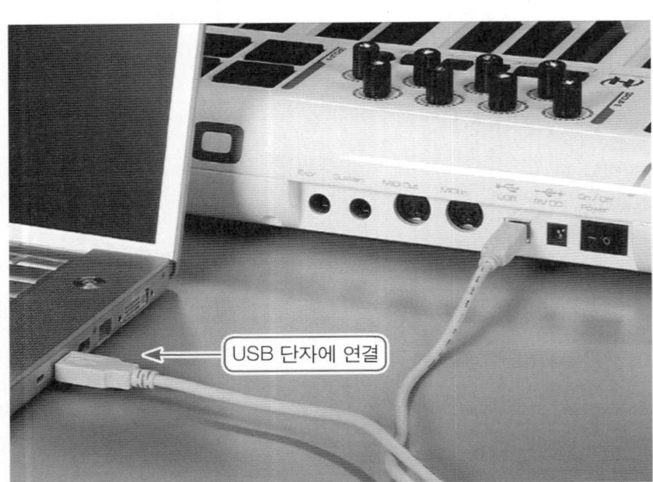

02 마스터 건반을 USB 단자에 연결합니다. 건반만 있는 것과 컨트롤러가 포함된 두 가지 타입이 있습니다. 전용 컨트롤러를 가지고 있다면 조금 저렴한 건반 타입도 좋고, 이 참에 피아노 공부까지 하겠다면 88건반 또는 디지털 피아노도 좋습니다.

03 컴퓨터의 USB 단자가 모자라는 경우에는 이를 확장시킬 수 있는 USB 허브를 사용합니다. 하나의 단자를 4~8개로 확장할 수 있는 제품이 대부분이며, 가격은 몇 천원에서 몇 만원까지 다양합니다.

04 마이크는 오디오 인터페이스의 Mic 단자에 연결합니다. 콘덴서 마이크의 경우에는 팬텀 전원(48V)이 필요하기 때문에 오디오 인터페이스를 구입할 때 지원 여부를 확인하는 것이 좋습니다.

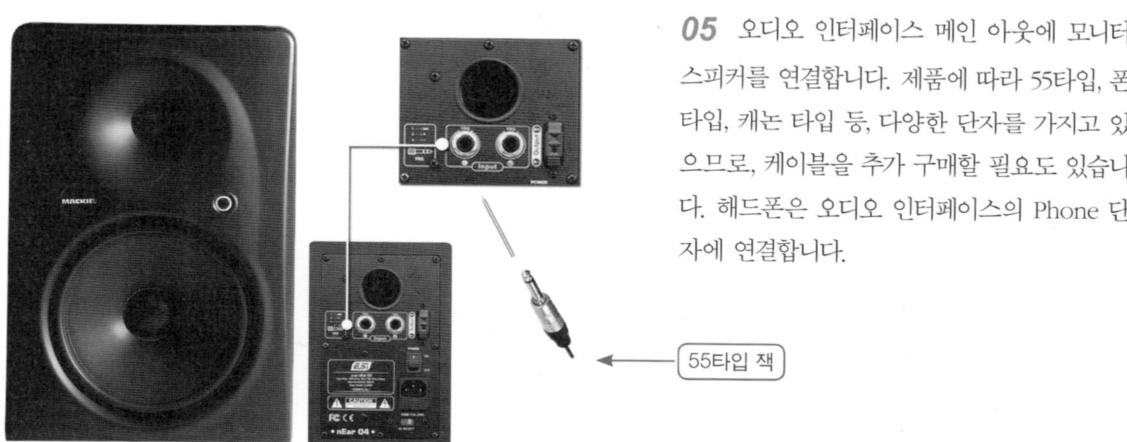

05 오디오 인터페이스 메인 아웃에 모니터 스피커를 연결합니다. 제품에 따라 55타입, 폰 타입, 캐논 타입 등, 다양한 단자를 가지고 있으므로, 케이블을 추가 구매할 필요도 있습니다. 해드폰은 오디오 인터페이스의 Phone 단자에 연결합니다.

06 라이브 활동을 목적으로 한다면 에이블톤 전용 컨트롤러도 필요합니다. 국내에서 구입 가능한 제품은 Novation Launchpad, Akai APC 40, Ableton Push의 3가지가 있으며, 모두 USB 단자로 연결합니다.

프로그램 설치하기

오디오 인터페이스를 사용하고 있다면 Ableton Live 을 설치하기 전에 장치 드라이버를 설치합니다. 대부분의 장치들은 제품에 포함된 CD의 설치 파일을 실행하면 자동으로 설치되기 때문에 별다른 어려움은 없을 것입니다. 참고로 Ableton Live 9는 Windows 7 이상, Mac OS X 10.6 이상에서 설치가 가능합니다.

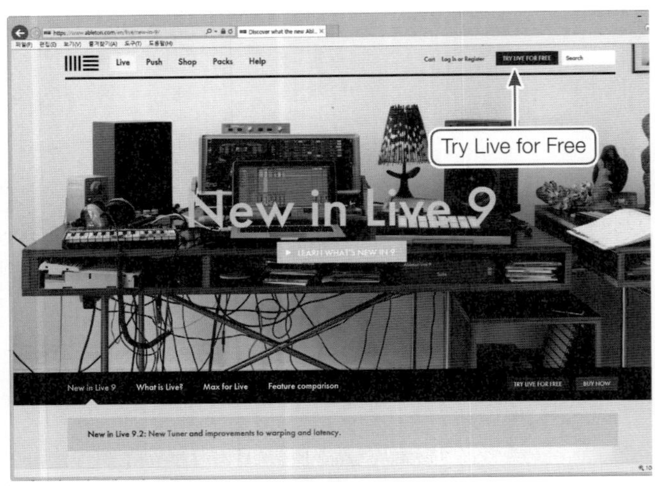

01 ableton.com에서 30일 동안 사용해볼 수 있는 트라이얼 버전을 다운 받을 수 있습니다. Ableton Live를 사용해본 적이 없다면, 정품을 구매하기 전에 30일 정도 테스트를 해보는 것이 좋습니다.

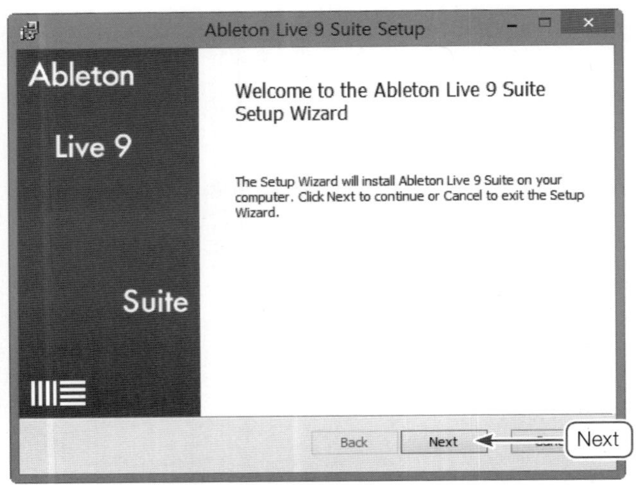

02 다운 받은 압축 파일을 풀고 Setup 파일을 더블 클릭하여 설치를 실행하면 설치 마법사 창이 열립니다. Next 버튼을 클릭하여 진행합니다. 정품 사용자는 제품 CD에 포함되어 있는 설치 파일을 실행합니다.

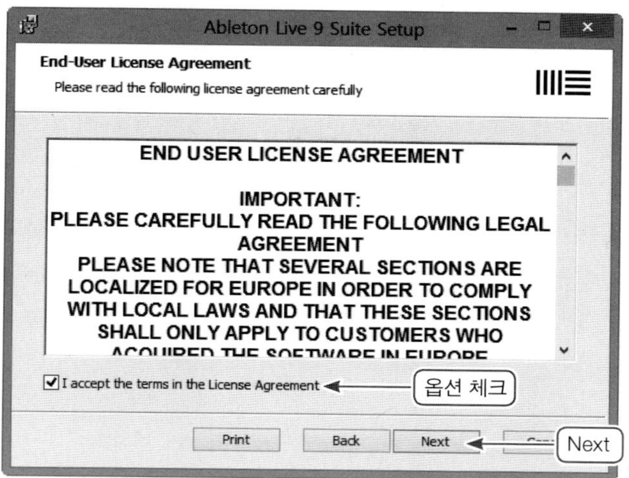

03 사용자 동의를 구하는 창이 열립니다. I accept the terms in the License Agreement 옵션을 체크하고, Next 버튼을 클릭합니다.

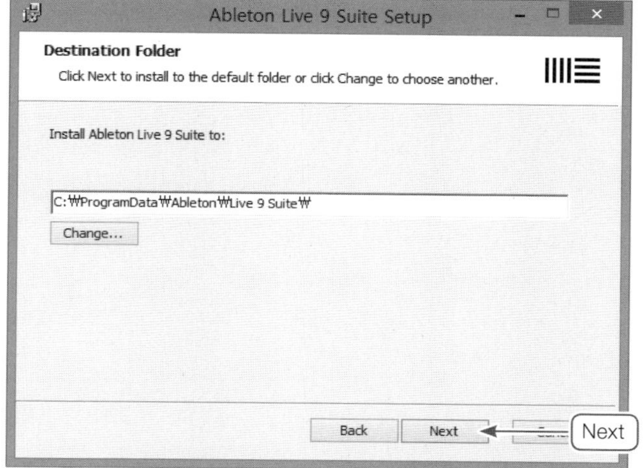

04 설치 위치를 선택할 수 있는 창이 열립니다. 프로그램과 데이터를 별도의 드라이브에서 관리하고 있다면 Change 버튼을 클릭하여 변경하고, 그렇지 않다면 기본 경로 그대로 Next 버튼을 클릭합니다.

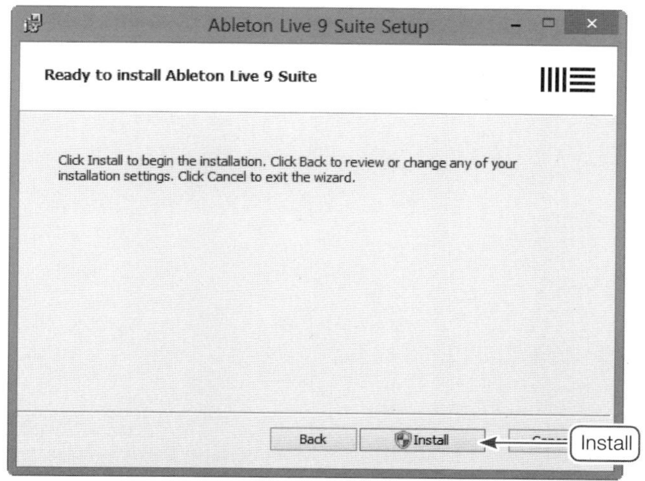

05 설치 준비가 완료되었습니다. Install 버튼을 클릭하고, 완료 창이 열릴 때까지 잠시 기다립니다.

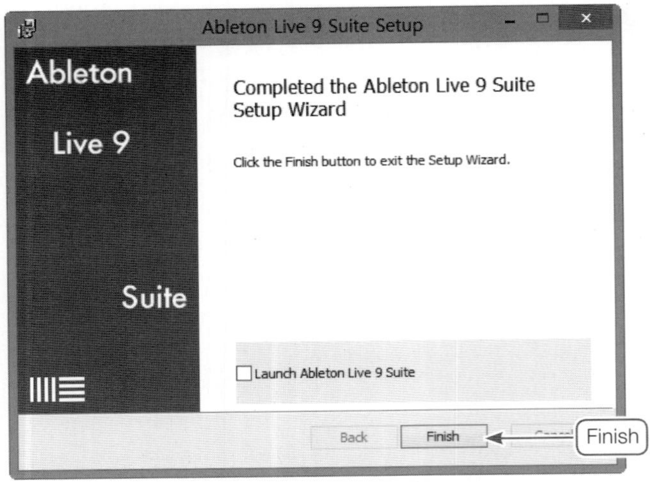

06 설치 완료 창이 열리면 Finish 버튼을 클릭합니다. 설치 후 바로 실행하지 않겠다면 Launch Ableton Live 9 Suite 옵션을 해제합니다.

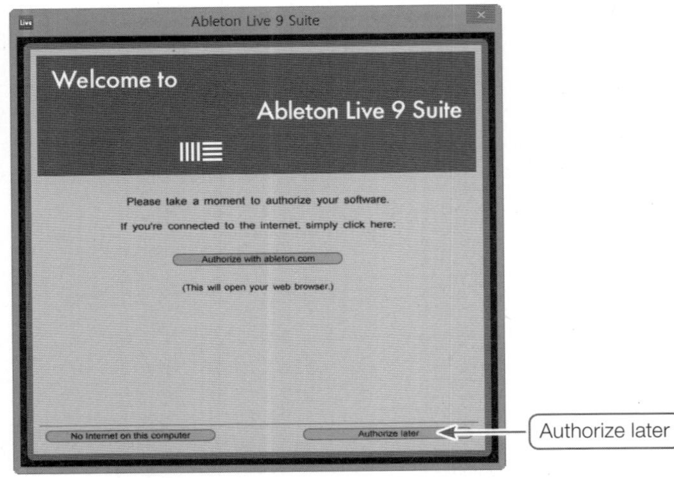

07 프로그램이 처음 실행되면 사용자 등록을 요구하는 창이 열립니다. 정품 사용자는 Authorize with Ableton.com 버튼을 클릭하여 등록하고, 그렇지 않은 경우에는 Authorize later 버튼을 클릭하여 창을 닫습니다.

08 데모 프로젝트가 열립니다. 마스터 건반을 눌러보고, 재생 버튼 또는 스페이스 바 키를 눌러 정상적으로 소리가 나는지 확인합니다. 만일 소리가 나지 않는다면 환경 설정의 미디 및 오디오 드라이버 설정을 참조합니다.

환경 설정

Options 메뉴의 Preference를 선택하거나 Ctrl+콤마(,) 키를 누르면 Ableton Live의 환경을 설정할 수 있는 창이 열립니다. 에이블톤을 설치하고 가장 먼저 해야 할 것이 미디와 오디오 인터페이스를 시스템에 맞게 설정하는 것이므로, Audio와 MIDI/Sync 페이지를 확인하고, 나머지 옵션은 그대로 두어도 좋습니다. 하지만, 각 페이지의 옵션이 어떤 역할을 하는지 한 번쯤 확인을 해두면, 학습을 진행하면서 발생하는 문제점을 스스로 해결할 수 있게 될 것입니다.

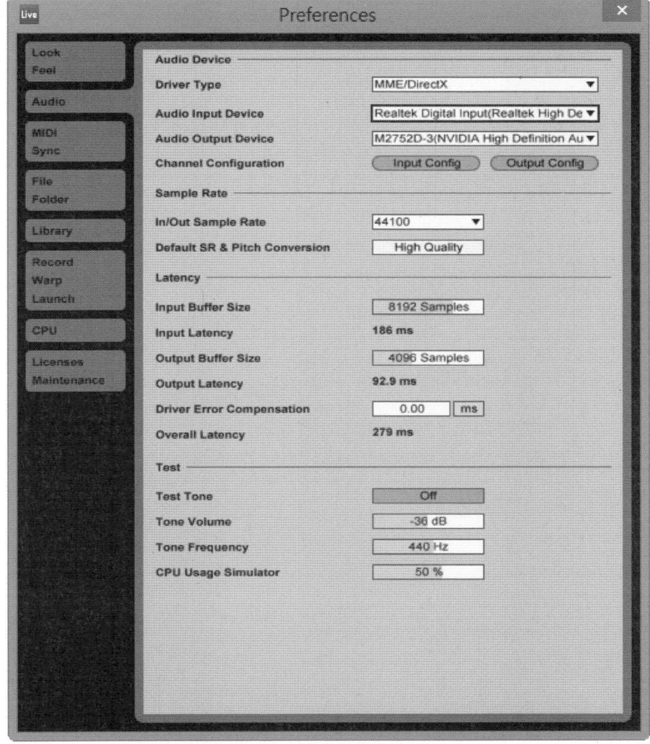

01 Audio

컴퓨터에 내장된 사운드카드 및 추가 설치한 오디오 인터페이스 중에서 어떤 것을 어떤 환경으로 사용할 것인지를 설정합니다.

Audio Device

- Driver Type : 오디오 디바이스를 선택합니다. AU 및 AISO 지원 오디오 인터페이스를 권장합니다.
- Audio Device : 컴퓨터에 내장되어 있는 사운드카드나 컴퓨터에 연결한 오디오 인터페이스를 선택합니다.
- Channel Configuration : 라이브에서 사용할 오디오 인터페이스의 인/아웃을 선택합니다.

- In/Out Sample Rate : 인/아웃 샘플 레이트를 선택합니다.
- Default SR & Pitch Conversion : 기본 SR 및 피치 변환에서의 퀄리티를 선택합니다.

Latency

- Buffer Size : 버퍼 사이즈를 설정합니다. In/Output Latency 값이 10ms 이하면 좋지만, 테스트를 해보고 시스템에 맞게 설정합니다. 오디오 인터페이스에 따라 Hardware Setup 버튼을 제공하는 경우도 있습니다.
- Driver Error Compensation : 레이턴시 보정 타임을 설정합니다. Overall Latency 값이 0ms면 좋습니다.

Test

- Test Tone : 오디오 인터페이스 연결 상태를 체크하는 비프음을 발생시킵니다.
- Tone Volume : 비프음의 볼륨을 조정합니다.
- Tone Frequency : 비프음의 주파수를 조정합니다.
- CPU Usage Simulator : 시스템 사용량을 제한합니다.

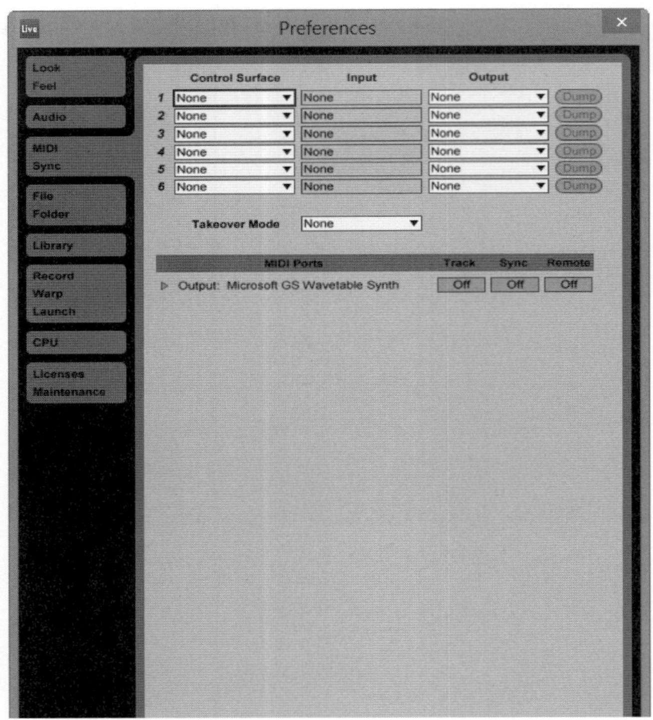

02 MIDI/Sync

미디 장치 및 컨트롤러 환경을 설정합니다.

Live 지원 컨트롤러를 최대 6대까지 연결할 수 있으며, 장치에 따라 Dump를 실행해야 하는 경우도 있습니다. 그 외의 미디 컨트롤러는 Midi Port에서 Track, Sync, Remote의 사용 여부를 On/Off 합니다.

Takeover Mode에서 컨트롤러를 움직일 때 같은 값에서 컨트롤되게 하는 Pickup과 컨트롤 위치를 따라가게 하는 Value Scaling을 선택할 수 있습니다.

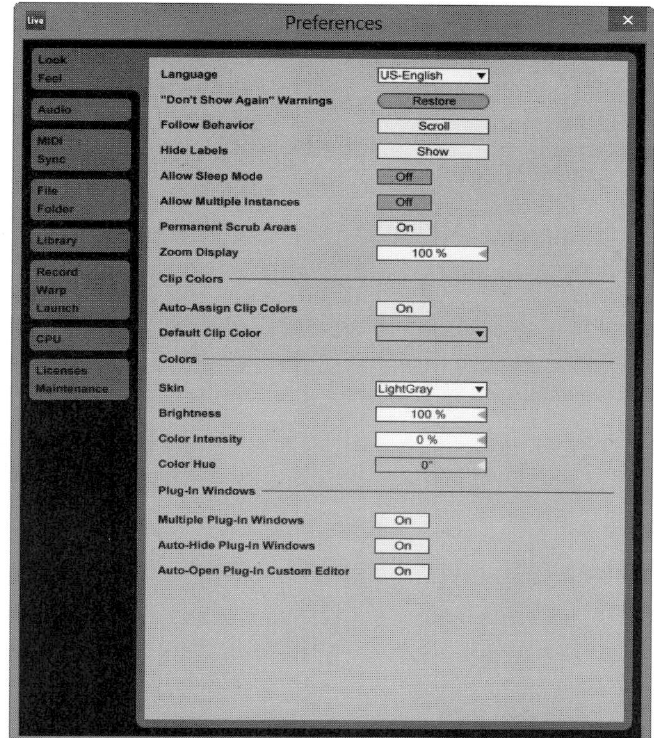

03 Lock/Feel

화면 색상이나 크기 등을 설정합니다.

- Language : 프로그램 언어를 선택합니다. 기본 설정은 US-English 이며, 한글은 지원하지 않습니다.
- Don't Show Again Warnings : Ableton Live의 경고 창은 "Don't Show Again Warnings" 옵션을 체크하여 열리지 않게 할 수 있지만, 필요한 경우에 Restore 버튼을 클릭하여 다시 열리게 합니다.
- Follow Behavior : 곡을 재생할 때 송 포지션 라인에 따라 화면이 스크롤되게 할 것인지의 여부를 선택합니다. 버튼을 클릭하여 Page로 변경하면 송 포지션 라인이 고정되고, 화면이 페이지 단위로 넘어갑니다.
- Hide Labels : 화면에서 레이블을 표시(Show)하거나 감춤(Hide)니다.
- Allow Sleep Mode : 시스템 절전 모드를 사용할 수 있게 합니다.
- Allow Multiple Instances : 하나 이상의 인스턴트를 열 수 있게 합니다.
- Permanent Scrub Areas : 스크럽 라인을 클릭하여 모니터 할 수 있게 합니다. 옵션을 Off한 경우에는 Shift 키를 누른 상태로 룰러 라인이나 스크럽 라인을 클릭하여 모니터 할 수 있습니다.
- Zoom Display : 화면의 크기를 조정합니다.

Clip Colors

클립의 색상을 자동으로 설정합니다. Auto-Assign Clip Colors 옵션을 Off 하면 Default Clip Color에서 사용자가 원하는 색상을 선택할 수 있습니다.

- Skin : 화면 색상을 선택합니다.
- Brightness : 화면 밝기를 조정합니다.
- Color Intensity : 컬러 명함을 조정합니다.
- Color Hue : 컬러 색조를 조정합니다.

Plug-In Windows

- Multiple Plug-In Windows : 두 개 이상의 플러그인을 열 수 있게 합니다. 단, 선택된 트랙만 표시됩니다.
- Auto-Hide Plug-In Windows : 열어 놓은 플러그인을 모두 표시하고 싶은 경우에는 Off 합니다.
- Auto-Open Plug-In Custom Editor : 로드한 플러그인이 자동으로 열리게 합니다.

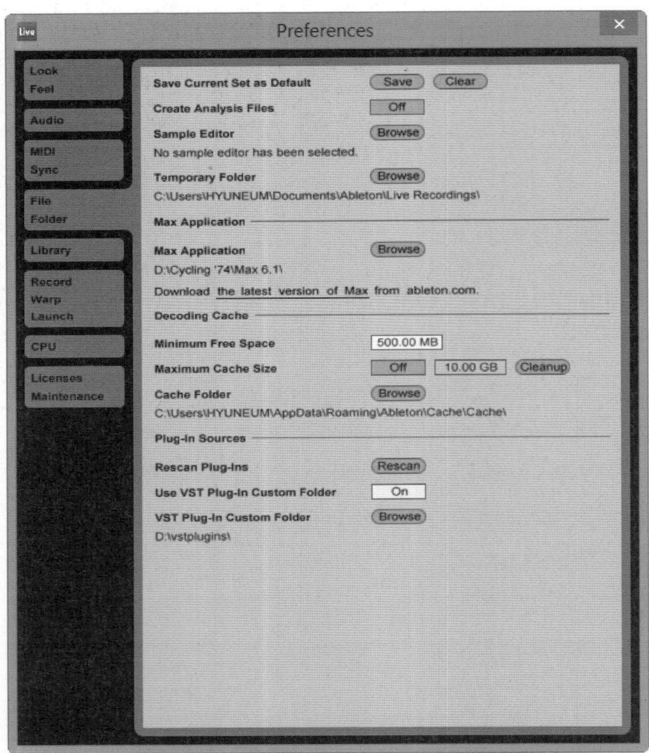

04 File/Folder

라이브 파일 및 플러그인 장치의 경로를 관리합니다.

- Save Current Set as Default : 현재 라이브 세트를 기본 템플릿으로 저장(Save)하거나 삭제(Clear)합니다.
- Create Analysis Files : 분석(Analysis) 파일(.asd)을 만들 것인지의 유무를 선택합니다.
- Sample Editor : 오디오 편집 툴을 선택합니다. Audition CS나 Soundforge를 많이 사용합니다.
- Temporary Folder : 템플릿 파일(*.als)이 저장될 위치를 선택합니다.

- Max Application : Max for Live가 기본 설정 외의 위치에 설치되어 있을 경우에 해당 폴더를 지정합니다.

Decoding Cache

라이브에서 분석한 샘플 파일을 유지하기 위해 사용되는 디스크 공간을 캐시(Cache)라고 합니다.

- Minimum Free Space : 캐시 디스크의 최소 크기를 결정합니다.
- Maximum Cache Size : 캐시 디스크의 최대 크기를 제한 할 것인지의 유무를 선택합니다. Cleanup 버튼은 Live Set에 사용되지 않는 모든 파일을 삭제
- Cache Folder : 캐시 파일이 저장될 폴더 위치를 지정합니다.

Plug-In Sources

- Rescan Plug-Ins : 라이브가 실행 중일 때는 새로 설치되는 플러그인을 자동으로 감지하지 못하므로, 다시 실행 시켜야 하는데, Rescan 버튼은 실행 중에도 즉시 사용할 수 있도록 합니다.
- Use VST Plug-in Custom Folder : 사용자 지정한 폴더(VST Plug-In Custom Folder)의 플러그인들을 사용할 수 있게 합니다.
- VST Plug-In Custom Folder : 플러그인 폴더를 지정합니다.

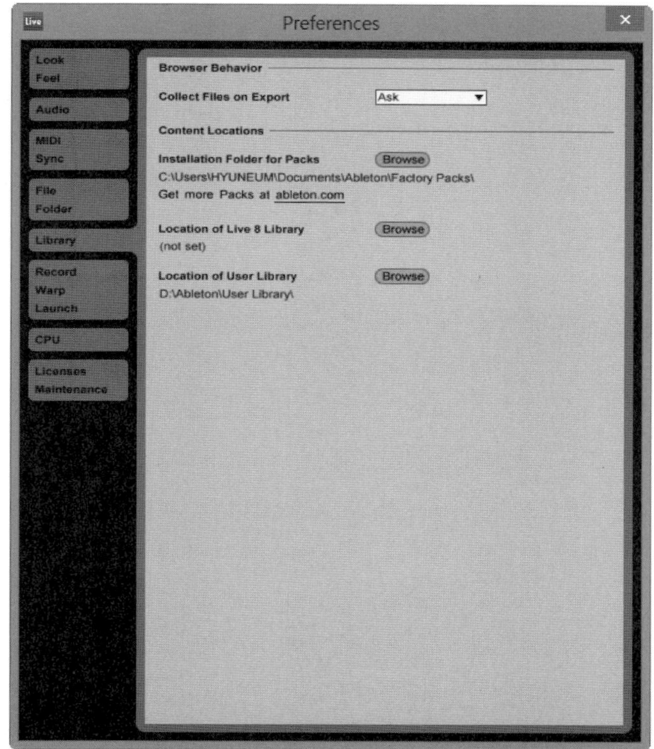

05 Library

라이브 팩 및 사용자 라이브러리 경로를 관리 합니다.

Browser Behavior

Browser Behavior

- Collect Files on Export : 클립이나 디바이스를 사용자 라이브러리로 저장할 때의 옵션을 선택합니다. Always는 프로젝트 폴더에 복사하고, Ask는 복사 옵션을 선택할 수 있는 창을 열고, Never는 복사하지 않습니다.

Content Locations

- Installation Folder for Packs : 라이브 팩이 설치된 위치를 선택합니다.
- Location of Live 8 Library : 버전 8 라이브러리가 설치된 위치를 선택합니다.
- Location of User Library : 사용자 라이브러리가 설치된 위치를 선택합니다.

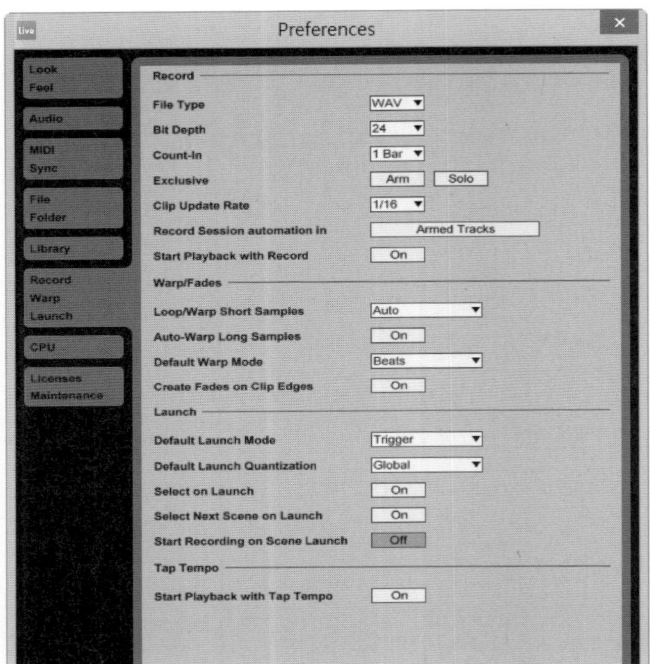

06 Record/Warp/Launch

라이브 세트의 기본 구성 및 레코딩 환경을 설정합니다.

Record

- File Type 녹음 파일 포맷을 선택합니다.
- Bit Depth : 녹음을 할 때 적용되는 샘플 비트를 선택합니다.
- Count-In : 카운트 길이를 설정합니다.
- Exclusive : 트랙의 Arm 및 Solo 버튼을 클릭하면 선택한 트랙만 활성화됩니다. 선택하는 트랙 모두를 활성화 하고 싶은 경우에는 Off 합니다.
- Clip Update Rate : 클립의 표시 단위를 선택합니다.
- Record Session automation in : Arm 버튼이 활성화 되어 있는 트랙(Armed Tracks) 또는 전체 트랙(All Tracks) 중에서 오토메이션을 기록할 트랙을 선택합니다.

- Loop/Warp Short Samples : 짧은 샘플을 추가할 때 루프 및 워프 기능의 동작 상태를 선택합니다.
- Auto-Warp Long Samples : 긴 샘플을 추가할 때 템포를 분석하여 워프 기능을 작동시킵니다. 원래 템포로 재생 되게 하고 싶은 경우에는 옵션을 해제합니다.
- Default Warp Mode : 워프 동작의 기본 모드를 선택합니다.
- Create Fade on Clip Edges : 새로운 클립의 시작과 끝에 4ms 길이로 페이드를 생성합니다.

Launch

- Default Launch Mode : 런치 버튼의 기본 모드를 선택합니다.
- Default Launch Quantization : 런치 퀀타이즈의 기본 값을 선택합니다. Global은 프로젝트 퀀타이즈 입니다.
- Select on Launch : Off 하면 클립이나 씬을 시작했을 때에도 뷰를 이동시키지 않게 합니다.
- Select Next Scene on Launch : 재생되고 있는 다음 씬을 자동으로 재생되게 합니다.
- Start Recording on Scene Launch : 세션 뷰의 씬을 재생할 때 빈 슬롯에 녹음을 진행할 수 있게 합니다.

Tep Tampo

- Start playback with tap tempo : 탭으로 템포를 설정할 때 연주되게 할 것인지를 선택합니다.

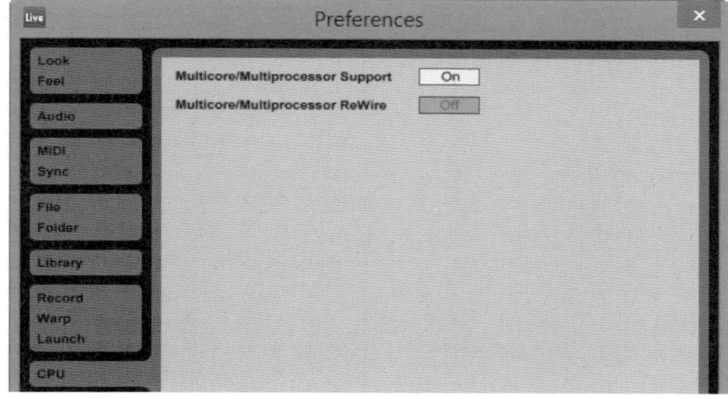

07 CPU

사용자 시스템의 CPU가 멀티코어/멀티프로 세서라면 On으로 하여 시스템 과부하를 줄 일 수 있습니다.

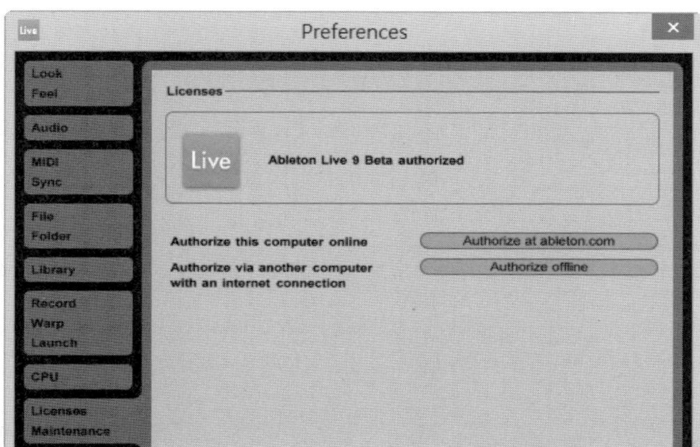

08 Licenses/Maintenance

라이브 플랫폼 및 라이센스를 관리할 수 있는 홈페이지에 연결합니다. Ableton 사에 제품이 등록되어 있어야 합니다.

화면 구성

Ableton Live를 처음 실행하면 브라우저 뷰, 세션 뷰, 인포 뷰, 디바이스 뷰, 도움말 뷰로 구성된 데모 곡이 열리며, 스페이스 바 키를 눌러 재생할 수 있습니다. 데모 곡이 연주되지 않는 경우에는 오디오 인터페이스 설정에 문제가 있는 것이므로, 앞에서 살펴본 환경 설정 학습 편을 참조합니다.

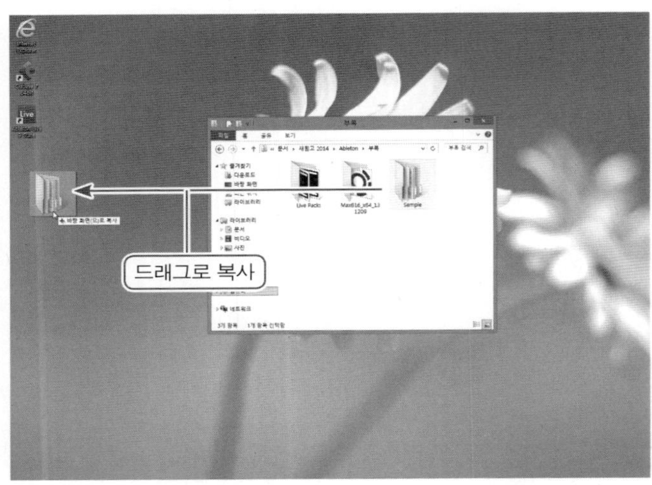

01 부록 CD 샘플

부록 CD의 Project 폴더에는 학습을 수월하게 진행할 수 있는 프로젝트들이 담겨있습니다. 부록을 이용하겠다면 바탕화면으로 드래그하여 복사합니다. CD에서 열면 매개변수 에러가 발생할 수 있습니다.

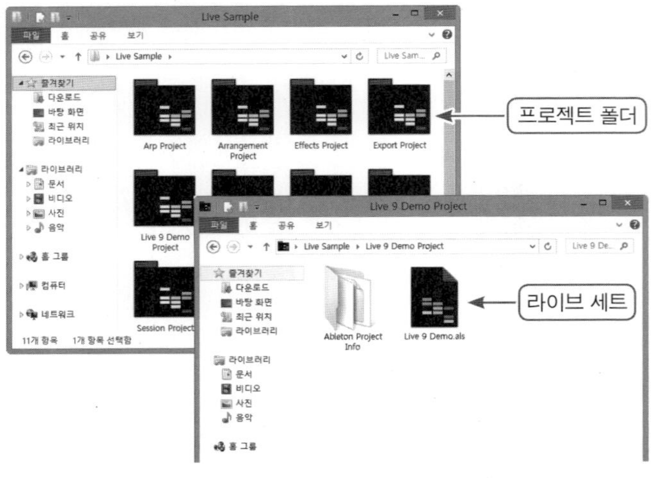

02 에이블톤의 라이브 세트은 프로젝트 폴더로 저장되어 파일 관리를 편하게 할 수 있습니다. 실습 곡들도 프로젝트 단위로 저장되어 있으므로, 실습 파일을 열 때는 프로젝트 폴더에 담겨있는 *.als 파일을 더블 클릭하여 실행합니다.

03 메뉴 바

프로그램을 처음 실행할 때 열리는 데모 곡을 닫았다면, 부록 CD의 Project 폴더에서 Live 9 Demo 파일을 더블 클릭해서 실행하거나 File 메뉴의 Open Live Set을 실행하여 불러올 수 있습니다.

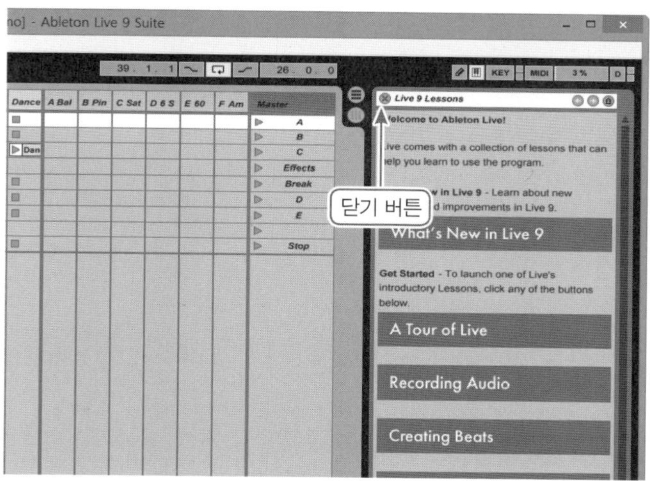

04

화면 오른쪽에는 라이브 학습을 위한 도움말 뷰가 열려있습니다. 본서를 읽는 독자에게는 의미가 없을 것이므로, 닫기 버튼을 클릭하여 닫습니다.

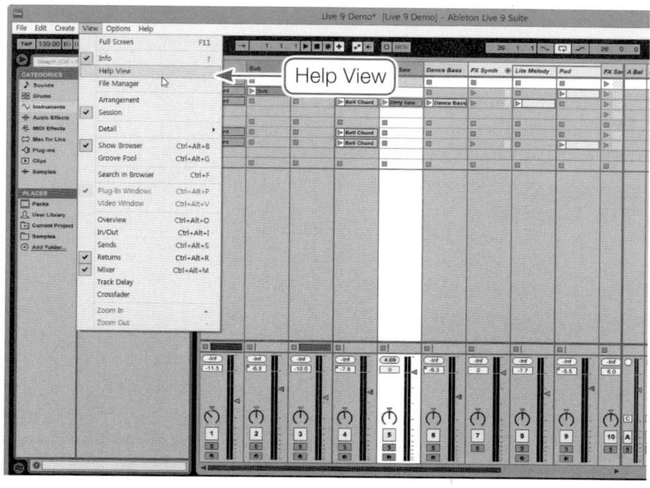

05

도움말 뷰를 열어볼 일이 있다면, View 메뉴의 Help View를 선택합니다. View 메뉴를 보면, Info, Session, Show Browser 등의 뷰가 제공되고 있다는 것을 확인할 수 있으며, 체크 되어 있는 것이 열려있는 뷰 입니다.

06 컨트롤 바

컨트롤 바에는 템포, 트랜스포트, 루프, 모드의 4가지 그룹으로 구성되어 있습니다.

● **템포 그룹**

템포 그룹은 Tap Tempo, Tempo, Tempo Nudge Down, Tempo Nudge Down Up, Time Signature Numerator, Metronome, Count-in, Quantization Menu의 8가지 버튼으로 구성되어 있습니다.

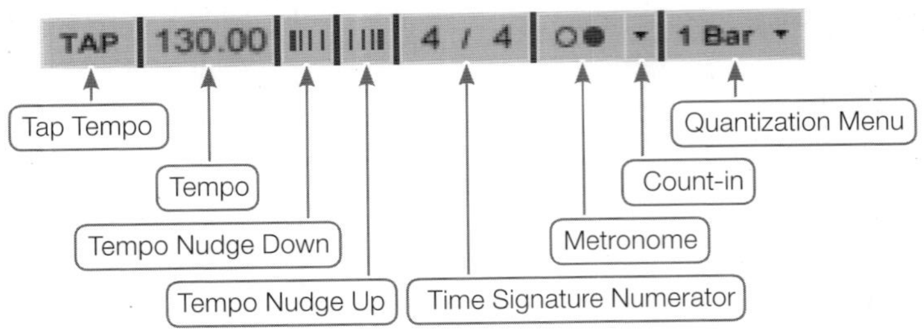

- Tap Tempo : 마우스 클릭으로 템포를 설정합니다. 4번을 클릭하면 속도가 계산되고 재생됩니다.
- Tempo : 설정된 템포 값을 표시합니다. 마우스 드래그 및 더블 클릭으로 변경 가능합니다.
- Tempo Nudge Down : 누르고 있는 동안 템포를 감소 시킵니다.
- Tempo Nudge Down Up 누르고 있는 동안 템포를 증가 시킵니다.
- Time Signature Numerator : 박자를 표시합니다. 마우스 드래그 및 더블 클릭으로 변경 가능합니다.
- Metronome : 메트로놈 기능을 On/Off 합니다.
- Count-in : 녹음 시작 전의 예비 박자를 On/Off 합니다. 역삼각형 모양의 버튼을 누르면 1 마디, 2 마디, 4 마디 단위로 변경 가능한 메뉴가 열립니다.
- Quantization Menu : 리얼로 녹음한 미디 데이터를 보정하거나 클립 재생 단위를 선택합니다. 메뉴를 누르면 마디 및 비트 단위를 선택할 수 있는 목록이 열립니다.

● **트랜스포트 그룹**

트랜스포트 그룹은 Follow, Position, Play, Stop, Arrangement Record, Overdub, Arm, Re-Enable, Session Record, New Recording의 10가지 버튼으로 구성되어 있습니다.

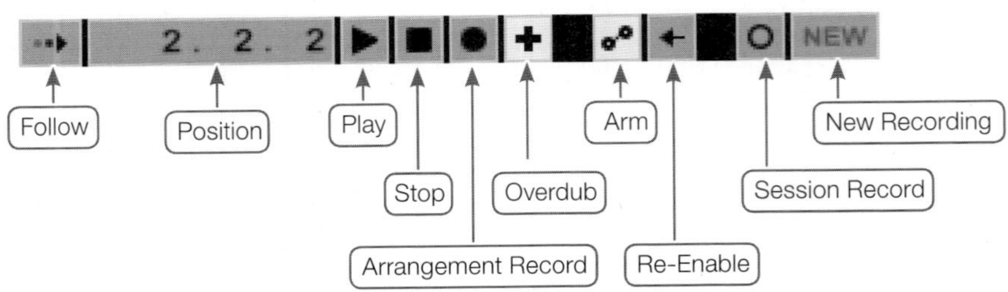

- Follow : 재생 위치에 맞추어 화면을 스크롤 합니다.
- Position : 어레인지먼트 뷰의 재생 위치를 표시합니다. 재생 위치는 검정색의 세로 실선으로 표시되며, 이를 포지션 라인이라고 합니다.
- Play : 재생 버튼이며, 단축키는 스페이스 바 키입니다. 언제나 시작 위치에서 재생을 하며, 포지션 라인 위치에서부터 재생을 하려면 Shift 키를 누른 상태에서 스페이스 바 키를 누릅니다.
- Stop : 정지 버튼이며, 단축키는 Play와 동일한 스페이스 바 키입니다. 정지된 상태에서 Stop 버튼을 클릭하면 포지션 라인이 시작 위치로 이동합니다.
- Arrangement Record : 어레인지먼트 뷰에 미디 및 오디오 데이터를 기록합니다. Shift 키를 누른 상태로 클릭하면, 녹음 준비 상태가 되며, Play 버튼을 클릭하거나 세션을 시작할 때 녹음이 진행됩니다.
- Overdub : 트랙에 미디 클립이 존재할 때, 새롭게 녹음하는 데이터를 믹스합니다.
- Arm : 컨트롤 파라미터의 움직임을 기록합니다.
- Re-Enable : 해제한 오토메이션을 다시 활성화 합니다.
- Session Record : 세션 뷰에서 녹음 준비 버튼이 On으로 되어 있는 트랙에 클립을 녹음합니다.
- New Recording : 새 클립을 녹음할 수 있는 씬을 만듭니다.

● 루프 그룹

루프 그룹은 Loop Start Punch-in, Punch-in, Loop, Punch-Out, Loop/Punch-Region의 5가지 항목으로 구성되어 있습니다.

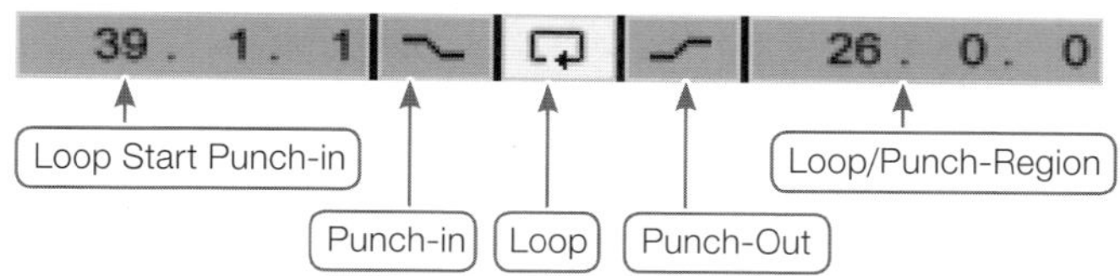

- Loop Start Punch-in : 루프 및 펀치의 시작 위치 표시. 마우스 드래그 및 더블 클릭으로 편집할 수 있습니다.
- Punch-in : 펀치 인 기능을 동작시킵니다.
- Loop : 루프 기능을 동작시킵니다.
- Punch-Out : 펀치 아웃 기능을 동작시킵니다.
- Loop/Punch-Region : 루프 및 펀치 구간으로 표시합니다. 마우스 드래그 및 더블 클릭으로 편집할 수 있습니다.

● 모드 그룹

모드 그룹은 Draw, MIDI, Key Map, MIDI In/Out, MIDI Map, CPU Load Meter, Hard Disk Overload, MIDI Track In/Out의 8가지 버튼으로 구성되어 있습니다.

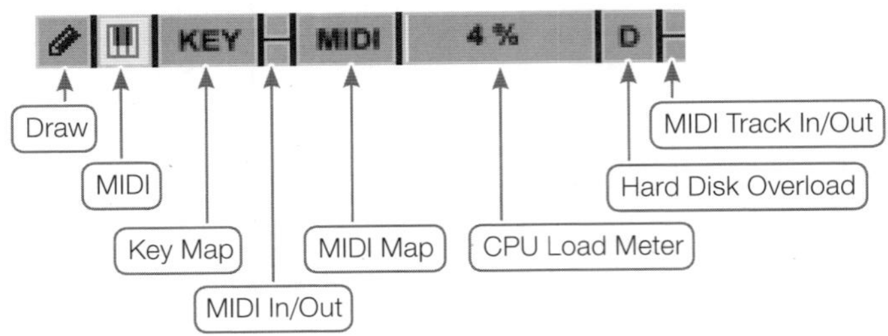

- Draw : 미디 및 엔벨로프를 입력하거나 편집할 수 있는 모드입니다.
- MIDI : 컴퓨터 키보드를 건반으로 사용할 수 있는 모드입니다.
- Key Map : 컴퓨터 키보드의 미디 컨트롤 맵을 설정할 수 있는 모드입니다.
- MIDI In/Out : 미디 컨트롤러의 인(위)/아웃(아래) 상태를 표시합니다.
- MIDI Map : 미디 컨트롤러의 맵을 설정할 수 있는 모드입니다.
- CPU Load Meter : 시스템 사용량을 표시합니다.
- Hard Disk Overload : 하드 디스크의 과부하 상태를 표시합니다.
- MIDI Track In/Out : 미디 정보의 인(위)/아웃(아래) 상태를 표시합니다.

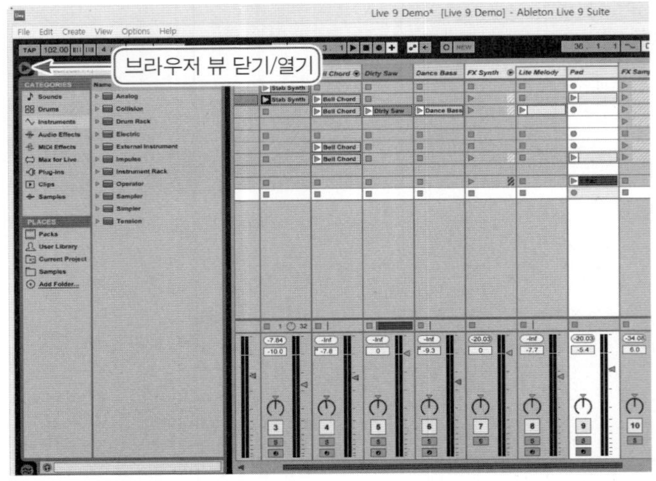

07 브라우저 뷰

라이브에서 기본적으로 제공하는 라이브러리 및 사용자 컴퓨터에 저장되어 있는 라이브러리를 관리합니다. 삼각형 모양의 버튼을 클릭하거나 Ctrl+Alt+B 키를 눌러 뷰를 닫거나 열 수 있습니다.

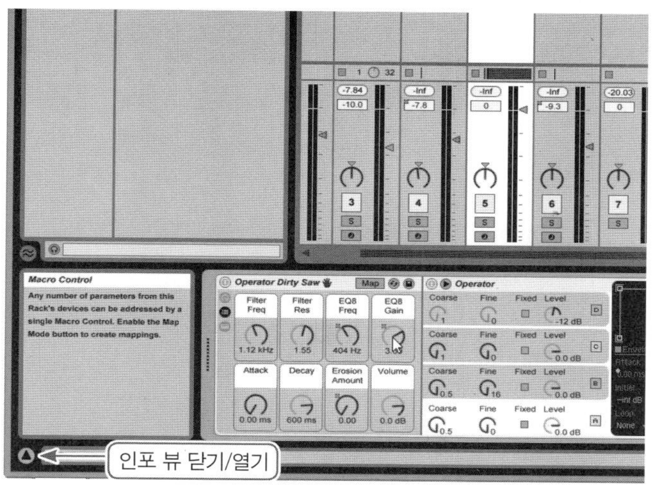

08 인포 뷰

마우스 위치의 파라미터 역할을 소개합니다. 영어에 자신이 있다면 서적 출시 이후에 추가된 기능을 익힐 수 있습니다. 영어 울렁증이 있다면 삼각형 모양의 닫기 버튼을 클릭하여 뷰를 닫고 디바이스 뷰 영역을 확보합니다.

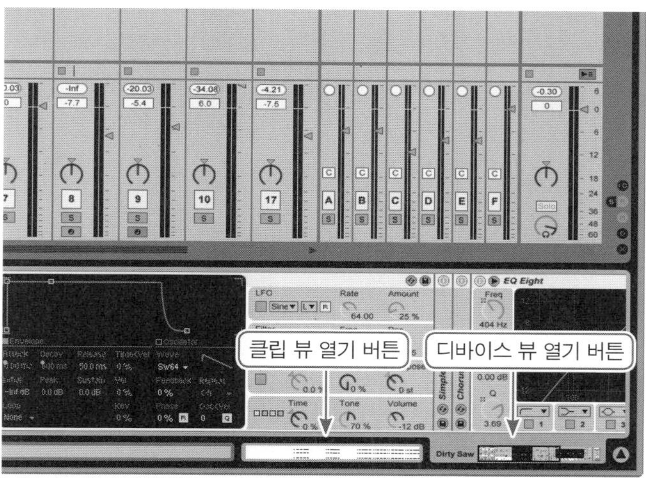

09 디바이스 뷰

인포 뷰 오른쪽은 디바이스 뷰와 클립 뷰 영역입니다. 디바이스 뷰는 악기 및 이펙트와 같은 장치 패널이 표시되는 뷰이며, 클립 뷰는 미디 및 오디오 데이터를 편집할 수 있는 뷰입니다. 두 뷰는 버튼을 클릭하거나 Shift+Tab 키를 눌러 전환할 수 있습니다.

10 세션 뷰

Ableton Live에서의 실제 작업은 세션 뷰와 어레인지먼트 뷰에서 이루어집니다. 화면은 세션 및 어레인지 뷰 버튼을 클릭하거나 Tab 키를 눌러 전환할 수 있습니다.

브라우저 뷰

브라우저는 에이블톤 팩, 프리세트, 미디 및 오디오 샘플 등, 음악 작업에 사용하는 라이브러리를 관리합니다. 라이브러리는 에이블톤에서 제공하는 것 외에 사용자가 가지고 있는 것들을 추가할 수 있으며, 이것들을 체계적으로 관리할 수 있어야 효율적인 작업이 가능합니다. 브라우저 구조에서 라이브러리 관리까지의 모든 내용을 살펴보겠습니다.

● 브라우저 뷰의 구성

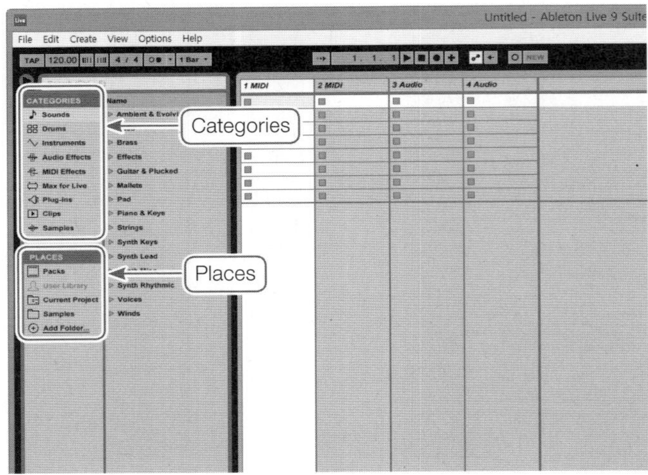

01 사이드 바

브라우저 뷰의 왼쪽의 사이드 바에는 라이브러리를 Sound, Drums, Instruments, Audio Effects 등의 타입 별로 구분해놓은 카테고리(Categories)와 하드 드라이브 폴더 내용을 보여주는 Places의 두 가지 섹션을 제공합니다.

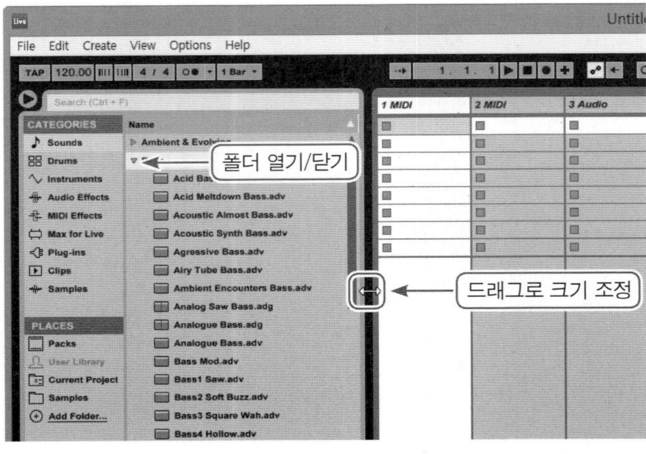

02 콘텐츠 패널

오른쪽 콘텐츠 패널은 사이드 바에서 선택한 카테고리 내용을 표시하며, 삼각형 모양의 아이콘을 클릭하거나 좌/우 방향키를 눌러 폴더 목록을 볼 수 있습니다. 콘텐츠 패널의 크기는 외각선을 드래그하여 조정할 수 있습니다.

03 칼럼 추가/정렬

콘텐츠 목록은 이름(Name) 외에 Size, Type 등의 칼럼을 추가하여 정렬할 수 있습니다. 칼럼을 추가할 때는 마우스 오른쪽 버튼을 클릭하여 단축 메뉴를 열고, 정렬할 때는 해당 칼럼의 이름을 클릭합니다.

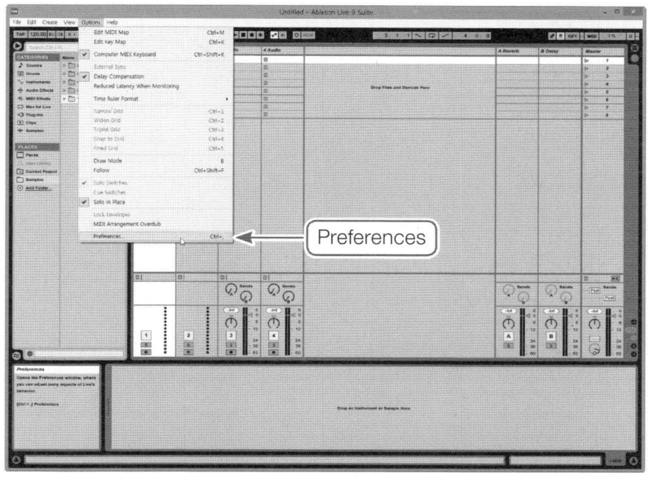

04 사용자 라이브러리

음악 작업을 하다 보면 사용자만의 랙이나 프리세트 등의 라이브러리를 만들게 됩니다. 이것이 하나의 폴더에서 관리되도록 하려면 Options 메뉴의 Preferences를 선택하여 창을 엽니다.

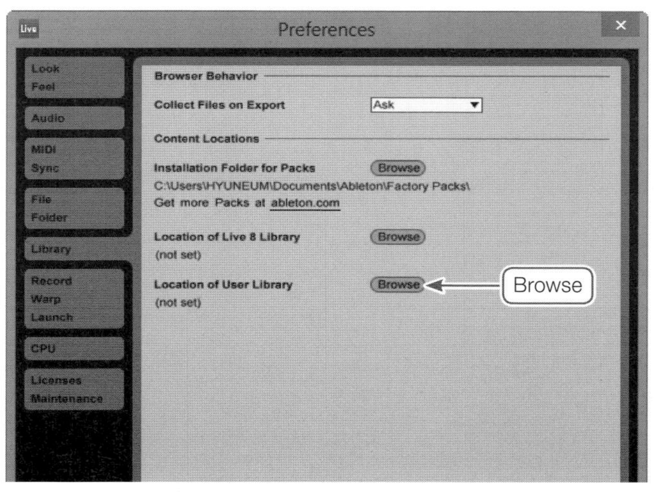

05 Library 탭을 선택하여 페이지를 열면, Location of User Library 항목을 볼 수 있습니다. Browse 버튼을 클릭하여 사용자 라이브러리가 저장될 폴더의 위치를 선택합니다.

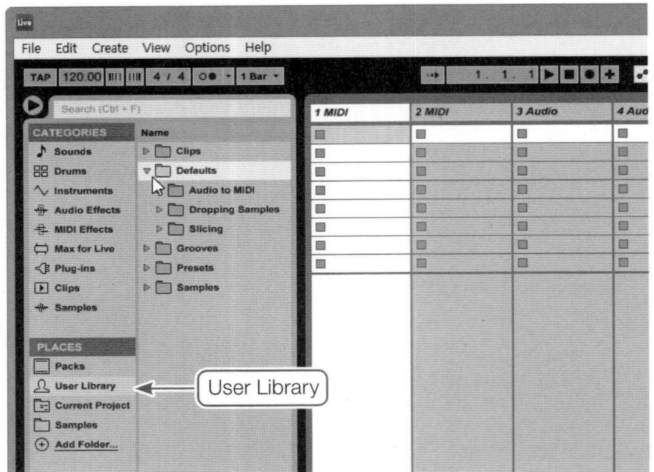

06 Places 섹션의 User Library가 활성화되고, Clips, Defaults, Groves, Presets, Samples 폴더가 생성됩니다. 아직은 모두 비어 있지만, 앞으로 사용자가 만든 라이브러리가 저장될 폴더입니다.

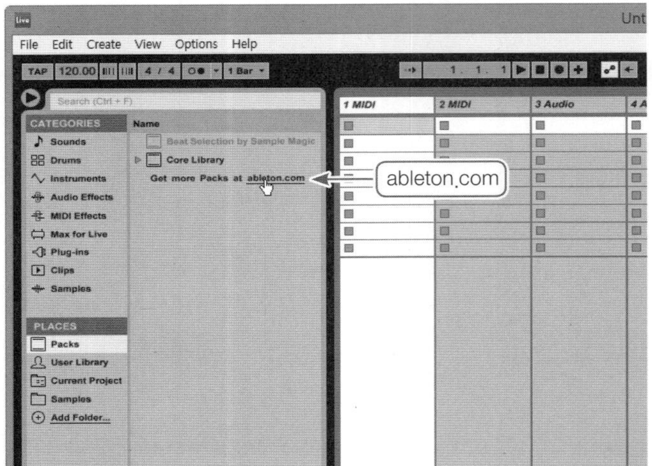

07 라이브 팩 추가하기

Places 섹션의 Packs 폴더에는 에이블톤 사에서 판매되고 있는 라이브 확장 팩을 추가하고 관리합니다. 폴더에서 Get more packs at ableton.com을 클릭합니다.

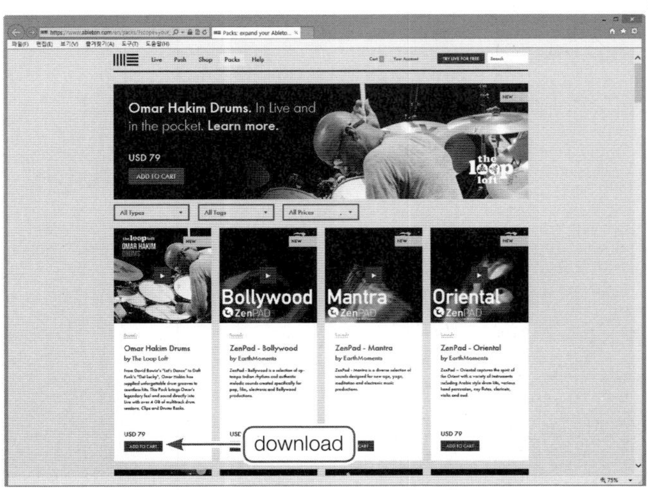

08 대부분 유료(add to cart)이지만, 무료(download)로 제공되는 것도 있습니다. 무료로 설치할 수 있는 팩을 다운로드 합니다.

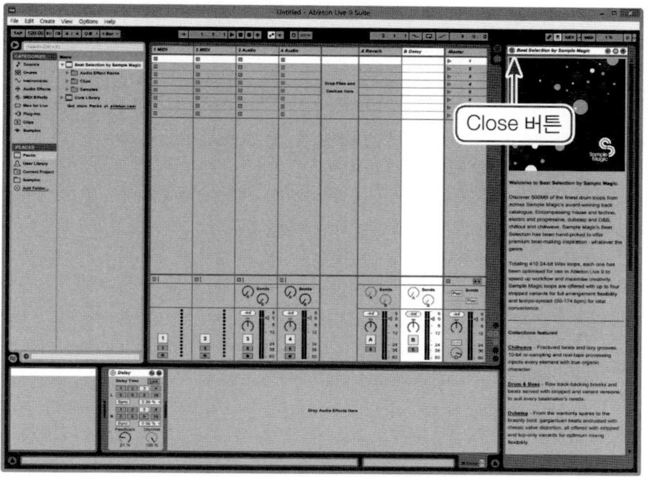

09 다운로드 받은 라이브 팩을 더블 클릭으로 실행하면, Places 섹션 Packs 폴더에 추가되는 것을 확인할 수 있습니다. 설치 팩의 자세한 소개 글을 보여주는 Help 뷰는 Close 버튼을 클릭하여 닫습니다.

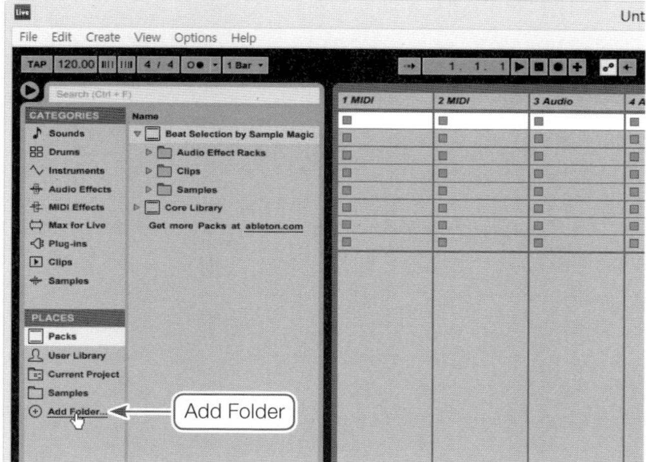

10 사용자 폴더 추가하기

사용자가 모아놓은 샘플 폴더를 Places 섹션에 추가하여 관리할 수 있습니다. 부록 CD의 Sample 폴더를 사용자 컴퓨터에 복사해놓고, Add Folder를 클릭하여 컴퓨터에 복사해놓은 Sample 폴더를 선택합니다.

TIP : 사용자 컴퓨터에 복사한 Sample 폴더를 Places 섹션으로 드래그하여 추가해도 됩니다.

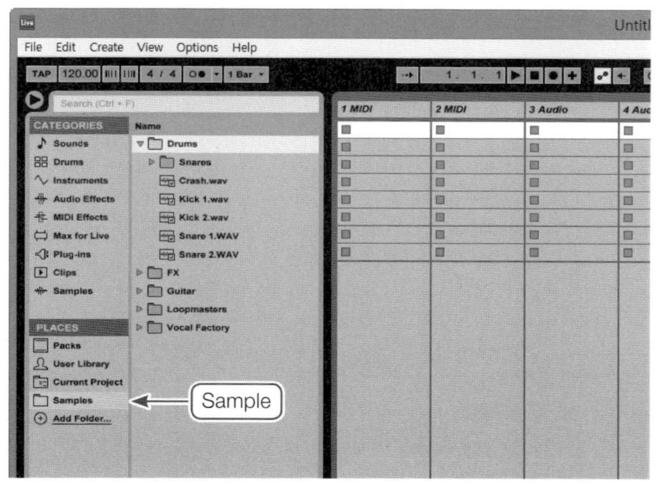

11 Places 섹션에 Sample 폴더가 추가되는 것을 확인할 수 있습니다. 본서 학습을 진행하면서 부록 CD의 Sample 폴더를 일일이 검색할 필요없이 Places 섹션에서 바로 이용할 수 있는 것입니다.

TIP : 샘플을 부록 CD에서 열면 매개변수 에러가 발생할 수 있으므로, 사용자 컴퓨터에 복사해 놓고 사용합니다.

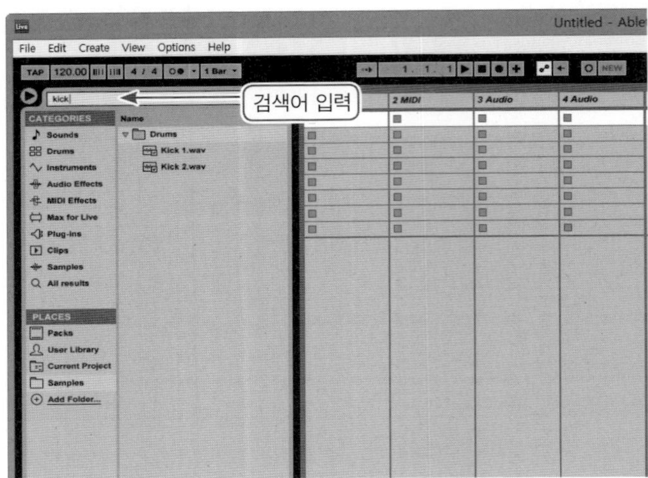

01 브라우저 뷰는 사용자가 원하는 콘텐츠를 빠르게 찾을 수 있는 검색 기능을 제공합니다. 검색 창을 클릭하거나 Ctrl+F 키를 누르고, 검색어를 입력합니다. 실습으로 kick 라는 단어를 입력해봅니다.

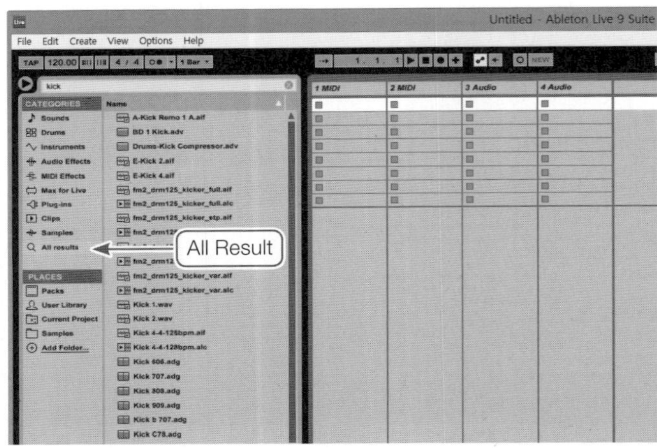

02 카테고리 폴더 별로 kick 문자가 포함되어 있는 콘텐츠만 표시되어 원하는 샘플을 빠르게 찾을 수 있습니다. All Result 폴더에는 검색된 모든 콘텐츠를 표시 합니다.

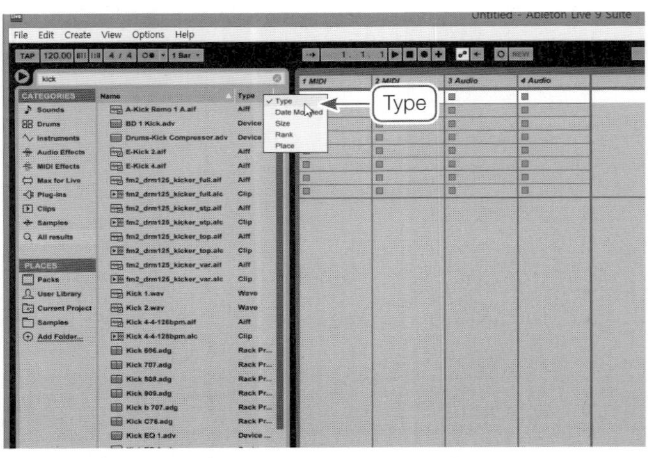

03 All results 카테고리에 검색된 콘텐츠의 타입을 확인하고 싶은 경우에는 칼럼에서 마우스 오른쪽 버튼을 클릭하여 단축 메뉴를 열고, Type을 선택합니다.

04 검색된 콘텐츠를 마우스 또는 방향키를 이용해서 선택하면 자동으로 재생되어 미리 들어볼 수 있습니다. 자동 재생이 되지 않는다면, 프리뷰 탭의 모니터 버튼이 On으로 되어 있는지 확인합니다.

TIP : 클립은 자동으로 재생되지 않습니다. 프리뷰 탭을 클릭하거나 키보드의 오른쪽 방향키를 눌러 수동으로 모니터 합니다.

05 콘텐츠는 프로젝트의 템포 값으로 모니터 됩니다. 원래 템포로 모니터 하고 싶은 경우에는 프리뷰 항목의 Raw 버튼을 On으로 합니다.

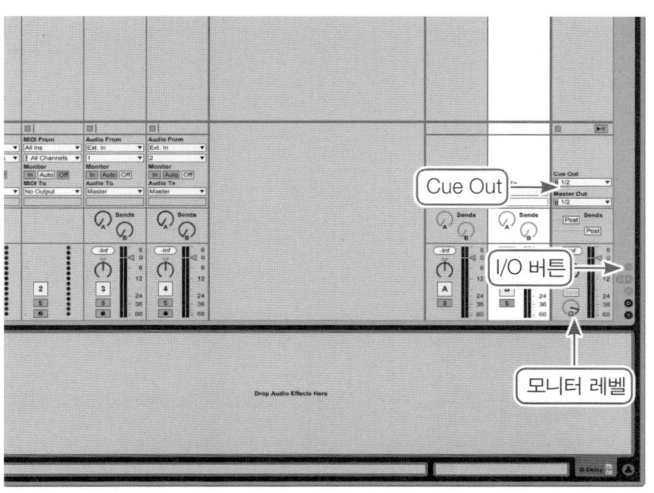

06 모니터의 레벨은 마스터 트랙의 프리뷰 노브를 이용해서 조정합니다. 음악이 재생되는 동안에 헤드폰을 통해 모니터를 하려면 멀티 아웃 오디오 인터페이스가 필요합니다. 장치를 갖추고 있다면 I/O 버튼을 클릭하여 아웃 섹션을 열고, 마스트 트랙의 Cue Out에서 헤드폰이 연결되어 있는 포트를 선택합니다.

● 세트 저장 및 열기

01 새로운 세트 만들기

새로운 작업을 위한 라이브 세트는 File 메뉴의 New Live Set을 선택하여 만듭니다. 기본적으로 두 개의 미디 트랙과 두 개의 오디오 트랙을 갖추고 있습니다.

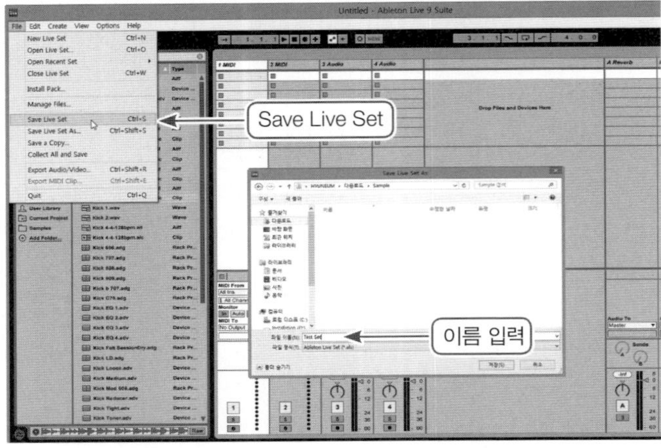

02 세트 저장하기

작업한 세트를 저장할 때는 File 메뉴의 Save Live Set을 선택합니다. Save Live Set As 창이 열립니다. 바탕 화면을 선택하고, Test Save라는 이름으로 입력해봅니다.

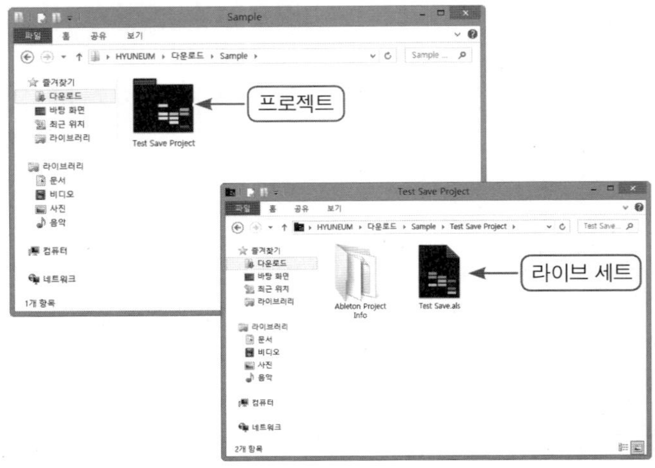

03 바탕 화면에 생성된 Test Save Project 폴더를 열어 보면, Test Save.als 세트 파일이 저장된 것을 확인할 수 있습니다. 세트 파일은 더블 클릭으로 열 수 있습니다.

> TIP : ableton이 실행되어 있지 않은 경우에도 세트 파일을 더블 클릭하여 열 수 있습니다.

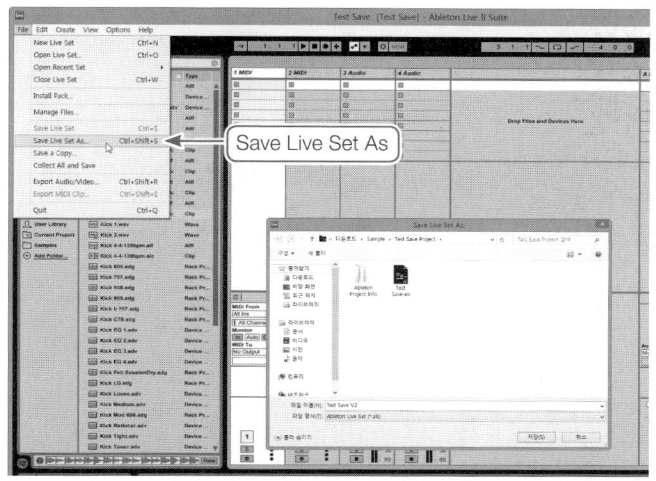

04 다른 이름으로 저장하기

Test save 세트를 열고, 작업을 진행했다고 가정했을 때, 원본을 그대로 두고 추가 진행한 세트를 다른 이름으로 저장하고 싶은 경우가 있습니다. 이때에는 File 메뉴의 Save Live Set As를 선택하여 새로운 이름으로 저장합니다.

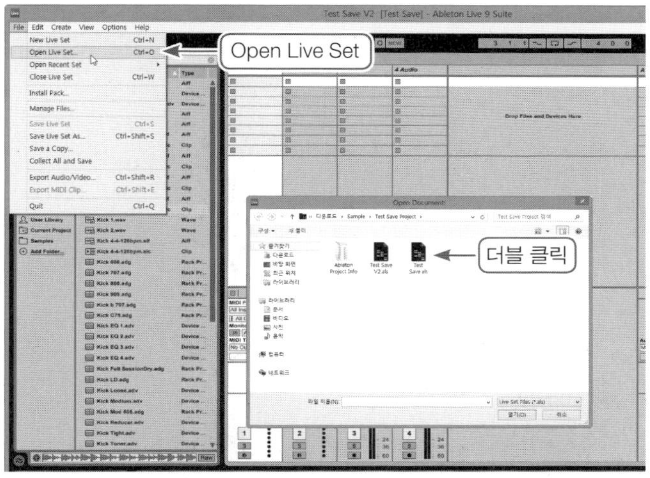

05 세트 열기

Ableton이 실행되어 있는 상태에서 저장했던 세트를 불러올 때는 File 메뉴의 Open Live Set을 선택하여 창을 열고, 라이브 세트 파일을 더블 클릭합니다.

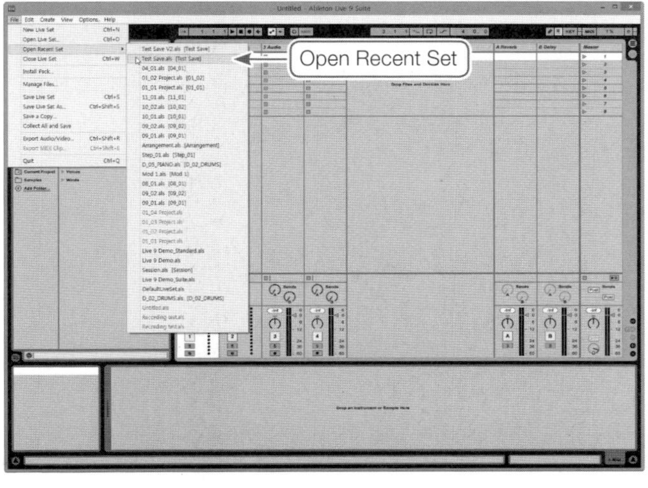

06 최근 세트 열기

Ableton은 최근에 열어보았던 세트 목록이 File 메뉴의 Open Recent Set 메뉴에 기록되어 있으며, 여기서 세트를 선택하여 바로 열 수 있습니다.

● 파일 관리

01 작업 프로젝트를 스튜디오나 클럽으로 복사해서 가져갈 때, 샘플을 빼먹는 실수를 피하려면 File 메뉴의 Collect All and Save 명령을 이용하는 것이 좋습니다.

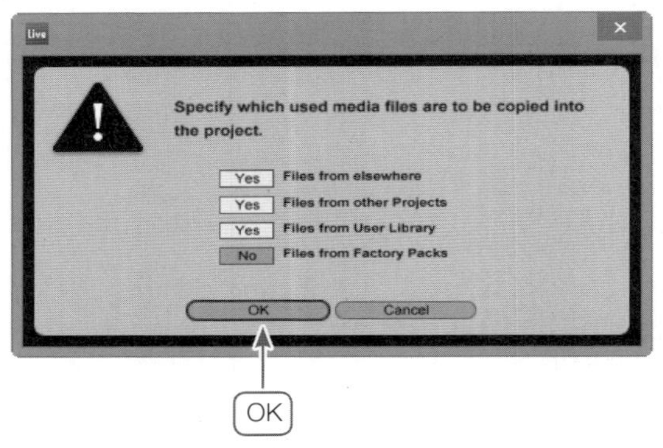

02 다른 위치, 다른 프로젝트, 사용자 라이브러리, 팩토리 팩 등에서 사용한 샘플을 프로젝트에 복사할 것인지의 여부를 선택할 수 있는 창이 열립니다.

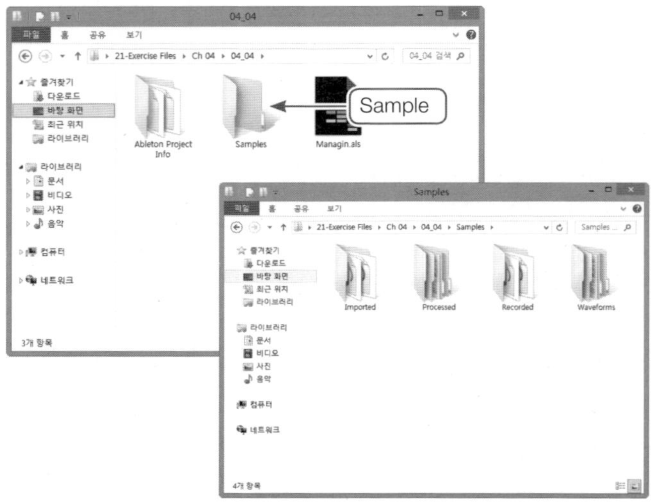

03 프로젝트 폴더를 열어보면, Sample 폴더가 생성되어 있고, 음악을 제작하면서 사용한 샘플들이 Imported, Processed, Recorded, Waveforms 폴더 별로 구분되어 저장된 것을 확인할 수 있습니다. 즉, 스튜디오나 클럽에 프로젝트 폴더만 복사해가면 되는 것입니다.

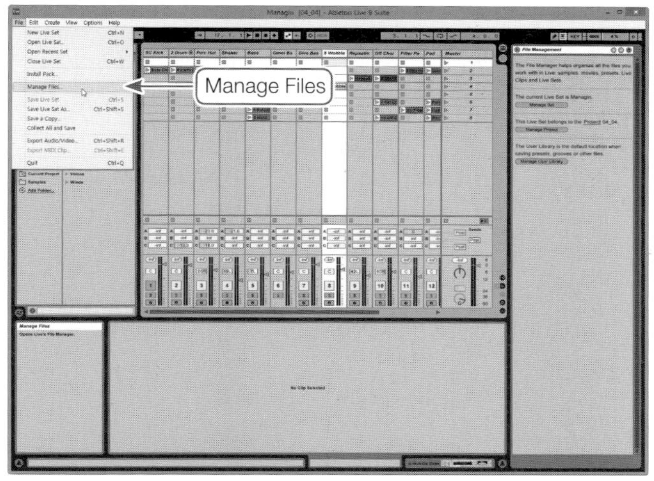

04 Ableton Live는 프로젝트 정보를 관리할 수 있는 매니저 기능을 제공합니다. File 메뉴의 Manage Files를 선택하면 화면 오른쪽에 File Management 창이 열립니다.

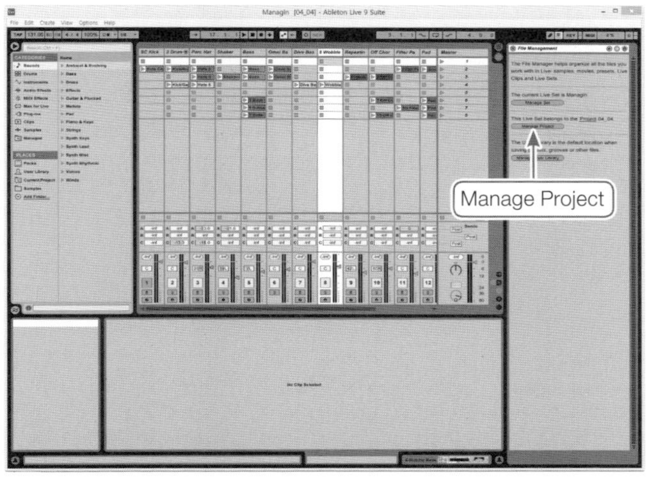

05 File Management에는 세트, 프로젝트, 사용자 라이브러리 정보를 제공합니다. Manage Project 버튼을 클릭해 봅니다.

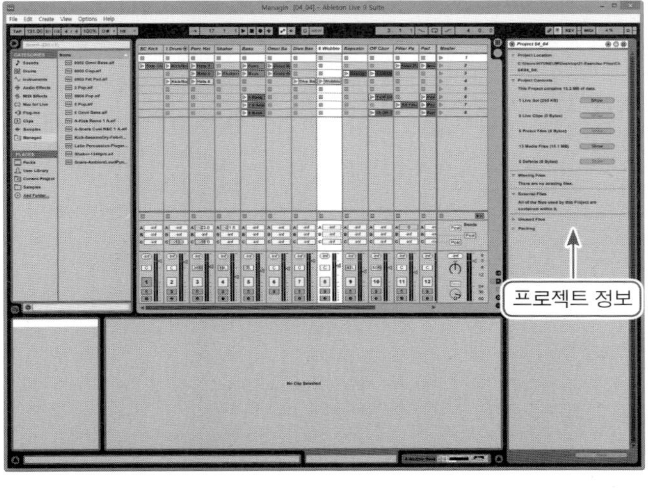

06 프로젝트 저장 위치, 용량, 콘텐츠 정보, 누락된 파일이 있는지 등의 정보를 확인할 수 있습니다. 라이브 현장에서 오랜 준비를 허사로 만드는 요인 중에 한가지는 프로젝트 관리를 소홀히 하는 경우가 많습니다. 평소에 주의 깊은 관리를 습관화하길 바랍니다.

● 클립 및 디바이스 익스포팅

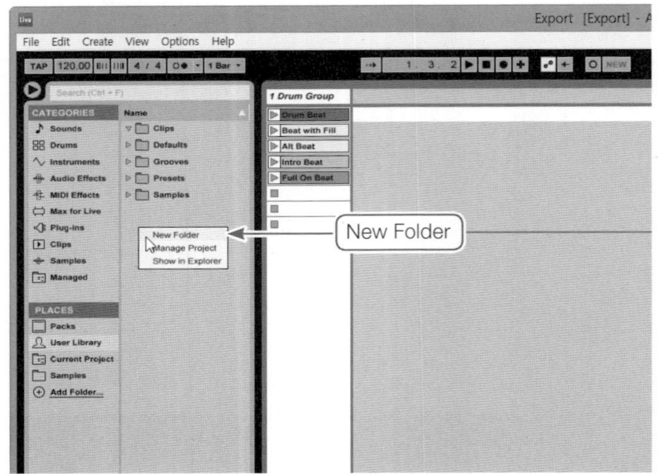

01 클립이나 디바이스를 사용자 라이브 러리로 만들어 사용할 수 있습니다. User Library 콘텐츠에서 마우스 오른쪽 버튼을 클릭하여 단축 메뉴를 열고, New Folder를 선택하여 폴더를 만듭니다.

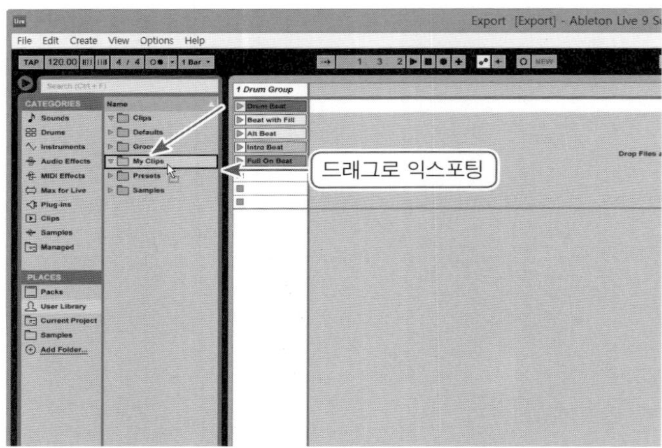

02 클립 및 디자이스를 익스포팅하는 작업은 간단합니다. 클립이나 디바이스를 새로 만든 폴더로 드래그하면 됩니다.

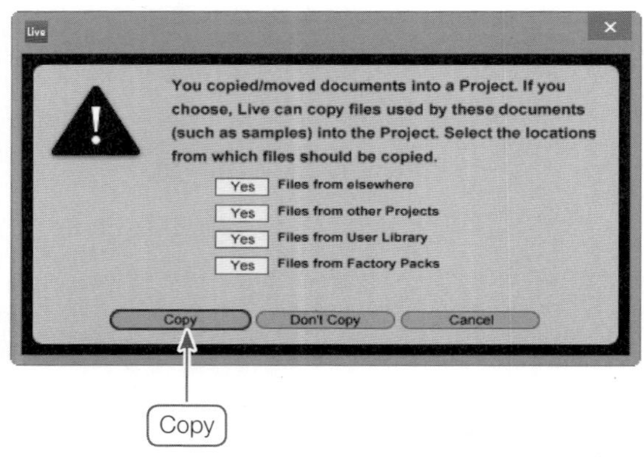

03 프로젝트에 복사할 것인지의 여부를 묻는 창이 열립니다. 클립 및 샘플은 프로젝트별로 관리하는 것이 안전하므로, Copy 버튼을 클릭하여 복사합니다.

> TIP : 프로젝트를 이동할 필요가 없는 사용자는 Don't Copy로 하드 용량을 확보 합니다.

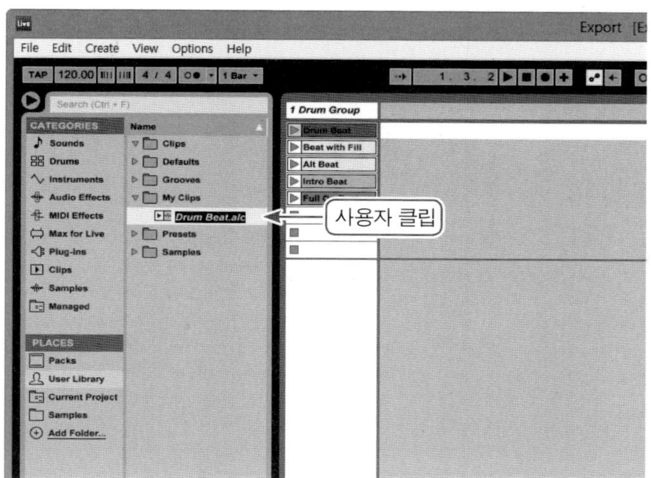

04 alc 포맷의 사용자 클립이 익스포팅 됩니다. 트랙에 사용된 클립 이름으로 생성되지만, 사용자가 구분하기 쉬운 이름으로 변경 가능합니다.

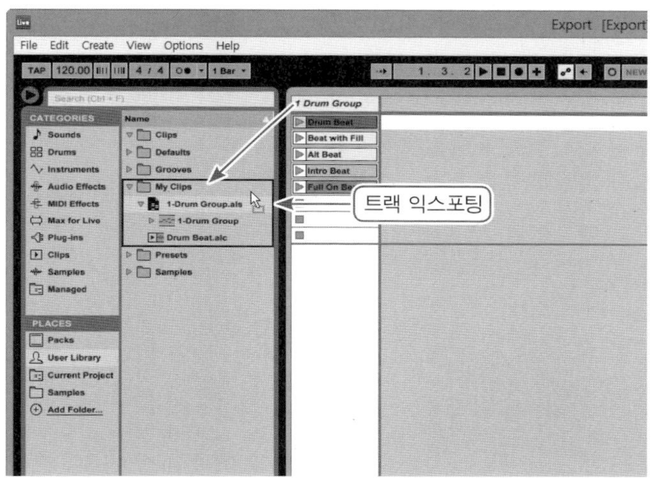

05 Ctrl 또는 Shift 키를 누른 상태로 두 개 이상의 클립을 드래그하면 als 포맷의 그룹으로 익스포팅이 가능합니다. 전체 클립을 익스포팅 할 때는 트랙을 드래그합니다.

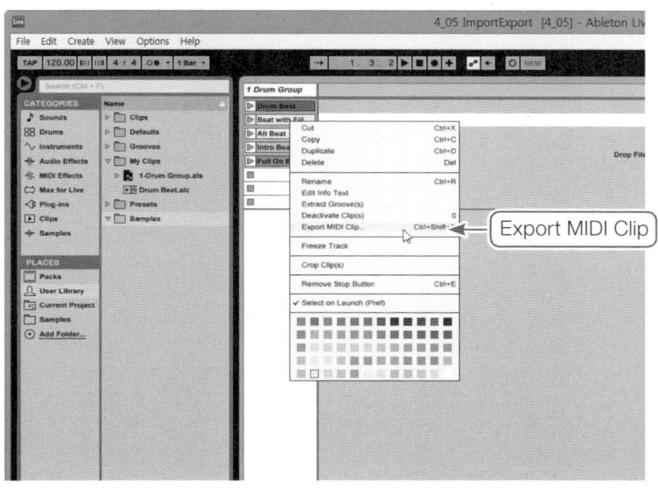

06 클립을 미디 파일로 익스포팅하여 다른 시퀀싱 프로그램에서 이용할 수 있습니다. 클립을 마우스 오른쪽 버튼으로 클릭하여 단축 메뉴를 열고, Export MIDI Clip을 선택하여 저장하면 됩니다.

PART 02
데이터 입력하기

Ableton Live 9

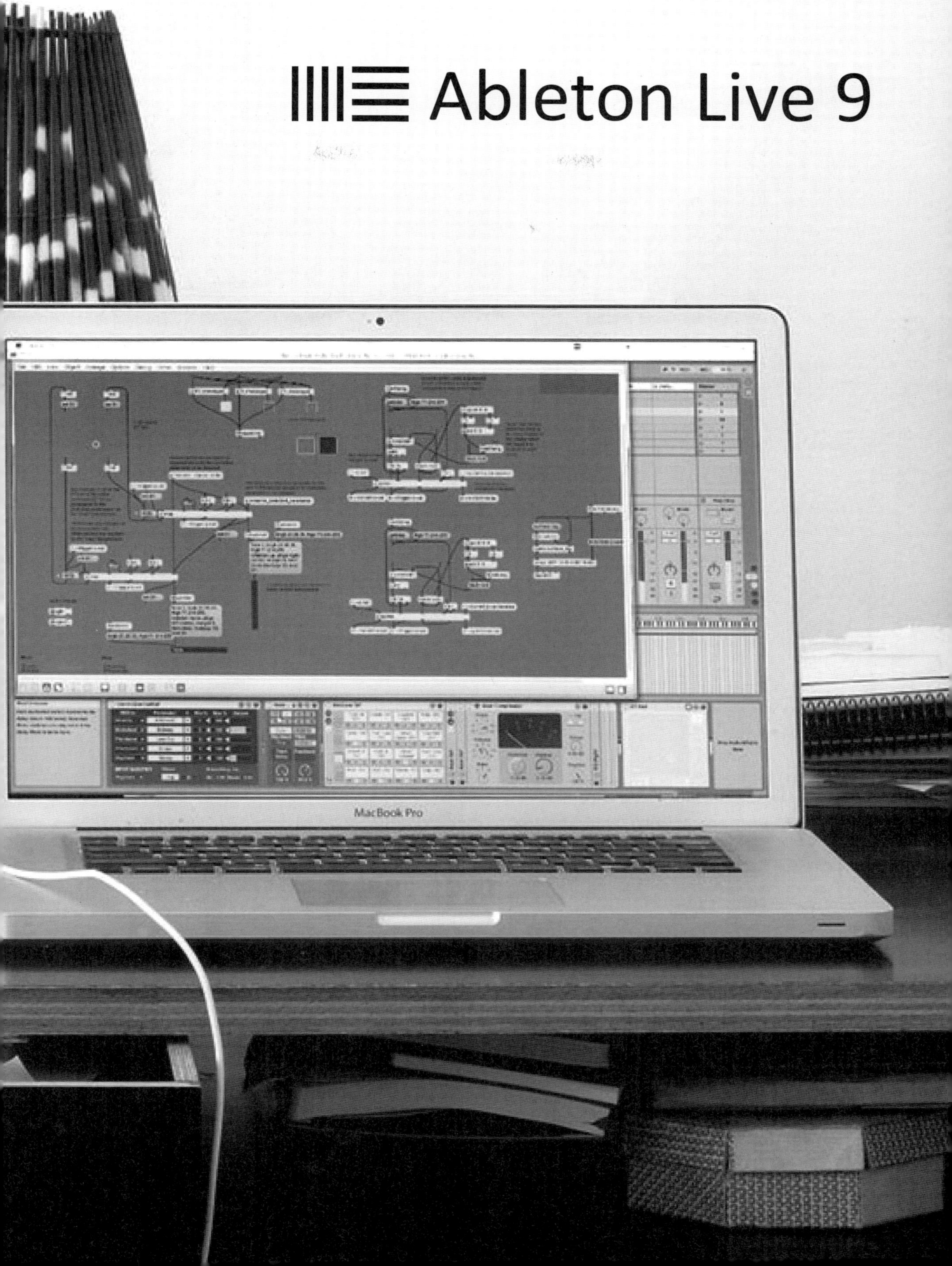

미디 레코딩

Ableton Live에 미디 데이터를 입력하는 방법은 다양한 것들이 있습니다. 연주가 가능한 사용자라면 리얼 입력이 가장 편할 것이고, 그렇지 않다면 마우스를 이용한 입력 방법을 이용하게 될 것입니다. 그 외, 컴퓨터 키보드를 이용한 리얼 입력 및 스텝 입력에 관해서도 살펴보겠습니다.

● 레코딩 준비

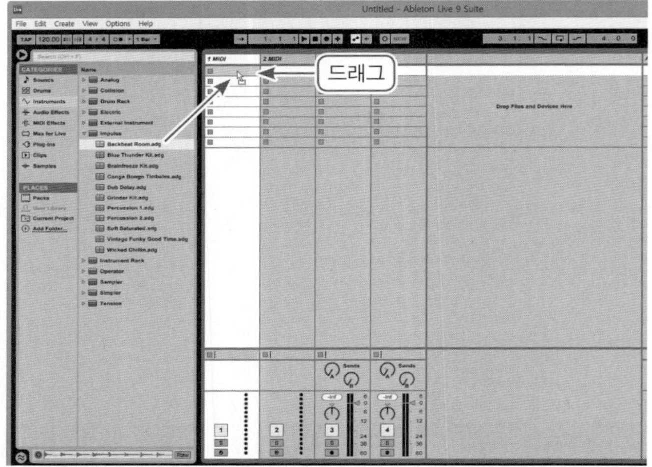

01 악기 로딩

Ctrl+N 키를 눌러 새 프로젝트를 만들고, 카테고리의 Instruments를 선택합니다. 그리고 Impulse 폴더의 Backbeat Room.adg 랙을 1 MIDI 트랙으로 드래그합니다.

02 인풋 타입

세션 뷰의 I/O 버튼을 클릭하여 인/아웃 섹션을 표시합니다. MIDI From의 Input Type은 All Ins로 선택되어 있습니다. 컴퓨터에 연결된 모든 미디 입력 장치의 신호를 받아 들겠다는 의미입니다.

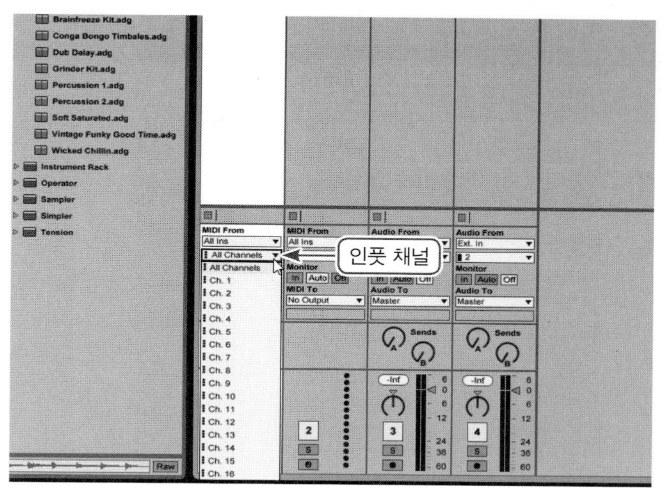

03 인풋 채널

Input Channels 역시 All Channels로 채널 구분 없이 입력 가능하도록 되어 있습니다. 사용하고 있는 마스터 건반이 분리 기능을 지원하고 있다면, 트랙 마다 서로 다른 채널을 선택하여 왼손과 오른쪽 연주를 구분하여 녹음할 수 있습니다.

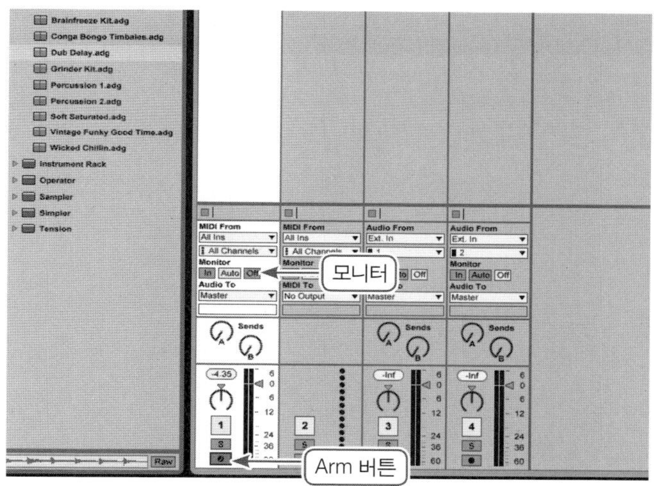

04 모니터링

Monitering 섹션은 입력 사운드를 모니터 할 것인지의 여부를 선택합니다. 기본적으로 선택되어 있는 Auto는 Arm 버튼이 On으로 되어 있는 트랙의 연주를 모니터 하는 것이며, In은 활성화된 트랙을 모니터 할 수 있게 하고, Off는 모니터 하지 않습니다. Auto가 선택되어 있는 상태에서 건반의 C3를 눌러 Kick 사운드를 모니터 해봅니다.

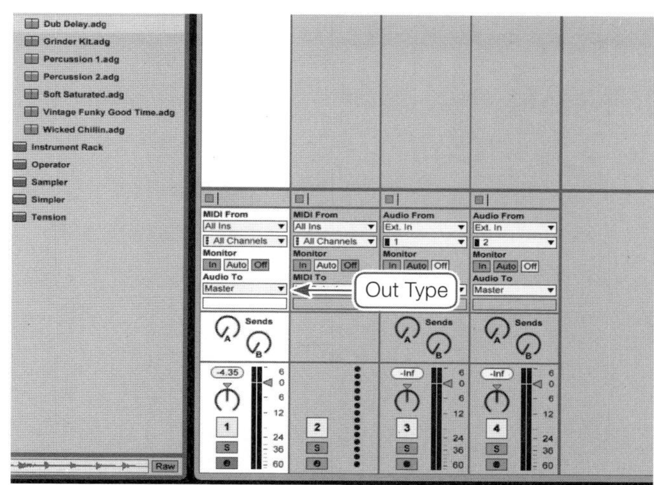

05 아웃 타입

Output Type은 소리가 출력되는 아웃 트랙을 선택합니다. 기본값은 Master 트랙으로 설정되어 있으며, 마스터 트랙의 아웃은 Preferences에서 설정한 메인 아웃입니다. 인/아웃 섹션의 역할을 살펴보았지만, 환경 설정에 문제가 없다면, 기본 값을 변경할 이유는 없을 것입니다.

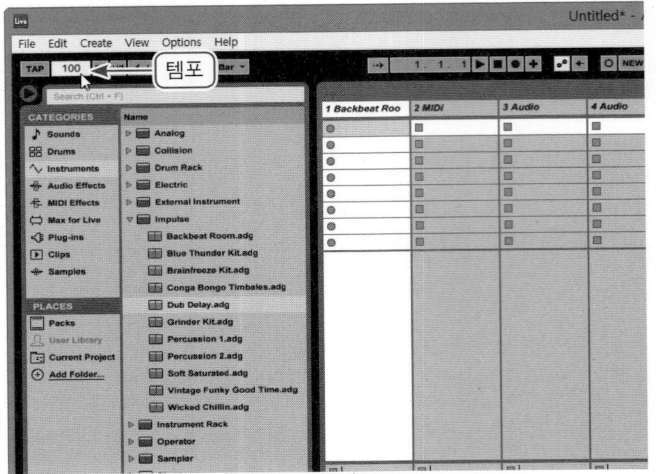

06 템포

컨트롤 바의 템포 항목을 드래그하여 녹음할 템포 값을 설정합니다. 템포 항목을 선택하고, 원하는 값을 입력해도 좋습니다.

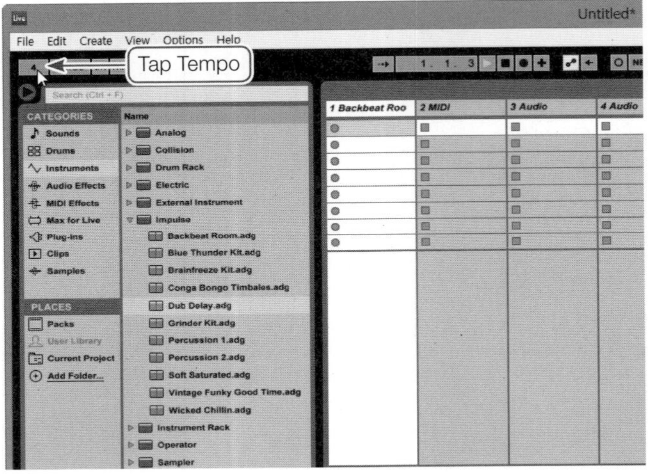

07 탭 템포

기분에 따라 템포 값을 설정하고 싶은 경우에는 Tap 버튼을 4번 클릭합니다. 마우스 클릭 간격이 자동으로 계산되어 템포 값이 입력됩니다.

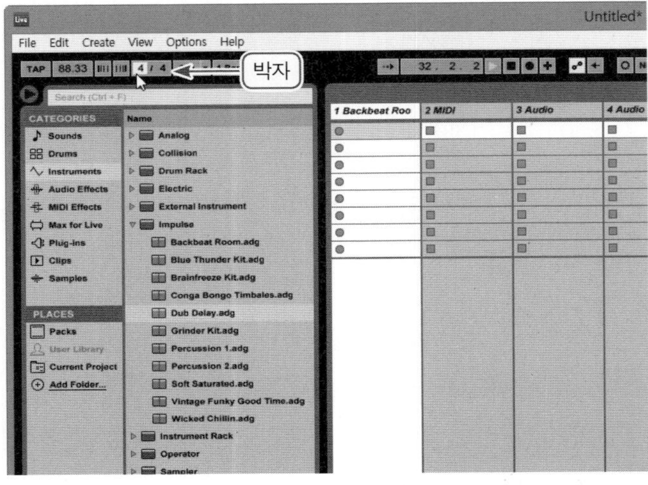

08 박자

대부분 4분의 4박자로 진행을 하겠지만, 3/4 박자의 왈츠나, 12/8 박자의 록 음악 작업을 진행하겠다면, 박자 항목을 드래그하거나 입력하여 설정할 수 있습니다.

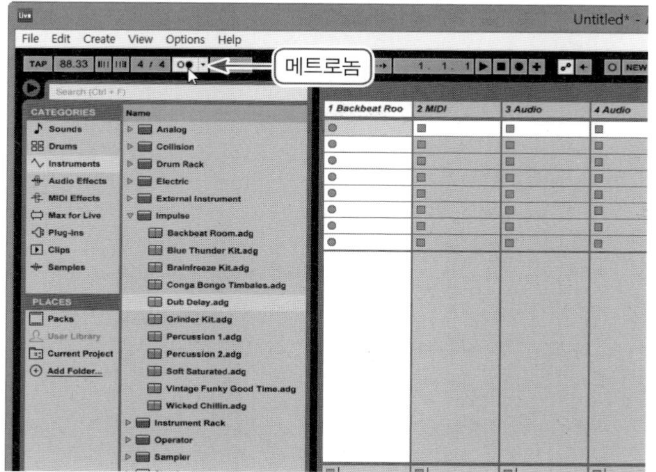

09 메트로놈

레코딩을 진행할 때 메트로놈 소리를 들을
수 있게 메트로놈 버튼을 클릭하여 On으로
합니다.

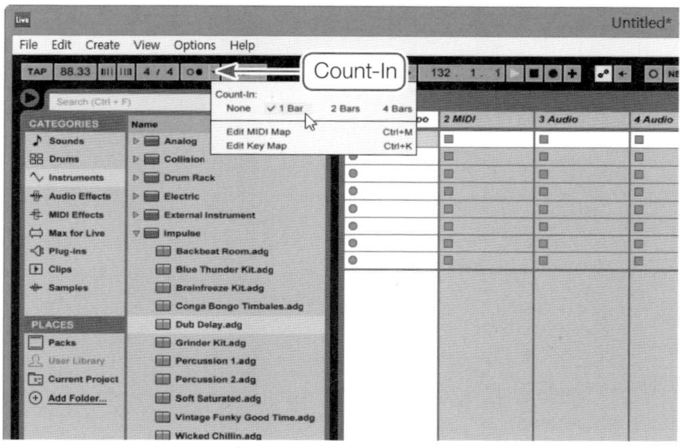

10 카운트

레코딩을 시작하기 전의 예비 박을 의미하는
카운트는 1 마디로 설정되어 있습니다. 만일,
2~3 마디 정도의 여유가 필요하다면, 메트로
놈 버튼 오른쪽의 역 삼각형 모양으로 되어
있는 Count-in 버튼을 클릭하여 메뉴를 열고,
선택합니다.

● 리얼 입력

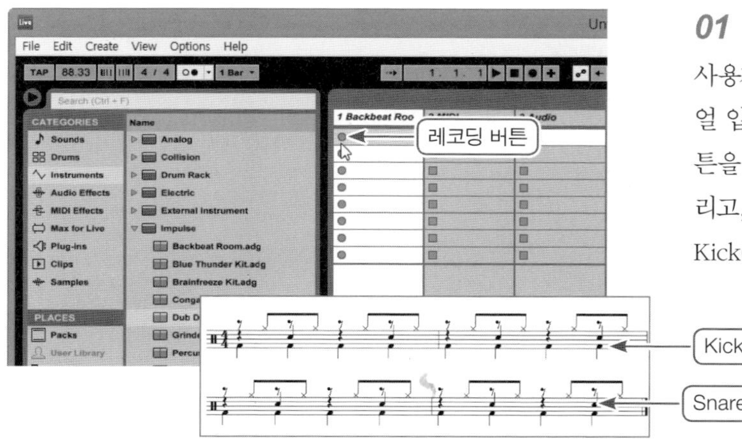

01 레코딩

사용자 연주를 실시간으로 기록하는 것을 리
얼 입력이라고 합니다. 클립 슬롯의 레코딩 버
튼을 클릭하면 한 마디의 카운트 소리가 들
리고, 레코딩이 진행됩니다. 악보를 참조하여
Kick(C3)과 Saner(D3)를 연주합니다.

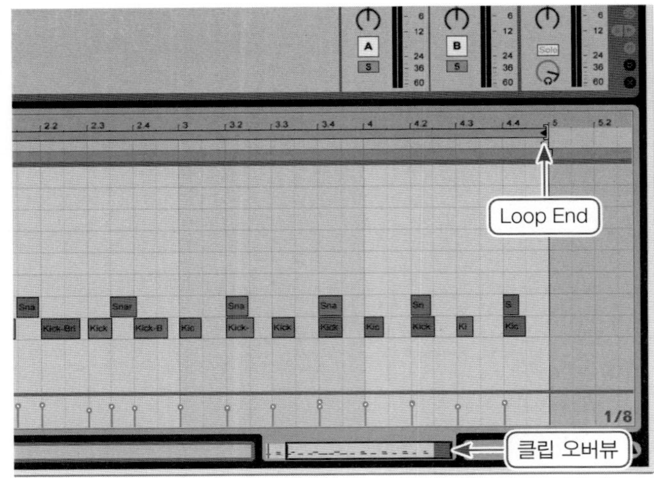

02 스페이스 바 키를 눌러 레코딩을 정지하고, 클립 오버뷰를 선택하여 미디 에디터를 엽니다. 입력된 노트를 확인할 수 있습니다. 룰러 라인 아래쪽에 삼각형 모양으로 표시되어 있는 Loop End 마커를 드래그하여 5마디 위치에 맞춥니다. 4마디 길이의 루프 클립을 완성한 것입니다.

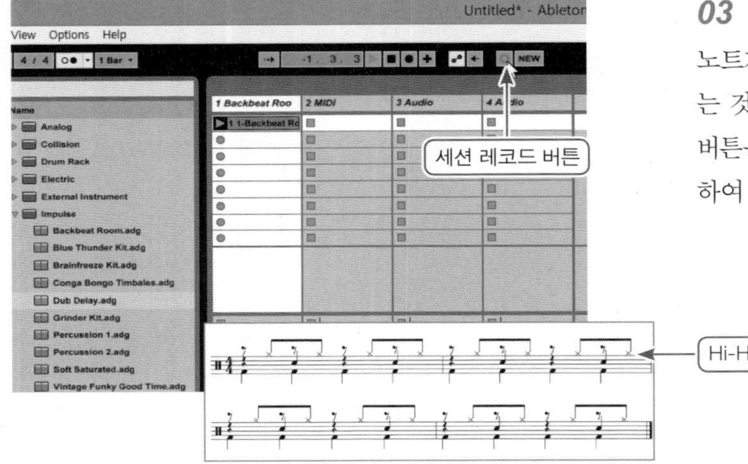

03 오버더빙

노트가 입력되어 있는 클립에 노트를 추가하는 것을 오버더빙이라고 합니다. 세션 레코드 버튼을 클릭하고, 악보의 Hi-Hat(B3)를 연주하여 드럼 패턴을 완성합니다.

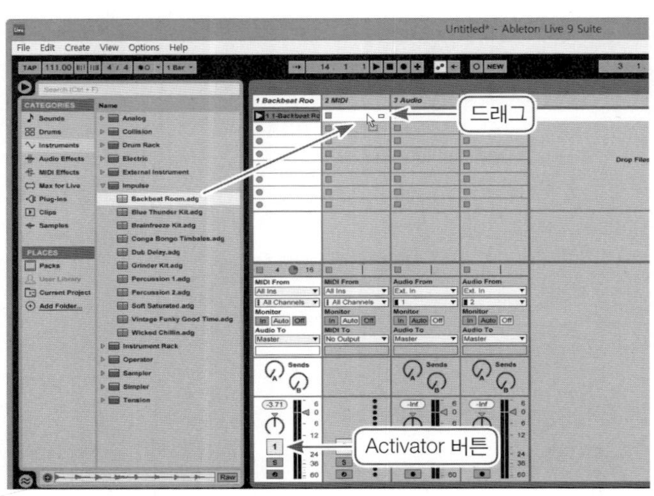

04 레코딩 방법을 살펴보기 위해서 클립 레코딩을 이용했지만, 사실 드럼과 같은 경우에는 처음부터 오버더빙으로 진행하게 됩니다. Backbeat Room.adg 랙을 2 MIDI 트랙으로 드래그하여 로딩하고, 레코딩 실습을 진행했던 1번 트랙은 Activator 버튼을 Off하여 뮤트합니다.

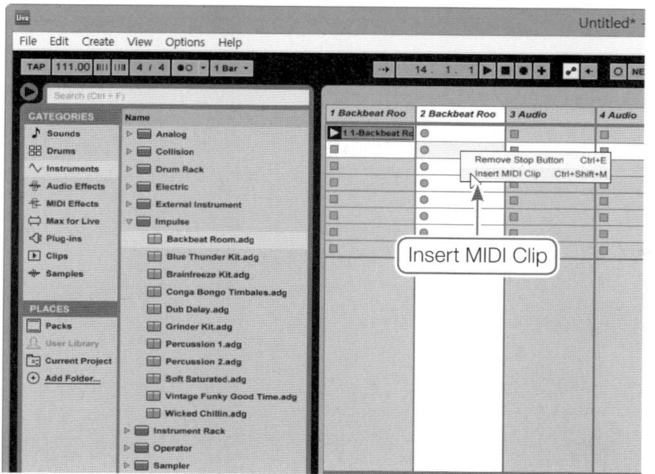

05 루프 구간을 미리 설정하기 위해서 클립을 먼저 만들겠습니다. 클립 슬롯을 마우스 오른쪽 버튼으로 클릭하여 단축 메뉴를 열고, Insert MIDI Clip을 선택합니다. 단축키는 Ctrl+Shift+M 입니다.

06 기본 클립의 루프 구간은 한 마디 길이입니다. 루프 라인을 클릭하여 선택하고 Ctrl+D 키를 눌러 복사합니다. 두 마디 길이를 만드는 것입니다.

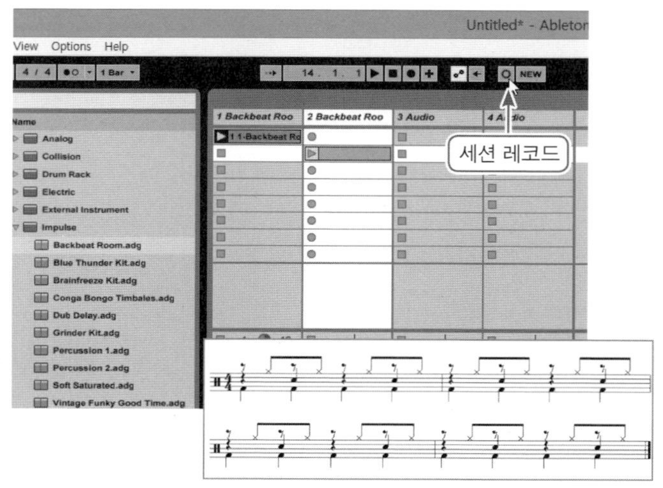

07 세션 레코드 버튼을 클릭하면 두 마디 루프 구간이 반복됩니다. 앞의 실습에서 입력했던 드럼 악보의 두 마디를 Kick, Snare, Hi-Hat 순서로 녹음합니다. 패턴이 완성되면 스페이스 바 키를 눌러 정지합니다.

● 키보드 이용하기

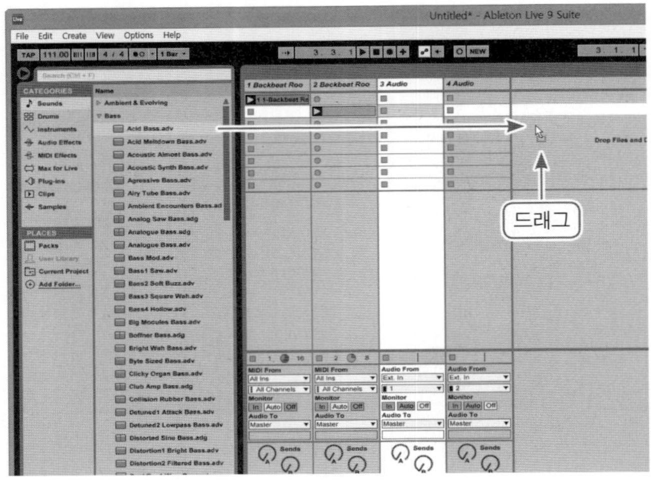

01 커피숍이나 지하철에서 노트북뿐인 경우에도 키보드를 이용해서 리얼 입력을 할 수 있습니다. Sound 카테고리의 Bass 폴더에서 Acid Bass.adv를 세션 뷰의 빈 공간으로 드래그하여 트랙을 만듭니다.

> TIP : Instruments는 악기로 정렬되어 있는 카테고리이며, Sounds는 음색으로 정렬되어 있는 카테고리입니다.

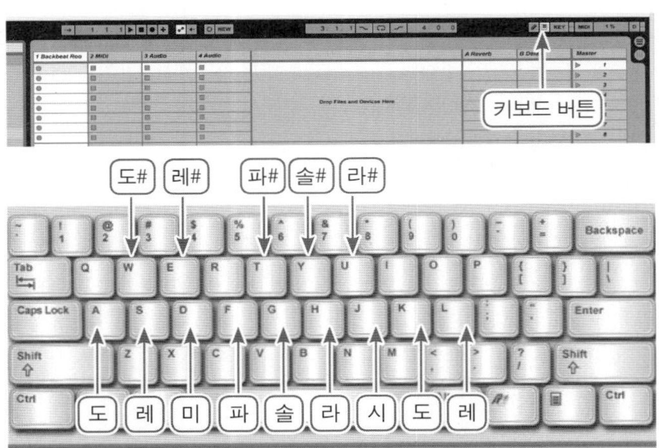

02 키보드 버튼이 On으로 되어 있는지 확인하고, 문자열의 A~K 순서로 눌러봅니다. 건반 배열과 똑같이 C3, C#3, D3, D#3… 순서로 배치되어 있습니다.

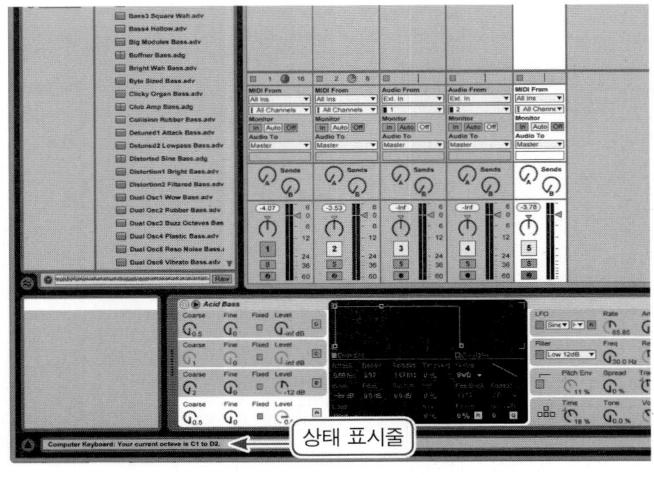

03 옥타브

기본 배열은 C3~D4로 되어있는데, Z 키를 눌러 한 옥타브 낮추거나 X 키를 눌러 한 옥타브 올릴 수 있습니다. 변경된 배열은 아래쪽 상태 표시줄에 나타납니다.

04 벨로시티

연주 강/약을 표현하는 벨로시티 값도 C와 V 키를 이용해서 조정 할 수 있습니다. 테스트를 해보고, 옥타브 범위는 C1~D2, 벨로시티는 기본값 100으로 설정합니다.

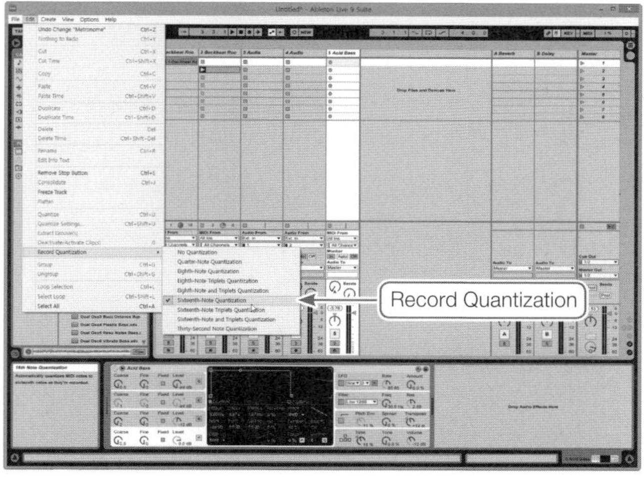

05 퀀타이즈

키보드로 연주할 때는 조금씩 밀리는 현상이 발생할 수 있습니다. Edit 메뉴의 Record Quantization에서 Sixteenth-Note Quantization을 선택하여 16비트 단위로 자동 보정되게 합니다.

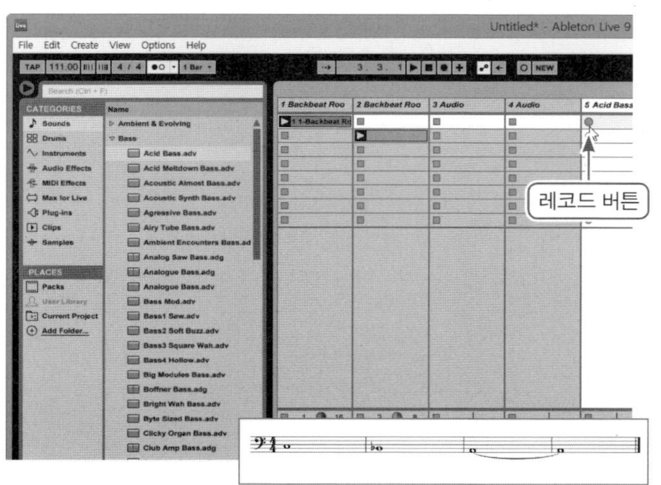

06 메트로놈 버튼이 On으로 되어 있는지 확인하고, 클립의 레코드 버튼을 클릭합니다. 그리고 악보를 참조하여 키보드의 K, U, H 키를 눌러 녹음합니다.

07 스페이스 바 키를 눌러 녹음을 정지하고, 클립을 더블 클릭하여 미디 에디터를 열어보면, 실제 건반을 사용한 것과 동일한 효과를 볼 수 있다는 것을 확인할 수 있습니다. Loop End를 드래그하여 5 마디 위치에 맞추고 키보드 입력 실습을 마칩니다.

● 마우스 입력

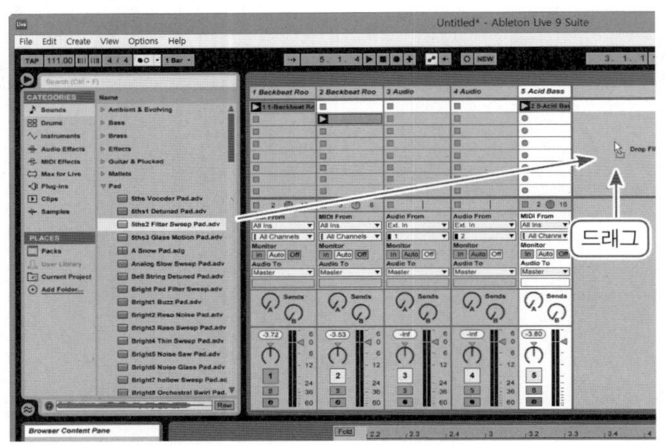

01 건반 연주가 어려운 사용자가 많이 사용하는 마우스 입력 방법입니다. Sounds 카테고리의 Pad 폴더에서 5ths2 Filter Sweep Pad.adv를 세션 뷰 빈 공간으로 드래그하여 트랙을 만듭니다.

02 슬롯을 더블 클릭하여 미디 에디터를 엽니다. 미디 에디터의 작업 공간의 크기는 피아노 왼쪽의 노트 룰러 라인을 좌/우로 드래그하여 조정할 수 있습니다. 상/하로 드래그하면 위치가 조정됩니다.

TIP : 슬롯을 더블 클릭하는 것은 단축 메뉴의 Insert MIDI Clip로 한 마디 클립을 만드는 것과 동일합니다.

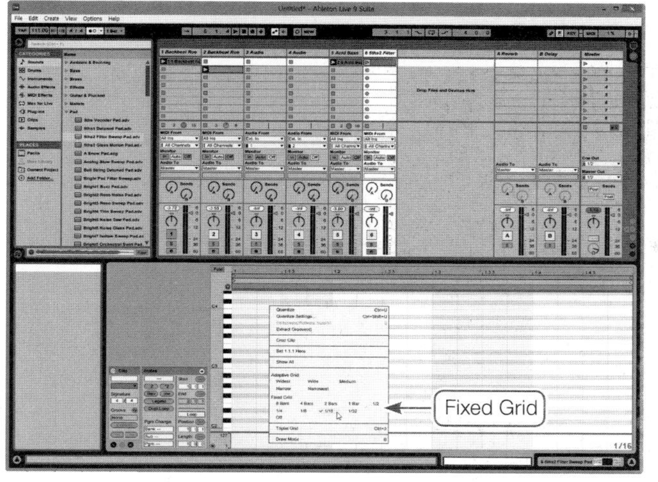

03 그리드

작업 공간에 노트를 쉽게 입력 할 수 있게 세
로로 표시되어 있는 라인을 그리드(Grid) 라
인이라고 하며, 마우스 오른쪽 버튼을 클릭하
여 사용자가 원하는 단위로 변경할 수 있습니
다. 기본 값은 한 마디를 16등분한 1/16이며,
이것을 그대로 사용하는 편입니다.

04 입력

연필 버튼을 On으로 하고, C3 위치를 클릭하
면 16비트 길이의 노트가 입력됩니다. 입력된
노트 오른쪽 끝을 1.3 위치까지 드래그하여 2
분 음표 길이로 만듭니다.

05 편집

같은 방법으로 D3와 G3 노트를 입력합니다.
연필 버튼을 Off 하고, 빈 공간에서부터 드래
그하여 3개의 노트를 모두 선택합니다. 그리
고 Alt 키를 누른 상태에서 노트를 드래그하
여 벨로시티 값을 82-86 로 조정합니다.

● 스텝 입력

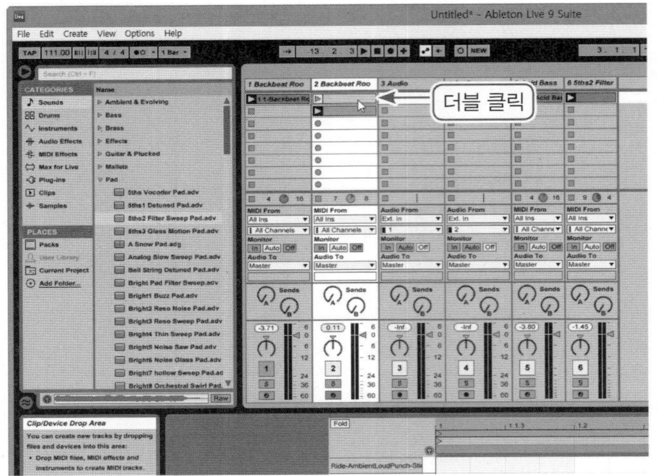

01 건반과 키보드 또는 키보드 만으로 입력하는 방법입니다. 건반 연주가 어려운 사용자도 벨로시티 값을 리얼로 표현할 수 있는 기능입니다. 드럼 트랙의 빈 슬롯을 더블 클릭하여 미디 에디터를 엽니다.

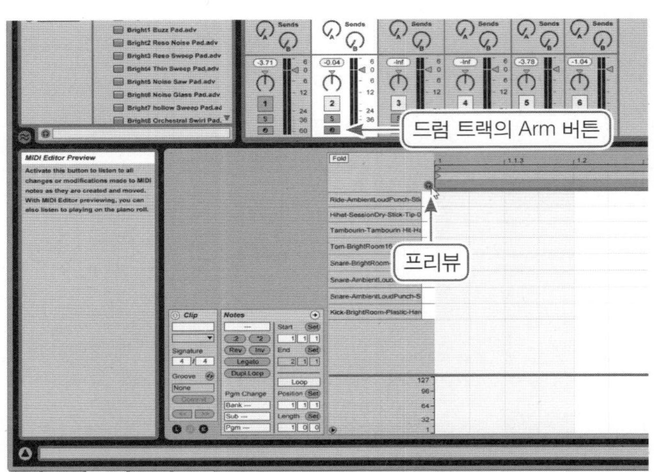

02 사운드를 모니터 할 수 있게 드럼 트랙의 Arm 버튼을 On으로 하고, 미디 에디터에 헤드폰 모양으로 되어 있는 프리뷰 버튼을 On으로 합니다.

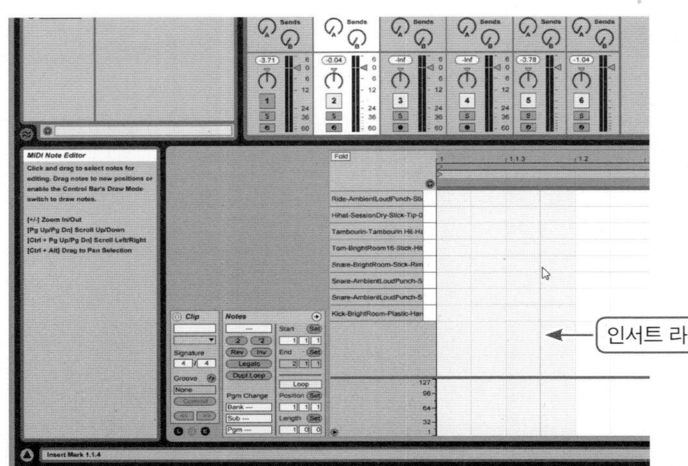

03 인서트 라인

마우스로 작업 공간을 클릭하면 빨간색의 인서트 라인이 표시되는 것을 확인할 수 있습니다. 인서트 라인은 좌/우 방향키를 이용해서 이동시킬 수 있습니다. 테스트를 해보고, 처음 위치로 이동합니다.

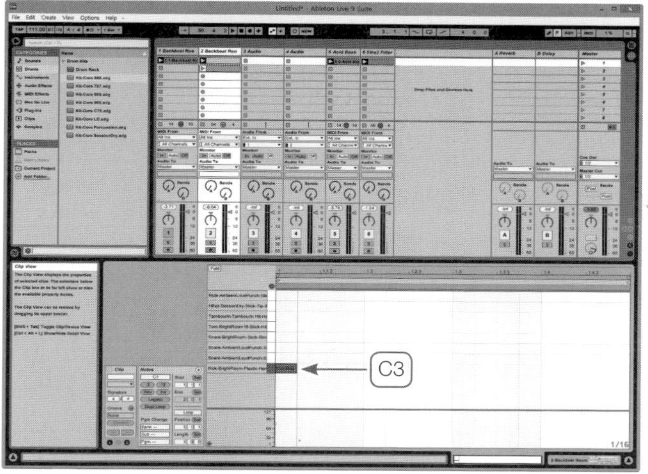

04 C3 건반으로 누르고, 오른쪽 방향키를 누르면 그리드 단위의 16분 노트가 입력되는 것을 확인할 수 있습니다. 건반 대신에 키보드를 이용해도 좋습니다. 단, 벨로시티는 C와 V 키를 이용해서 설정해야 합니다.

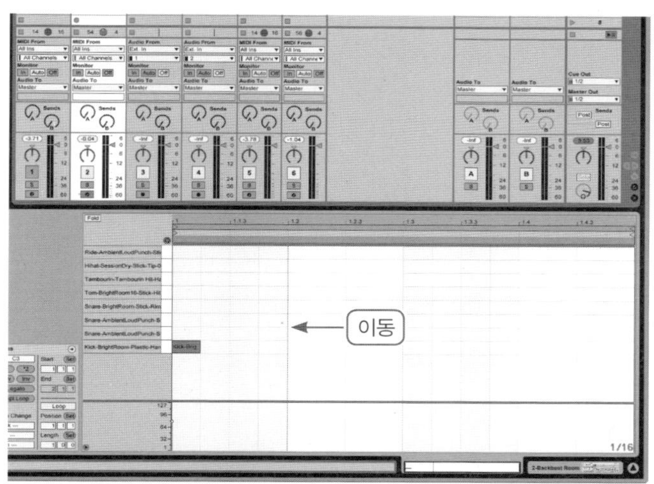

05 인서트 라인을 입력된 노트 오른쪽으로 이동합니다. 오른쪽 방향키를 3번 눌러 1.2 위치로 이동합니다. 마우스로 위치시켜도 좋습니다. 참고로 건반을 누른 상태에서 방향키를 누르면 노트의 길이를 조정할 수 있습니다.

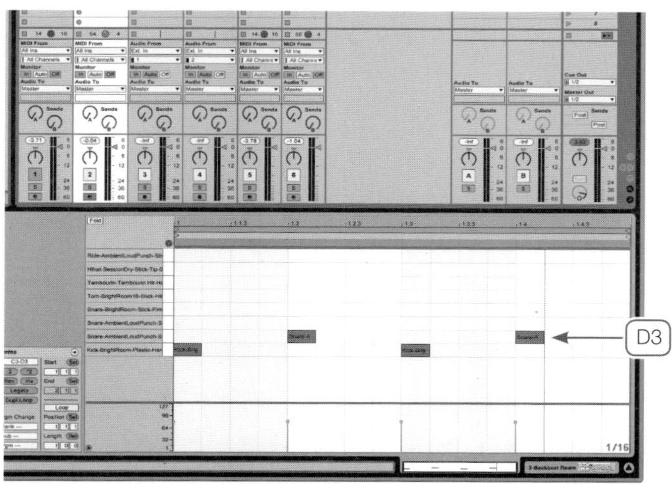

06 D3 키를 누른 상태에서 오른쪽 방향키를 눌러 1.2 위치에 Snare를 입력합니다. 같은 방법으로 1.3 위치에 Kick(C3), 1.4 위치에 Snare(D3)를 입력합니다.

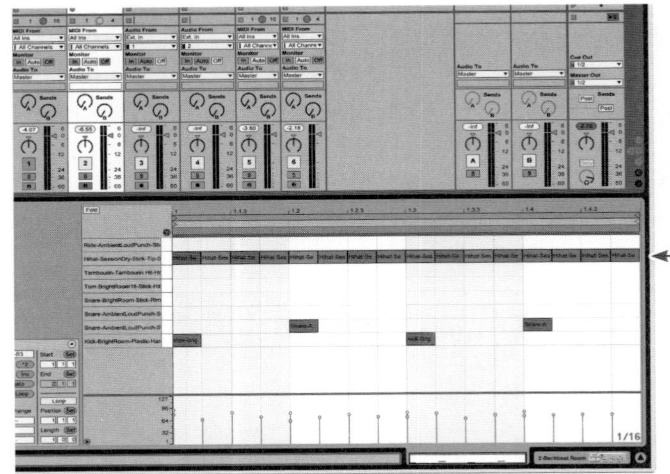

07 키보드의 Home 키를 눌러 인서트 라인을 시작 위치로 이동시킵니다. 건반에서 Ha-Hat에 해당하는 B3를 누른고, 오른쪽 방향키를 누르는 것을 반복하여 16비트 연주를 완성합니다.

TIP : Home 키와 End 키는 인서트 라인을 루프의 시작 및 끝 위치로 이동합니다.

● 멀티 트랙

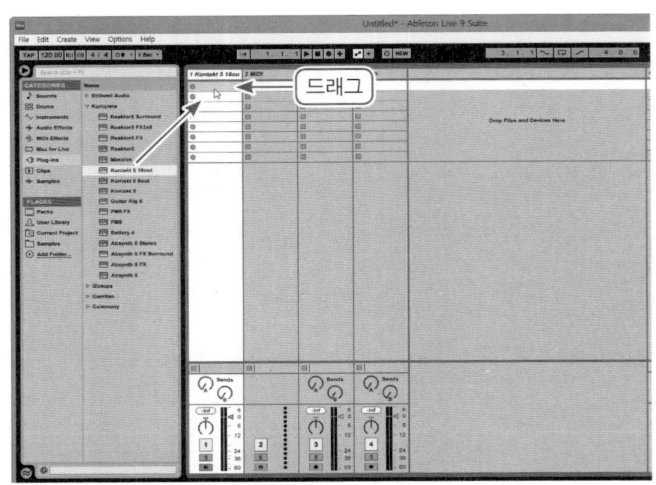

01 Plug-ins 카테고리에서 가상 악기를 미디 트랙으로 드래그하여 로딩합니다. Plug-ins 목록은 사용자 컴퓨터에 설치되어 있는 것들이므로, 그림과 다를 것입니다. 그림에서는 Native-Instrument사의 Kontakt을 사용하고 있지만, 독자가 즐겨 사용하는 악기를 이용해도 좋습니다.

02 채널 별로 악기를 로딩하고, 아웃 풋을 지정합니다. 본서가 Kontakt을 익히는 것이 목적이 아니므로, 기능 설명은 생략하겠습니다. 악기 패널을 닫은 경우에는 플러그-인 장치의 Edit 버튼을 클릭하여 열 수 있습니다.

04 Create 메뉴의 Insert MIDI Track을 선택하거나 Ctrl+Shift+T 키를 눌러 Kontak에서 설정한 아웃 수만큼의 미디 트랙을 만듭니다.

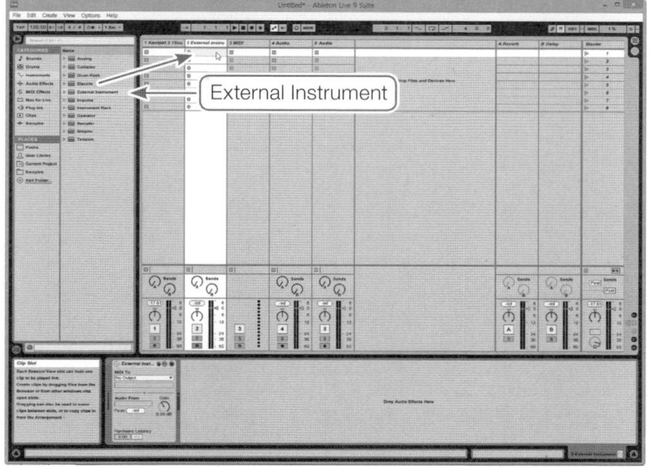

05 추가한 미디 트랙마다 Instruments 카테고리의 External Instrument를 드래그하여 로딩합니다.

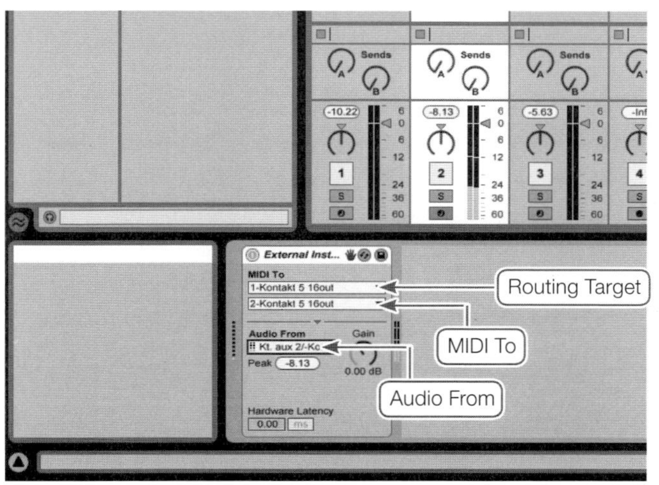

06 External 트랙의 Arm 버튼을 On으로 하고, Routing Target에서 Kontak 트랙을 선택합니다. 그리고 MIDI To에서 채널을 선택하고, Audio From에서 아웃을 선택하면 Kontak에서 채널 별로 로딩한 악기들을 모니터할 수 있습니다. 하나의 악기를 여러 트랙에서 사용하는 방법입니다.

미디 편집

미디 클립은 어떤 박자에서 어떤 음정을 얼마만큼의 길이로 연주할 것인지를 나타내는
노트 정보와 그 노트를 얼마만큼의 세기로 연주할 것인지를 나타내는 벨로시티 정보로
이루어져 있으며, 이를 편집할 수 있도록 제공되는 것이 클립 뷰의 미디 에디터 입니다.

● 미디 에디터의 화면 구성

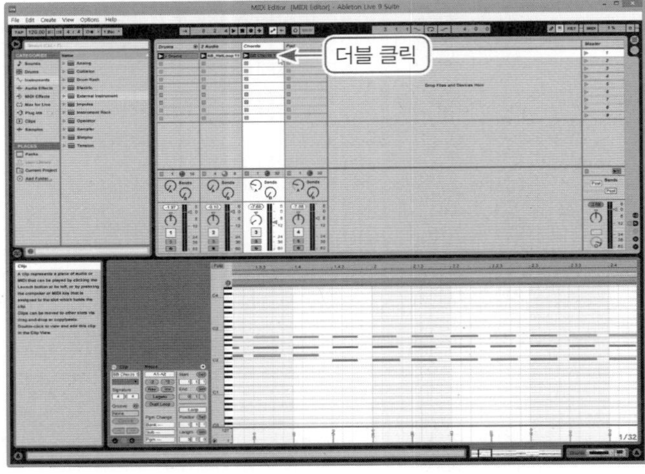

01 부록 CD의 MIDI Editor 프로젝트를 엽
니다. 미디 에디터는 클립을 더블 클릭하여
열 수 있습니다. Chords 트랙의 BB Chords 1
클립을 더블 클릭하면 아래쪽 디테일 뷰에 미
디 에디터가 열리는 것을 확인할 수 있습니다

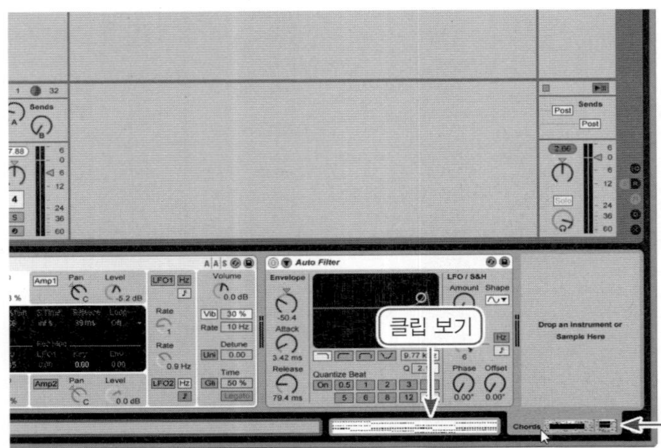

02 디테일 뷰는 클립 뷰와 디바이스 뷰를
제공하고 있으며, 클립 또는 디바이스 보기
버튼을 클릭하여 전환 가능합니다. 단축키는
Shift+Tab 입니다.

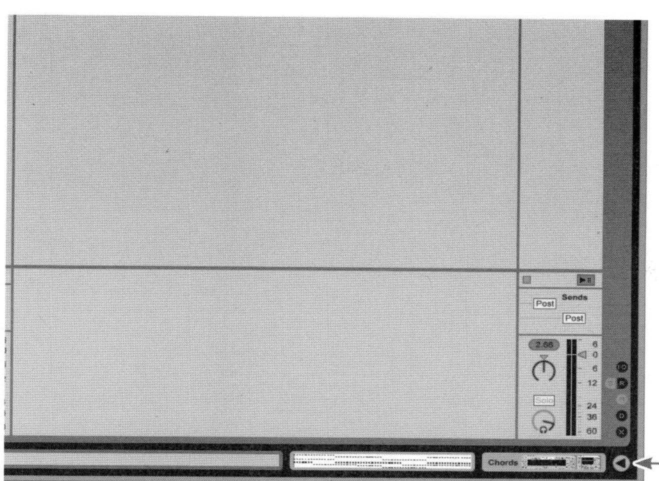

03 디테일 뷰는 디바이스 보기 버튼 오른쪽에 삼각형으로 표시되어 있는 디테일 뷰 보기 버튼을 클릭하여 열거나 닫을 수 있습니다.

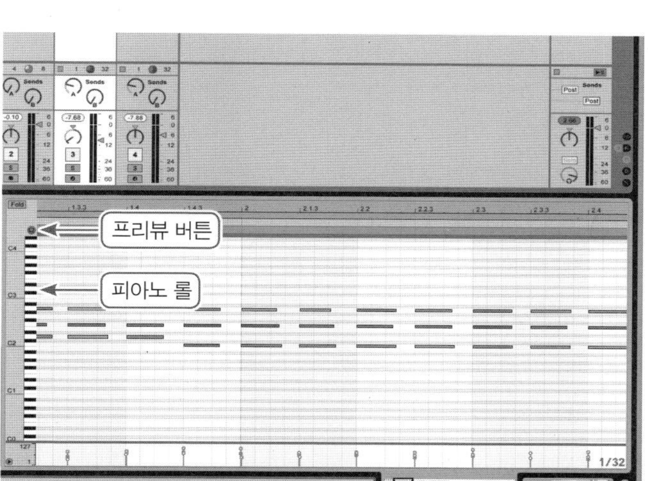

04 미디 에디터는 왼쪽에 피아노 롤이 있으며, 피아노 롤을 클릭하거나 노트를 편집할 때 사운드가 들리게 하려면 프리뷰 버튼이 On으로 되어 있어야 합니다.

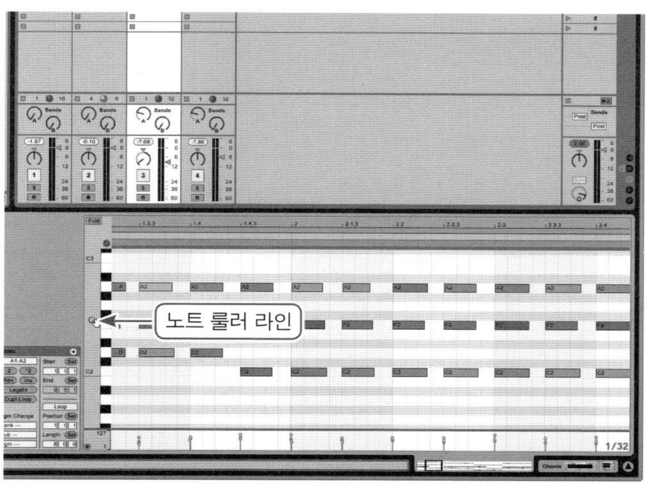

05 피아노 롤 왼쪽에는 노트 이름이 표시되는 노트 룰러 라인이 있으며, 마우스를 상/하로 드래그하여 스크롤 하거나 좌/우로 드래그하여 작업 공간의 세로 크기를 확대/축소할 수 있습니다. 세로 스크롤 단축키는 Page Up/Down 입니다.

> TIP : 노트 룰러를 더블 클릭하면 입력된 노트의 전체 또는 선택된 음역 대에 보이도록 확대/축소됩니다.

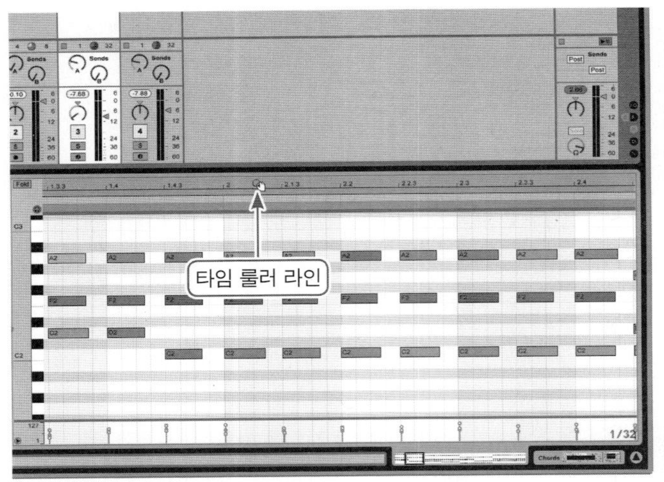

06 작업 공간 상단에는 타임 위치를 나타내는 타임 룰러 라인이 있으며, 마우스를 좌/우로 드래그하여 스크롤 하거나 상/하로 드래그하여 가로 크기를 확대/축소 할 수 있습니다.

TIP : 타임 룰러를 더블 클릭하면 전체 또는 선택된 노트가 보이도록 확대/축소 됩니다.

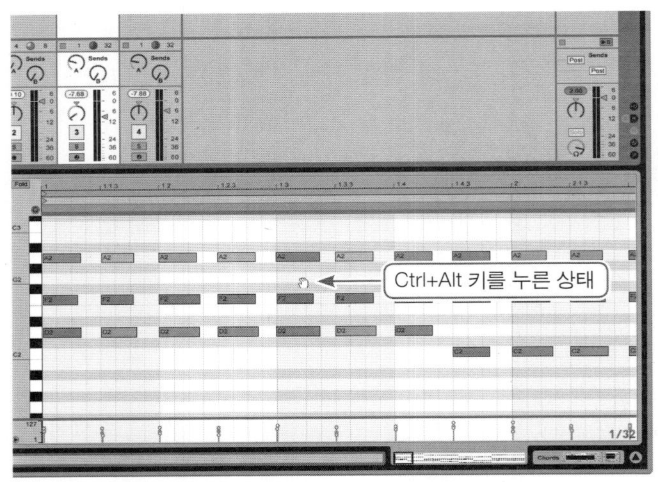

07 미디 에디터 작업 공간에서 Ctrl+Alt 키를 누른 상태로 드래그하면, 작업 공간을 좌/우, 상/하로 자유롭게 스크롤 할 수 있다는 것도 기억해두면 좋습니다.

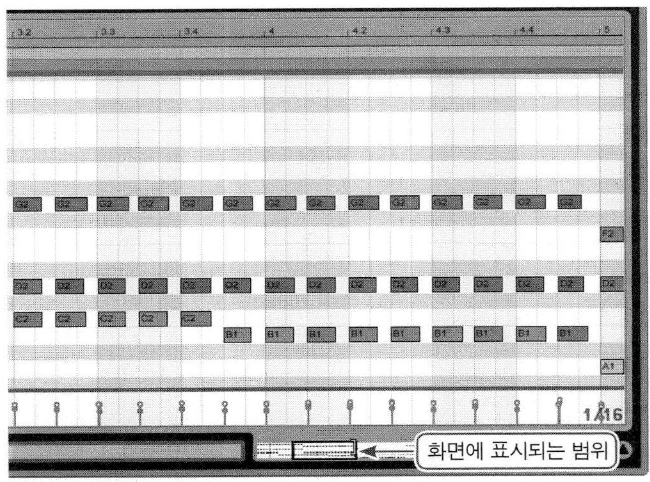

08 클립 뷰 보기 버튼에 사각형 모양으로 표시되어 있는 것은 화면에 보이는 작업 공간을 의미하며, 마우스 클릭 또는 좌/우로 드래그하여 스크롤 할 수 있으며, 시작과 끝 위치를 드래그하여 범위를 조정할 수 있습니다.

09 클립 뷰 보기 버튼에서 마우스를 상/하로 드래그하거나 단축키 +/- 키를 눌러 미디 에디터의 작업 공간을 확대/축소할 수 있으며, 더블 클릭하면 전체 화면이 표시됩니다.

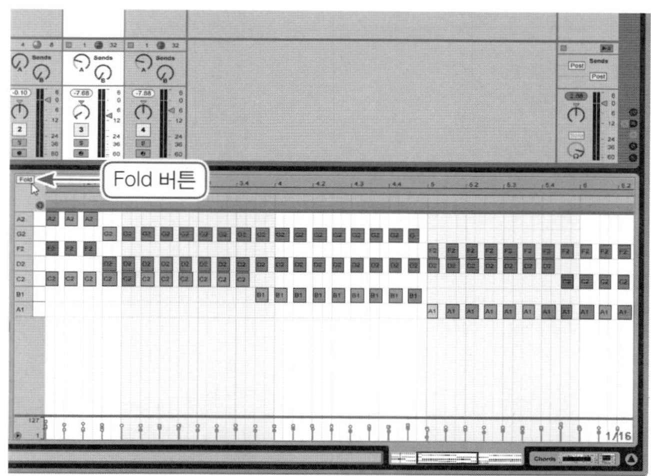

10 미디 에디터의 Fold 버튼은 사용되고 있는 노트만 표시되게 합니다. 드럼 클립의 노트를 입력하거나 편집할 때 유용합니다.

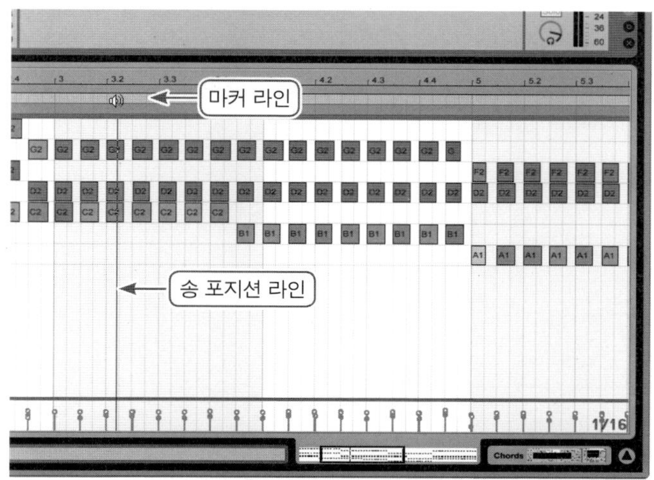

11 클립은 스페이스 바 키를 눌러 재생/정지할 수 있으며, 재생 위치는 송 포지션 라인으로 표시됩니다. 송 포지션 라인 위치에서부터 재생하고 싶은 경우에는 Shift+스페이스 바 키를 누르고, 사용자가 원하는 위치에서 재생하고 싶은 경우에는 타임 룰러를 Shift 키를 누른 상태로 클릭하거나 타임 룰러 아래쪽의 마커 라인을 클릭합니다.

● 노트 입력

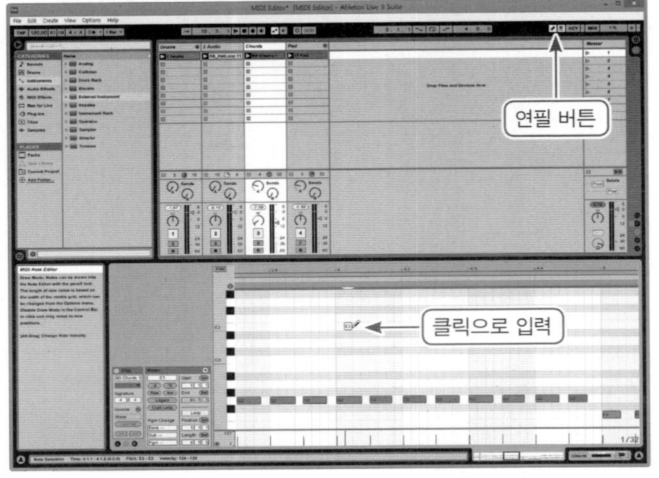

01 연필 툴

노트는 연필 버튼 On/Off 상태에서 모두 입력 가능합니다. On 상태에서는 마우스 포인터가 연필 모양으로 변경되며, 클릭 동작으로 노트를 입력하거나 삭제할 수 있습니다.

> TIP : 연필 툴의 On/Off 단축키는 Ctrl+B 입니다.

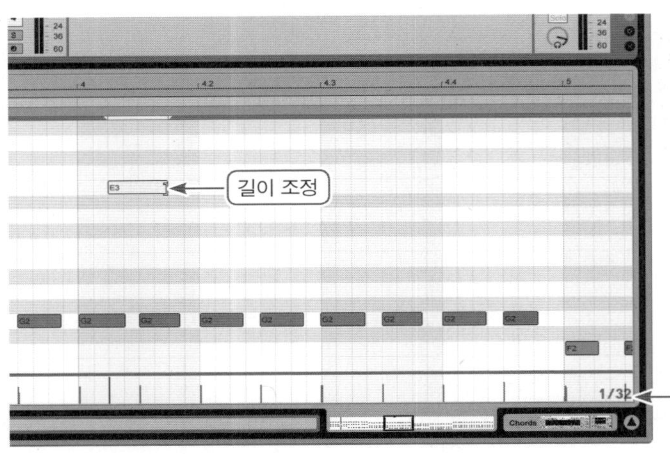

02 노트는 그리드 단위로 입력되며, 시작과 끝 부분을 드래그하여 길이를 조정할 수 있습니다. 그리드 단위는 미디 에디터 오른쪽 하단에 표시됩니다.

03 연필 툴로 노트를 입력할 때의 장점은 드래그로 연속된 노트를 입력할 수 있다는 것입니다. 드럼 작업을 할 때 편리합니다.

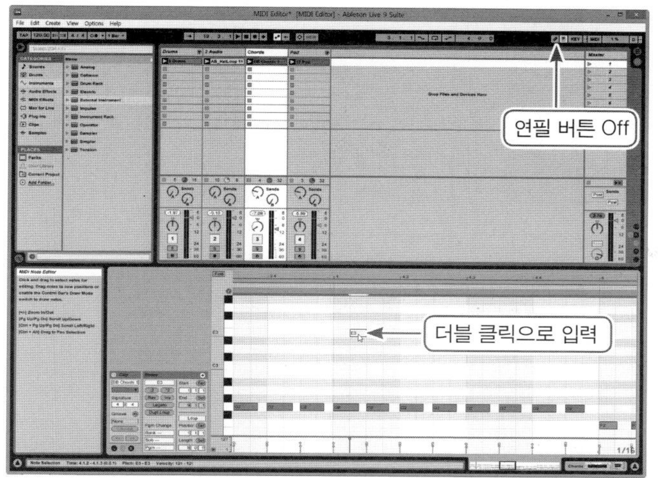

04 편집 툴

연필 버튼이 Off된 상태에서는 마우스 포인터
가 화살표 모양으로 표시되며, 노트를 편집하
는 목적으로 사용되지만, 더블 클릭으로 노트
를 입력하거나 삭제할 수 있습니다.

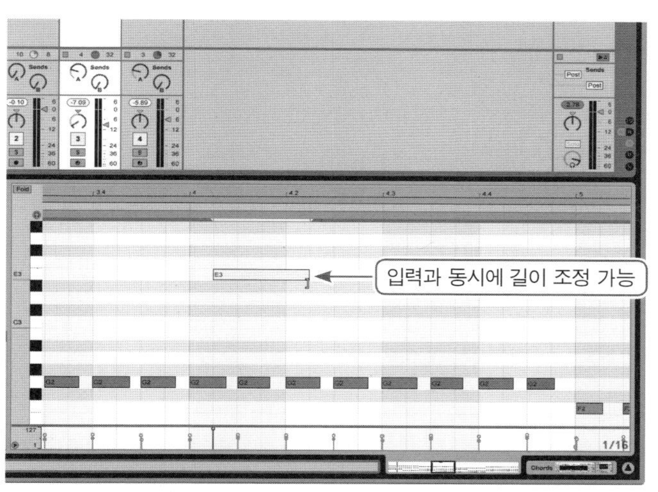

05

편집 툴로 노트를 입력할 때의 장점은
입력과 동시에 길이 조정이 가능하며, 입력과
편집을 위해 연필 버튼을 On/Off 해야하는
번거로운 과정이 필요 없다는 것입니다.

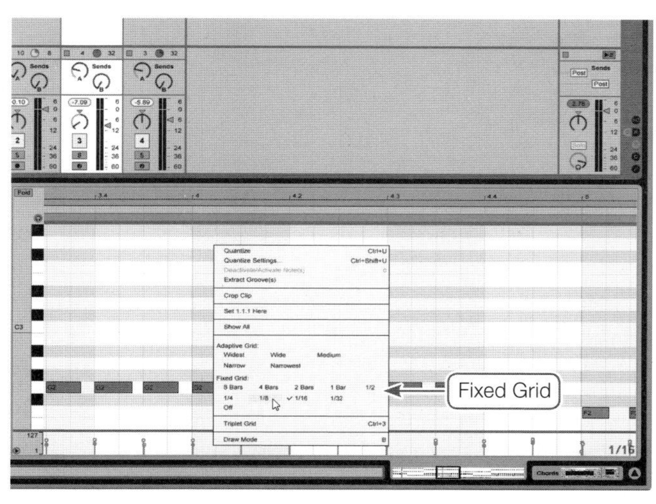

06 그리드

그리드 라인의 단위는 작업 공간에서 마우스
오른쪽 버튼을 클릭하면 열리는 단축 메뉴의
Fixed Grid에서 변경 가능합니다. 단위는 8
Bar에서 1/32 까지와 Off를 제공합니다.

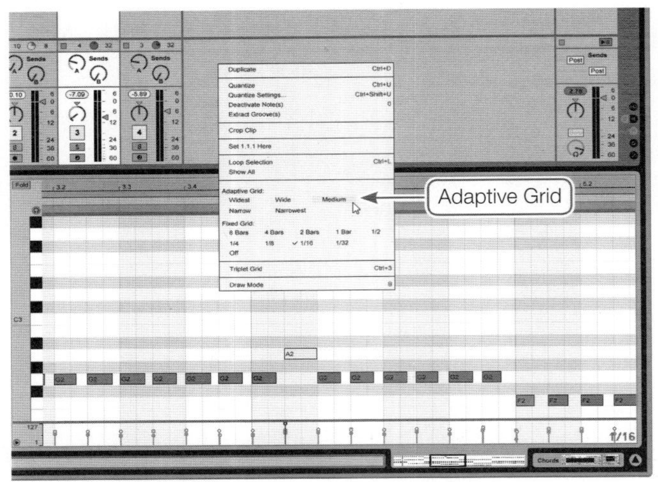

07 그리드 라인 단위를 작업 공간 크기에 맞추어 자동으로 설정되게 하려면 단축 메뉴의 Adaptive Grid에서 선택합니다. 단위는 Widest, Wide, Medium, Narrow, Narrowest 로 5가지 크기를 제공합니다.

08 그리드 단위가 표시되는 위치에 마우스를 가져다 놓으면, 인포 뷰에서 그리드 단위를 빠르게 설정할 수 있는 단축키 목록을 확인할 수 있습니다.

09 Ctrl+1 키는 단위 증가, Ctrl+2 키는 단위 감소, Ctrl+3 키는 잇단음과 정박의 전환, Ctrl+4 키는 On/Off, Ctrl+5 키는 Adaptive Grid와 Fixed Grid의 전환 입니다.

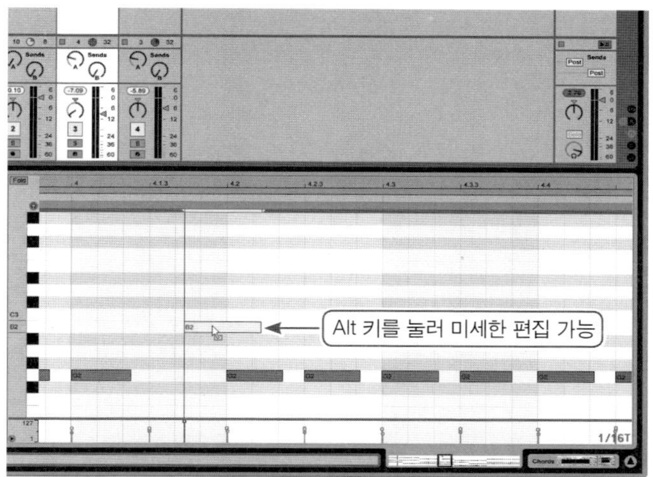

10 마우스 드래그로 노트의 위치를 이동하거나 길이를 조정할 때 그리드가 자석처럼 동작되지만, Alt 키를 누르면 일시적으로 Off되어 미세한 편집이 가능하다는 것도 기억해두면 좋습니다.

TIP : 그리드를 일시적으로 Off 하는 Alt 키는 노트를 선택한 후에 눌러야 적용된다는 것에 주의하기 바랍니다.

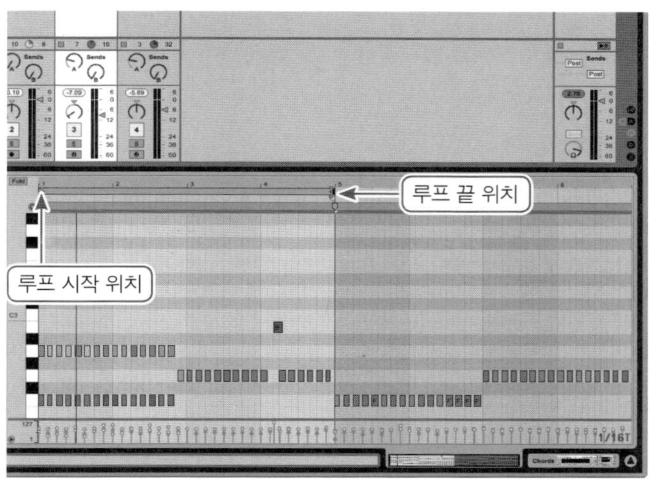

11 루프 라인

룰러 라인 아래쪽에는 루프 라인이 있으며, 시작과 끝에 보이는 삼각형 마커를 드래그하여 범위를 조정할 수 있습니다. 실습 프로젝트의 BB Chords 1 클립은 8마디 길이이지만, 루프 끝 위치를 4마디 길이로 조정하면, 반복되는 길이는 4마디가 되는 것입니다.

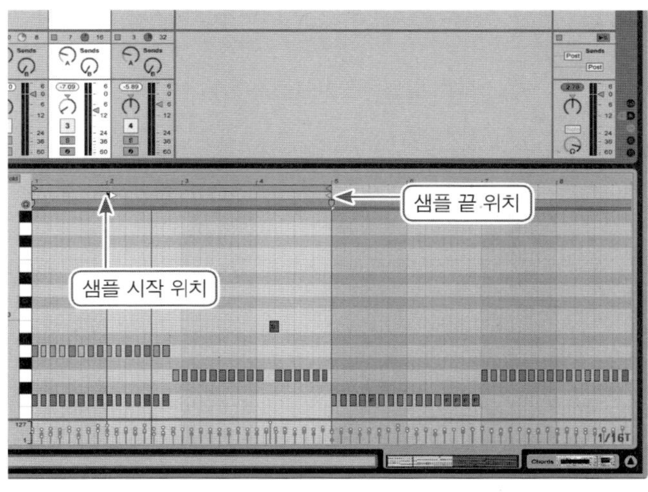

12 리전 라인

루프 라인 아래쪽에는 샘플의 길이를 나타내는 리전 라인이 있으며, 루프 라인과 마찬가지로 시작과 끝 위치의 삼각형 마커를 드래그하여 위치를 조정할 수 있습니다. 시작 마커를 2 마디위 위치에 놓으면, 2 마디 위치에서 시작되는 것입니다.

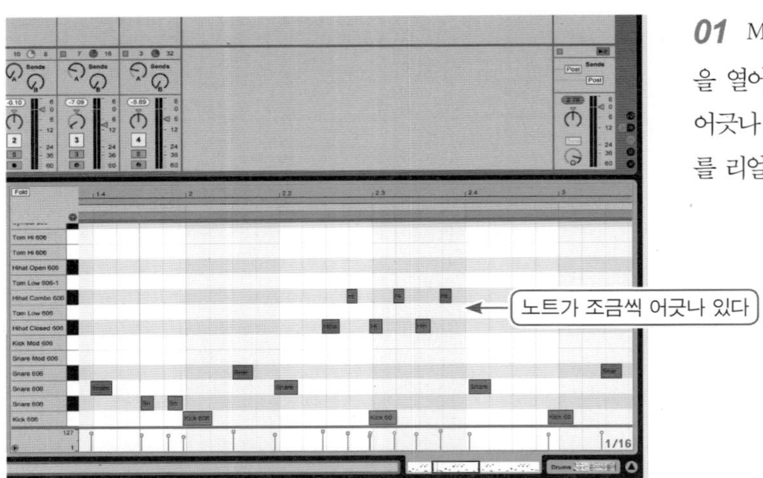

01 MIDI Editor 프로젝트의 2 Drums 클립을 열어보면, 노트가 그리드 라인에서 조금씩 어긋나 있는 것을 확인할 수 있습니다. 노트를 리얼로 입력하면 당연한 현상입니다.

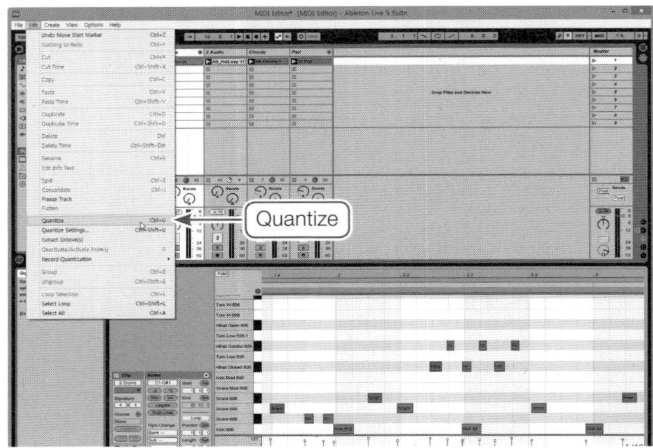

02 어긋난 노트를 정확하게 맞추는 기능이 퀀타이즈이며, Edit 메뉴의 Quantize를 선택하거나 Ctrl+U 키를 눌러 적용할 수 있습니다. 정렬 기준은 그리드 단위입니다.

TIP : 퀀타이즈는 선택한 노트에 적용되며, 클립 전체 노트를 정렬하겠다면, 선택된 노트가 없어야 합니다.

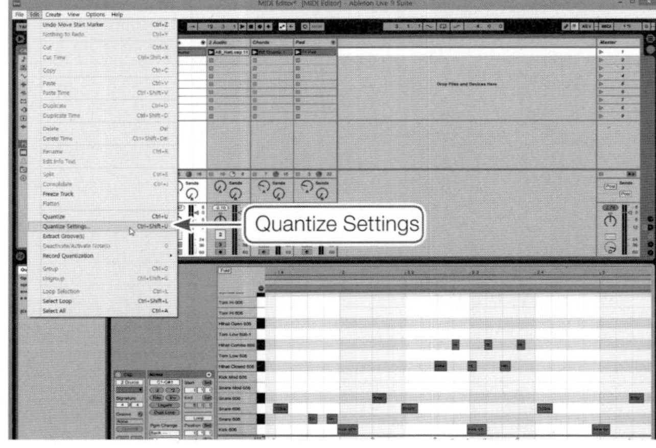

03 좀 더 다양한 옵션을 적용하여 노트를 정렬하고 싶다면, Edit 메뉴의 Quantize Settings을 선택하거나 Ctrl+Shift+U 키를 누릅니다.

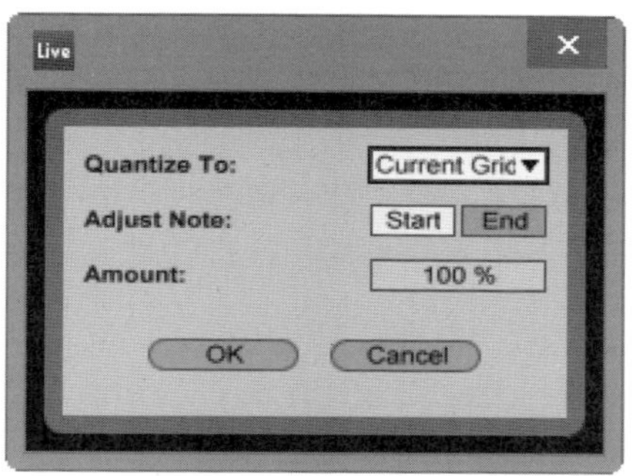

04 퀀타이즈 설정 창에는 정렬 단위를 선택할 수 있는 Quantize to 목록과 노트의 시작 위치(Start)와 길이(End)를 정렬할 것인지를 선택할 수 있는 Adjust Note 버튼이 있고, 얼마나 정확하게 정렬할 것인지를 결정할 수 있는 Amount 슬라이더가 있습니다.

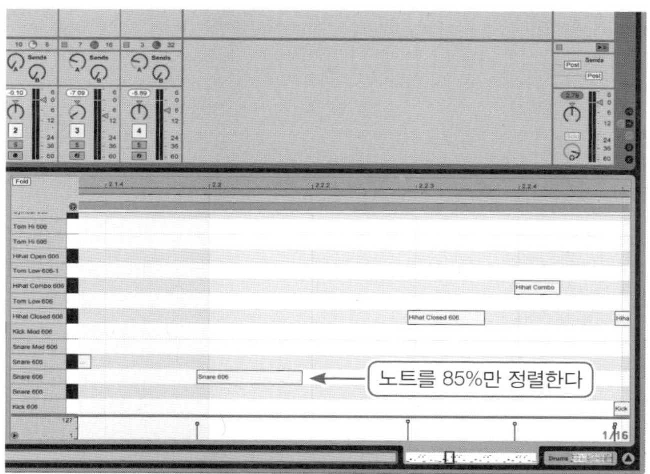

05 퀀타이즈 설정 창에서 Amount 값을 85%로 조정하고, OK 버튼을 누르면, 노트를 그리드 라인으로 85%만 끌어 당겨 맞추기 때문에 노트를 정렬하면서도 인간적인 느낌을 유지할 수 있는 것입니다.

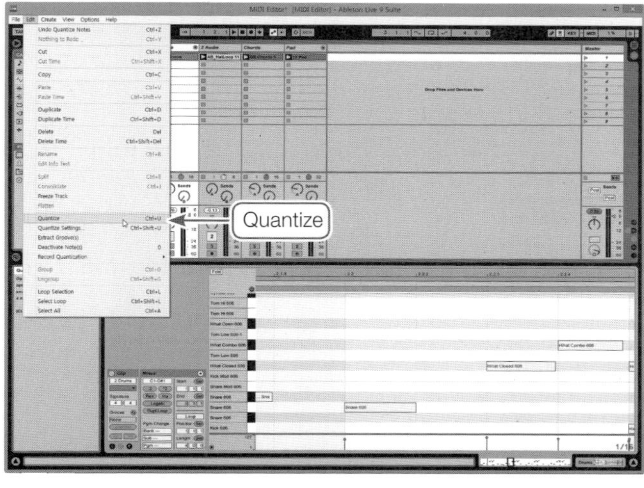

06 Edit 메뉴의 Quantize는 퀀타이즈 세팅 창에서 설정한 값으로 적용되므로, 동일한 값의 퀀타이즈를 적용할 때는 다시 Quantize Settings 창을 열 필요가 없습니다.

● 그루브 퀀타이즈

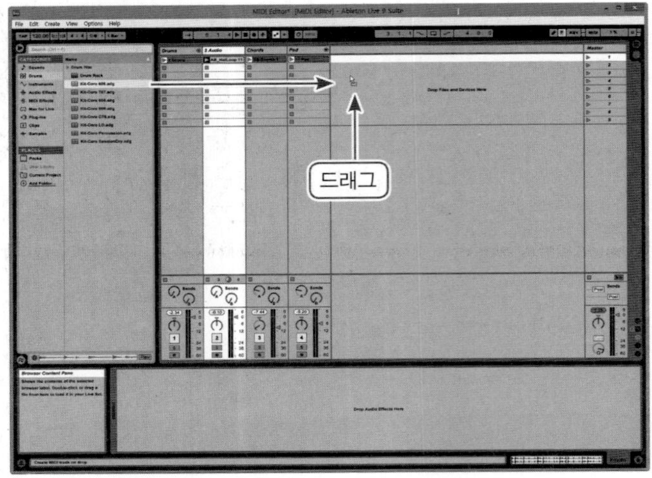

01 마우스로 정확하게 입력한 노트를 리얼로 입력한 듯이 만들 수 있는 그루브 퀀타이즈 기능을 살펴보겠습니다. 카테고리에서 Drums를 선택하고, Kit-Core 606.adg 랙을 세션 뷰의 빈 공간으로 드래그하여 드럼 트랙을 만듭니다.

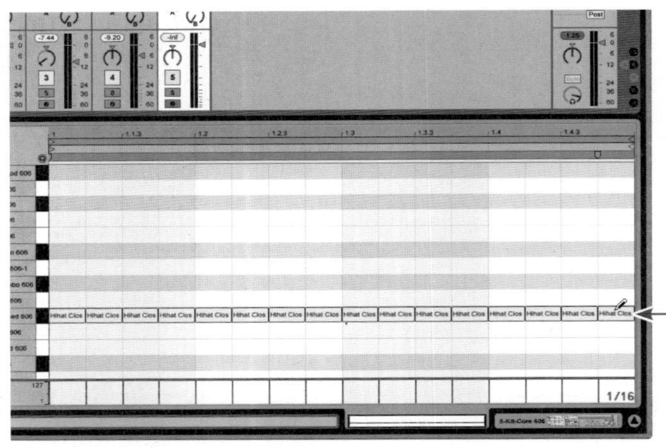

02 새로 만든 Kit-Core 트랙의 클립 슬롯을 더블 클릭하여 미디 에디터를 열고, Ctrl+B 키를 눌러 연필 툴로 변경합니다. 그리고 Hihat 노트를 드래그하여 입력합니다.

03 마우스로 노트를 입력하게 되면, 너무 정확한 위치에 입력되기 때문에 기계적인 느낌이 강해집니다. Ctrl+F 키를 눌러 검색 창을 선택하고, agr를 입력하여 그루브 컬렉션을 찾습니다.

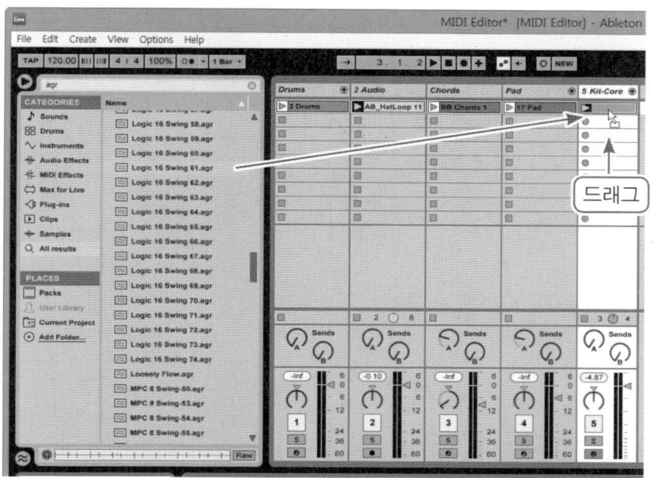

04 All results 카테고리에서 검색된 그루브 컬렉션을 볼 수 있습니다. Logic 16 Swing 60.agr 샘플을 하이해트 노트를 입력했던 클립으로 드래그하여 적용합니다.

05 클립 재생 버튼을 클릭하여 모니터 해보면 16비트 스윙 리듬으로 재생되는 것을 확인할 수 있으며, 클립 뷰의 Commit 버튼을 클릭하면 노트에 그루브 퀀타이즈가 실제로 적용됩니다.

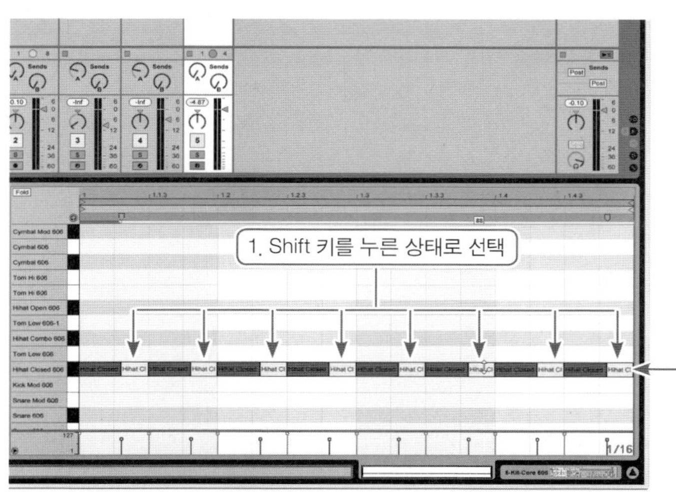

06 Shift 키를 누른 상태로 업 비트에 해당하는 노트를 모두 선택합니다. 그리고 Alt 키를 누른 상태로 노트를 드래그하여 벨로시티 값을 조금 낮춥니다.

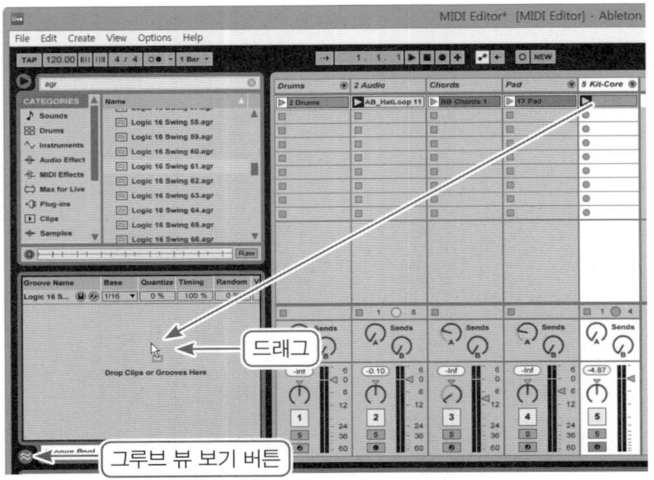

07 그루브 뷰 보기 버튼을 클릭하여 열고, Kit-Core 트랙의 클립을 드래그하여 가져다 놓습니다. Ableton Live에서 제공하는 그루브 컬렉션의 벨로시티를 수정하고, 사용자만의 그루브 컬렉션을 만드는 것입니다.

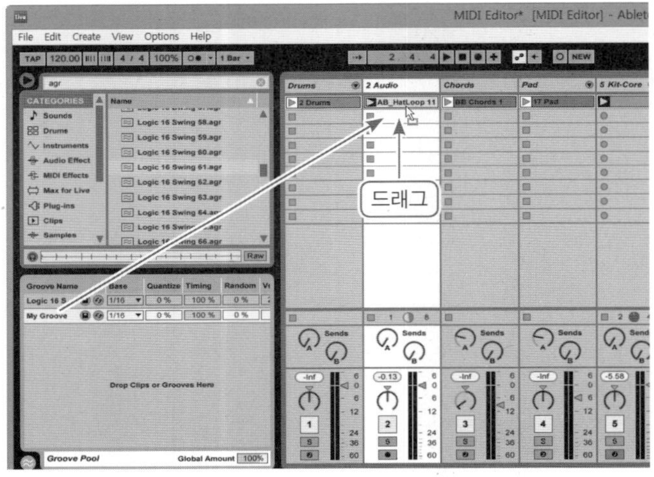

08 Ctrl+R 키를 눌러 Groove Name을 구분하기 쉬운 이름으로 변경합니다. 그리고 2 Audio 트랙의 AB_HatLoop 11 클립으로 드래그하여 적용합니다.

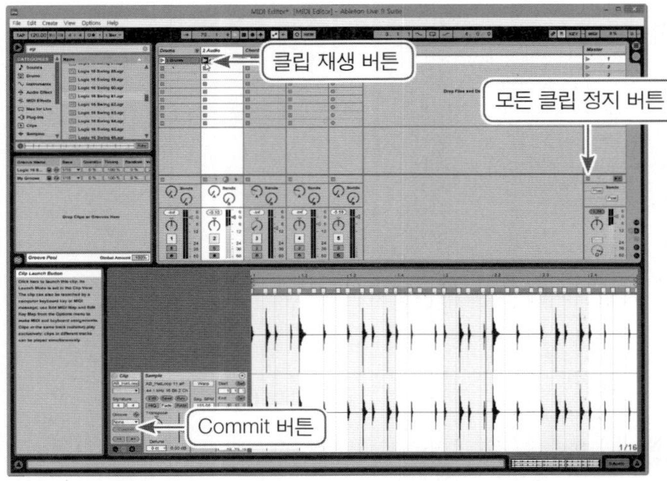

09 마스터 트랙의 모든 클립 정지 버튼을 클릭하고, AB_HatLoop 11 클립의 재생 버튼을 클릭하여 모니터 해보면, 사용자 그루브 컬렉션이 적용되는 것을 확인할 수 있습니다. 클립 뷰의 Commit 버튼을 클릭하면 오디오 데이터에 실제로 적용되며, 마커 라인에 워프 마커가 생성됩니다.

> TIP : 워프 마커를 드래그하여 사용자가 원하는 타임을 조정할 수 있습니다.

10 Groove Name 칼럼의 저장 버튼을 클릭하면 User Libarary 카테고리의 Grooves 폴더에 저장되어 다른 프로젝트 작업에서도 동일한 그루브 컬렉션을 이용할 수 있습니다.

11 클립을 재생하고, 저장 버튼 오른쪽의 Hot-Swap Mode 버튼을 On으로 하면, 그루브 컬렉션이 적용되었을 때의 결과를 미리 들어볼 수 있습니다. 마음에 드는 그루브 컬렉션을 찾을 때 유용합니다.

12 Base 칼럼은 퀀타이즈 단위를 선택하며, Quantize 칼럼에서 적용 정도를 선택합니다. 즉, Quantize 값이 100%일 때 Base에서 선택한 단위를 기준으로 시작 타임을 완벽하게 정렬하는 것입니다.

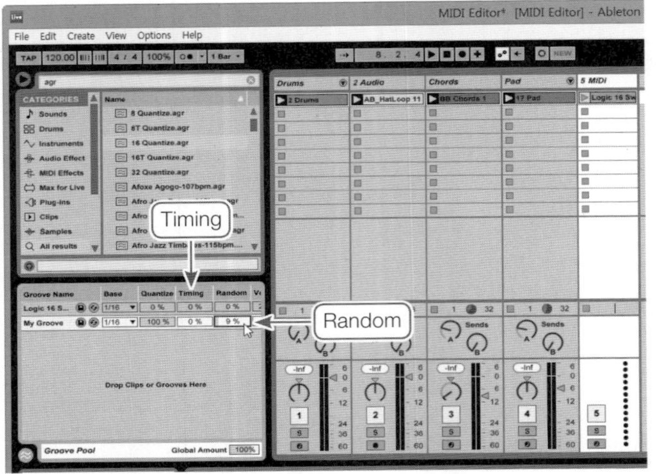

13 Timing 칼럼은 그루브 컬렉션이 영향을 미치는 정도를 조절하며, Random은 퀀타이즈가 자유롭게 적용되는 정도를 조정합니다. Random 값을 작게 설정하여 리얼로 입력한 듯한 효과를 연출할 수 있는 것입니다.

14 Velocity는 그루브 컬렉션의 벨로시티 값이 적용되는 정도를 조절하며, Global Amount는 모든 칼럼에서 설정한 값의 적용 정도를 조절합니다. 기준은 100%이지만, 최대 130%까지 설정할 수 있어 좀 더 과장된 그루브 연출이 가능합니다.

그루브 컬렉션 저장 폴더

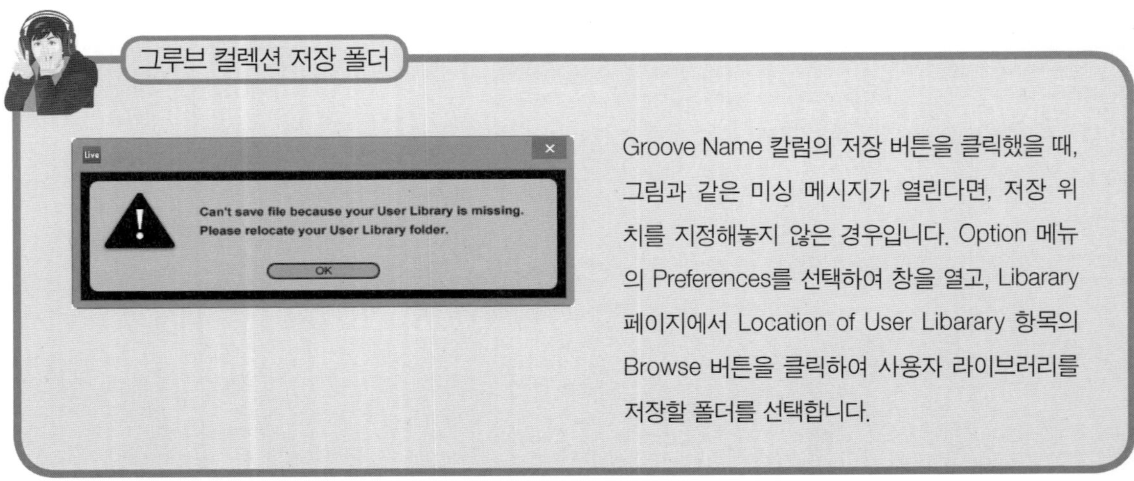

Groove Name 칼럼의 저장 버튼을 클릭했을 때, 그림과 같은 미싱 메시지가 열린다면, 저장 위치를 지정해놓지 않은 경우입니다. Option 메뉴의 Preferences를 선택하여 창을 열고, Libarary 페이지에서 Location of User Libarary 항목의 Browse 버튼을 클릭하여 사용자 라이브러리를 저장할 폴더를 선택합니다.

● 노트 편집

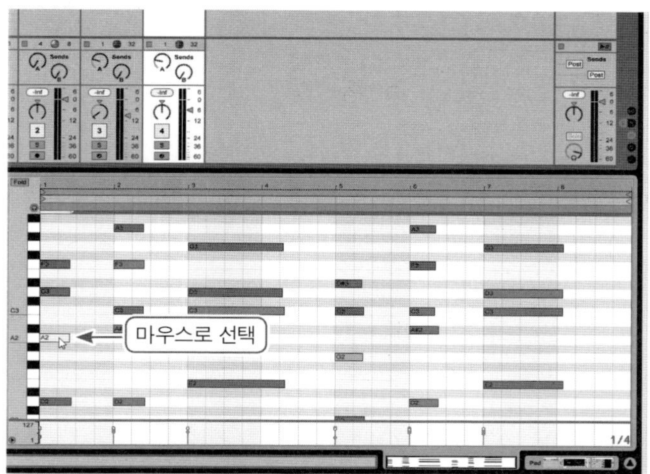

01 선택

Pad 트랙의 17 Pad 클립을 더블 클릭하여 미디 에디터를 엽니다. 노트는 마우스 클릭으로 선택할 수 있으며, 드래그로 위치와 음정을 조정할 수 있습니다.

TIP : 선택 노트는 방향키로 위치와 음정을 조정할 수 있으며, Shift+위/아래 방향키는 옥타브 단위로 조정 됩니다.

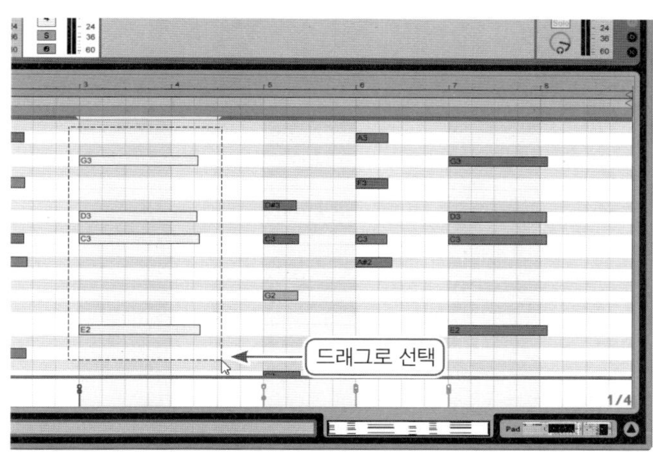

02 코드를 편집하기 위해 두 개 이상의 노트를 선택할 필요가 있을 때는 빈 공간에서부터 드래그 합니다. 근접하지 않은 두 개 이상의 노트는 Shift 키를 누른 상태로 클릭 또는 드래그하여 선택할 수 있습니다.

03 특정 노트의 모든 음정을 선택할 때는 피아노 롤을 클릭하고, 모든 노트를 선택할 때는 Ctrl+A 키를 누릅니다. 선택을 해제할 때는 빈 공간을 클릭하거나 esc 키를 누릅니다.

TIP : Shift 키를 누른 상태로 피아노 롤을 클릭하여 여러 노트의 음정들을 선택할 수 있습니다.

04 전체 음정 조정

클립 전체 음정을 조정할 때는 Ctrl+A 키로 모든 노트를 선택하고, 드래그해도 좋고, 노트 뷰의 Transpose 항목에서 +/1 음정을 입력해도 좋습니다. 1이 반음이므로, 한 옥타브을 올리겠다면 +12를 입력합니다.

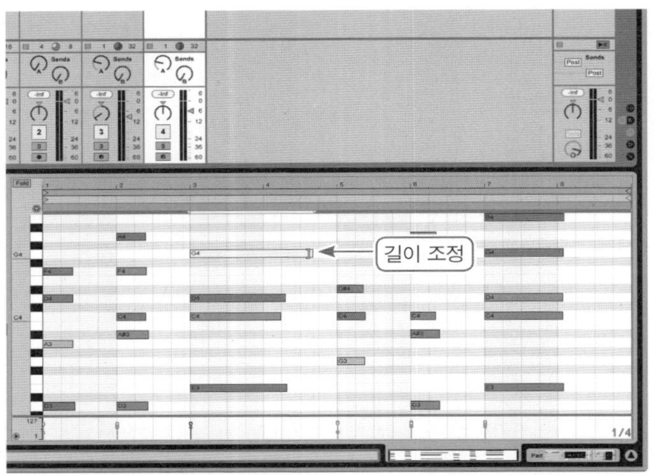

05 길이 조정

노트의 길이는 끝 부분을 드래그하여 조정하며, 선택된 모든 노트의 길이가 조정됩니다. 편집을 취소할 때는 Ctrl+Z 키를 누릅니다.

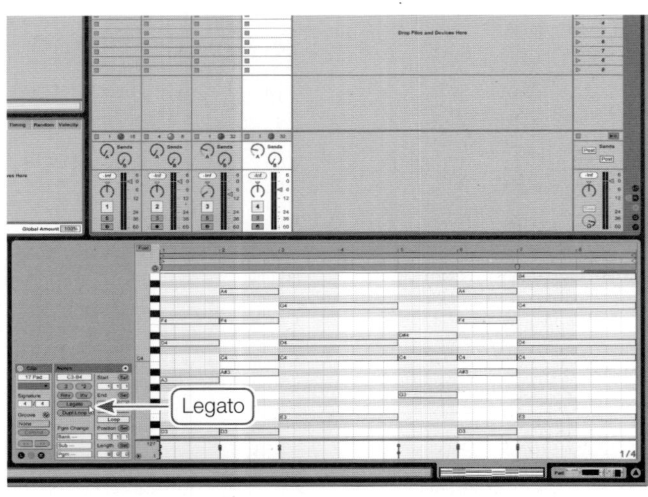

06 클립 모든 노트 길이를 늘려서 레가토 주법을 만들고자 한다면, 노트 뷰의 Legato 버튼을 클릭합니다. 이 때 선택된 노트가 없어야 하며, 노트가 선택되어 있는 경우에는 해당 노트만 길이가 늘어납니다.

● 벨로시티

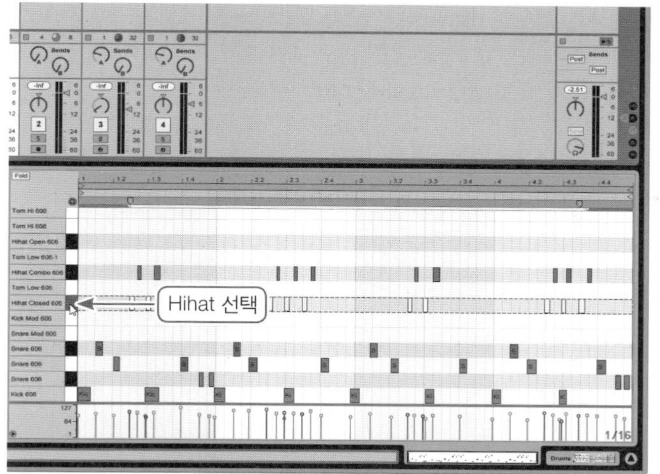

01 건반을 얼마나 세계 연주했는지를 표현하는 컨트롤 정보가 벨로시티이며, 0~127까지의 범위로 설정 가능합니다. Drums 클립을 더블 클릭하여 미디 에디터를 열고, 피아노 롤에서 Hihat Closed 606 건반을 클릭하여 모든 하이해트 연주를 선택합니다.

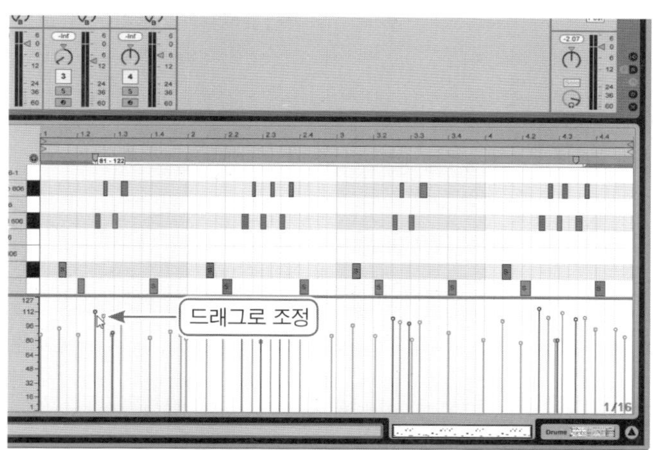

02 벨로시티는 Alt 키를 누른 상태에서 노트를 드래그하거나 아래쪽의 벨로시티 라인을 드래그하여 조정할 수 있습니다. 80~127 정도로 조정합니다.

TIP : 벨로시티 에디터 창의 크기는 경계선을 드래그하여 조정할 수 있습니다.

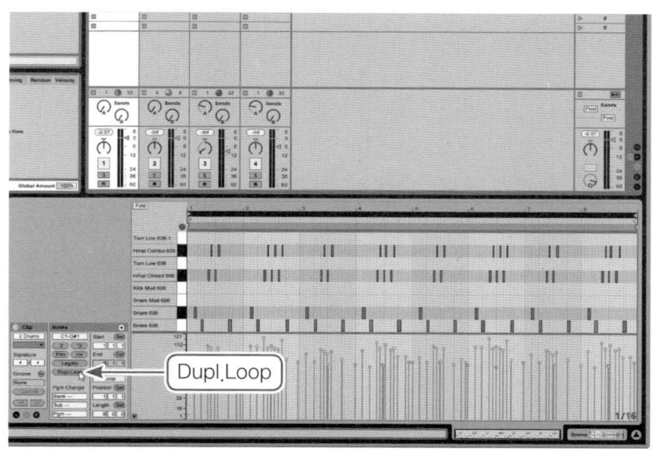

03 루프 라인을 클릭하여 선택하고, Ctrl+D 키를 누르거나 노트 뷰의 Dupl.Loop 버튼을 클릭하여 클립을 복사합니다. 4마디 길이의 루프 클립이었으므로 8마디가 됩니다.

04 8마디에 입력되어 있는 노트들을 마우스 드래그로 선택하고, Delete 키를 눌러 삭제합니다.

05 B 키를 눌러 연필 툴을 선택하고, 마우스 드래그로 스네어 노트를 입력합니다. 그리드 단위가 1/16이므로, 16비트 노트로 입력됩니다.

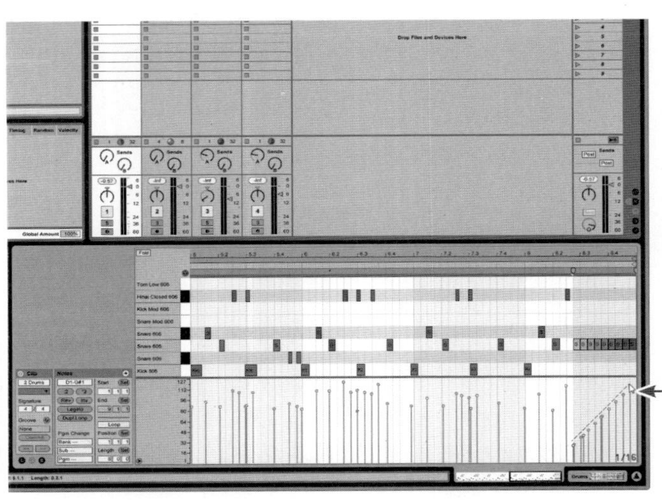

06 B 키를 눌러 편집 툴로 복구하고, Ctrl 키를 누른 상태로 드래그하여 점점 세계 연주하는 효과를 만듭니다. Ctrl 키를 누른 상태로 드래그하면 벨로시티를 라인 타입으로 입력할 수 있는 것입니다.

오디오 레코딩

보컬 녹음을 할 때 음질을 결정하는 것은 마이크와 오디오 인터페이스 입니다. 오디오 인터페이스는 포트 수에 따라 가격 차이가 나고, 성능에는 큰 차이가 없기 때문에 자신에게 필요한 포트 수를 고려하여 선택하면 되지만, 마이크는 제품에 따라 차이가 크기 때문에 매장을 직접 찾아 충분히 테스트를 해보는 것이 좋습니다. 그 전까지는 돈 만 원 짜리 마이크로 연습을 해도 충분합니다.

● 샘플 레이트

음향 엔지니어는 소리의 음정을 도, 레, 미... 의 음계보다 세분화시켜 표현할 수 있는 주파수를 사용하며, 단위는 Hz로 표시합니다. 인간이 들을 수 있는 주파수 범위는 사람마다 다르지만, 20Hz~20KHz 정도입니다. 이러한 주파수를 디지털 사운드로 기록할 때, 얼마 만큼의 비율로 기록할 것인지를 나타내는 것이 샘플 레이트(Sample rate)입니다. 아날로그 사운드는 마이크를 통해서 컴퓨터의 사운드 카드로 입력되며, 사운드 카드는 아날로그 사운드를 컴퓨터가 인식할 수 있는 0과 1이라는 디지털 신호로 바꾸는 작업을 합니다. 그리고 컴퓨터는 사운드 카드가 바꿔준 디지털 신호를 하드 디스크에 저장하는데, 이것이 아날로그 사운드가 디지털 사운드로 기록되는 과정입니다.

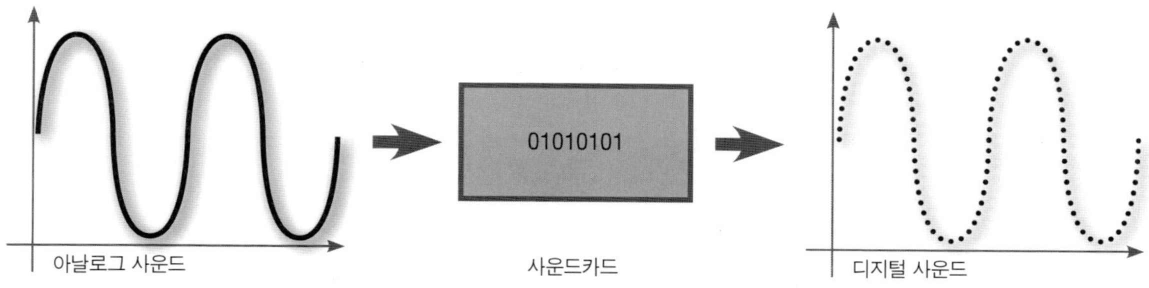

디지털 신호를 단순히 0과 1이라는 숫자의 On/Off로 해석하여 0이라는 숫자에서는 기록을 하지 않고, 1이라는 숫자에서만 기록한다고 보아도 좋습니다. 결국 앞의 그림에서와 같이 디지털 사운드는 주기적이지 못하고, 일정한 간격이 발생합니다. 하지만, 인간이 들을 수 있는 최대 주파수가 20KHz이므로, 그 두 배가 넘는 44.1KHz로 기록을 하면, 아날로그 사운드만큼이나 자연스럽다는 이론이 성립합니다. 그래서 CD의 표준 샘플 레이트가 44.1KHz로 규격화된 것입니다. 요즘에는 기술이 더 발전하여 48KHz나 96KHz를 기록할 수 있는 오디오 장비들이 일반화되고 있는 추세입니다. 단, 아날로그 사운드를 디지털 신호로 바꿔주는 역할을 하는 것이 사운드 카드이므로, 사운드 카드 및 오디오 인터페이스가 그만한 성능을 갖추고 있어야 하므로 구매를 할 때는 제품 스펙을 확인합니다.

● 샘플 비트

사운드의 음질을 의미하는 것에는 샘플 레이트 외에 비트(bit)라는 용어가 있습니다. 사운드의 레벨은 데시벨(dB) 이라는 용어를 사용하며, 이 데시벨을 디지털 사운드로 기록할 때, 얼마만큼의 폭으로 기록할 것인지의 나타내는 단위가 Bit depth입니다. 그림을 보면 알 수 있듯이 비트 수가 클수록 기록 오차의 폭이 작다는 것을 알 수 있습니다. 디지털 사운드는 오차를 인식하지 못하거나 에러가 발생하는 경우가 있기 때문에 Bit depth 값은 사운드 음질에 큰 영향을 줍니다. CD는 최대 98dB을 레벨 폭을 기록할 수 있으며, 이것을 처리하는데 필요한 비트 수는 16bit입니다. 그래서 CD의 표준 Bit depth가 16bit 로 규격화 된 것입니다. 요즘엔 24bit를 기록할 수 있는 오디오 장치들이 일반화되고 있는 추세이며, 맥에 내장되어 있는 사운드 카드도 24Bit를 지원합니다.

〈 Bit depth가 작으면, 오차가 크기 때문에 아날로그 사운드를 그대로 기록하기 어렵다〉

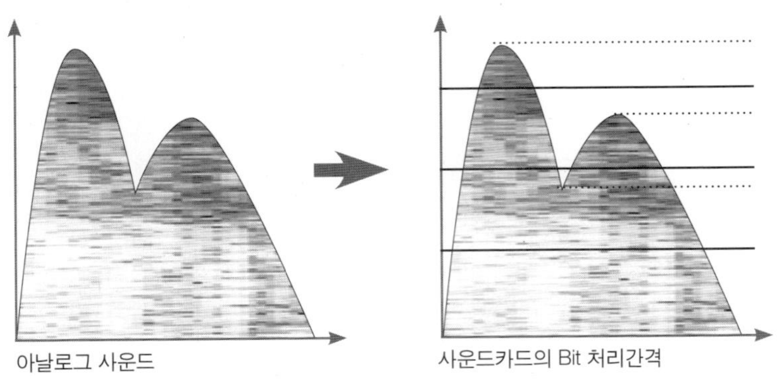

〈 Bit depth가 크면, 오차가 작기 때문에 아날로그 사운드를 그대로 기록할 수 있다〉

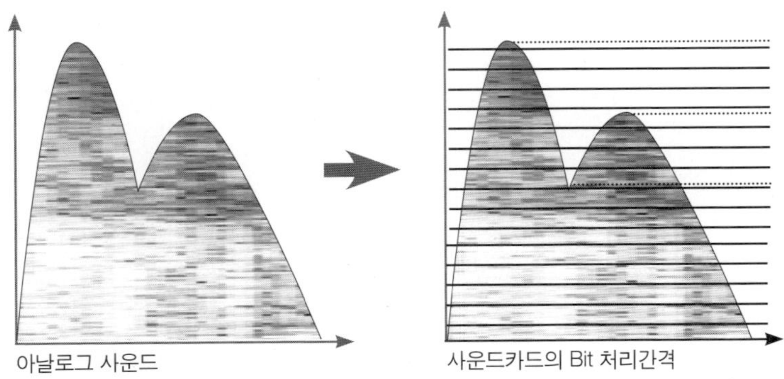

TIP : 16bit는 2의 16제곱을 말하는 것으로 65,536의 폭으로 처리를 하며, 24bit는 2의 24제곱을 말하는 것으로 16,777,216의 폭으로 처리합니다. 일반적으로 오디오 CD가 44.1KHz/16bit 로 규격화 되어있지만, 자신이 작업한 사운드가 어떤 미디어에 담기게 될지 모르므로, 48KHz/24bit 또는 96KHz/24bit 등의 높은 포맷으로 녹음을 하는 추세입니다. 왜냐하면, 24bit로 녹음한 사운드를 16bit로 낮추어 출력하는 것은 문제가 없지만, 16bit로 녹음한 사운드를 24bit의 음질로 출력할 수는 없기 때문입니다. 다만, 인터넷 음원 시장이 주류를 이루는 가요 작업자라면, 굳이 높은 포맷을 고집할 이유는 없고, 오히려 자신의 작업 시스템에 적합한 포맷을 선택하는 것이 현명합니다.

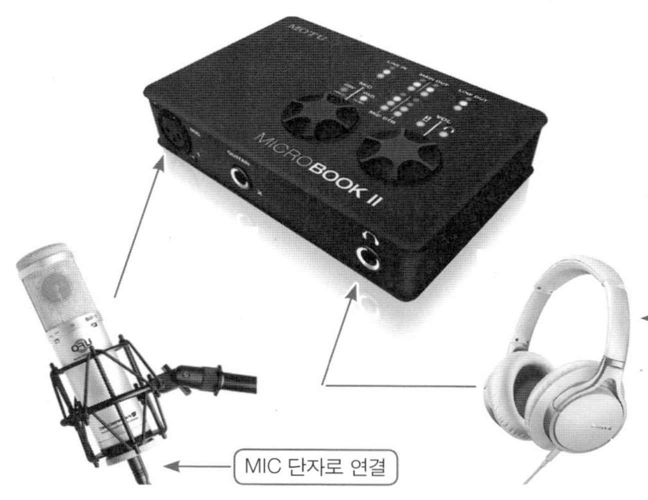

● 녹음 포맷 설정하기

01 Ctrl+N 키를 눌러 새로운 프로젝트를 만들고, 마이크를 오디오 인터페이스의 MIC 단자에 연결합니다. 집에서 녹음을 하는 경우에는 음악이 녹음되는 것을 방지하기 위해 헤드폰을 이용해서 모니터 해야 합니다.

TIP : 사운드 카드 사용자는 폰잭 마이크를 PC의 MIC In 단자에 연결합니다.

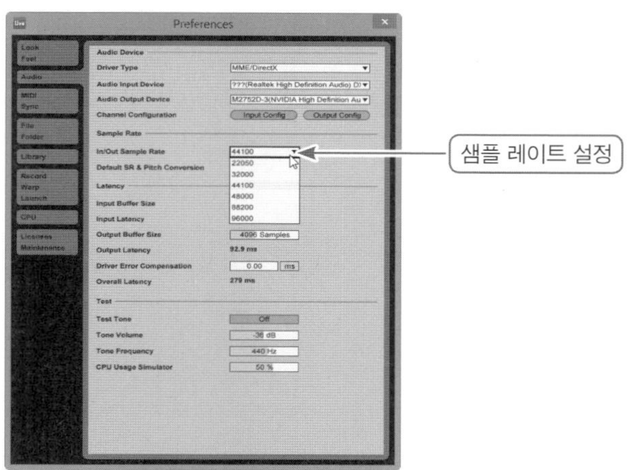

02 Options 메뉴의 Preferences를 선택하여 창을 열고, Audio 페이지의 In/Out Sample Rate 항목에서 샘플 레이트를 선택합니다. 특별한 목적 없이 높은 값을 선호할 필요는 없습니다.

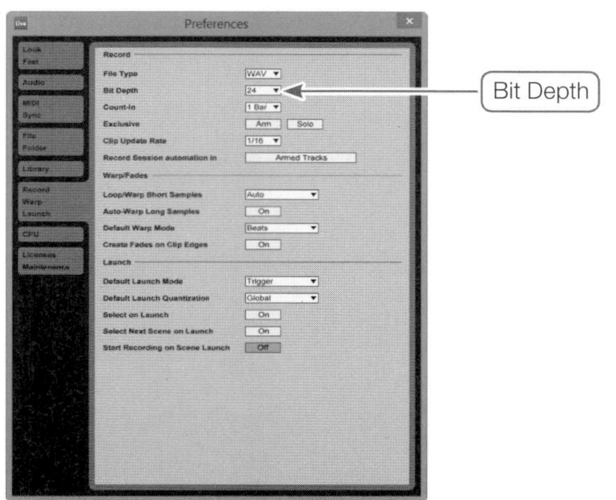

03 샘플 비트는 Record/Warp/Launch 페이지의 Bit Depth에서 설정합니다. 이것 역시 필요 이상의 높은 값을 설정할 필요는 없습니다. 음원 제작 및 클럽 재생용이라면 샘플 레이트 44100, 샘플 비트 16이면 충분합니다.

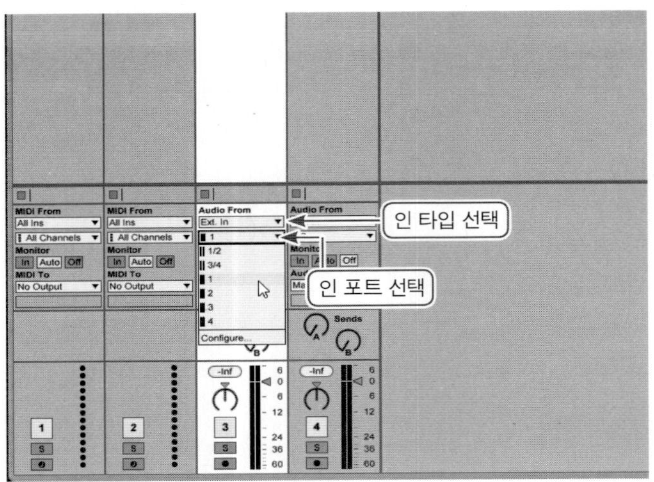

04 I/O 버튼을 클릭하여 섹션을 열고, 인풋 타입에서 Ext.in를 확인하고, 인풋 채널에서 마이크가 연결되어 있는 포트를 선택합니다.

TIP : Ext.In은 사운드 카드 및 오디오 인터페이스의 외부 입력을 의미합니다.

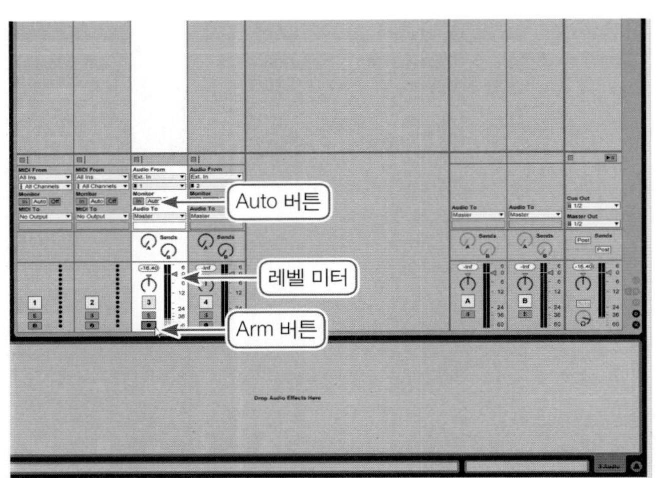

05 모니터 항목의 Auto 버튼을 On으로 하고, Arm 버튼을 클릭합니다. 그리고 레벨 미터를 보면서 마이크 레벨을 조정합니다. 녹음은 크게 하는 것이 좋으므로, 최대 레벨이 -6dB 정도가 되게 합니다.

TIP : 레벨을 최대로 설정하지 않는 이유는 믹싱 작업을 위한 여유를 두는 것이며, 이를 헤드 룸이라고 합니다.

06 오디오 인터페이스 사용자는 전용 컨트롤러를 실행하여 마이크 입력 레벨을 조절할 수 있으며, 사운드카드 사용자는 제어판의 하드웨어 및 소리에서 오디오 장치 관리를 클릭하여 소리 창을 열고, 녹음 탭의 마이크를 더블 클릭하여 속성 창을 열고, 수준 탭에서 조정할 수 있습니다.

TIP : 오디오 인터페이스의 컨트롤러는 제품마다 차이가 있으므로, 해당 제품의 설명서를 참조하기 바랍니다.

● 녹음하기

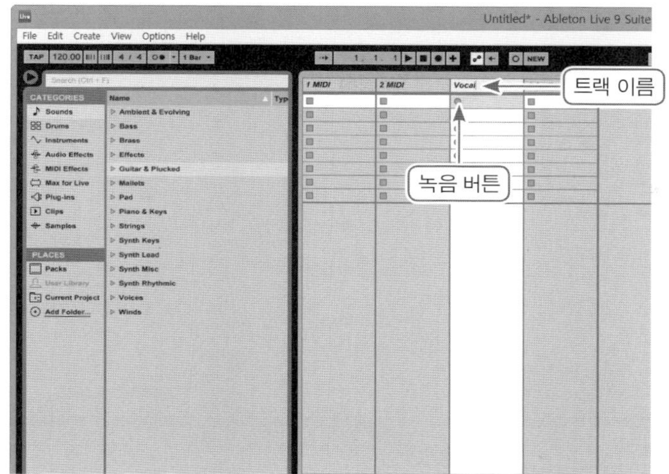

01 트랙 이름을 선택하고, Ctrl+R 키를 눌러 구분하기 쉬운 이름으로 변경합니다. 그리고 클립 녹음 버튼을 클릭하여 녹음을 시작합니다. 녹음이 끝나면 스페이스 바 키를 눌러 정지합니다.

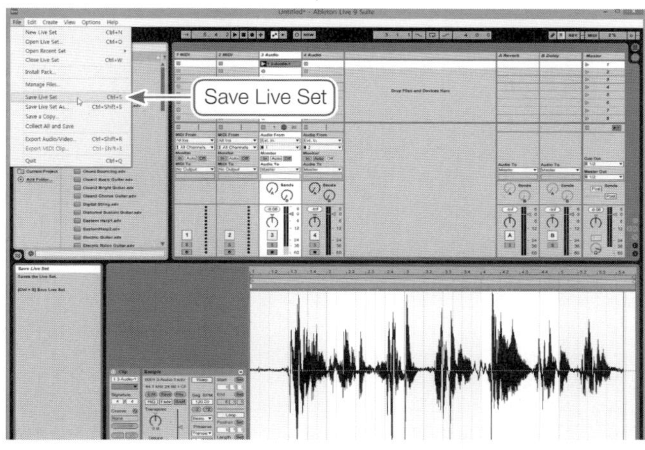

02 클립(파일)의 이름은 # 트랙 이름으로 생성됩니다. 이를 확인해보기 위해 프로젝트를 저장하겠습니다. File 메뉴의 Save Live Set을 선택하여 프로젝트를 저장합니다.

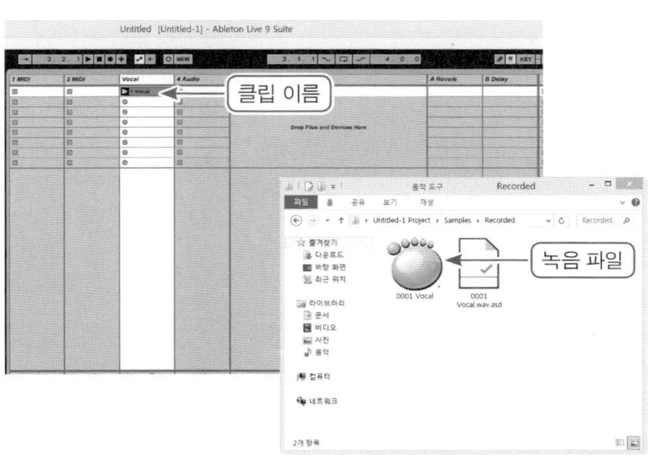

03 저장한 프로젝트의 Samples 폴더를 열어보면, Record 폴더에 클립 이름으로 생성된 오디오 파일을 확인할 수 있습니다. 오디오를 녹음하기 전에 트랙 이름을 구분하기 쉽게 만들어놓는 습관을 들이면, 파일 관리가 좀 더 편리해지는 것입니다.

PART 03
작업 뷰 익히기

Ableton Live 9

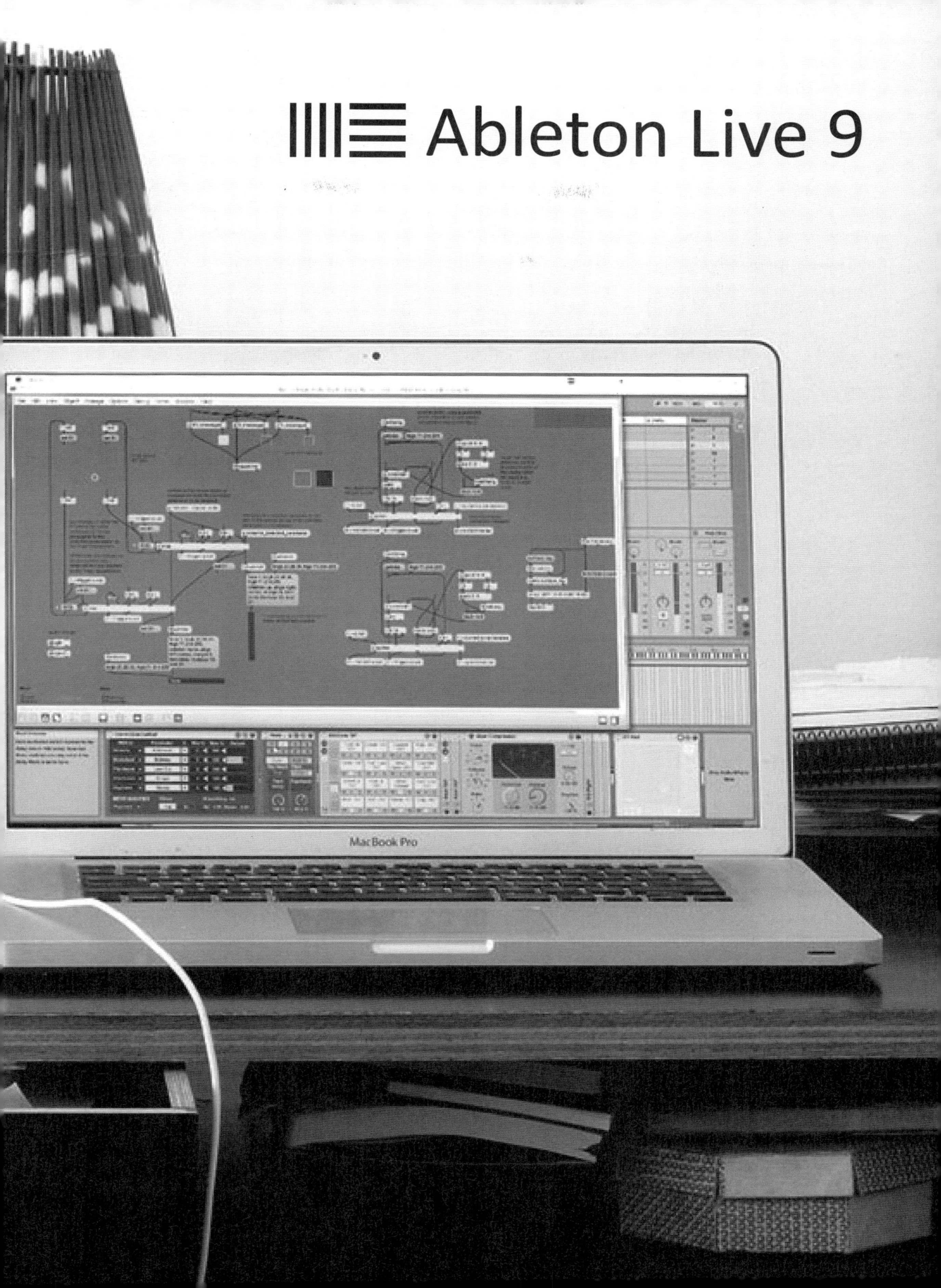

세션 뷰

Ableton Live가 로직이나 큐베이스와 같은 프로그램과 다르게 라이브 연주나 디제잉이 가능한 이유는 세션 뷰(Session View)를 제공하고 있기 때문입니다. 로직이나 큐베이스와 같은 경우에는 클립을 시간 단위로 배열하여 재생하지만, Ableton Live의 세션 뷰는 클립의 배열 순서에 상관없이 독립적인 컨트롤이 가능합니다. Ableton Live의 핵심 패널인 세션 뷰에 관해서 살펴보겠습니다.

● 세션 뷰의 구성

01 부록 CD의 Session 프로젝트를 엽니다. Abletone Live는 라이브 연주에 최적화되어 있는 세션 뷰와 스튜디오 작업에 최적화되어 있는 어레인지먼트 뷰를 제공하며, 오른쪽 상단의 버튼 또는 Tab 키를 이용해서 선택할 수 있습니다.

02 세션 뷰의 트랙은 세로로 나열되어 있으며, 트랙마다 사용자가 원하는 만큼의 클립을 배치할 수 있고, 각 클립은 재생을 위한 삼각형 모양의 런치(Launch) 버튼을 가지고 있습니다. 단, 트랙마다 하나의 클립만 재생할 수 있습니다.

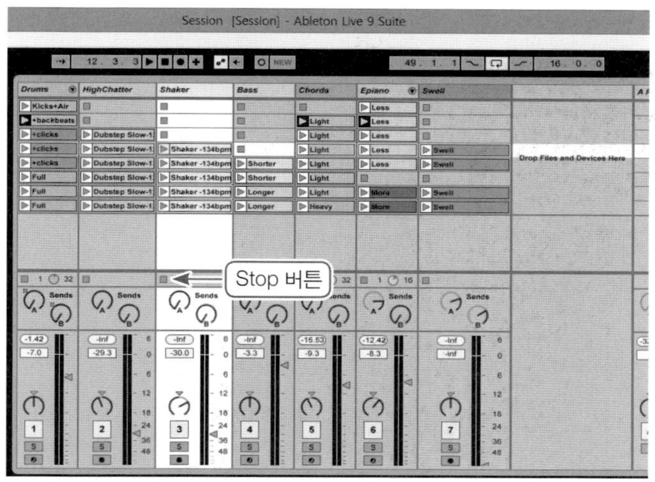

03 재생되고 있는 클립은 같은 트랙의 빈 슬롯 또는 트랙 아래쪽에 위치한 상태 필드에 사각형 모양으로 되어 있는 Stop 버튼을 클릭하여 정지시킬 수 있습니다.

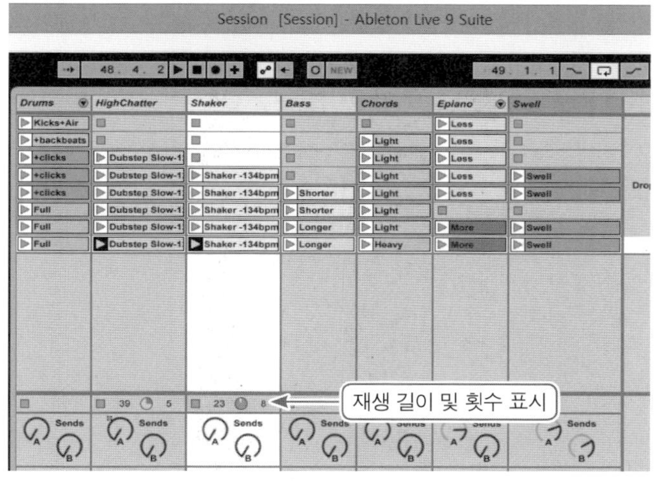

04 상태 섹션에는 정지 버튼 외에도 돌림판 모양으로 클립이 재생되는 위치를 짐작할 수 있게 하고, 돌림판 왼쪽에는 재생 횟수, 오른쪽에는 재생 길이를 표시합니다.

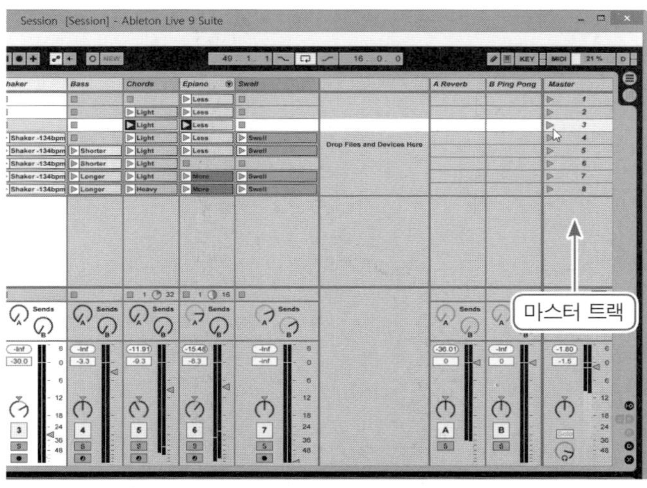

05 세션 뷰의 가로 라인을 씬이라고 하며, 마스터 트랙의 런치 버튼을 클릭하여 해당 씬에 존재하는 클립들을 모두 재생시킬 수 있습니다. 재생이 끝나면 아래 씬으로 자동 이동됩니다.

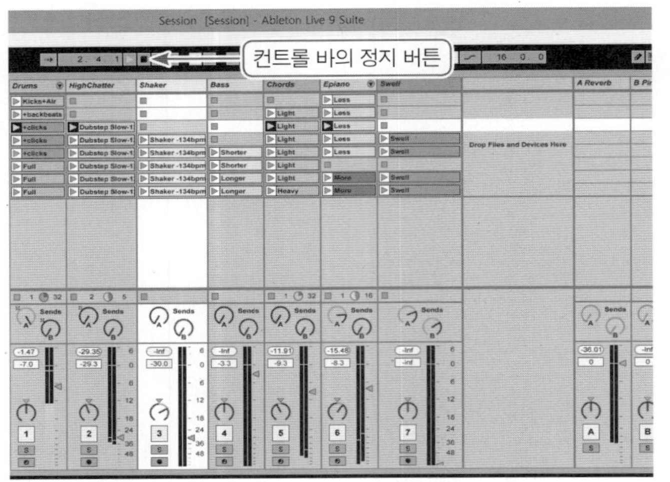

06 클립 재생을 정지시켜도 어레인지먼트는 그대로 진행되어 곡의 흐름을 유지할 수 있습니다. 어레인지먼트를 정지할 때는 컨트롤 바의 정지 버튼을 클릭하거나 스페이스 바 키를 누릅니다. 정지된 상태에서 클릭하면 처음위치로 이동합니다.

07 각 트랙의 클립 슬롯 아래쪽에는 상태, 인/아웃, 센드, 믹서, 딜레이, 크로스페이더 섹션이 있으며, 오른쪽 하단의 섹션 보기 버튼을 이용해서 열거나 닫을 수 있습니다.

08 섹션 보기의 R 버튼은 리턴 트랙을 열거나 닫습니다. 리턴 트랙은 클립과 마스터 트랙 사이에 존재하며, 사용자가 원하는 만큼 추가/삭제 할 수 있습니다.

● 클립 및 씬 재생

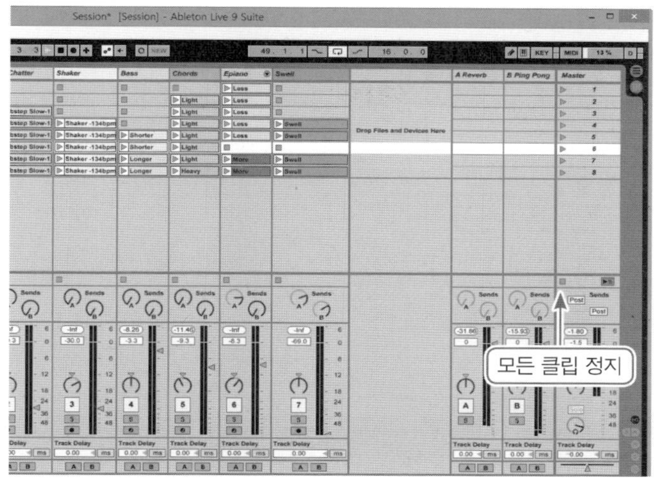

01 마스터 트랙의 정지 버튼을 클릭하여 모든 클립을 정지 시킵니다. 그리고 Drums 트랙 6번째 슬롯에 로딩되어 있는 Light 클립의 런치 버튼을 클릭하여 연주합니다.

02 계속해서 나머지 트랙의 첫 번째 클립을 재생하여 악기 연주를 추가합니다. 이와 같이 세션 뷰는 각 트랙의 클립을 재생하여 음악을 조합하는 것입니다.

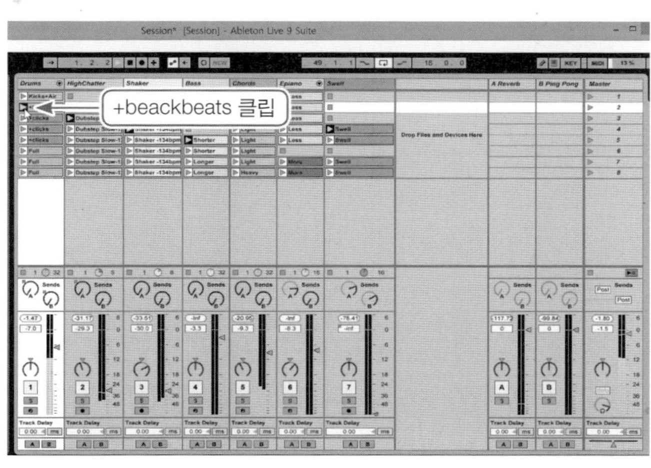

03 Drums 트랙의 두 번째 슬롯에 있는 +backbeats 클립을 재생시켜 분위기를 바꿔 봅니다. 런치 버튼을 클릭했을 때 클립이 바로 연주되지 않고, 잠시 깜박이는 것을 확인할 수 있습니다.

04 클립 재생이 지연되는 이유는 퀀타이즈가 1Bar로 설정되어 있기 때문입니다. 즉, 마디 단위로 시작되는 것입니다. 만일, 바로 재생되게 하고 싶다면 퀀타이즈 값을 None으로 선택합니다.

05 스페이스 바 키를 눌러 정지하고, 마스터 트랙의 1번 클립을 재생합니다. 모든 트랙의 첫 번째 클립이 동시에 재생됩니다. 이것을 씬 재생이라고 합니다.

06 키보드에서 Enter 키를 누르면, 2번 씬으로 이동하고, 다시 Enter 키를 누르면 2번 씬이 재생되면서 3번 씬으로 이동합니다. 각 씬을 Intro, Verse 등의 곡 구성 단위로 만들어 놓으면, Enter 키만으로 곡을 연주할 수 있는 것입니다.

● 클립의 이동과 복사

01 클립은 마우스 드래그로 이동 가능하며, Ctrl 키를 누른 상태로 드래그하여 복사할 수 있습니다.

02 한 화면에 모든 트랙을 볼 수 없을 정도로 많은 트랙을 사용하고 있는 경우에는 Ctrl+X 키로 이동시키거나 Ctrl+C 키를 이용해서 복사할 수 있습니다.

03 Ctrl+Shift+T 키를 눌러 미디 트랙을 만들고, Ctrl+V 키를 누릅니다. 앞에서 Ctrl+X 키를 누른 경우라면 클립이 이동되고, Ctrl+C 키를 누른 경우라면 복사되는 것을 확인할 수 있습니다.

● 클립 속성

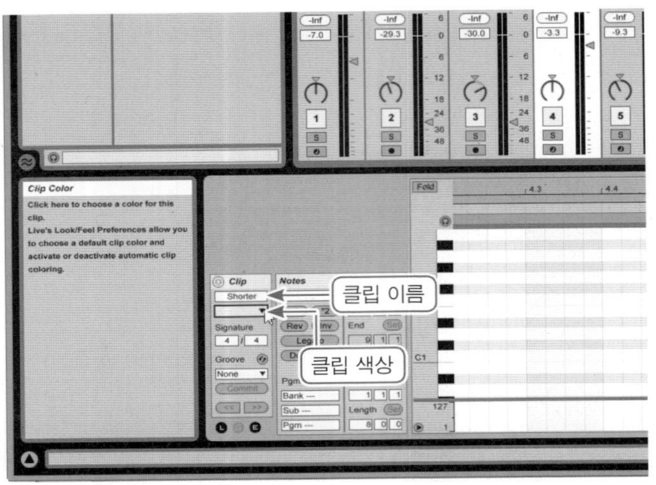

01 Clip Box

미디 및 오디오 데이터를 편집할 수 있는 클립 뷰 왼쪽에는 선택한 클립의 속성을 결정할 수 있는 박스 있습니다. 먼저 Clip 박스의 이름과 색상 항목은 의미 그대로 클립의 이름과 색상을 표시하며, 변경 가능합니다.

02 Signature는 클립의 박자를 표시하지만, 실제 연주와는 무관합니다. Groove는 Groove Pool에 등록한 목록이 표시되며, 이를 선택하여 클립에 적용합니다. 목록에서 Open Groove Pool을 선택하면 Groove Pool 패널을 열 수 있습니다.

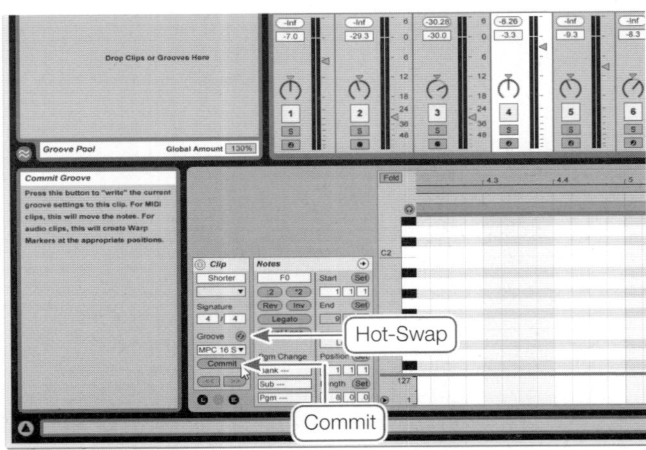

03 Hot-Swap 버튼은 브라우저에서 선택한 그루브를 빠르게 적용시켜 볼 수 있게 하며, Commit은 선택한 그루브를 실제 데이터에 적용합니다.

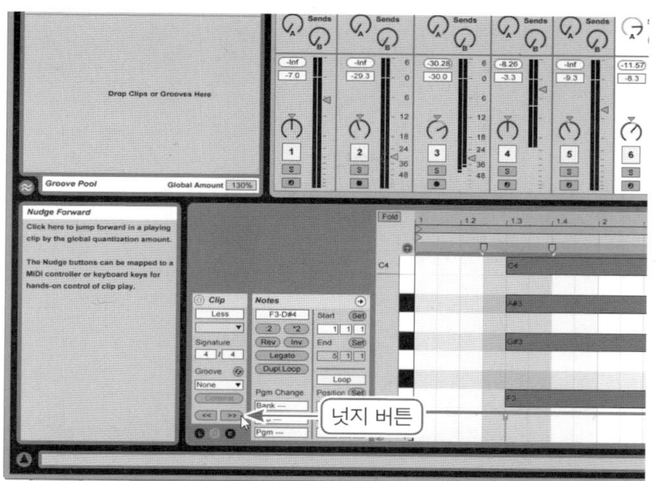

04 Commit 버튼 아래쪽의 좌/우 넛지 버튼은 클립이 재생되고 있을 때, 퀀타이즈 단위만큼 재생 위치를 이동합니다. 타임이 안 맞는 클립을 믹스할 때 유용합니다.

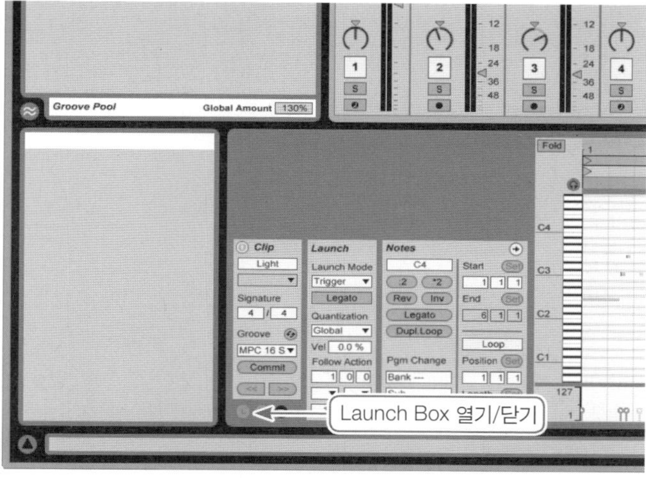

05 Launch Box

클립의 런치 버튼 속성을 결정하는 Launch Box는 Clip Box 아래쪽의 L 버튼을 클릭하여 열거나 닫습니다.

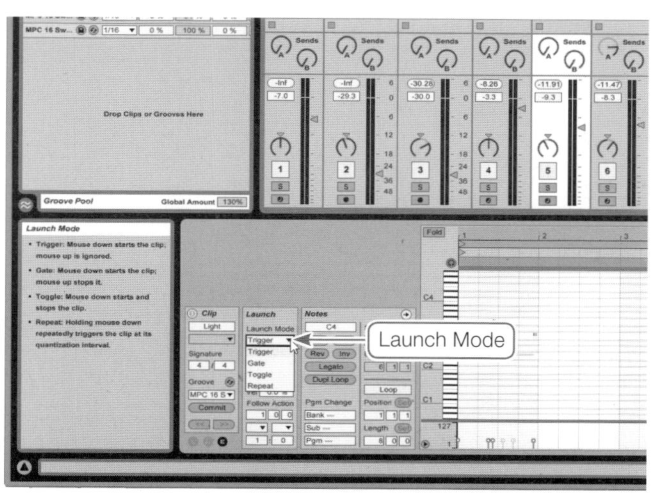

06 Launch Mode는 런치 버튼의 동작상태를 결정합니다. Trigger는 버튼을 누를 때 재생, Gate는 버튼을 누를 때 재생하고, 떼면 정지, Toggle은 버튼을 누를 때 마다 재생과 정지, Repeat는 버튼을 누르고 있는 동안 퀀타이즈 단위로 반복 재생합니다.

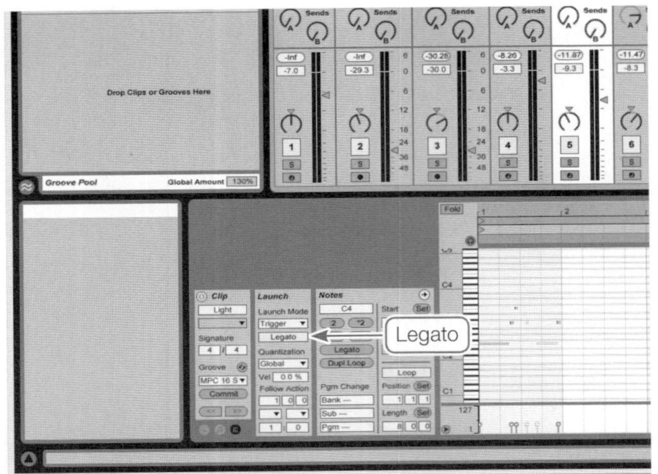

07 클립은 시작 위치에서 재생을 합니다. 만일, 클립을 전환했을 때 재생 위치를 유지하고 싶은 경우에는 Legato 버튼을 On으로 합니다. 단, 같은 트랙에서만 적용됩니다.

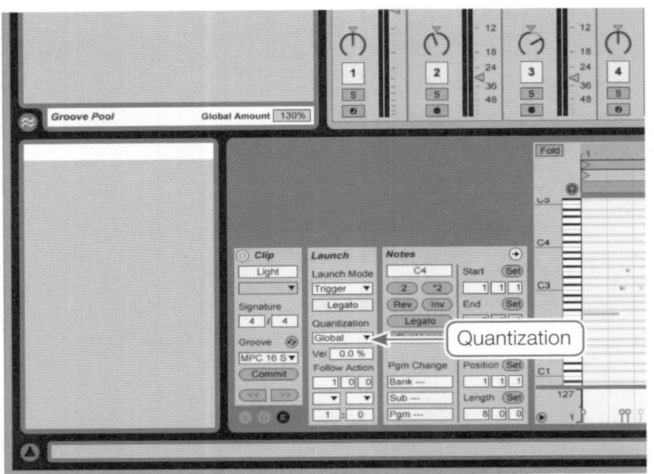

08 Quantization은 클립의 시작 타임을 선택합니다. Global은 컨트롤 바의 퀀타이즈 값을 적용하겠다는 의미입니다.

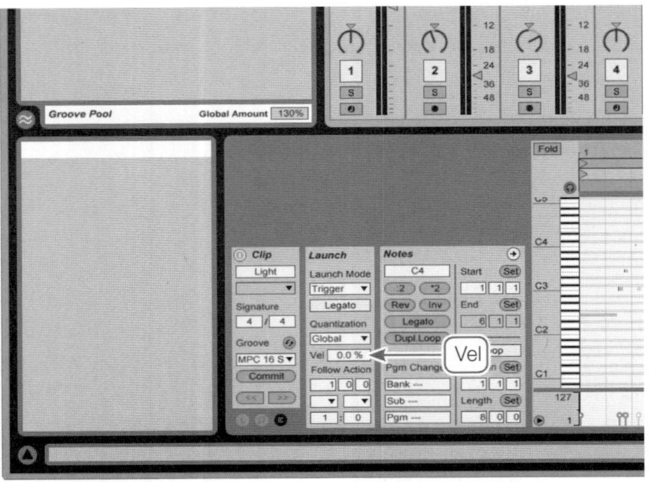

09 Vel은 클립의 볼륨에서 미디 노트 벨로시티의 영향 정도를 조절합니다. 0%는 볼륨에 영향을 주지 않으며, 값이 커질수록 영향을 받습니다.

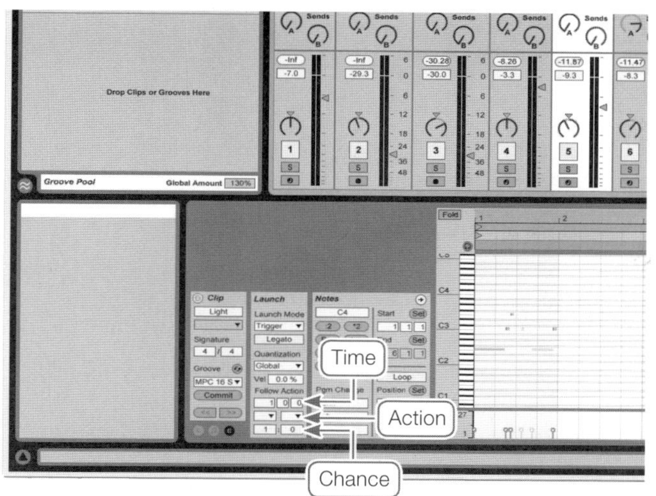

10 Follow Action은 클립이 재생된 후의 동작 상태를 설정합니다. 첫 필드는 동작 위치를 설정하는 Time이며, 두 번째 필드가 동작 상태를 선택하는 Action A(왼쪽)와 B(오른쪽)입니다. 그리고 세 번째 Chance A/B 필드는 Action의 발생 확률을 설정합니다.

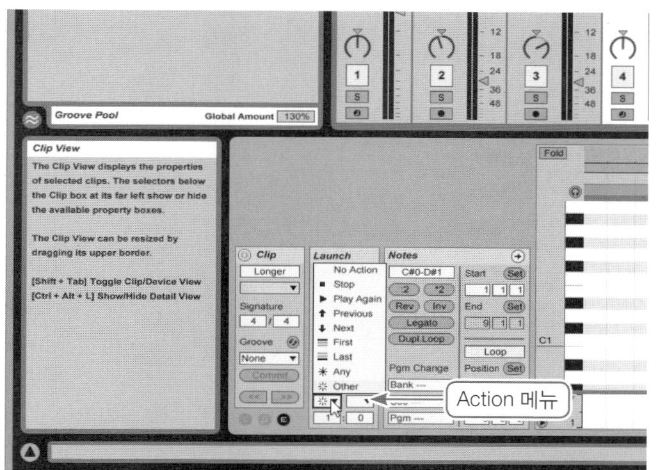

11 Action은 메뉴는 정지(Stop), 다시 재생(Play Again), 위쪽/아래쪽 클립으로 이동(Previous/Next), 가장 위/아래 클립으로 이동(First/Last), 무작위(Any/Other)의 8가지를 제공하며, 왼쪽 A와 오른쪽 B의 두 가지 경우를 설정할 수 있습니다.

TIP : Other는 Any와 같지만 클립 위/아래로 이동되는 경우를 피합니다.

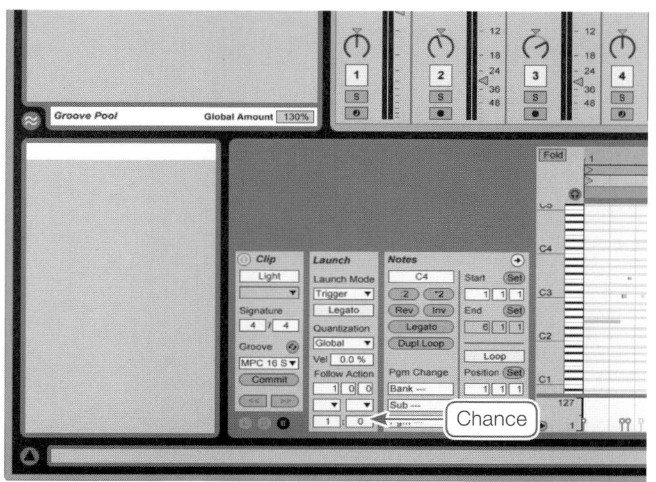

12 Action을 A와 B의 두 가지로 설정한 경우에는 Chance A와 B에서 각각의 발생 확률을 설정합니다. 0은 동작하지 않는다는 의미이며, 10은 10번 중 1번이라는 의미입니다.

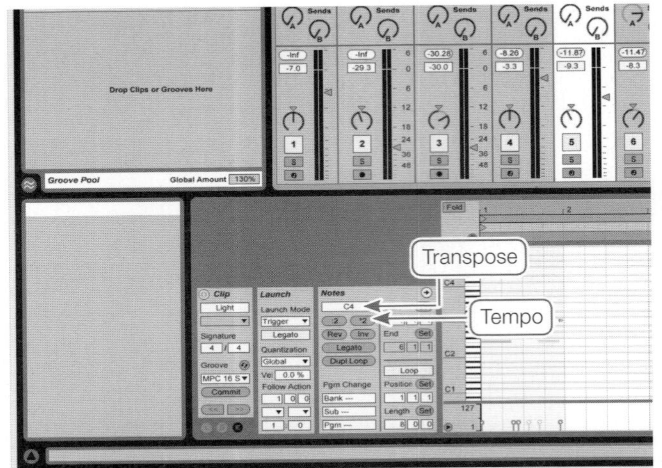

13 Notes Box

미디 클립 박스입니다. Transpose 필드는 최저-최고음이 표시되며, 범위를 수정하거나 +7, -5 등의 숫자 입력으로 음정을 조정합니다. :2와 *2의 템포 버튼은 데이터 길이를 두 배로 늘리거나 절반으로 줄입니다.

14 Legato은 노트의 길이를 다음 노트의 시작점으로 조정하여 레가토 효과를 연출하고, Dupl.Loop는 루프 구간을 복사하여 두 배의 길이로 만듭니다.

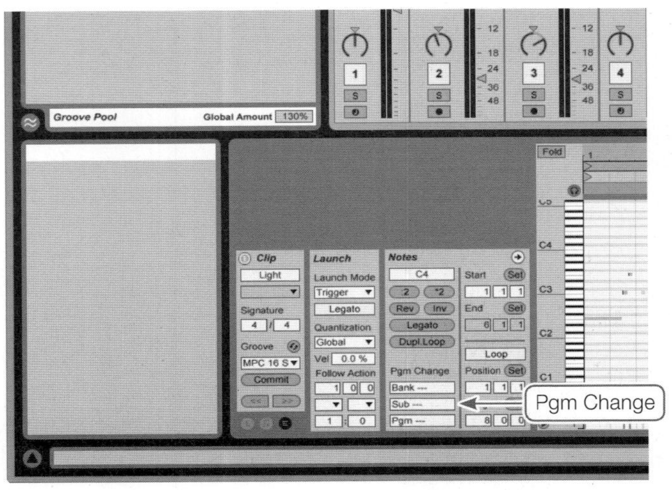

15 Pgm change 필드는 뱅크와 프로그램 번호를 입력하여 외부 악기 및 플러그-인으로 전송합니다. 하드웨어 악기 사용자는 해당 제품의 메뉴얼을 참조하기 바랍니다.

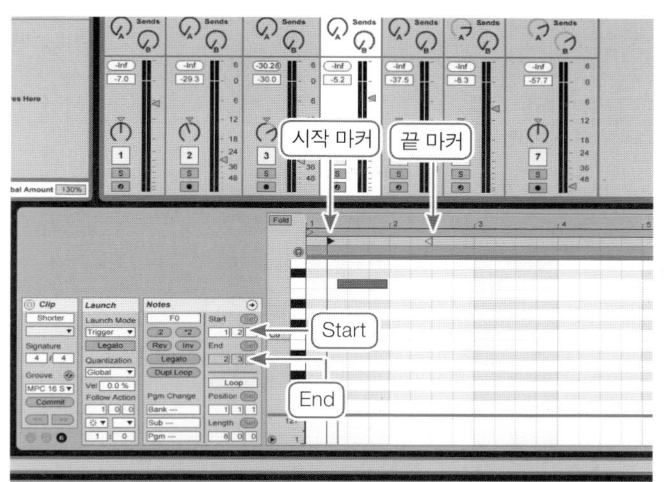

16 Star/End 필드는 클립의 시작과 끝 위치를 표시하며, 변경 가능합니다. 마우스 드래그 및 좌/우 방향키도 설정할 수 있고, 재생 중에는 Set 버튼을 클릭하여 설정할 수 있습니다. 그리고 시작 마커를 선택하고, Altl 키를 누른 상태로 방향키를 이용하면 시작과 끝 위치를 동시에 조정할 수 있습니다.

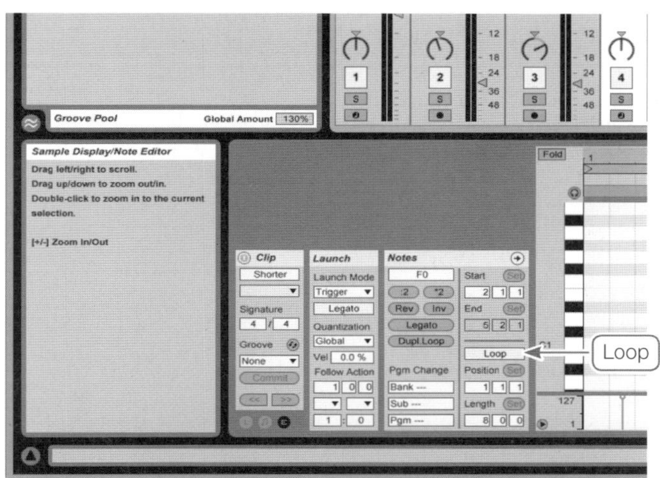

17 Loop 버튼은 반복 기능을 On/Off 합니다. 버튼이 On일 경우에는 클립의 시작 위치에서 재생하여 루프 구간을 반복하지만, Off일 경우에는 클립의 끝 위치에서 정지합니다.

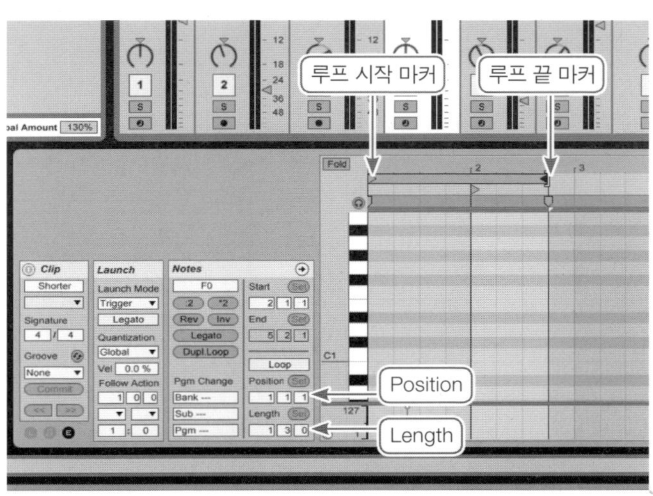

18 Position과 Length은 루프의 시작 및 끝 위치를 표시하며 클립 길이와 마찬가지고 마우스를 이용해서 조정할 수 있습니다. 클립의 길이와 루프 필드의 역할은 오디오 샘플 박스에서도 동일합니다.

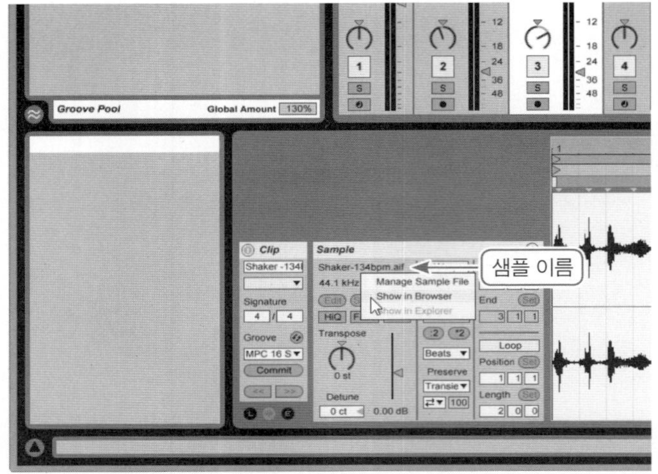

19 Sample Box

오디오 클립 박스입니다. 샘플 이름, 샘플 레이트, 비트, 채널 등의 정보가 표시됩니다. 샘플 이름을 마우스 오른쪽 버튼으로 클릭하면 파일 메니저를 열 수 있는 Manage Sample File과 파일 위치를 열 수 있는 Show in Browser 메뉴를 실행할 수 있습니다.

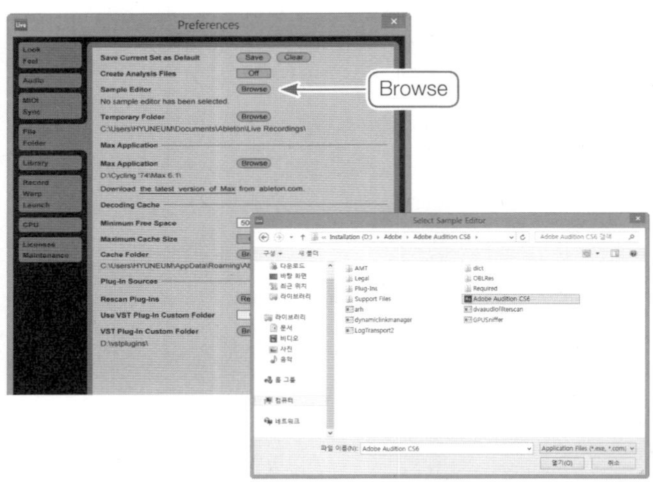

20 오디오 샘플 편집을 위한 Edit 기능을 사용하기 위해서는 Preferences 창의 File/Folder에서 Sample Edit의 Browse 버튼을 클릭하여 프로그램을 선택해줘야 합니다.

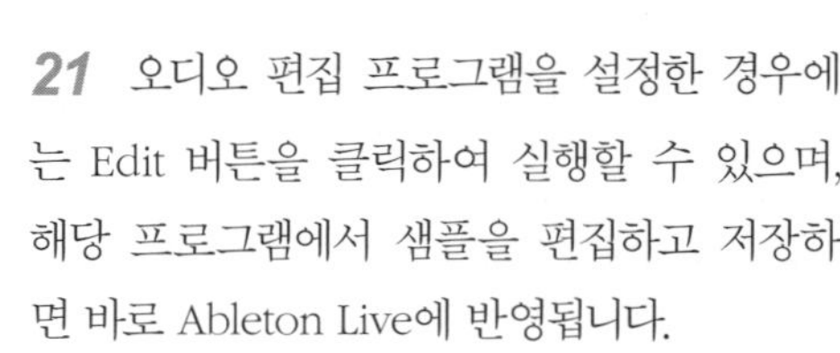

TIP : Preference 창은 Options 메뉴의 Preference를 선택하여 열 수 있습니다.

21 오디오 편집 프로그램을 설정한 경우에는 Edit 버튼을 클릭하여 실행할 수 있으며, 해당 프로그램에서 샘플을 편집하고 저장하면 바로 Ableton Live에 반영됩니다.

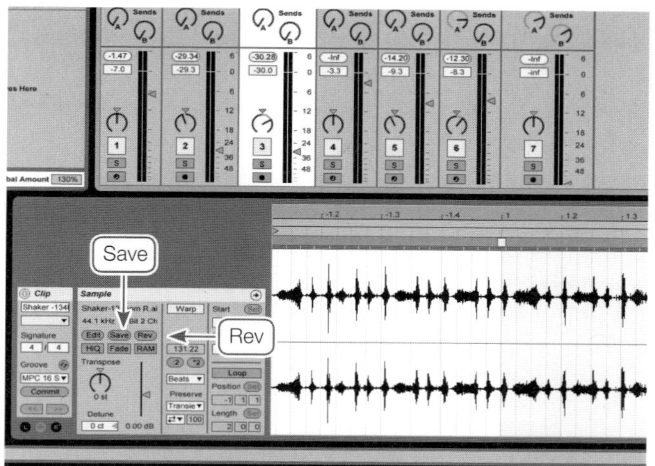

22 Save 버튼은 클립의 설정을 샘플과 함께 저장하고, Rev 버튼은 샘플의 방향을 바꿉니다. Rev는 새로운 파일을 생성한 후 이전 클립의 설정을 그대로 적용하는 방식이기 때문에 언제든 원본 복구가 가능합니다.

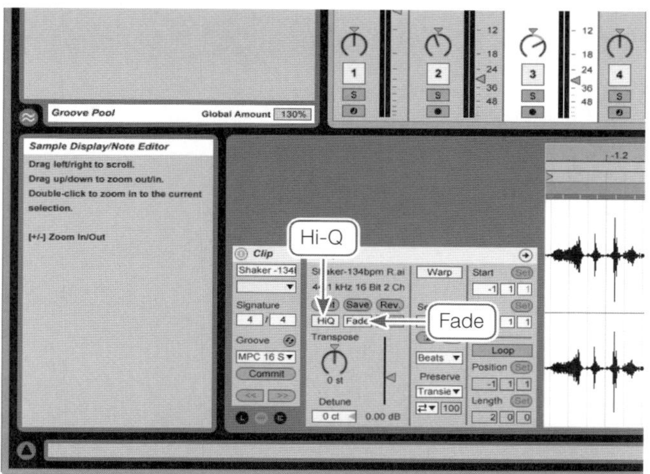

23 Hi-Q를 On으로 하면 CPU 사용량이 커지지만, 향상된 음질을 얻을 수 있고, Fade는 클립의 시작과 끝 위치에 4ms 범위의 페이드를 적용하여 반복 재생시 발생할 수 있는 클릭 잡음을 최소화합니다.

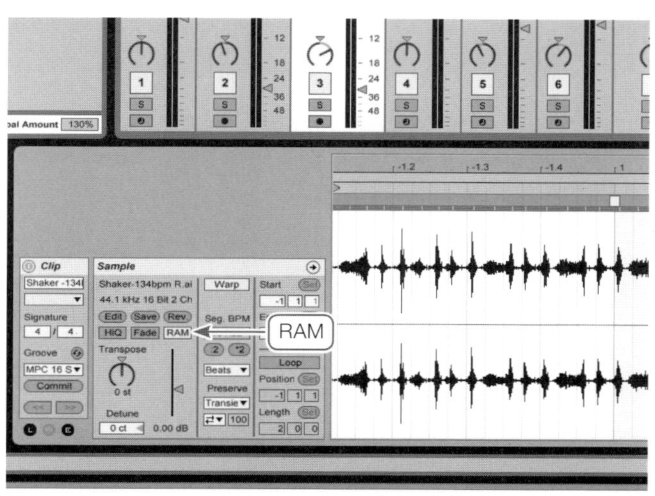

24 Ableton Live는 샘플을 디스크로 불러오는데, 디스크가 느린 경우에는 재생할 때 버퍼링이 발생할 수 있습니다. 이 때 RAM을 On으로 하여 메모리로 로딩하면 문제를 해결할 수 있습니다. 단, 시스템에 RAM 용량이 넉넉해야 한다는 조건이 있습니다.

25 Transpose는 반음 단위, Detune은 100분 1 단위로 샘플의 음정을 조정합니다. 그리고 오른쪽의 Gain 슬라이더는 샘플의 볼륨을 조정합니다.

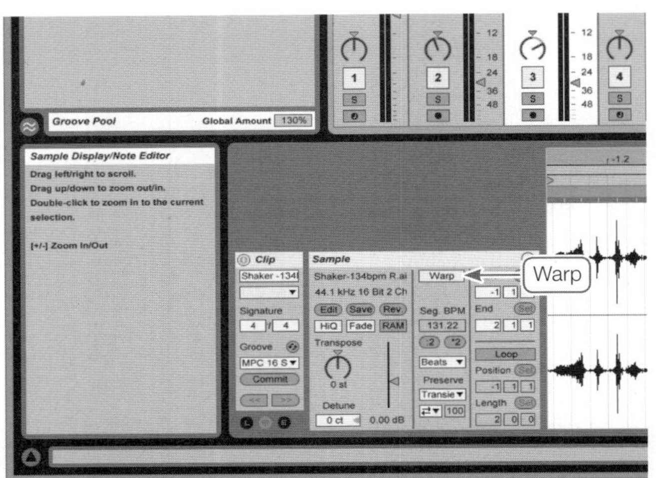

26 Ableton Live는 샘플을 불러올 때 템포를 분석하여 프로젝트에 맞추는 Warp 기능이 있습니다. Warp 버튼을 Off 하면 샘플이 가지고 있는 원래 템포로 재생됩니다.

> TIP : 분석된 워프 마커는 회색으로 생성되며, 마우스 드래그로 수정 가능합니다.

27 Seg.BPM 필드에는 분석된 템포 값이 표시되며, 수정 가능합니다. 간혹 절반 또는 두 배로 분석되는 경우가 있는데, :2 또는 *2 버튼을 클릭하여 수정할 수 있습니다.

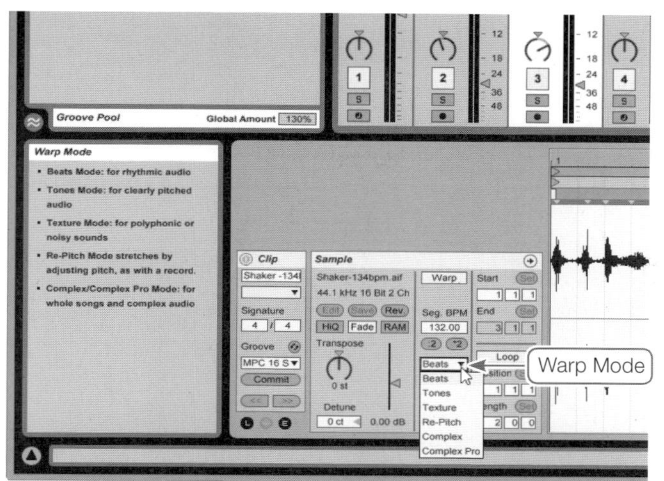

28 샘플을 좀 더 정확하게 분석할 수 있는 Warp Mode를 제공합니다. 샘플 종류에 따라 Beats, Tones, Texture, Re-Pitch, Complex, Complex Pro를 선택할 수 있으며, 모드에 따라 아래쪽 컨트롤러의 종류가 바뀝니다.

● Beats : 드럼 또는 리듬 위주의 댄스 음악에 적합합니다. Preserve 컨트롤을 사용하여 샘플의 분할을 유지합니다. 가장 정확한 결과를 얻으려면 Transients를 선택하고, 특정 비트를 유지하려면 노트 값을 선택합니다. Transient Loop Mode는 클립의 Transients 속성을 설정하며 오른쪽 Transient Envelope로 각 오디오 조작에 페이드를 적용합니다. 0으로 설정될수록 급속히 감쇠합니다.

⇥ Loop Off : Transient 사이의 오디오 조각은 각각 끝까지 재생한 후 정지합니다.

⇥ Loop Forward : Transient 사이의 오디오 조작은 각각 끝까지 재생되고, 제로 크로싱 지점으로 이동하여 다음 Transient가 발생하는 시간까지 반복됩니다.

⇄ Loop Back and Forth : Transient 사이의 오디오 조각은 각각 끝까지 재생되고, 제로 크로싱 지점 지점에서 반전되어 진행합니다. 다음 Transient가 발생할 때까지 이 패턴이 계속됩니다.

● Tones : 분명한 음정을 가지 단음 악기에 적합합니다. Grain Size 컨트롤을 이용하여 오디오 조각의 윤각을 조정합니다. 음정이 분명할수록 작은 값이 적당합니다.

● Texture : 다선율 음악에 적합합니다. Grain Size 컨트롤을 이용하여 조각 사이즈를 조정하며, Flux 컨트롤을 이용하여 처리 과정에 랜덤한 정도를 조정합니다. 큰 값에서 더 많이 랜덤화 됩니다.

● Re-Pitch : 재생 속도에 따라 음정이 조정되게 합니다.

● Complex ; 비트, 톤, 텍스처를 포함한 음악에 효과적입니다. 단, 높은 시스템 사양을 요구합니다.

● Complex Pro : Complex 보다 좋은 결과물을 얻을 수 있습니다. Formants 및 Envelope 컨트롤을 이용해서 원래 음색을 최대한 유지할 수 있습니다. 기본값 100%와 128은 대부분의 오디오에 적합합니다.

● 씬 다루기

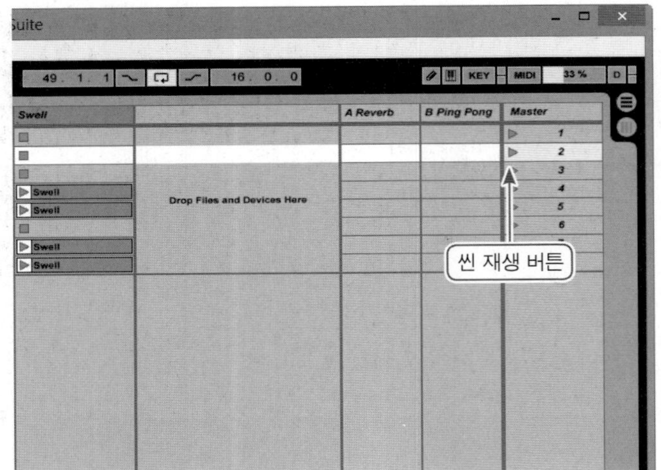

01 씬 재생

세션 뷰 가로 라인을 씬이라고 하며 마스터 트랙의 런치 버튼을 클릭하거나 Enter 키를 눌러 재생할 수 있습니다. Enter 키를 누르면 아래쪽 씬으로 이동하여 준비됩니다.

02 각 씬의 재생 단위는 퀀타이즈 값으로 설정됩니다. 만일, 씬을 바로 재생되고 하고 싶은 경우에는 퀀타이즈 메뉴에서 None을 선택합니다.

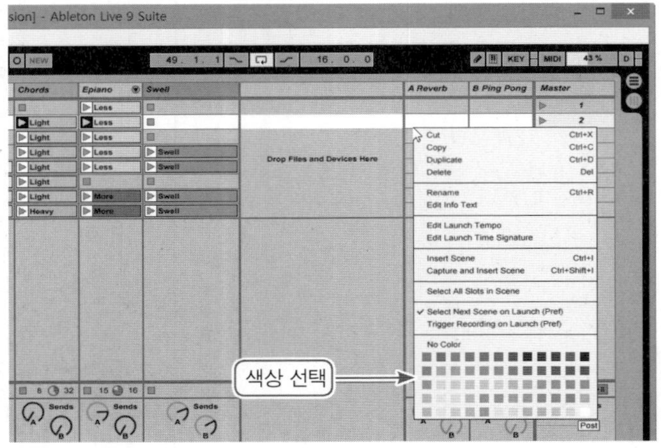

03 씬 이름

씬은 Intro, Verse의 이름이나 색상으로 구분하기 쉽게 설정해두는 것이 좋습니다. 이름은 Ctrl+R 키를 눌러 변경할 수 있고, 색상은 마우스 오른쪽 버튼을 클릭하면 열리는 팔레트에서 선택할 수 있습니다.

> TIP : 이름 변경 후 Tab 키를 누르면 다음 씬의 이름을 변경할 수 있는 상태가 됩니다.

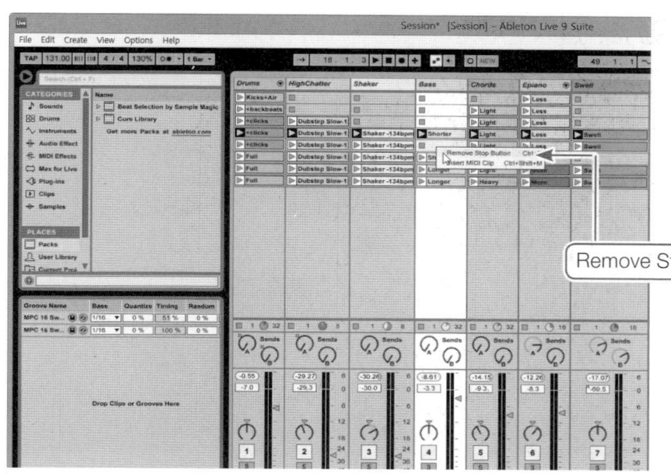

04 Remove Stop

씬이 바뀌어도 재생을 유지하고 싶은 클립이 있을 때에는 다음 빈 슬롯의 클립을 마우스 오른쪽 버튼으로 클릭하여 단축 메뉴를 열고, Remove Stop Button을 선택합니다.

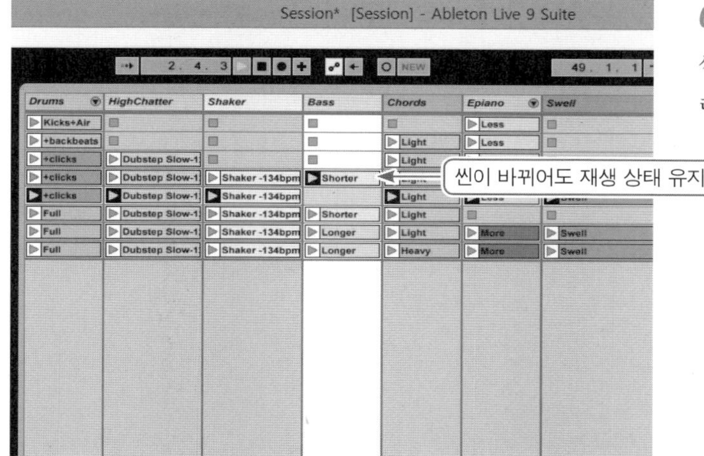

05 Remove Stop Button이 적용된 클립의 씬을 재생하면 이전 씬에서 재생되고 있던 클립이 재생 상태를 유지하게 됩니다.

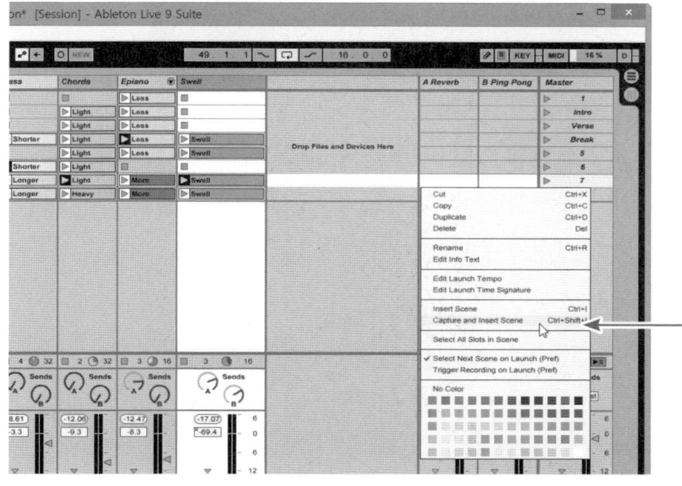

06 씬 만들기

현재 재생되고 있는 클립들을 새로운 씬으로 만들 수 있습니다. 마우스 오른쪽 버튼을 클릭하여 단축 메뉴를 열고, Capture and Insert Scene을 선택합니다.

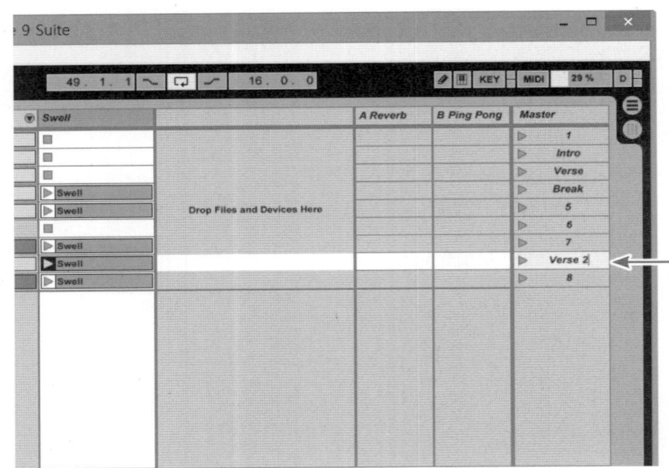

07 새로 생성된 씬은 선택된 씬 아래쪽으로 삽입되며, Ctrl+R 키를 눌러 구분하기 쉬운 이름으로 변경할 수 있습니다.

TIP : Ableton Live에서는 한글을 지원하지 않습니다.

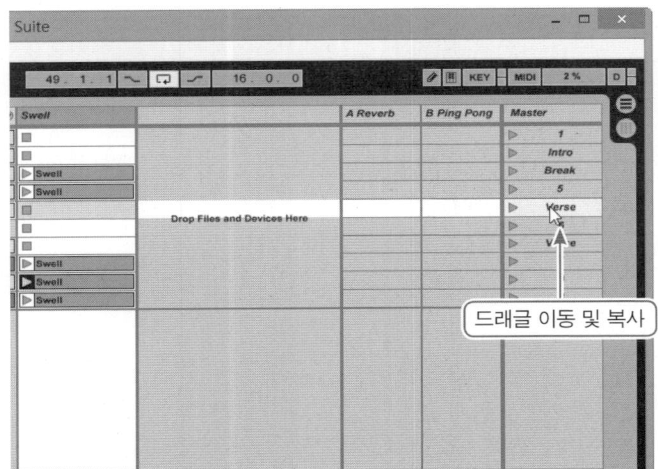

08 씬의 이동과 복사

선택한 씬은 마우스 드래그로 위치를 변경할 수 있으며, Ctrl 키를 누른 상태로 드래그하여 복사할 수 있습니다. 단축키 Ctrl+X, Ctrl+C, Ctrl+V를 이용한 이동과 복사도 가능합니다.

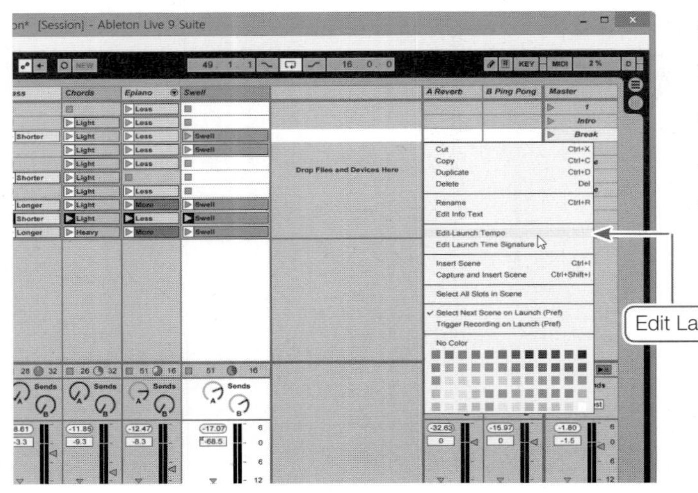

09 템포

씬 마다 템포를 변경하는 것도 가능합니다. 템포를 변경할 씬에서 마우스 오른쪽 버튼을 클릭하여 단축 메뉴를 열고, Edit Launch Tempo를 선택합니다.

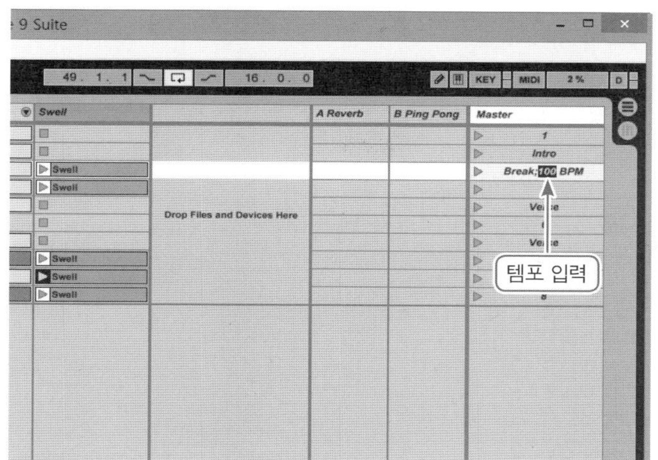

10 세미콜론(;)과 BPM 문자가 삽입되며, 입력 대기 상태가 됩니다. 원하는 템포를 입력하면 해당 씬은 입력한 템포로 재생됩니다.

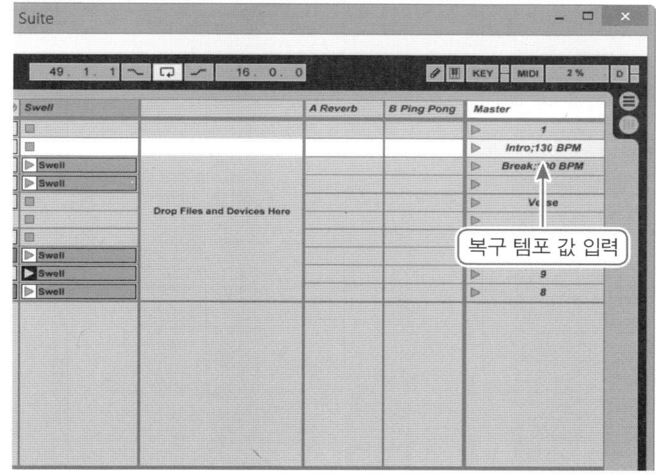

11 Ableton Live는 마지막 씬에 입력되어 있는 템포 값을 유지합니다. 원래 템포로 복구하고 싶은 경우에는 다음에 재생할 씬에 같은 방법으로 템포 값을 입력해줘야 합니다.

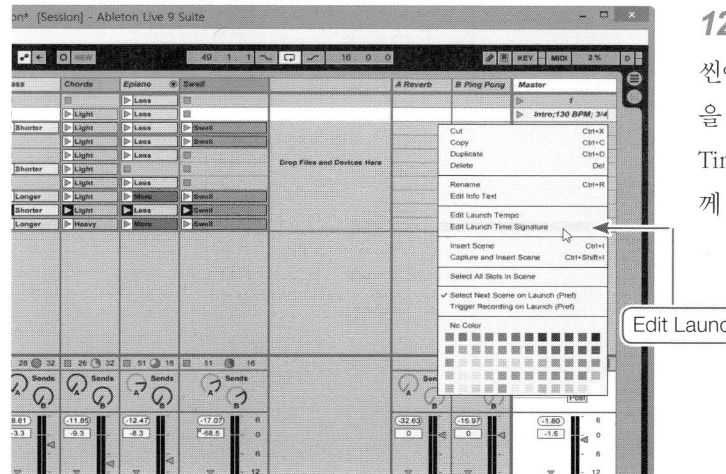

12 박자

씬에는 템포 값 외에 마우스 오른쪽 버튼을 클릭하여 단축 메뉴를 열고, Edit Launch Time Signature를 선택하여 박자 정보를 함께 표시해 둘 수 있습니다.

어레인지먼트 뷰

Ableton Live의 어레인지먼트 뷰(Arrangement View)는 큐베이스나 로직과 같이 클립을 가로 시간 단위로 배치하여 재생하는 전통 시퀀싱 방식입니다. 처음부터 시퀀싱 작업을 진행한다거나 세션 뷰의 라이브 연주를 최종적으로 기록하여 Wav 또는 Aif와 같은 디지털 음원을 제작하기 위한 뷰 입니다.

● 어레인지먼트 뷰의 구성

01 어레인지먼트 뷰 보기

부록 CD의 Arrangment 프로젝트를 엽니다. Abletone Live는 라이브 연주에 최적화되어 있는 세션 뷰와 스튜디오 작업에 최적화되어 있는 어레인지먼트 뷰를 제공하며, 오른쪽 상단의 버튼 또는 Tab 키를 이용해서 선택할 수 있습니다.

02 오버뷰

어레인지먼트 뷰 상단에는 전체 구성을 한 눈에 파악할 수 있는 오버 뷰 라인이 있습니다. 오버 뷰 라인은 View 메뉴의 Overview를 선택하여 열거나 닫을 수 있습니다.

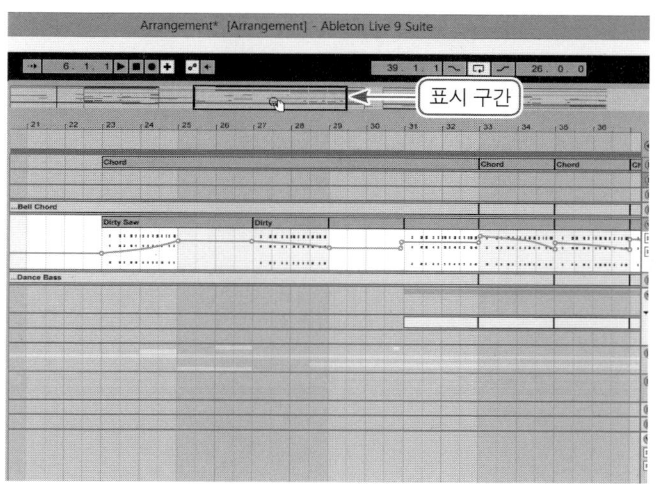

03 오버뷰 라인의 사각형은 작업 공간에 보이는 범위를 나타내며, 마우스를 위/아래로 드래그하여 확대/축소 하거나 좌/우로 드래그하여 스크롤 할 수 있습니다.

TIP : Ctrl+Alt 키를 누른 상태로 작업 공간을 드래그하여 스크롤 할 수 있습니다.

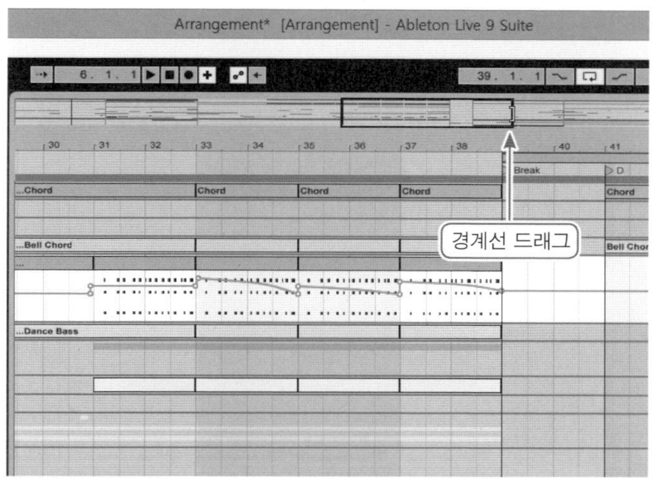

04 화면에 표시되는 범위를 나타내는 사각형 테두리를 드래그하면 범위를 조정할 수 있고, 오버뷰 라인을 더블 클릭하면 전체 범위가 보이도록 조정됩니다.

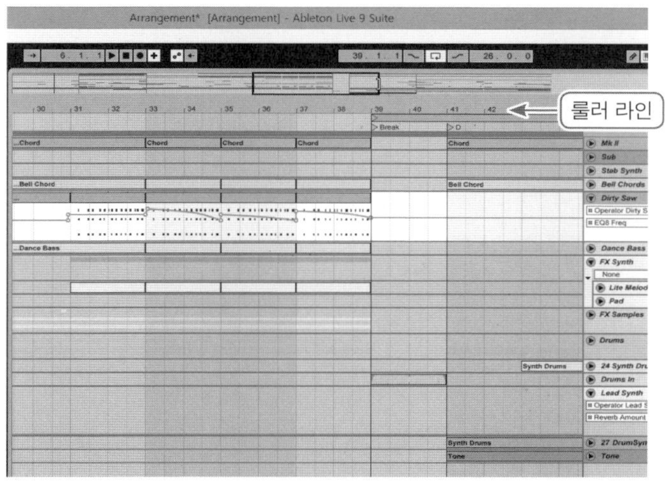

05 룰러 라인

어레인지 뷰의 시간 흐름은 왼쪽에서 오른쪽이며, 위치를 나타내는 룰러 라인은 마디 단위입니다.

06 룰러 라인도 오버뷰 라인과 동일하게 마우스 드래그 및 더블 클릭으로 확대/축소하거나 스크롤이 가능하며, Shift 키를 누른 상태에서 클릭하여 재생할 수 있습니다.

TIP : 작업 공간의 확대/축소 단축키는 +/- 입니다.

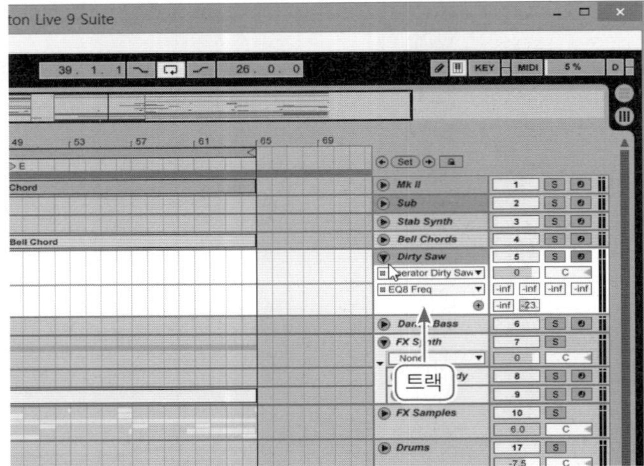

07 트랙

어레인지먼트 뷰의 트랙은 가로로 나열되어 있으며, 작업 공간 오른쪽에 트랙 이름이 있고, 이름 왼쪽의 삼각형을 클릭하여 믹서 섹션을 열 수 있습니다.

08 믹서 섹션에는 오토메이션, 활성 버튼, 솔로 버튼, Arm 버튼, 볼륨 및 팬 슬라이더, 그리고 센드 레벨이 있습니다. 센드 레벨의 갯수는 리턴 트랙 수에 따라 달라집니다.

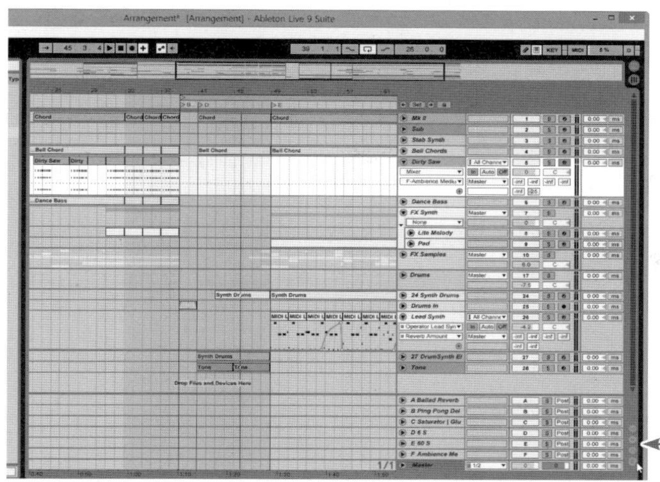

09 그 밖의 인/아웃 섹션, 리턴 트랙, 딜레이 섹션은 오른쪽 모퉁이의 I/O, R, D 버튼을 클릭하여 열거나 닫을 수 있습니다.

10 타임 라인

어레인지먼트 뷰 아래쪽에는 시간 단위로 표시되는 타임 라인을 제공하고 있으며, 마우스 오른쪽 버튼을 클릭하여 프레임 단위로 변경 가능합니다.

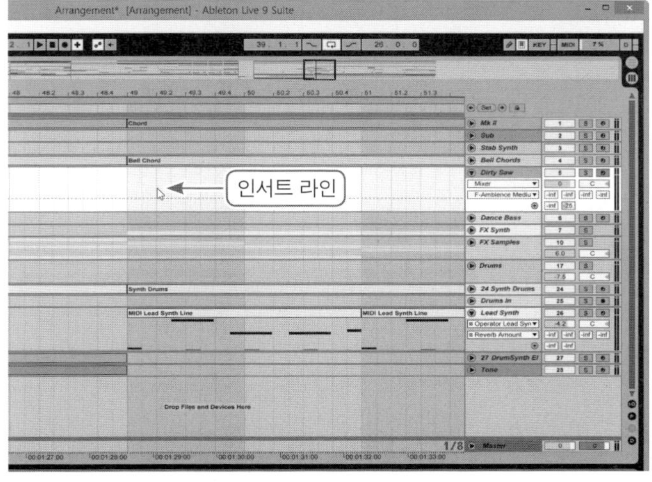

11 인서트 라인

작업 공간의 클립을 선택하면 데이터를 편집할 수 있는 에디터가 열리며, 빈 곳을 클릭하면 빨간색의 인서트 라인이 위치합니다. 스페이스 바 키를 누르면 인서트 라인 위치에서 재생합니다.

12 팔로우 버튼

곡을 재생하면 오른쪽으로 흐르는 검정색 라인이 보이며, 이것은 재생 위치를 나타내는 송 포지션 라인이라고 합니다. 송 포지션 라인을 중앙에 고정하고, 화면이 스크롤되게 하고 싶은 경우에는 컨트롤 바의 팔로우 버튼을 On으로 합니다.

13 곡이 정지된 상태에서 컨트롤 바의 정지 버튼을 누르거나 Home 키를 누르면 송 포지션 라인 및 인서트 라인을 곡의 시작 위치 (1.1.1)로 이동 시킬 수 있습니다. End 키를 누르면 끝 위치로 이동합니다.

14 루프 버튼

클립을 선택하거나 작업 공간의 일부분을 드래그로 선택하고, Ctrl+L 키를 누르면 해당 구간이 반복 구간으로 설정됩니다. 루프 버튼은 자동으로 On되고, 스페이스 바 키를 눌러 반복 재생할 수 있습니다.

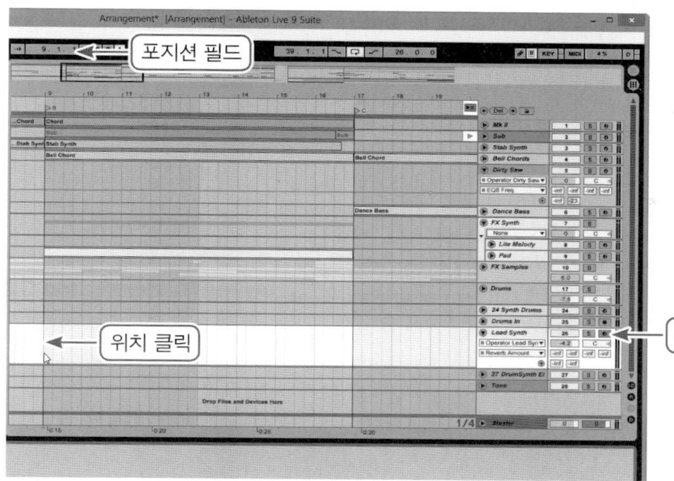

01 일반 레코딩

녹음 트랙의 Arm 버튼을 On으로 하고, 녹음을 시작할 위치를 클릭합니다. 위치는 컨트롤 바의 포지션 필드에 마디, 박자, 비트 단위로 표시되며, 직접 원하는 위치를 입력할 수 있습니다.

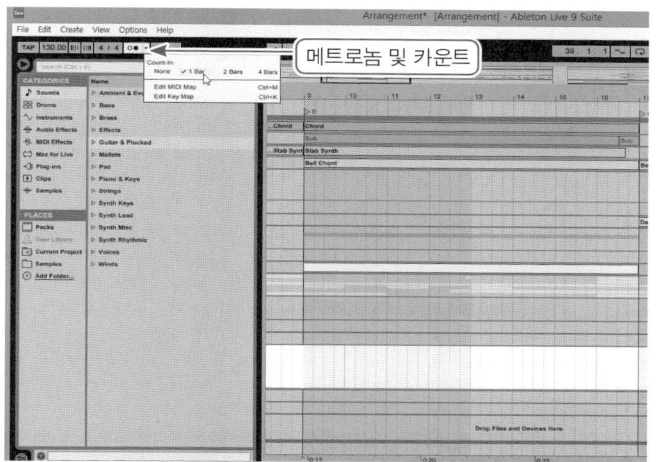

02

메트로놈 버튼을 On으로 하고, 오른쪽 삼각형 버튼을 클릭하여 카운트 길이를 선택합니다. 기본 값은 한 마디 입니다.

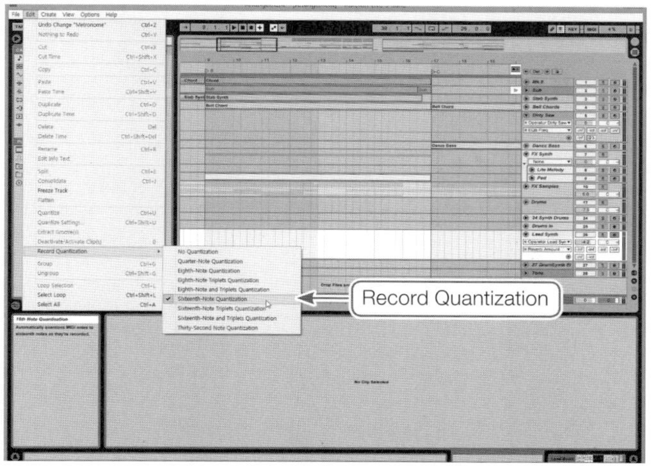

03

녹음하는 노트가 자동으로 정렬되게 하겠다면, Edit 메뉴의 Record Quantization에서 정렬하고자 하는 단위를 선택합니다. 일반적으로 Sixteenth-Note Quantization을 많이 사용합니다.

04 컨트롤 바의 레코딩 버튼을 클릭하면 한 마디 길이의 카운트 소리가 들리고, 녹음이 진행됩니다. 녹음이 끝나면 스페이스 바 키를 눌러 정지합니다.

05 펀치 레코딩

녹음할 범위를 미리 지정해놓고, 진행하는 방법입니다. 루프 라인의 시작과 끝 위치를 드래그하여 원하는 범위를 선택합니다. 그리고 컨트롤 바의 펀치 인과 아웃 버튼을 On으로 합니다.

06 루프 구간 이전 위치를 클릭합니다. 그리고 컨트롤 바의 레코딩 버튼을 클릭하면, 루프 구간의 시작 위치까지는 재생되다가 시작 위치에서부터 레코딩이 진행되고, 끝 위치에서 정지되는 것을 확인할 수 있습니다.

● 세션 연주 레코딩

01 세션 뷰의 연주를 어레인지 뷰로 녹음할 수 있습니다. 테스트를 위해 Ctrl+A 키를 눌러 모든 클립을 선택하고, Delete 키를 눌러 삭제합니다. 그리고 정지 버튼을 눌러 포지션 라인을 처음 위치로 이동시킵니다.

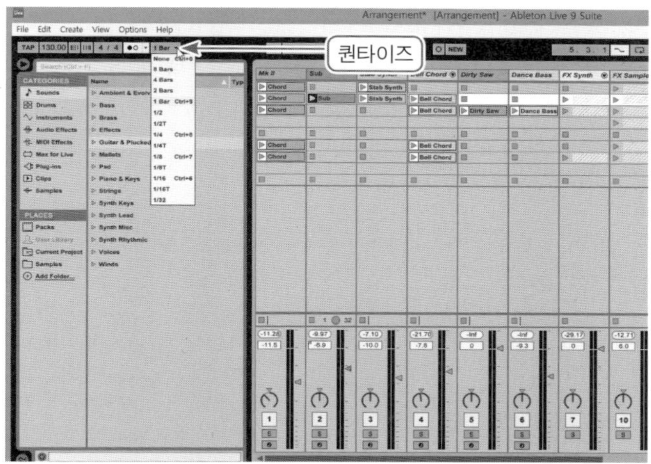

02 Tab 키를 눌러 세션 뷰를 열고, 메트로놈을 On으로 합니다. 그리고 퀀타이즈 단위를 1Bar로 선택하여 마디 단위로 연주되게 합니다.

03 그냥 연주를 해도 좋지만, 키 맵을 설정하여 키보드로 씬을 연주하겠습니다. 컨트롤 바의 Key 버튼을 클릭하여 On으로 하고, 매핑 브라우저에 설정되어 있는 키맵들은 마우스 드래그로 선택하고, Delete 키를 눌러 삭제합니다.

04 A 씬을 선택하고, 키보드의 1 키를 눌러 연결합니다. B는 2, C는 3 순서로 각 씬을 연결합니다. 키맵 설정이 완료되면, Key 버튼을 Off 하여 맵 브라우저를 닫습니다.

05 녹음 버튼을 클릭하고, 키보드의 숫자 키를 눌러 씬을 연주합니다. 클립을 비롯한 세션 뷰의 연주가 어레인지 뷰로 녹음됩니다. 테스트가 끝나면 스페이스 바 키를 눌러 녹음을 정지합니다.

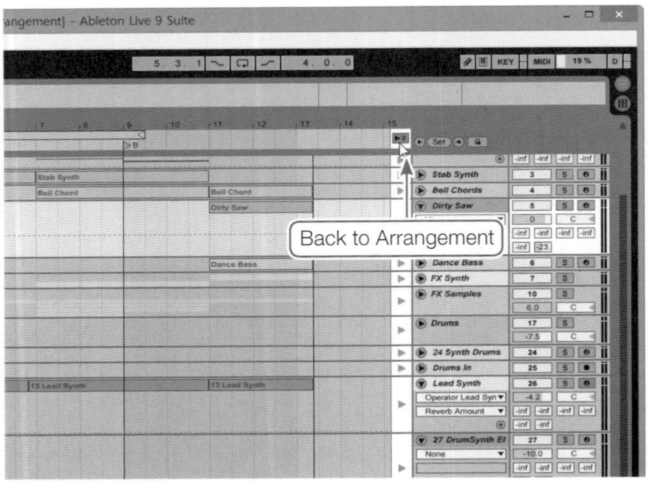

06 Tab 키를 눌러 어레인지먼트 뷰를 열어 보면, 세션 뷰의 연주가 기록된 것을 확인할 수 있습니다. Back to Arrangements 버튼을 클릭하여 완료합니다.

● 로케이터

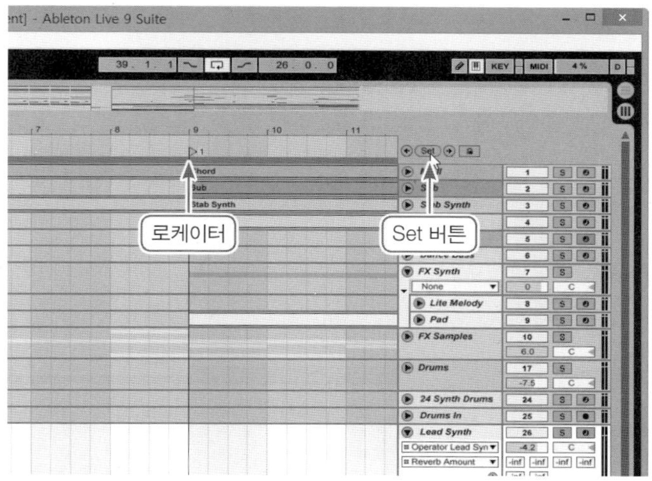

01 로케이터는 곡의 위치를 메모하는 마커이며, Set 버튼을 클릭하여 인서트 라인 위치에 만들 수 있습니다.

02 숫자로 입력된 로케이터는 Ctrl+R 키를 눌러 Intro, Verse 1, Verse 2, 등의 가이드 네임으로 구분하기 쉽게 변경할 수 있습니다.

03 삼각형 모양의 로케이터 마커를 클릭하거나 이전 또는 다음 로케이터 버튼을 클릭하여 인서트 라인을 위치시킬 수 있고, 마커를 더블 클릭하여 로케이터 위치에서부터 재생시킬 수 있습니다.

TIP : 로케이터를 삭제할 때는 마커를 선택하고, Delete 키를 누릅니다.

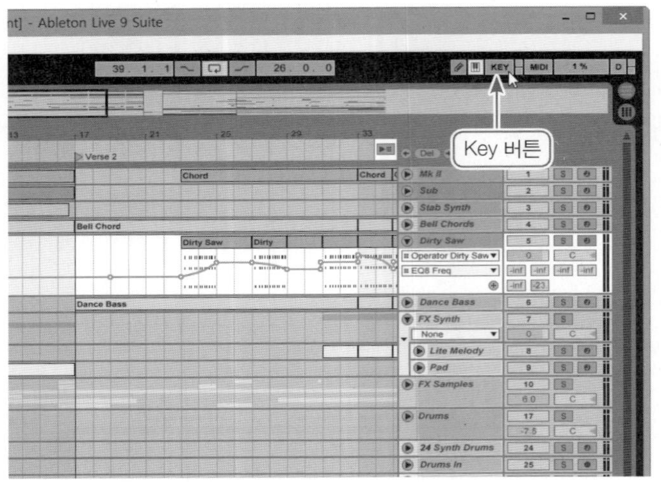

04 로케이터 마커 역시 키보드와 연결하여 컨트롤할 수 있습니다. 컨트롤 바의 Key 버튼을 클릭하여 맵 뷰를 엽니다.

05 연결할 마커를 선택하고, 키를 누릅니다. 마커에 연결된 키가 표시되며, 해당 키를 눌러 인서트라인을 이동시킬 수 있습니다.

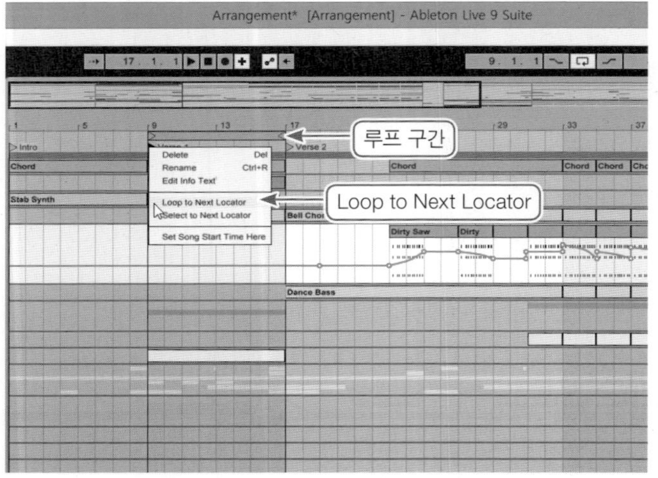

06 로케이터 구간을 반복 연주하면서 모니터 할 일이 있다면, 마커를 마우스 오른쪽 버튼으로 클릭하여 단축 메뉴를 열고, Loop to Next Locator를 선택합니다.

● 클립 편집

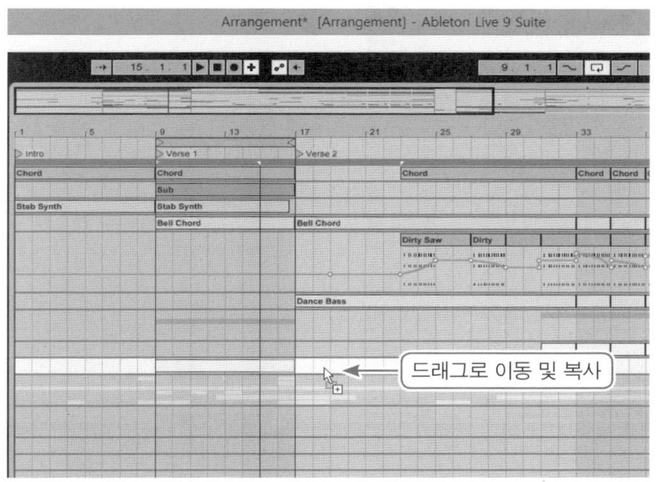

01 이동 및 복사

어레인지먼트 뷰의 클립은 마우스 드래그로 이동시킬 수 있으며, Ctrl 키를 누른 상태로 드래그하여 복사할 수 있습니다.

> TIP : 이동 및 복사 단위는 그리드 라인 값 입니다. 미세한 편집이 필요하다면 그리드 라인을 None으로 설정합니다.

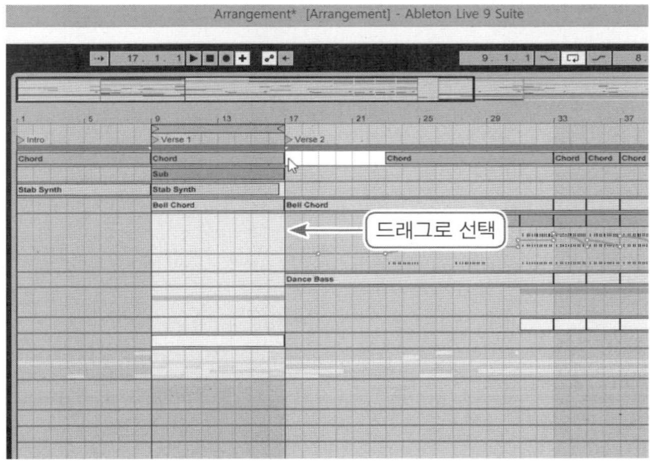

02

두 개 이상의 클립을 이동하거나 복사할 때는 작업 뷰의 빈 공간에서부터 드래그하여 클립을 선택하고, 드래그합니다.

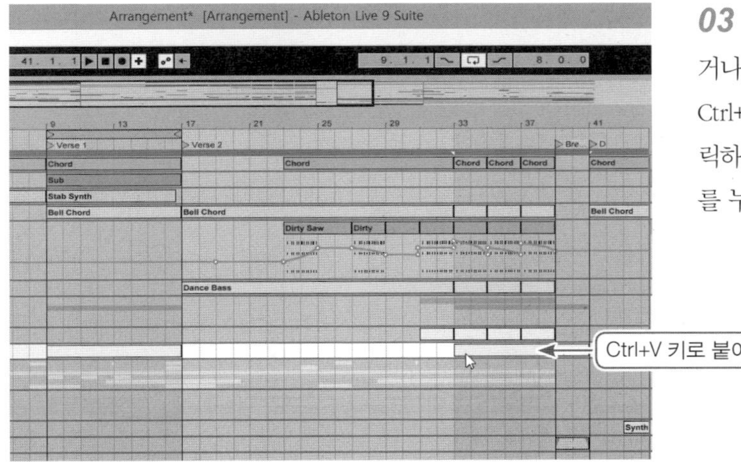

03

한 화면에 보이지 않는 위치로 이동하거나 복사할 때는 Ctrl+X 키로 잘라내거나 Ctrl+C 키로 복사한 다음에 원하는 위치를 클릭하여 인서트 라인을 가져다 놓고, Ctrl+V 키를 누릅니다.

04 자르기 및 붙이기

클립의 시작 및 끝 부분을 드래그하여 길이를 조정할 수 있습니다. 클립의 길이를 늘리는 경우에는 해당 범위만큼 반복됩니다.

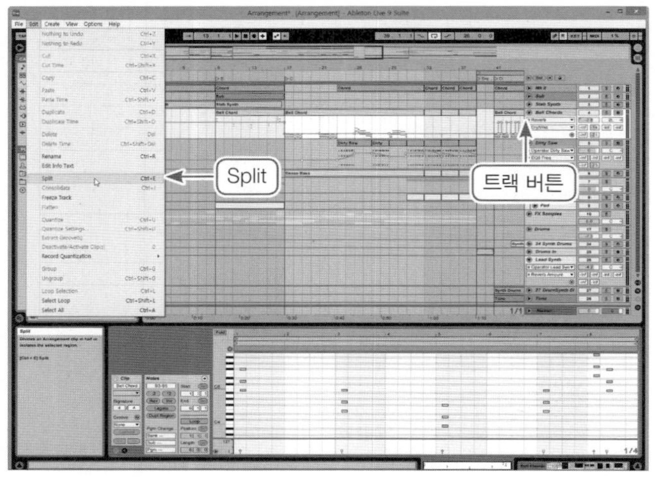

05 클립을 자르고자 할 때는 트랙 버튼을 클릭하여 열고, 자르고자 하는 위치를 클릭하여 인서트 라인을 가져다 놓습니다. 그리고 Edit 메뉴의 Split을 선택합니다.

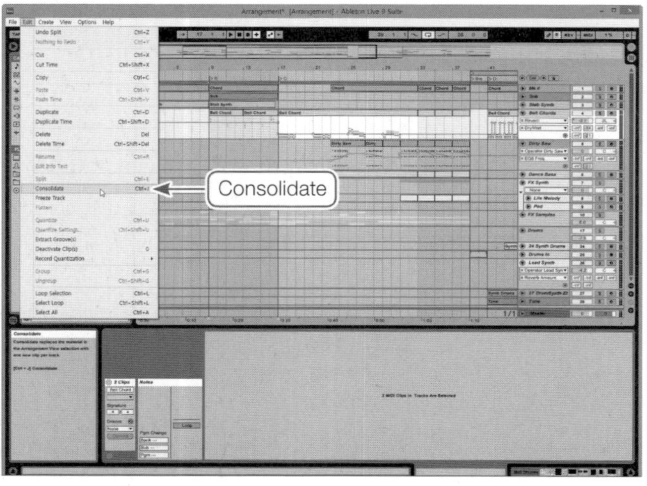

06 반대로 두 개 이상의 클립을 하나로 붙일 때는 Shift 키를 누른 상태로 클립들을 선택하고, Edit 메뉴의 Consolidate를 선택합니다. Split 단축키는 Ctrl+E 이며, Consolidate 단축키는 Ctrl+J 입니다.

07 복제

선택한 클립을 반복시킬 때는 Ctrl+D 키를 눌러 복제합니다. 작업을 취소할 때는 Ctrl+Z 키를 누릅니다.

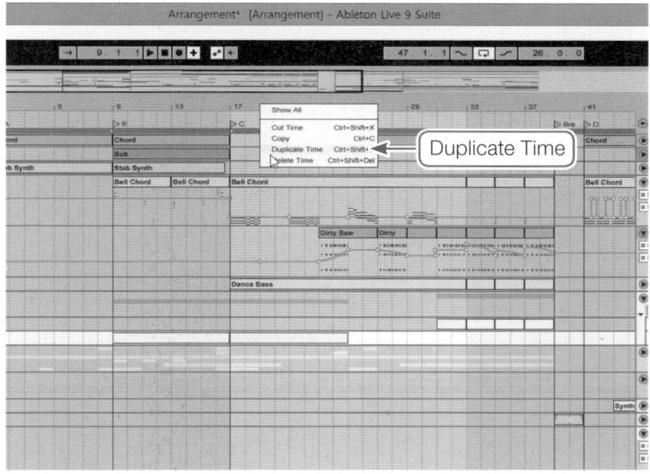

08 클립을 반복시키면서 오른쪽 클립들을 반복시킨 만큼 밀어내고자 한다면 룰러 라인에서 마우스 오른쪽 버튼을 클릭하여 단축 메뉴를 열고, Duplicate Time을 선택합니다.

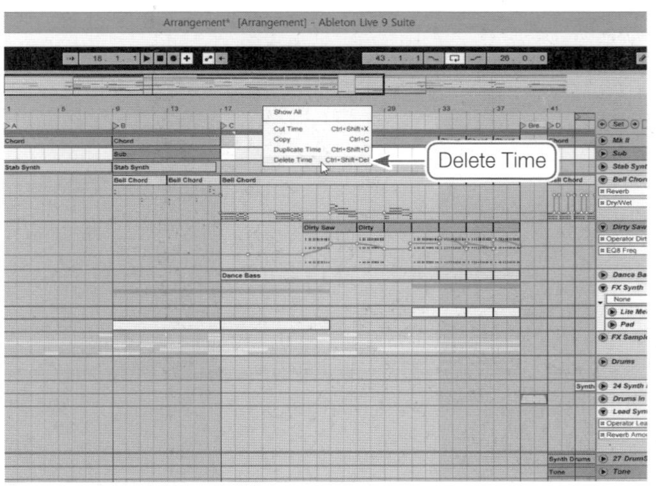

09 반대로 선택 구간을 삭제하고 오른쪽 클립을 삭제한 만큼 당기고자 한다면 룰러 라인에서 마우스 오른쪽 버튼을 클릭하여 단축 메뉴를 열고, Delete Time을 선택합니다.

● 클립 만들기

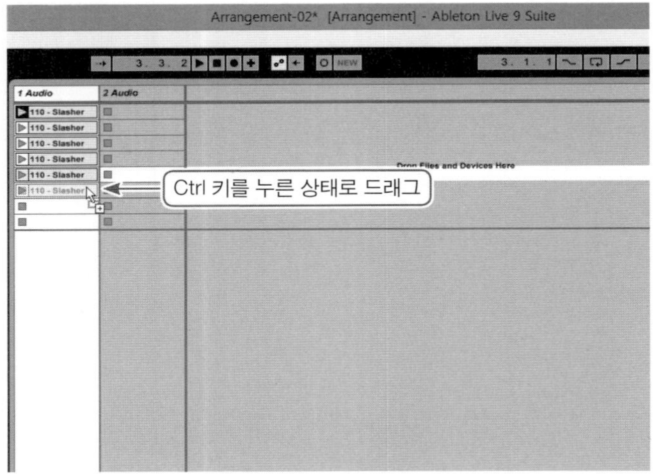

01 세션 뷰의 연주를 녹음하여 하나의 클립으로 만들 수 있습니다. 부록 CD의 Arrangement 프로젝트에서 Arrangement-02 파일을 불러옵니다. 그리고 Ctrl 키를 누른 상태로 드래그하여 클립을 5번 복사합니다.

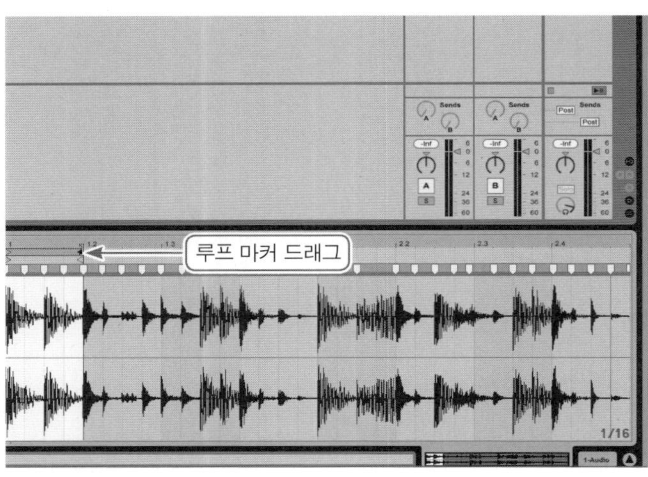

02 복사한 첫 번째 슬롯의 클립을 더블 클릭하여 에디터 뷰를 열고, End 루프 마커를 1.2 위치까지 드래그합니다. Kick 드럼 사운드만 연주되게 하는 것입니다.

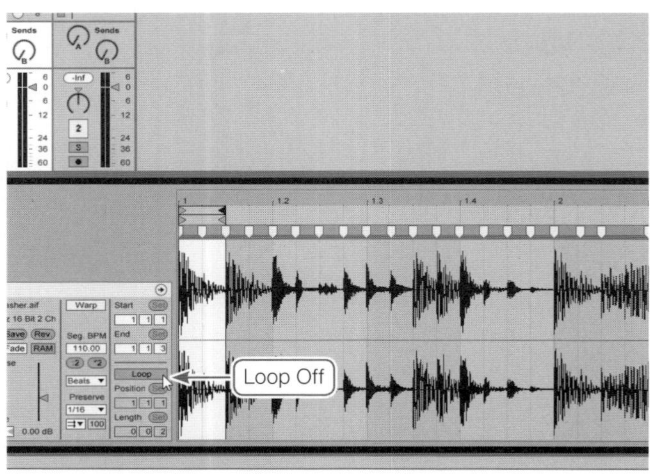

03 두 번째 슬롯의 클립을 선택하고, End 루프 마커를 1.1.3까지 드래그합니다. 그리고 Sample 섹션의 Loop 버튼을 클릭하여 Off 합니다. 두 번째 킥 사운드는 반복되지 않게 하는 것입니다.

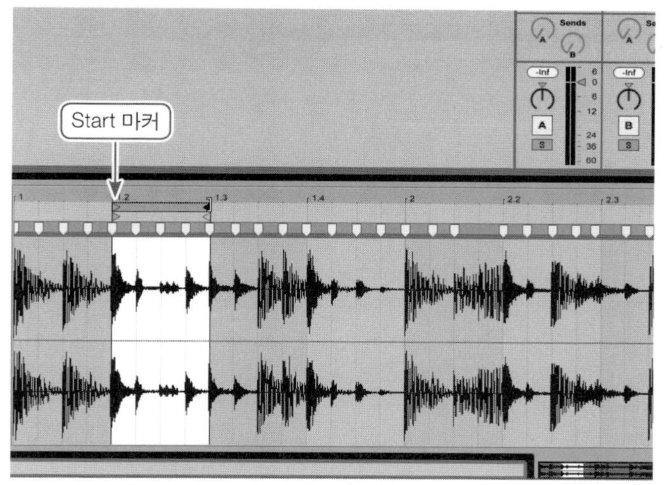

04 세 번째 슬롯의 클립을 선택하고, Start 루프 마커는 1.2 위치, End 루프 마커는 1.3 위치로 드래그합니다. 스네어 드럼 사운드만 연주되게 하는 것입니다.

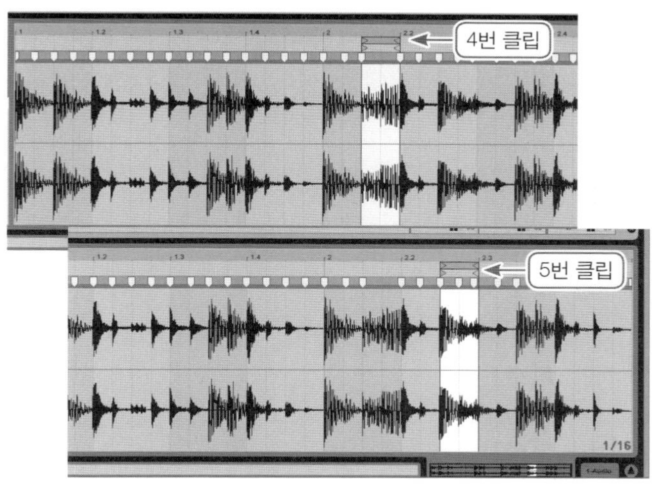

05 네 번째 클립은 2.1.3에서 2.2까지 루프 구간을 설정하고, 마지막 다섯 번째 클립은 2.2.3에서 2.3까지의 루프 구간을 설정합니다.

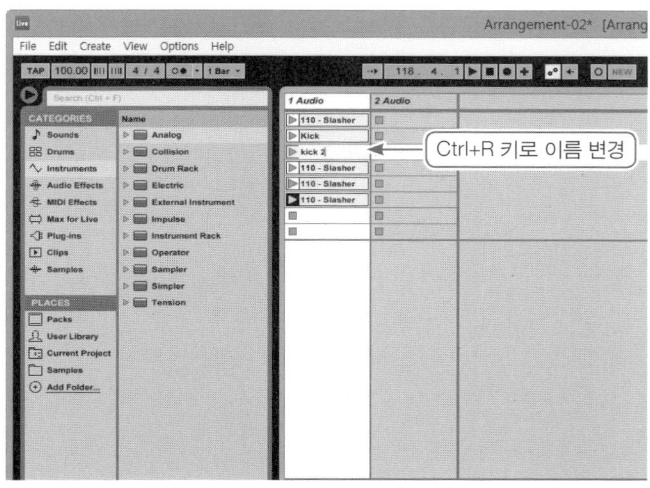

06 드럼 루프 클립을 복사하여 구성악기별로 나누었습니다. 각각의 클립을 선택하고 Ctrl+R 키를 눌러 Kick1, Kick2, Saner 등으로 구분하기 쉽게 변경합니다.

07 컨트롤 바의 Key 버튼을 클릭하여 맵 뷰를 열고, 복사한 클립에 1, 2, 3, 4, 5 키를 차례로 연결합니다.

08 퀀타이즈 메뉴에서 1/16을 선택하여 클립을 16비트 단위로 재생할 수 있게 합니다.

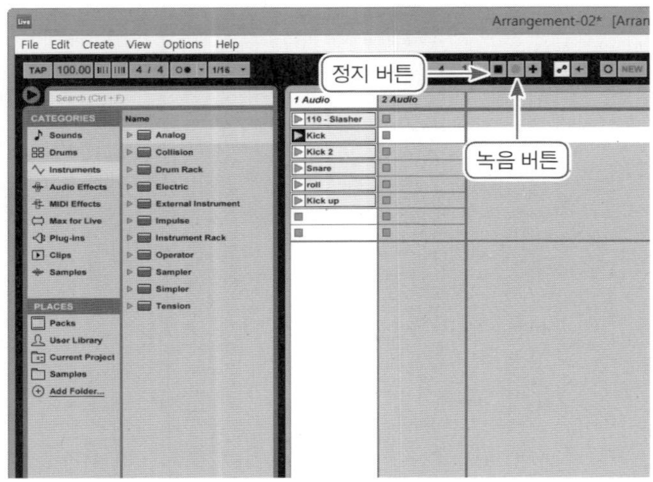

09 정지 버튼을 클릭하여 포지션을 처음 위치로 놓고, 녹음 버튼을 클릭합니다. 그리고 키보드 1, 2, 3, 4, 5 번 키를 이용하여 드럼을 연주합니다.

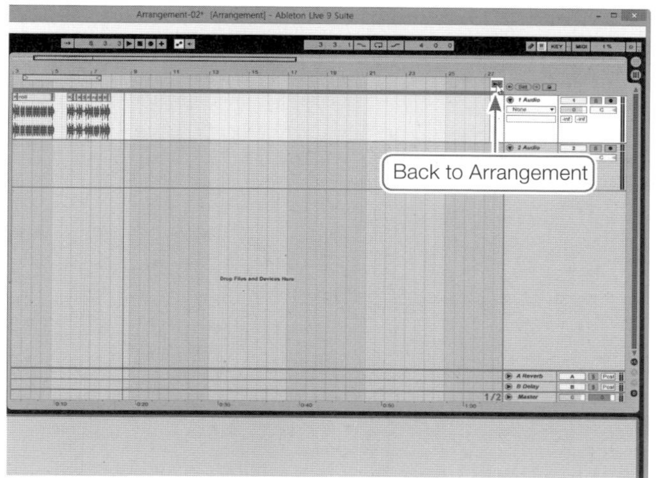

10 Tab 키를 눌러 어레인지먼트 뷰를 열면, 사용자가 연주한 드럼이 녹음되어 있습니다. Back to Arrangement 버튼을 클릭하여 완료하고, 필요하다면 녹음한 패턴을 마음에 들게 편집합니다.

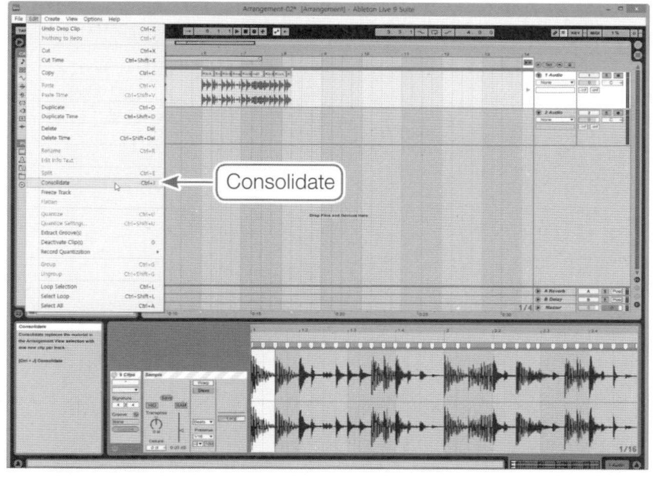

11 편집을 완료한 연주 클립들을 마우스 드래그로 선택하고, Edit 메뉴의 Consolidate를 선택하여 하나의 클립으로 만듭니다.

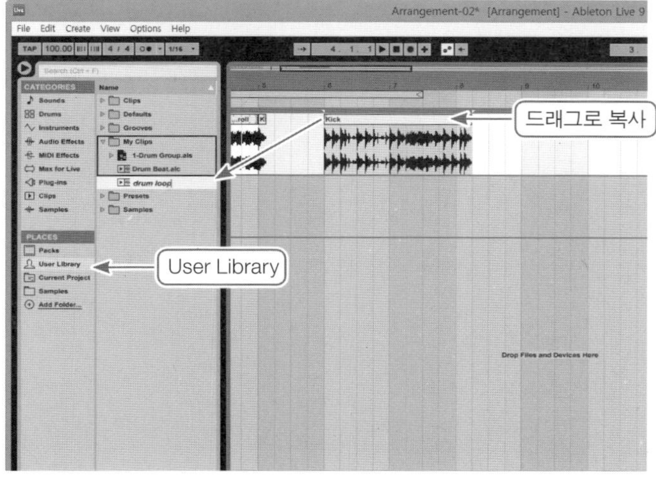

12 Places의 User Library를 선택하고 해당 클립을 드래그하여 복사합니다. 언제든 사용할 수 있는 사용자 라이브러리를 만든 것입니다. 이름은 구분하기 쉽게 입력합니다.

라이브 믹서

각 트랙의 볼륨을 조정한다거나 좌/우 팬으로 스테레오 음악을 완성하는 등의 믹싱 작업에서 사용하게 될 믹서를 살펴보겠습니다. 라이브 믹서는 인/아웃 섹션, 센드, 리턴 섹션, 믹서 섹션으로 구성되어 있으며, 사용여부에 따라 열거나 닫을 수 있습니다.

● 믹서의 구성

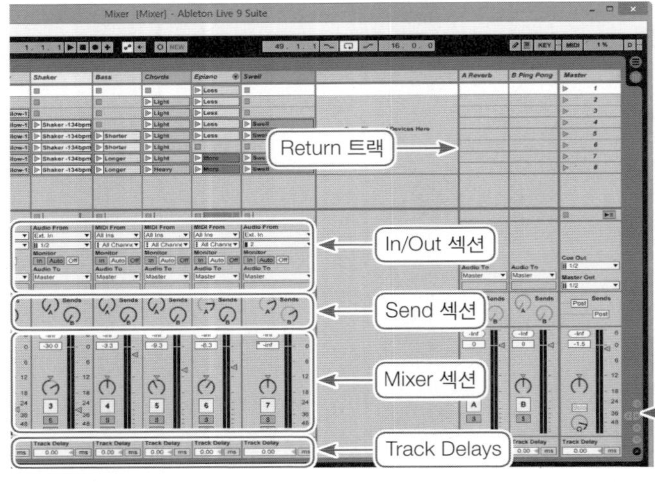

01 부록 CD의 Mixer 프로젝트를 엽니다. 믹서는 In/Out 섹션, Send, 섹션, Return 트랙, Mixer 섹션, Track Delays 섹션으로 구성되어 있으며, 오른쪽 모서리의 버튼으로 각각의 섹션을 열거나 닫을 수 있습니다.

02 믹서의 파라미터는 크기에 따라 표시 방법이 달라지며, 믹서 섹션 상단의 경계선이나 트랙 네임 경계를 드래그하여 크기를 조정할 수 있습니다.

03 볼륨

믹서의 레벨 디스플레이는 2가지를 표시하고
있으며, 위쪽은 피크 레벨 값을 표시하고, 아
래쪽은 트랙 볼륨을 표시합니다. 트랙 볼륨
은 슬라이더를 드래그하여 조정할 수 있고,
Delete 키를 눌러 초기화(0dB) 시킬 수 있습
니다.

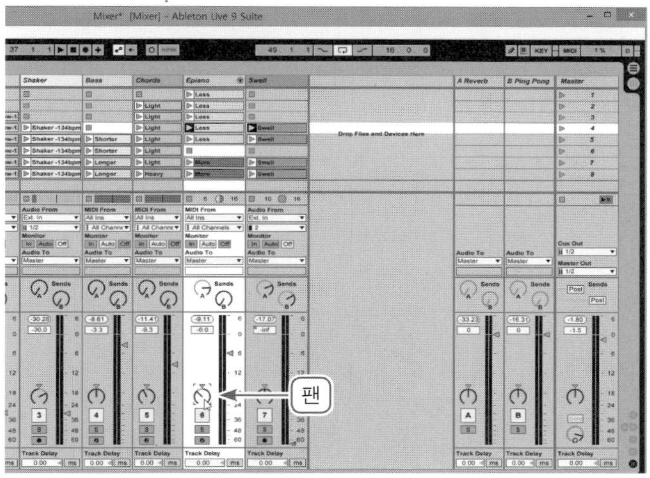

04 팬

팬은 좌/우 밸런스를 조정하는 것으로 왼쪽으
로 돌리면 왼쪽 스피커로 이동하고 오른쪽으
로 돌리면 오른쪽으로 이동합니다. 좌/우 밸
런스가 좋은 스테레오 사운드를 만들 때 중요
한 파라미터입니다.

05 트랙 번호

트랙 번호는 해당 트랙의 사용 여부를 결정합
니다. 번호를 클릭하여 Off 하면 해당 트랙은
비활성화되고, 소리가 뮤트 됩니다. Live는 단
순히 소리만 뮤트되는 것이 아니라 트랙이 사
용되지 않기 때문에 시스템 자원을 확보할 수
있다는 장점이 있습니다.

06 솔로

솔로 버튼은 해당 트랙을 솔로로 연주합니다.
두 트랙 이상의 솔로 버튼을 활성화 할 때는
Ctrl 키를 누른 상태로 선택합니다.

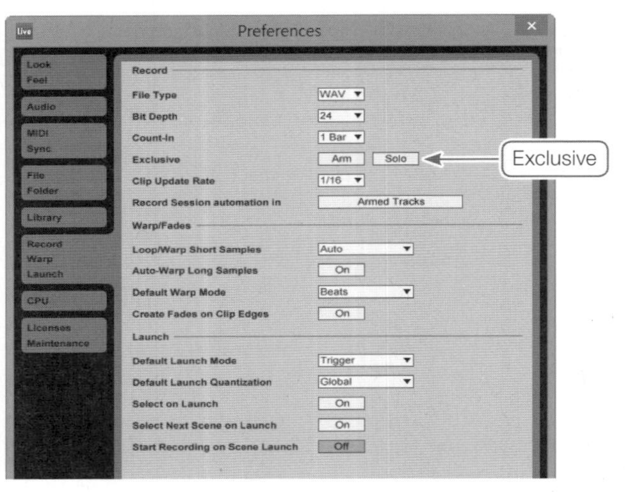

07 Ctrl 키 도움 없이 솔로 버튼을 유지하고
싶은 경우에는 Options 메뉴의 Preferences
를 선택하여 창을 열고, Record/Warp/
Launch 페이지의 Exclusive에서 Solo 버튼을
Off로 합니다. Arm 버튼도 동일합니다.

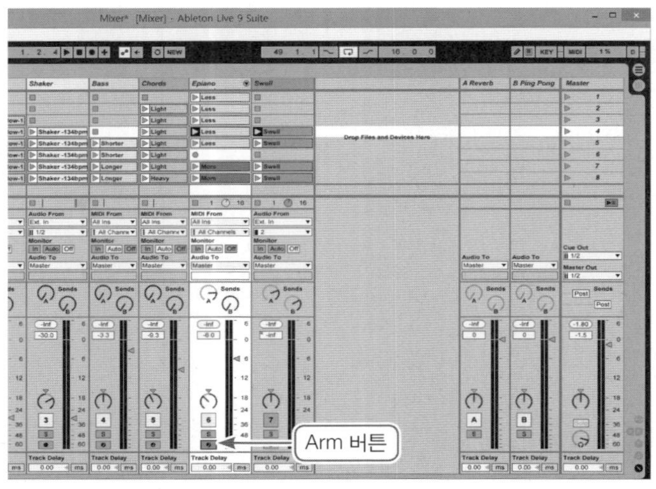

08 Arm

Arm 버튼은 해당 트랙에 녹음이 가능하도록
준비시키는 역할을 하며, monitor가 Auto 일
때 자동으로 입력 사운드를 모니터 할 수 있
게 합니다.

09 두 트랙 이상의 믹서 파라미터를 동시에 조정할 때는 Shift 키를 누른 상태로 트랙 이름을 클릭하여 선택합니다. 선택된 트랙의 믹서 파라미터는 동시에 컨트롤 됩니다.

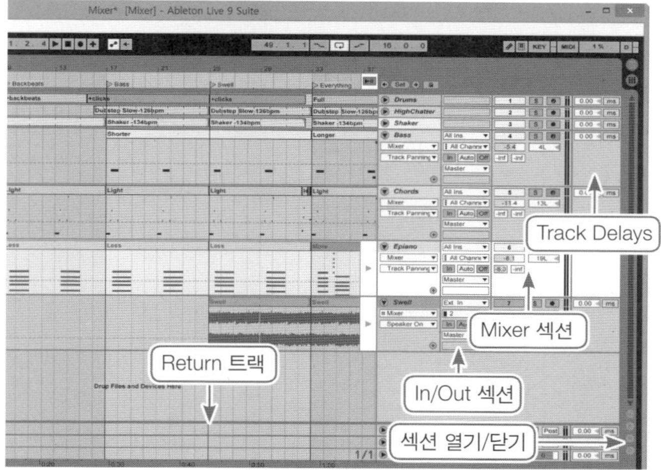

10 어레인지먼트 뷰의 믹서

어레인지먼트 뷰의 믹서는 가로로 트랙의 특성에 맞게 가로로 표시되며, 오른쪽 하단의 In/Out 섹션, Return 트랙, Mixer 섹션, Track Delays 섹션 버튼을 클릭하여 열거나 닫을 수 있습니다.

TIP : Tab 키를 이용하여 세션 뷰와 어레인지먼트 뷰의 전환이 가능합니다.

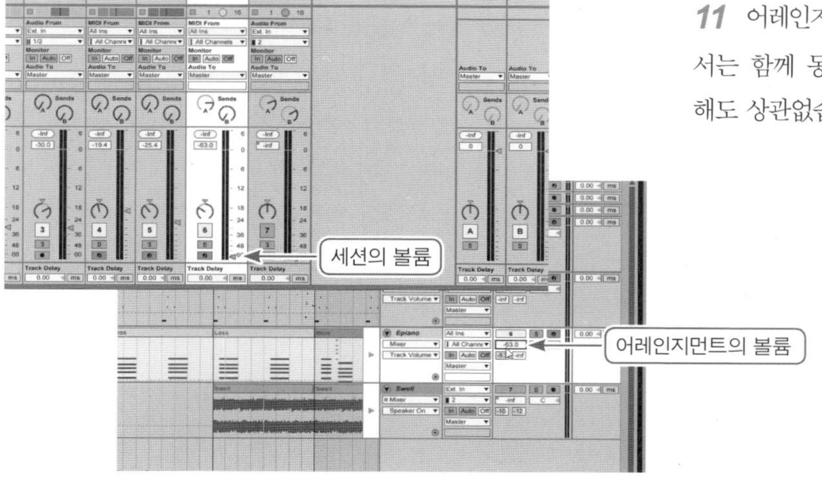

11 어레인지먼트 뷰의 믹서와 섹션 뷰의 믹서는 함께 동작되므로, 어떤 뷰에서 조정을 해도 상관없습니다.

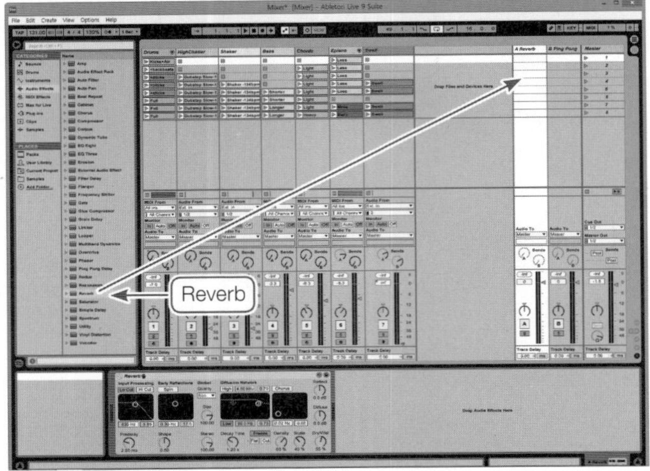

01 리턴 트랙은 하나의 이펙트를 여러 트랙에서 동시에 사용할 수 있도록 합니다. Audio Effects 카테고리의 Reverb에서 Special의 Megaflexion.adv을 A 리턴으로 드래그하여 장착합니다.

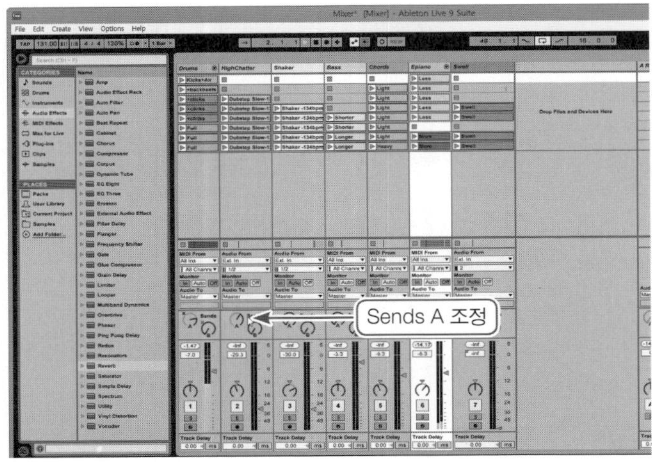

02 Drums, High Chatter 등의 센트 섹션에서 Sends A 노브를 증가시켜보면, 모든 트랙에 리버브가 적용되는 것을 확인할 수 있습니다. 하나의 이펙트를 여러 트랙에서 사용하는 것입니다.

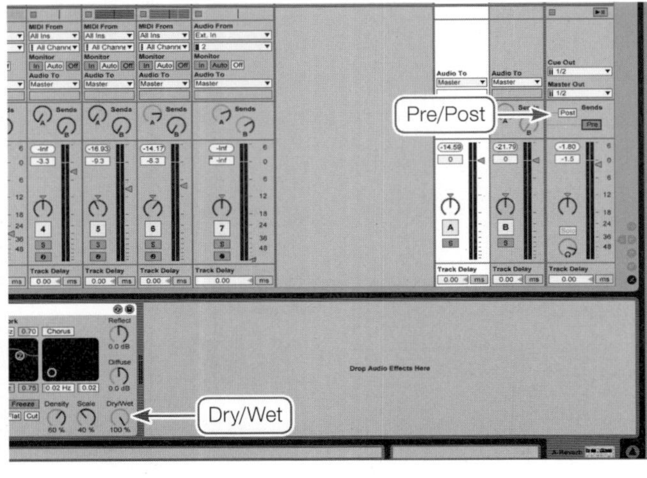

03 리턴 트랙에 장착한 이펙트의 Dry/Wet 값은 100%로 사용하는 것이 일반적이며, 리턴 트랙의 이펙트를 볼륨 페이더 전(Pre)에 적용 할 것인지, 이후(Post)에서 적용할 것인지를 마스터 트랙에서 선택할 수 있습니다. Post로 사용하는 것이 일반적이지만, 볼륨 값에 상관없이 적용하고 싶을 때는 Pre 모드로 변경합니다.

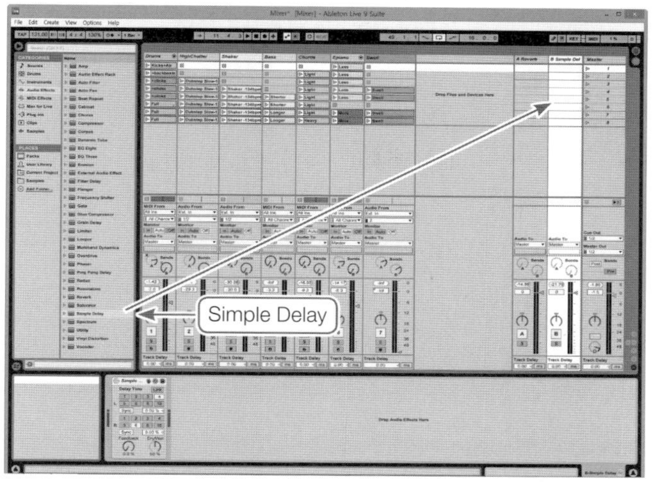

04 리턴 트랙에 사용하는 이펙트는 트랙 고유의 세팅이 필요 없는 리버브나 딜레이와 같은 타임 계열의 장치들을 주로 사용합니다. Audio Effects 카테고리의 Simple Delay를 B 리턴 트랙으로 드래그하여 장착합니다.

05 리턴 B 트랙에 적용한 딜레이를 트랙에 적용할 때는 Sends B 노브를 조정합니다. Dry/Wet 값을 100%로 설정하고 각 트랙의 Sends B 노브를 조정하여 모니터 해봅니다.

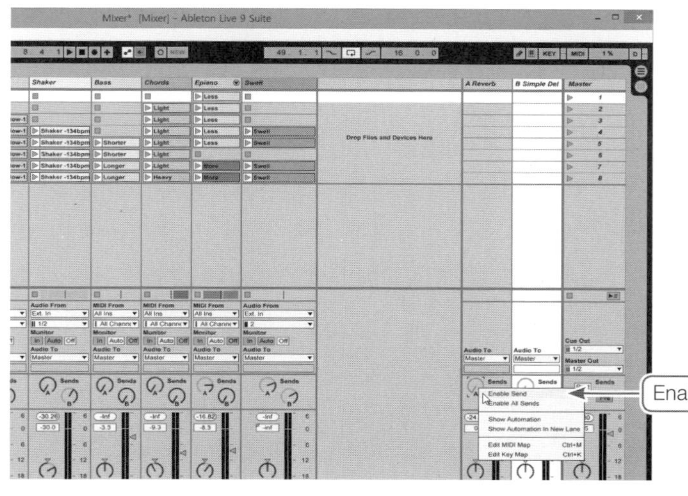

06 리턴 트랙의 전송 값을 조정하여 피드백을 증가시킬 수 있습니다. 과도한 피드백은 피하는 것이 좋기 때문에 기본적으로 비활성화 되어 있지만, 마우스 오른쪽 버튼을 클릭하여 단축 메뉴를 열고, Enable Send를 선택하여 활성화 시킬 수 있습니다.

07 리턴 트랙은 Create 메뉴의 Insert Return Track을 선택하여 추가할 수 있으며, 트랙 Sends 섹션에는 추가된 센드 노브가 형성됩니다.

● 헤드폰 큐

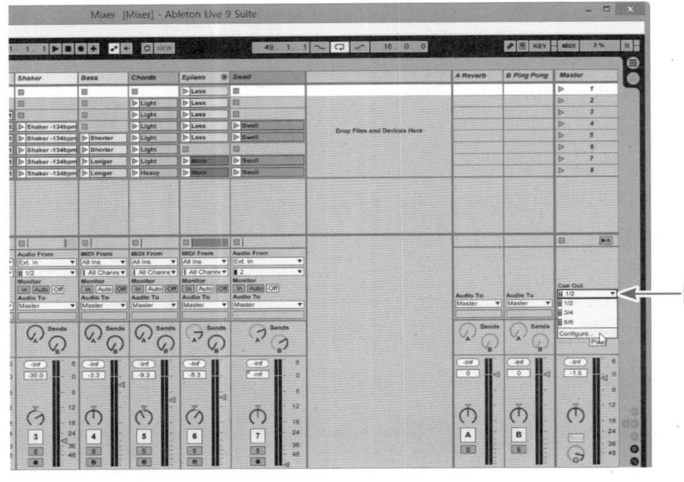

01 멀티 인터페이스 사용자라면 헤드폰 큐 기능을 이용할 수 있습니다. 마스터 트랙의 Cue Out에서 Configure를 선택하여 Presence 창의 Audio 페이지를 엽니다.

02 Channel Configuration의 Output Config 버튼을 클릭하여 창을 열고, 헤드폰이 연결되어 있는 아웃 포트를 활성화 합니다. Output Config 환경은 사용하고 있는 오디오 인터페이스에 따라 차이가 있습니다.

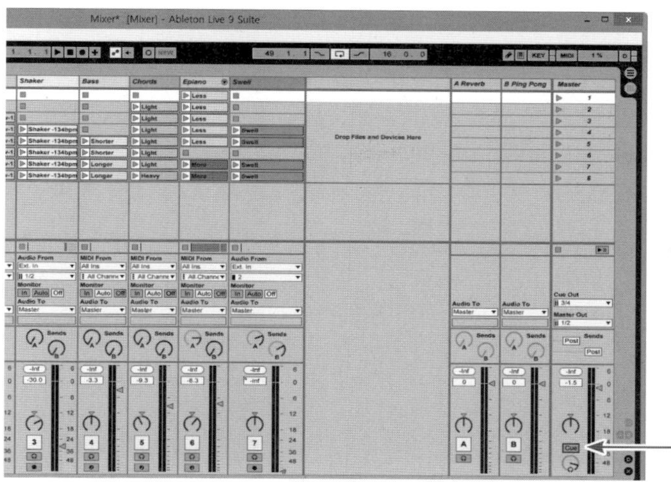

03 마스터 트랙의 Cue Out에서 헤드폰이 연결되어 있는 포트를 선택합니다. Solo 버튼이 Cue 버튼으로 변경되고, 각 트랙 번호 아래쪽의 솔로 버튼이 헤드폰 모양의 Cue 버튼으로 변경됩니다.

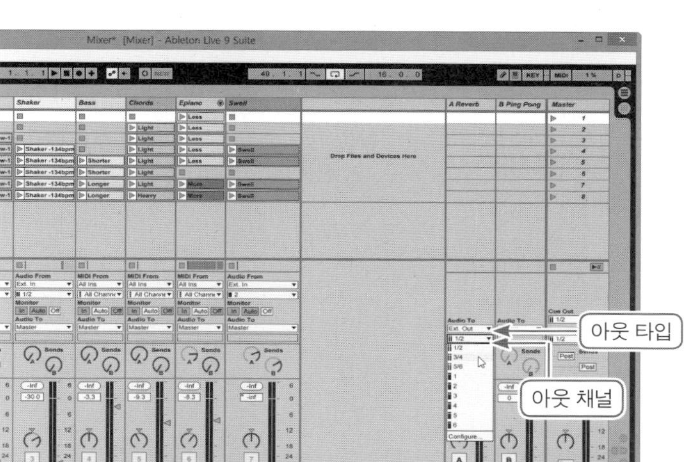

04 경로를 리턴 트랙으로 바꾸어 모니터 하는 방법도 있습니다. 모니터 채널로 사용하고 싶은 리턴 트랙의 Audio To에서 아웃 타입을 Ext Out으로 선택하고, 아웃 채널에서 헤드폰이 연결되어 있는 포트를 선택합니다.

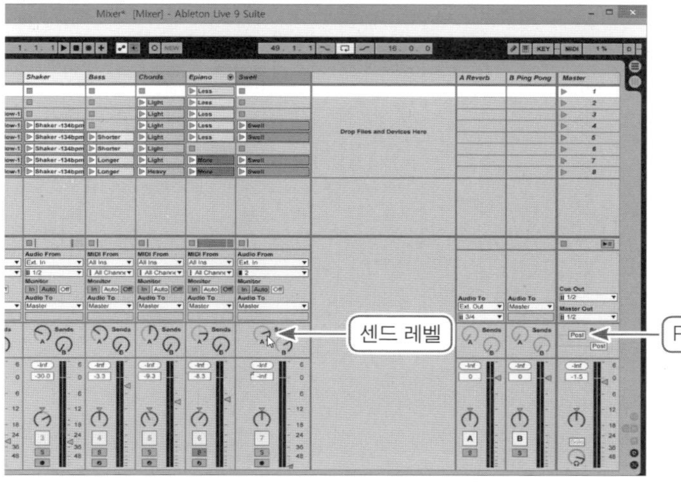

05 모니터 하고 싶은 트랙의 센드 레벨 값을 조정합니다. 두 트랙 이상이라면 Shift 키를 누른 상태로 트랙을 선택합니다.

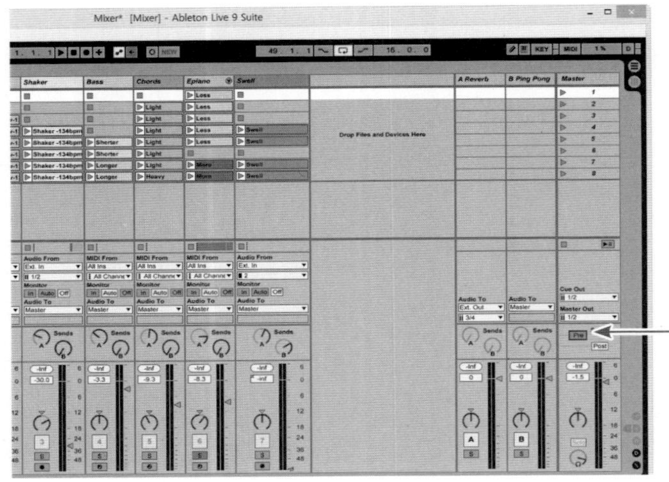

06 볼륨 페이더 이전의 입력 사운드를 모니터하고 싶은 경우에는 Sends 모드를 Pre로 변경합니다.

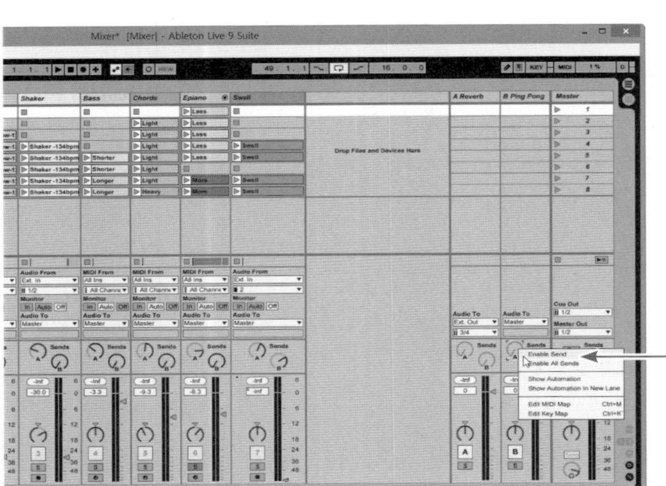

07 리턴 트랙의 이펙트가 적용된 사운드를 모니터 하고 싶은 경우에는 모니터 트랙으로 사용하고 있는 Sends 노브에서 마우스 오른쪽 버튼을 클릭하여 단축 메뉴를 열고, Enable Send를 선택합니다. 그리고 레벨을 조정합니다.

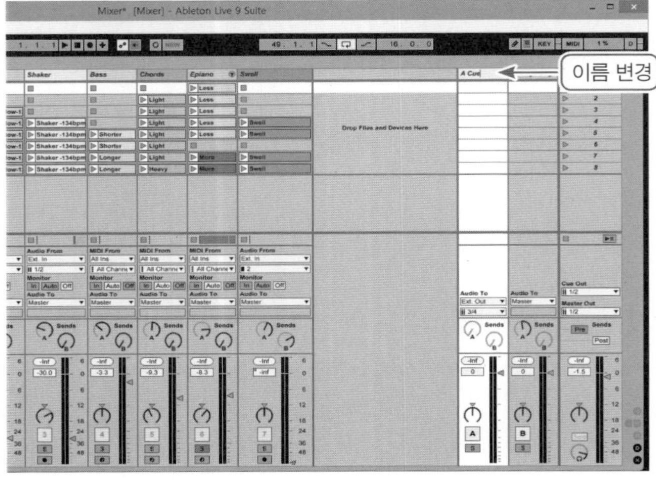

08 모니터로 사용하고 있는 리턴 트랙은 Ctrl+R 키를 눌러 이름을 Cue로 변경하여 이펙트를 사용하고 있는 트랙과 구별해 놓는 것이 좋습니다.

● 그룹 트랙

01 드럼같은 계열의 악기들을 그룹으로 묶어서 컨트롤하면 편리합니다. 그룹으로 묶고자 하는 트랙을 Shift 키를 누른 상태로 모두 선택하고, 마우스 오른쪽 버튼을 클릭하여 Group Tracks을 선택합니다.

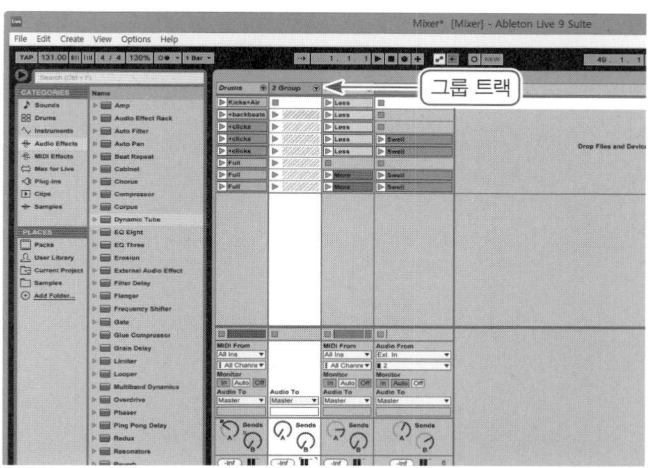

02 그룹 트랙은 이름 오른쪽에 트랙을 열거나 닫을 수 있는 작은 삼각형 모양의 아이콘이 표시되며, 볼륨, 팬, 이펙트 등을 하나의 트랙에서 컨트롤 할 수 있는 역할을 합니다.

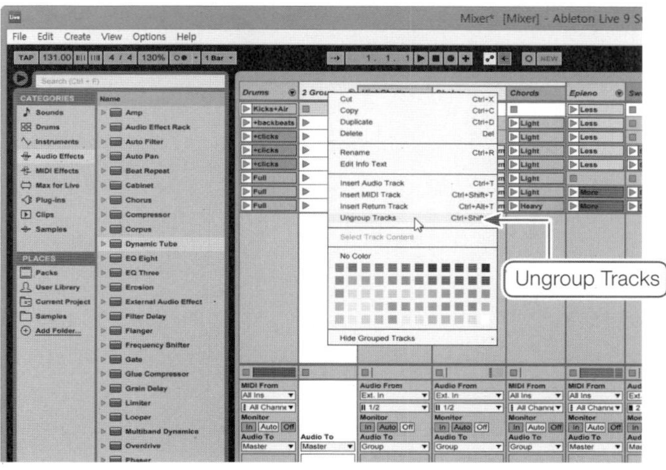

03 그룹 트랙에서 제외하고 싶은 트랙은 마우스 드래그로 꺼낼 수 있으며, 그룹 자체를 해제할 때는 마우스 오른쪽 버튼을 클릭하여 단축 메뉴를 열고, Ungroup Tracks를 선택합니다.

PART 04
시그널 프로세서

IIIE Ableton Live 9

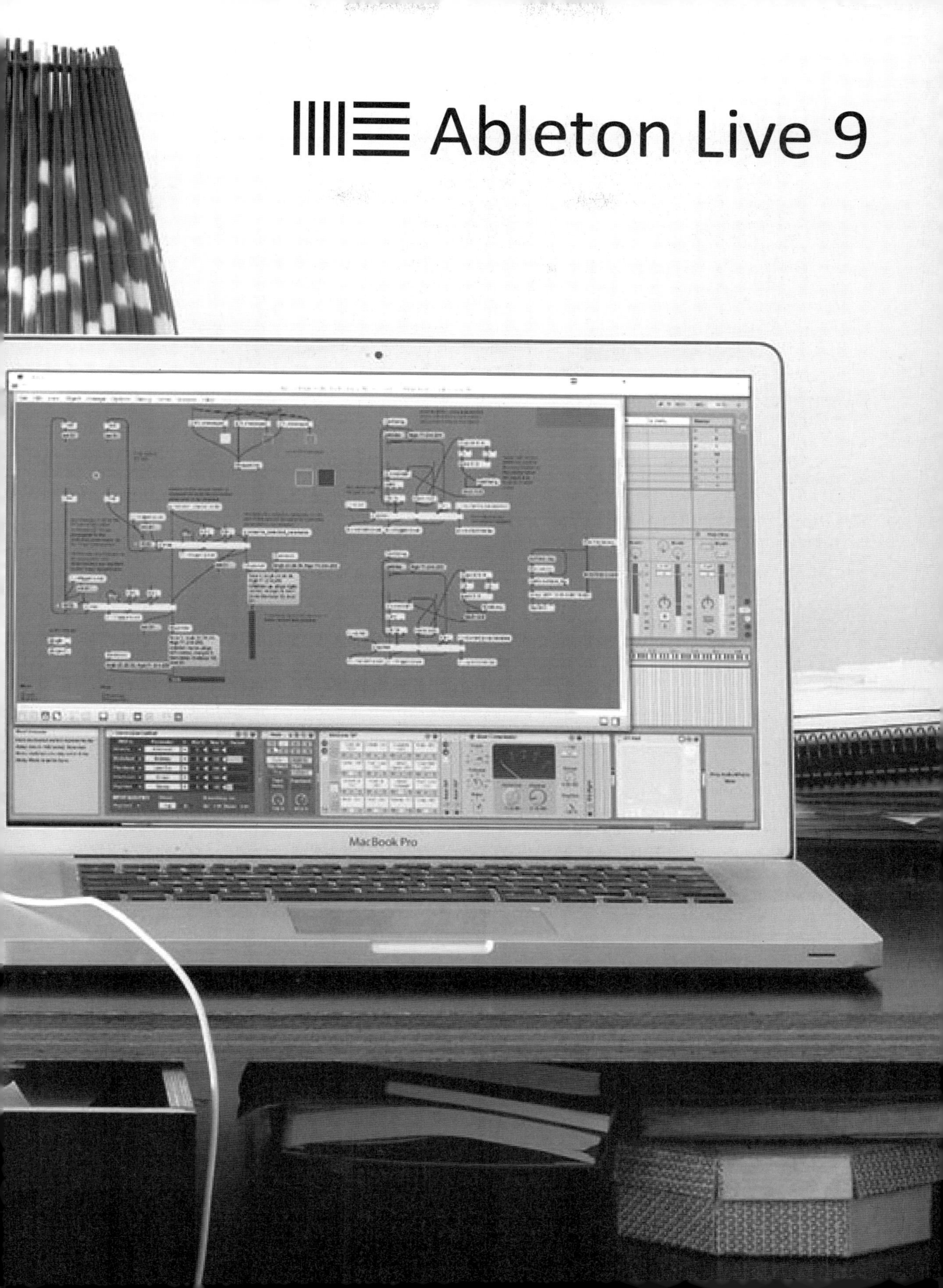

오디오 이펙트

Ableton Live는 사운드의 부족한 저음을 보강한다거나 고음에 섞여있는 잡음을 제거하는 EQ, 레벨 폭을 압축하여 단단한 사운드를 만드는 컴프레서, 유명한 콘서트 홀에서 녹음한 듯한 공간감을 만드는 리버브와 딜레이 등, 사운드를 디자인할 때 사용하는 30가지 이상의 오디오 이펙트를 제공합니다.

● 이펙트 사용하기

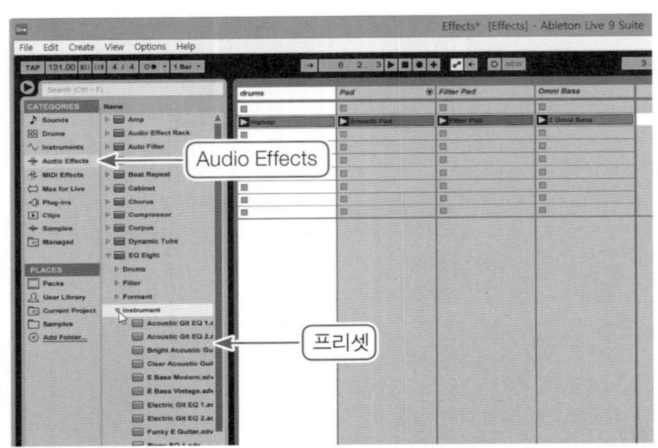

01 Audio Effects 카테고리를 선택하면 라이브에서 제공하는 오디오 이펙트의 종류를 확인할 수 있으며, 각각의 이펙트마다 입문자도 쉽게 사운드를 디자인할 수 있게 해주는 프리셋을 제공합니다.

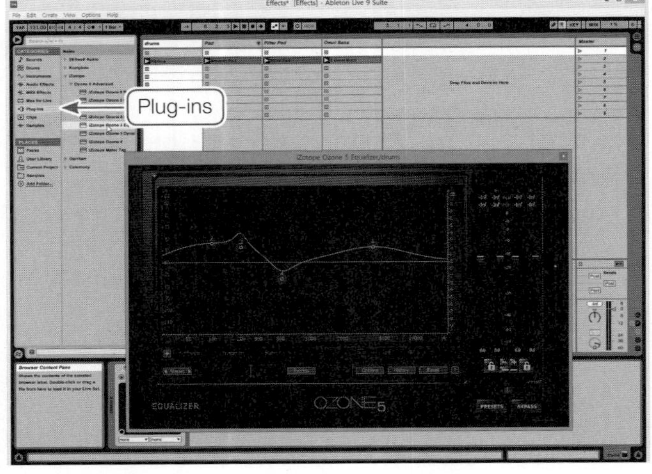

02 플러그-인

라이브는 사용자가 추가 설치한 AU 및 VST 플러그-인을 사용할 수 있으며, Plug-ins 카테고리에서 선택합니다. 단, Live 64bit 버전에서는 플러그-인도 64bit만 지원합니다.

> TIP : 라이브 팩 설치 이펙트는 Max for Live 카테고리에서 선택할 수 있습니다.

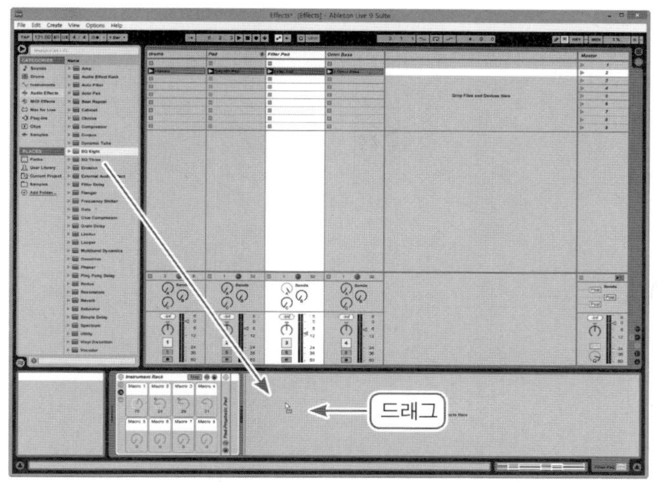

03 이펙트 적용

이펙트는 트랙 또는 디바이스 뷰로 드래그하
여 적용합니다. 마우스 더블 클릭 또는 Enter
키를 누르면 선택된 트랙에 적용됩니다.

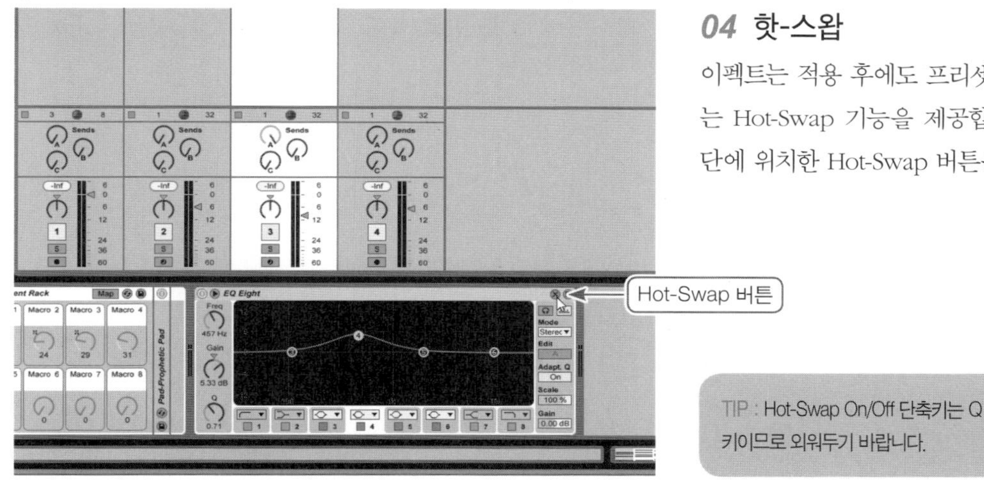

04 핫-스왑

이펙트는 적용 후에도 프리셋을 변경할 수 있
는 Hot-Swap 기능을 제공합니다. 오른쪽 상
단에 위치한 Hot-Swap 버튼을 클릭합니다.

TIP : Hot-Swap On/Off 단축키는 Q 입니다. 자주 쓰이는
키이므로 외워두기 바랍니다.

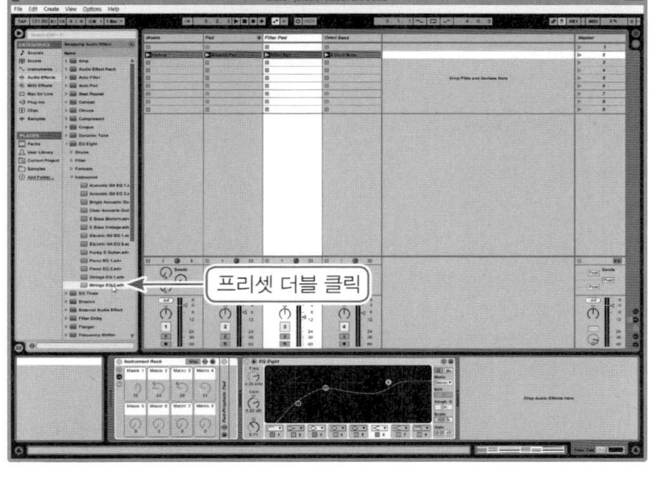

05 프리셋

이펙트에서 제공하는 프리셋을 더블 클릭합
니다. 프리셋은 악기 및 사운드마다 전문가들
이 미리 세팅을 해놓은 것이며, 입문자도 손쉽
게 사운드를 디자인 할 수 있는 방법입니다.

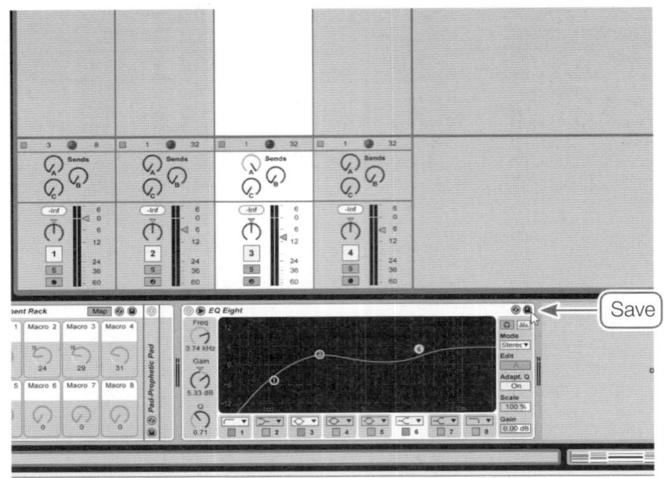

06 사용자 프리셋

전문가들이 세팅 해놓은 프리셋이 사용하는 소스에 100%로 어울린다는 보장은 없습니다. 결국은 조금 수정을 하게 될 것이며, 수정된 것을 프리셋을 만들어두고 싶은 경우도 있을 것입니다. 이때는 Hot-Swap 버튼 오른쪽에 보이는 Save 버튼을 클릭합니다.

07 User Library 섹션의 Presets/Audio Effects 폴더에 저장됩니다. 구분하기 쉬운 이름을 입력을 해두면, 언제든 동일한 효과를 빠르게 연출 할 수 있게 되는 것입니다.

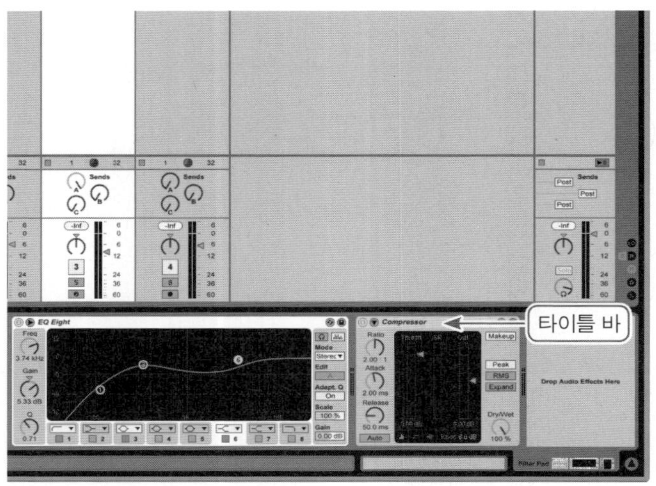

08 이펙트 추가 및 제거

사운드를 디자인 할 때 여러 가지 오디오 이펙트를 사용하는 것이 일반적입니다. 신호의 흐름은 왼쪽에서 오른쪽이며, 순서에 따라 결과가 달라지므로, 많은 실습이 요구되는 장치입니다. 장착한 이펙트는 타이틀 바를 드래그하여 순서를 변경하거나 Delete 키로 제거할 수 있습니다.

● 이퀄라이저

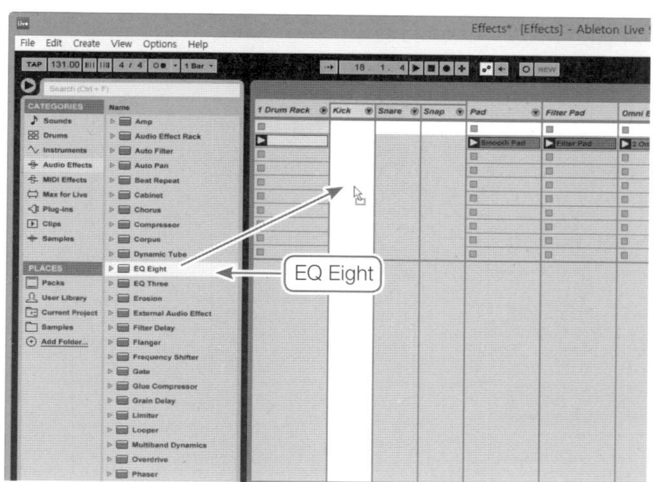

01 사운드의 톤을 조정하거나 잡음을 제거하는 등의 용도로 사용하는 EQ에 관해서 살펴보겠습니다. 부록 CD의 Effects 프로젝트를 엽니다. 그리고 Audio Effects 카테고리의 EQ Eight을 Kick 트랙으로 드래그합니다.

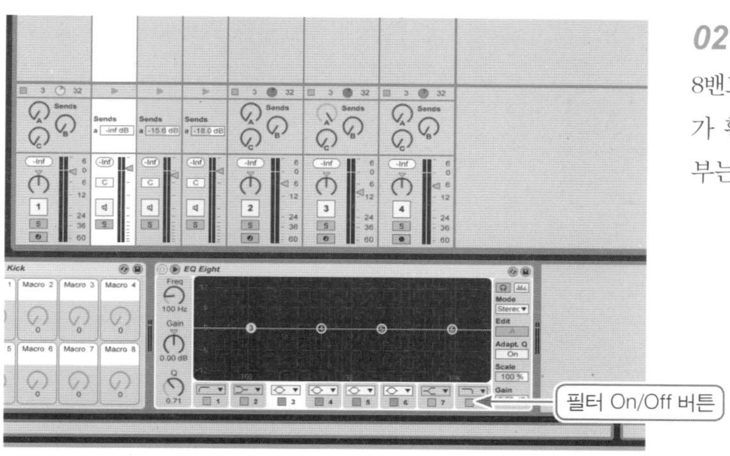

02 Eight 이라는 이름에서도 알 수 있듯이 8밴드 EQ 입니다. 기본적으로 3~6번의 밴드가 활성화 되어 있습니다. 각 밴드의 사용 여부는 필터 On/Off 버튼으로 결정합니다.

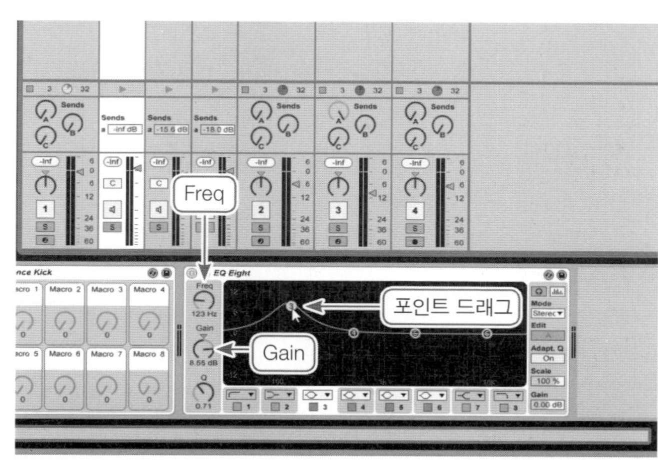

03 EQ는 어떤 주파수를 얼마나 증/감 시킬 것인지를 결정하는 장치입니다. 각 밴드의 조정 주파수를 결정하는 것이 Freq이며, 값을 조정하는 것이 Gain입니다. 디스플레이 창의 포인트를 좌/우로 드래그하여 Freq를 결정하고, 위/아래로 드래그하여 Gain을 조정할 수 있습니다.

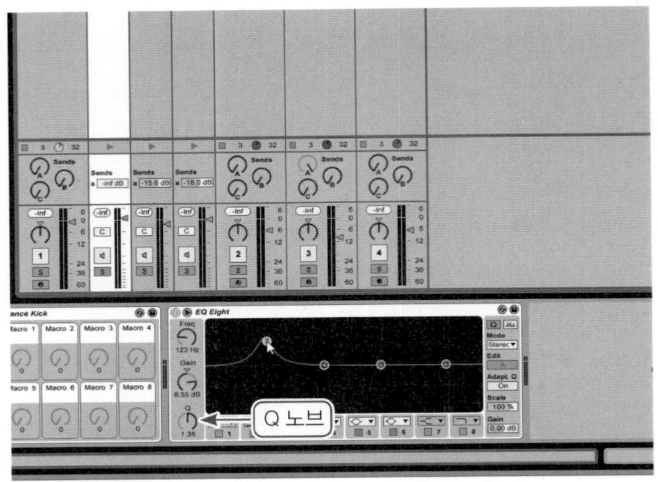

04 포인트를 움직여보면, Freq 주파수만 조정되는 것이 아니라 주변 주파수에도 영향이 있다는 것을 알 수 있습니다. 이것을 대역폭이라고 하며, Q 값으로 조정합니다. Alt 키를 누른 상태에서 포인트를 드래그하면 Q 값을 조정할 수 있습니다.

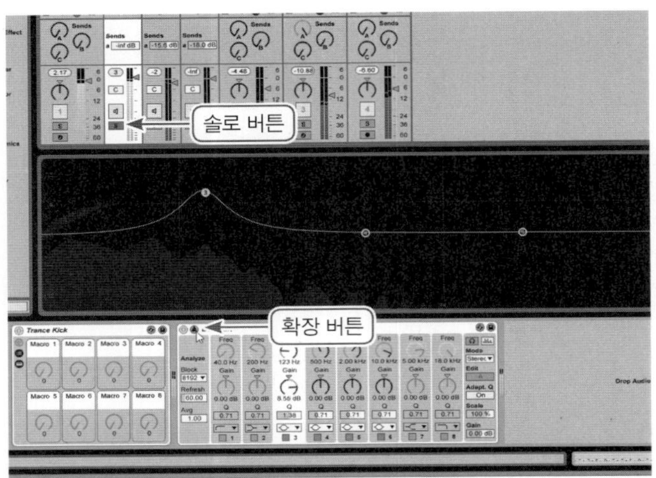

05 개별 소스를 조정할 때는 솔로로 모니터하는 경우가 많습니다. Drums Rack 클립을 재생하고, Kick 트랙의 솔로 버튼을 On으로 합니다. 그리고 EQ의 디스플레이 확장 버튼을 클릭합니다.

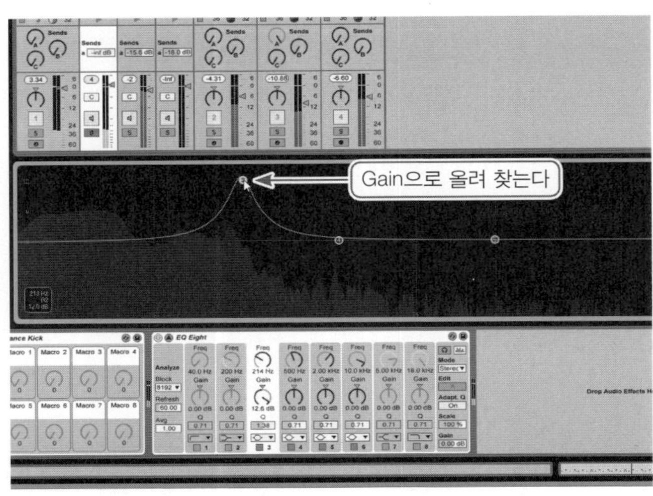

06 제거하고 싶은 주파수는 포인트를 올려 Gain을 증가시키고, 좌/우로 드래그하면서 찾는 것이 쉽습니다. 200Hz 부근에서 공진 음이 발생하고 있습니다. 찾았다면 Gain을 -6dB 정도로 감소시킵니다.

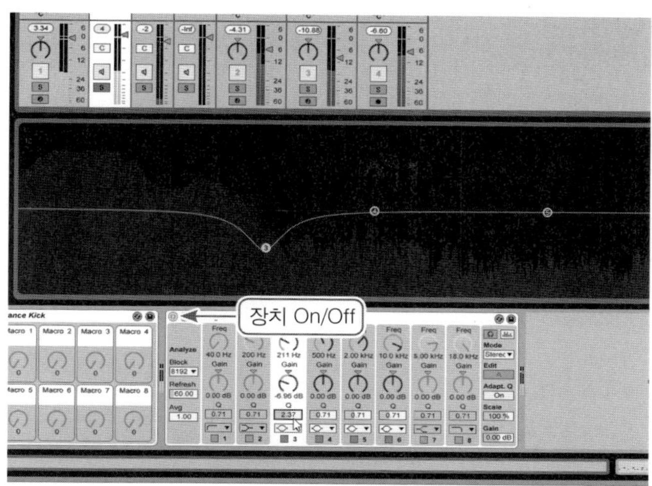

07 좀 더 정밀한 값이 필요한 경우에는 해당 밴드의 Freq, Gain, Q 노브를 이용해서 조정합니다. 조정 전/후의 사운드를 비교할 때는 왼쪽 상단의 On/Off 버튼을 이용합니다.

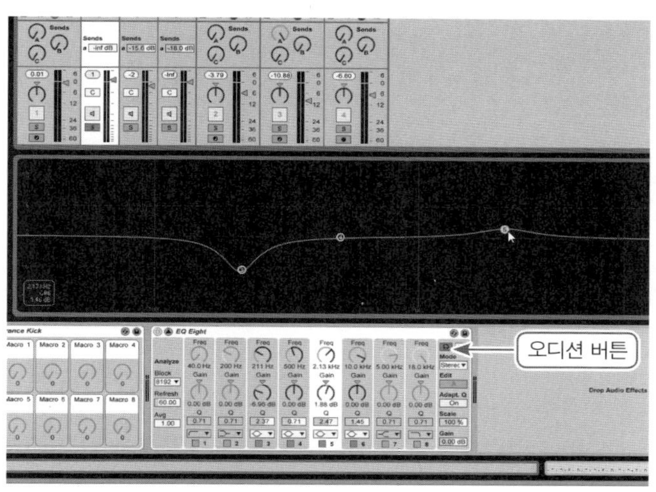

08 EQ Eight은 조정하는 음역대만 모니터할 수 있는 오디션 버튼을 제공하여 보다 쉽게 원하는 대역을 찾아 보정할 수 있습니다. 버튼을 On으로 놓고, 5밴드 포인트를 높이 올린 뒤, 움직여 보면 2KHz 부근에서 강한 어택을 찾을 수 있습니다. 찾았다면 Gain을 2dB 정도로 조정합니다.

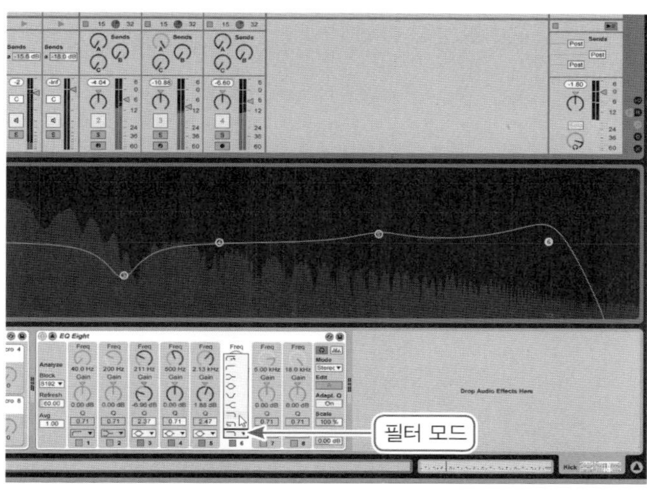

09 EQ Eight은 1/8번 밴드가 패스 필터, 3/7번 밴드가 쉘빙, 3~6번 밴드가 피킹 타입으로 되어 있지만, 필터 모드에서 변경 가능합니다. 예를 들어 6밴드에서 로우 패스 필터 타입을 선택하면 6밴드 Freq 값 이상의 주파수가 차단됩니다.

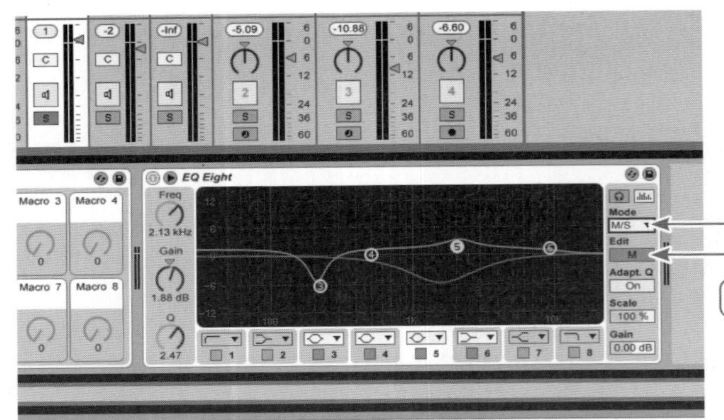

10 EQ Eight은 좌/우 채널 및 중심/외각 채널을 분리해서 조정할 수 있는 L/R 및 M/S 모드를 제공합니다. L/R 및 M/S 모드에서 조정하고 싶은 채널은 Edit 버튼으로 선택합니다.

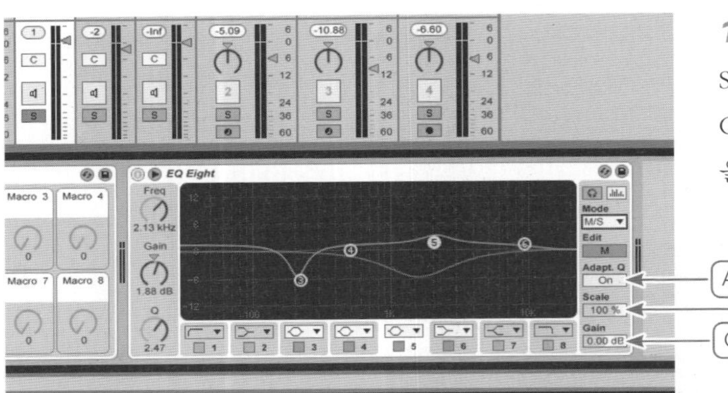

11 Adaptive Q는 대역폭을 향상시키고, Scaling은 게인 범위를 조정합니다. 그리고 Gain은 EQ Eight을 통과한 신호의 최종 레벨을 조정합니다.

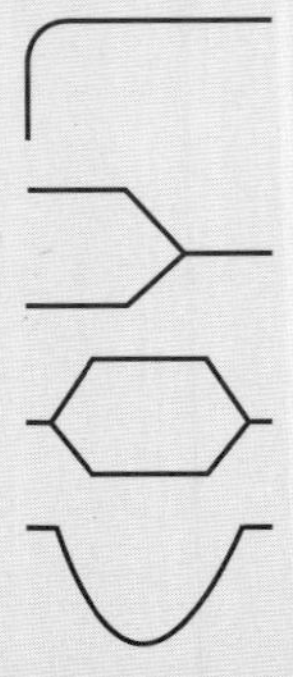

필터 모드

EQ Eight에서 제공하는 필터는 패스, 쉘빙, 피킹, 너치 타입이 있으며 역할은 다음과 같습니다. x4 표시가 가 있는 패스 필터 타입은 12dB/Octave의 4배인 48dB의 급격한 차단 효과를 제공합니다.

- **High Pass Filter Type** : 프리퀀시(Freq) 이하의 저음역을 차단합니다. 말 그대로 고음역만 통과시킨다는 뜻이며, 저음역을 차단하기 때문에 Low Cut Filter라고도 부릅니다.
- **Shelving Type** : 프리퀀시(Freq) 이하 또는 이상의 주파수를 증/감합니다. 곡선 모양이 완만한 경사로 되어 있기 때문에 붙여진 이름입니다.
- **Peaking Type** : 프리퀀시(Freq) 주파수를 증/감합니다. 산봉우리처럼 생겼다고 해서 붙여진 이름이며, 벨 모양을 닮았다고 해서 Bell Type으로 부르기도 합니다.
- **Notch Filter Type** : 프리퀀시(Freq) 주파수를 차단합니다. 특정 주파수의 잡음을 제거할 때 사용되며, Pass Filter와 마찬가지로 Gain 값을 조정할 수 없습니다.
- **Low Pass Filter Type** : 하이 패스 필터와 반대로 프리퀀시(Freq) 이상의 고음역을 차단하며, HIgh Cut Filter라고도 부릅니다.

● 컴프레서

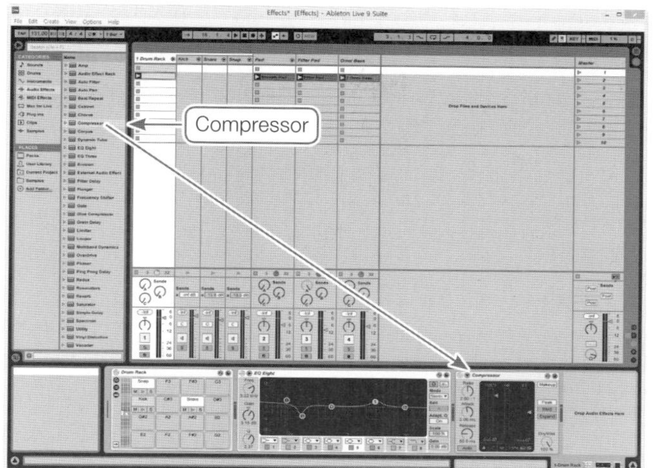

01 컴프레서는 피크 레벨을 압축하여 다이내믹을 줄이는 장치입니다. Audio Effects 카테고리의 Compressor를 EQ 오른쪽으로 드래그하여 장착합니다.

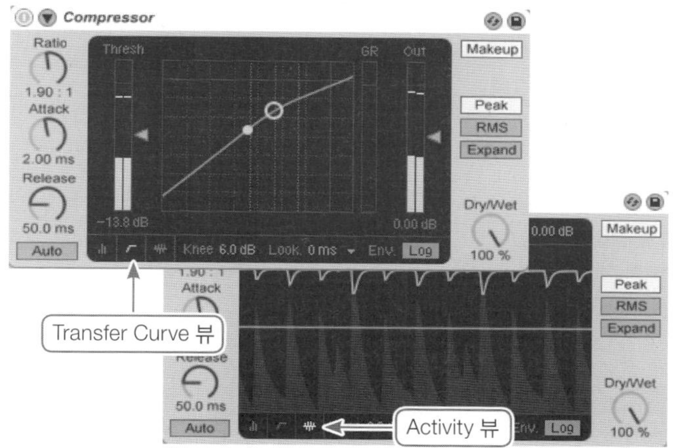

02 컴프레서는 초기 화면인 Collapsed 외에 설정 값을 그래프로 표시하여 Knee 파라미터 설정에 유리한 Transfer Curve 뷰와 레벨 변화를 지속으로 관찰할 수 있는 Activity 뷰의 3가지 화면을 제공합니다.

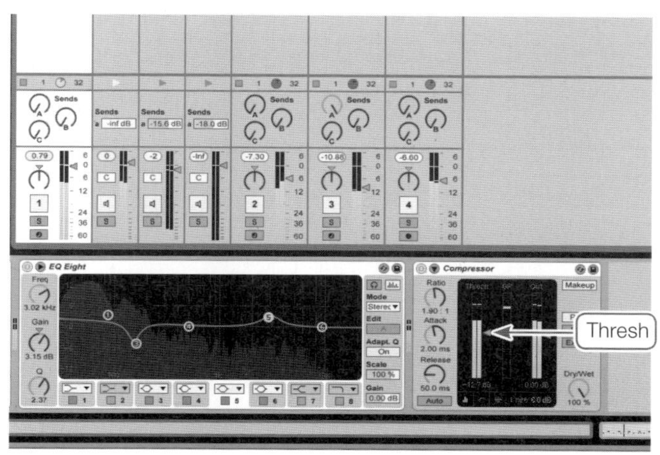

03 실습은 핵심 패널로만 구성되어 있는 Collapsed 화면으로 진행하겠습니다. 컴프레서는 피크 레벨을 압축하는 장치라고 했습니다. 어느 레벨 이상을 압축할 것인지를 결정하는 것이 트레숄드(Thresh)입니다. Thresh를 -17dB로 설정합니다. -17dB이 넘는 신호가 입력되었을 때 컴프레서가 작동합니다.

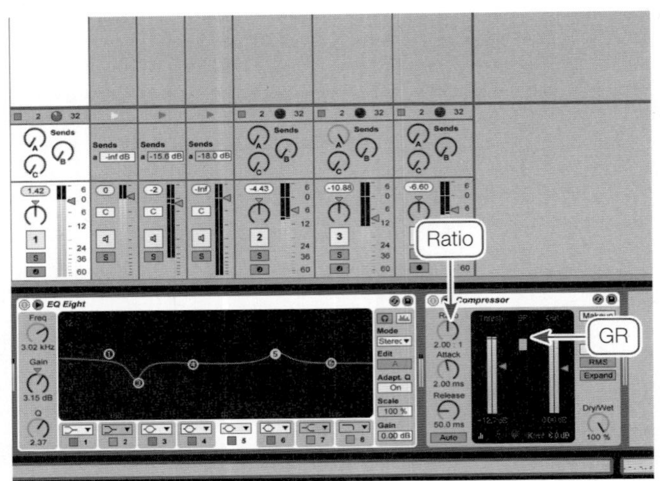

04 얼마나 압축할 것인지를 결정하는 것이 레시오(Ratio)입니다. 값을 2.00:1로 설정합니다. -17dB이 넘는 사운드가 반으로 압축되는 것입니다. 압축 레벨은 게인 리덕션(GR)에서 확인할 수 있습니다.

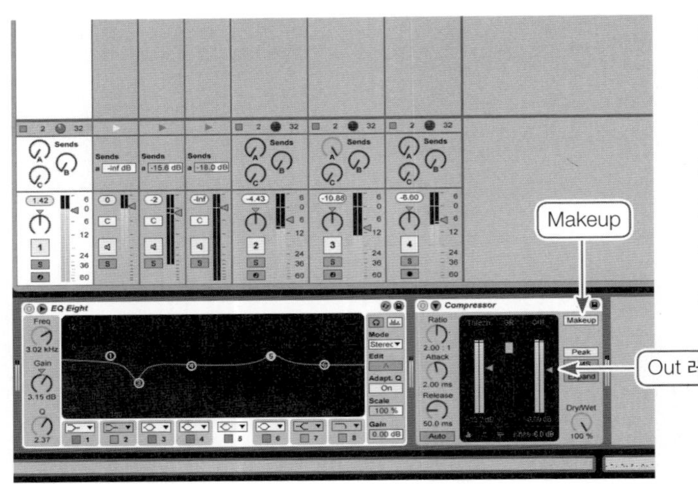

05 큰 소리를 압축했는데 전체 사운드는 더 커졌습니다. 레벨 압축으로 확보된 여유 공간(헤드룸)만큼 전체 레벨을 상승시키는 Makeup 기능이 작동되고 있기 때문이며, 이것이 컴프레서를 사용하는 목적입니다. 전체 레벨을 수동으로 설정하려면 Makeup 버튼을 Off하고, Out 레벨을 직접 조정합니다.

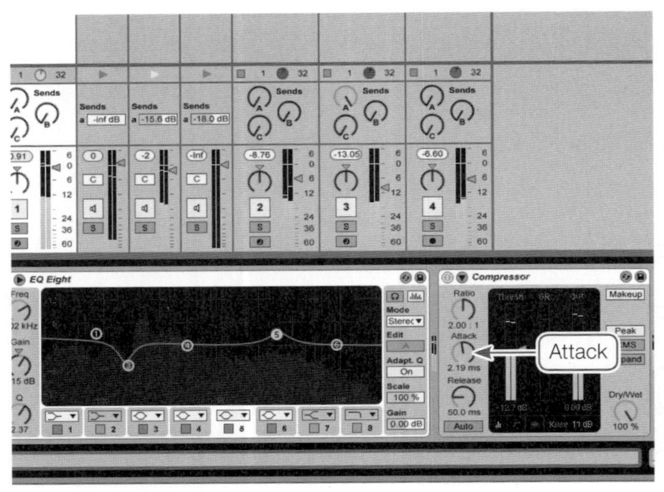

06 컴프레서를 사용하는데 있어서 가장 어려운 것이 어택과 릴리즈 타임입니다. 어택은 트레숄드 레벨을 레시오 값으로 압축하는데 걸리는 시간(ms)을 설정하는 것으로 너무 빠르면 사운드가 왜곡되고, 느리면 컴프레서의 목적을 얻기 어렵습니다. 일반적으로 RG 레벨이 청감보다 조금 느리게 움직이는 타임을 설정하지만, 많은 훈련이 필요합니다.

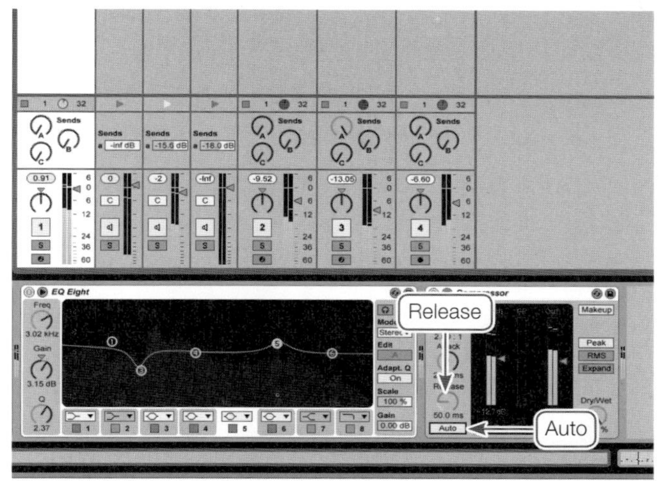

07 릴리즈 타임은 어택과 반대로 컴프레서가 멈추는 시간을 설정하는 것이며, 너무 빠르면 원치 않는 잡음까지 커질 수 있고, 느리면 트레숄드 이하의 사운드까지 압축될 수 있습니다. 익숙해지기 전까지는 타임을 자동으로 설정해주는 Auto 기능을 이용합니다.

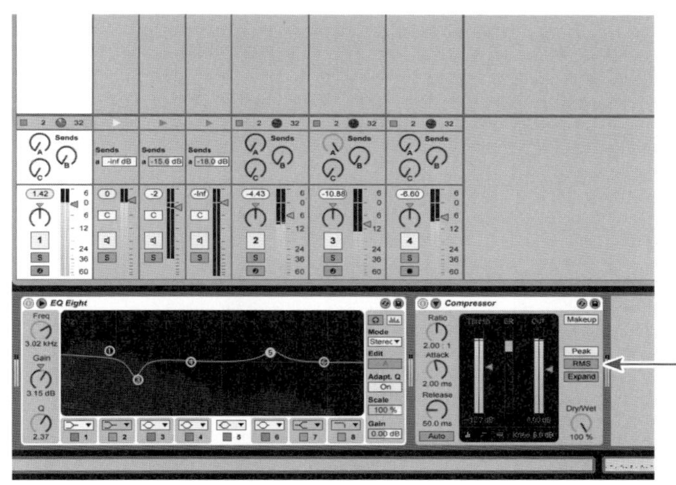

08 Peak는 트레숄드 레벨을 감지할 때 피크 레벨을 기준으로 하는 것이며, RMS는 평균 레벨을 기준으로 합니다. Expand는 컴프레서와 반대로 트레숄드 이하의 레벨을 확장하여 다이내믹 범위를 넓히는 역할을 하는 것으로 잡음을 제거할 때 유용합니다.

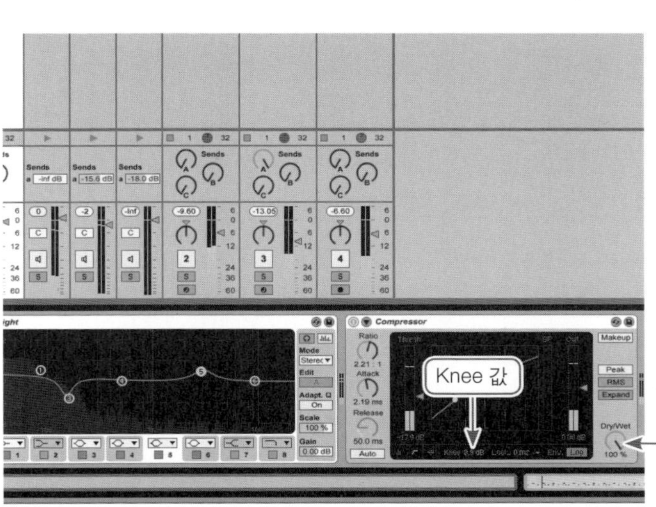

09 knee 값은 압축 강도를 결정하는 것으로 음색 변화에 영향을 줍니다. knee 범위는 Transfer Curve 뷰에서 그래프로 확인할 수 있습니다. Dry/Wet 노브는 컴프레서가 사운드와 소스 사운드의 출력 비율을 조정합니다.

● 리미터

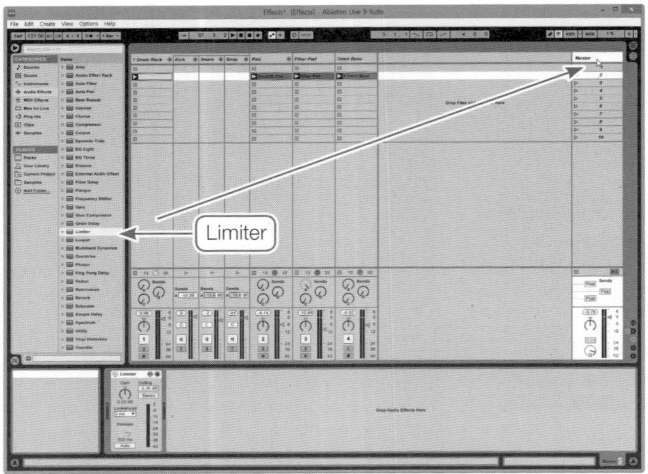

01 컴프레서보다 압축 비율이 높아 클리핑 방지 용으로 많이 사용하는 장치가 리미터입니다. Audio Effects 카테고리의 Limiter를 마스터 트랙으로 드래그하여 장착합니다.

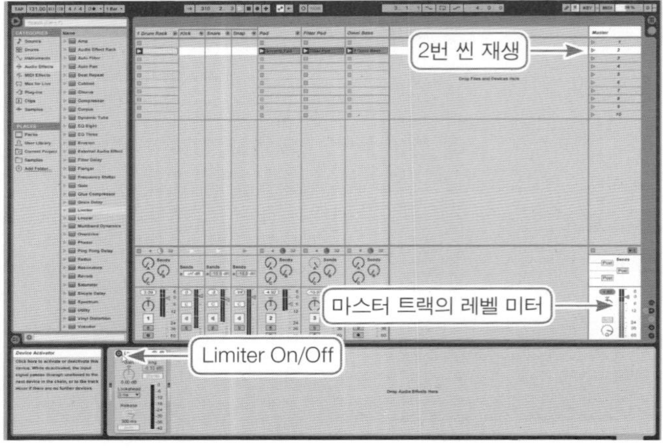

02 클리핑은 최대 출력 레벨(0dB) 이상이 입력되어 사운드가 찌그러지는 현상을 말하며, 리미터는 Ceiling에서 설정된 값 이상의 레벨을 넘지 않도록 압축합니다. 마스터 트랙의 2번 씬을 재생하고 Limiter를 Off 시켜보면, 마스터 트랙의 레벨 미터가 빨간색으로 표시됩니다. 클리핑이 발생하고 있다는 경고입니다. Limiter를 On하여 비교합니다.

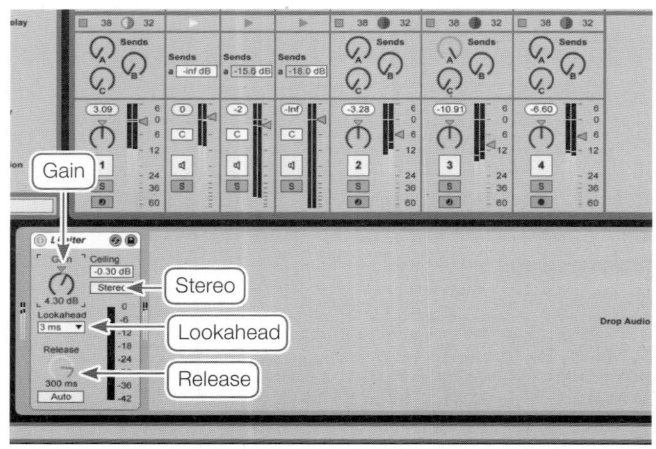

03 Gain을 높여 증폭시킵니다. 요즘 댄스곡은 과하다 할 만큼 게인을 확보하는 추세입니다. Lookahed는 피크 반응 시간을 설정하는 것으로 컴프레서의 어택 타임과 비슷하며, Release 역시 동일합니다. Stereo는 리미터를 채널(L/R)별로 적용할 수 있게 하는 역할을 합니다.

● 딜레이

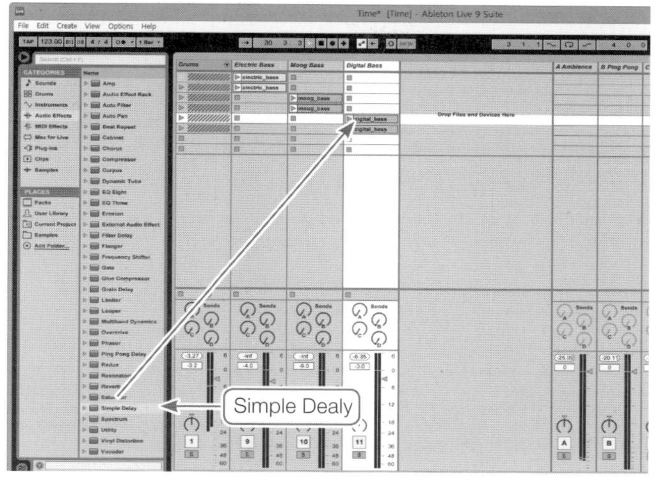

01 Simple Delay

노래방 에코로 일반인들에게 친숙한 딜레이
는 사운드를 반복시켜 풍부하게 만듭니다.
부록 CD의 Time 프로젝트를 열고, Audio
Effects 카테고리의 Simple Delay를 Digital
Bass 트랙으로 로딩합니다.

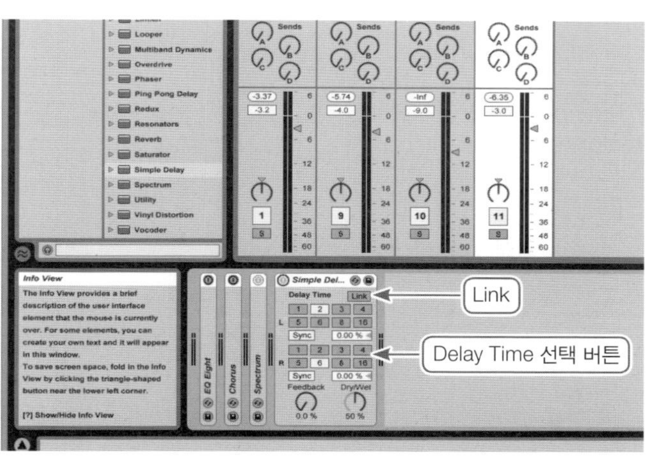

02 16분음표 간격으로 제공되는 Delay
Time 버튼을 선택하여 간편하게 사용하는
수 있는 딜레이 입니다. 좌/우 채널을 분리해
서 사용하거나 Link 버튼을 클릭하여 함께 동
작되게 할 수 있습니다.

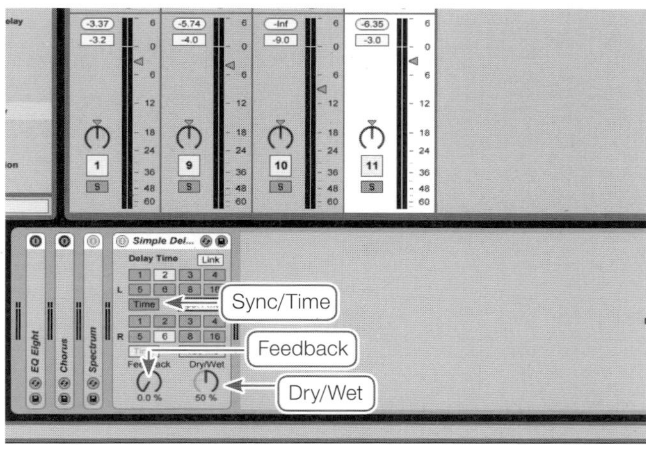

03 딜레이 타임을 템포와 일치(Sync)되게
사용하는 것이 일반적이지만, 사용 목적에 따
라 Time으로 변경하여 사용할 수 있습니다.
Feedback는 반복되는 딜레이 양을 조정하며,
Dry/Wet는 딜레이 사운드와 소스 사운드의
비율을 조정합니다.

04 Ping Pong Delay

딜레이 사운드를 좌/우로 이동시켜 핑퐁 효과를 만드는 Ping Pong Delay를 Moog Bass 트랙으로 로딩합니다. 솔로로 모니터 해보면 사운드가 좌/우로 이동되는 효과가 만들어진 것을 확인할 수 있습니다.

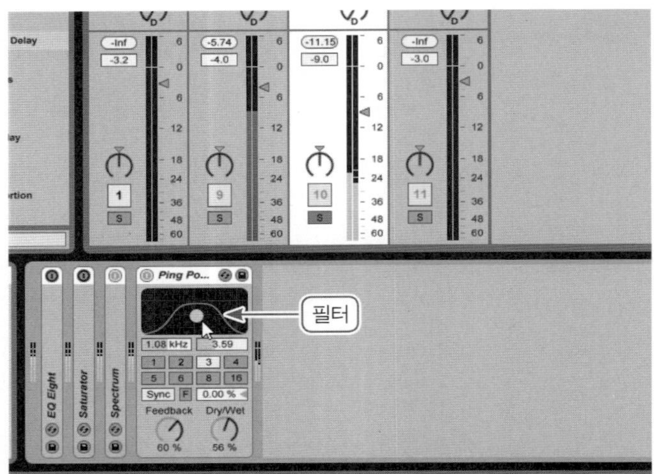

05 핑퐁 딜레이는 적용 주파수를 설정할 수 있는 밴드패스 타입의 필터를 제공합니다. 포인트를 세로로 드래그하여 대역폭(Q)을 조정할 수 있고, 가로로 드래그하여 주파수를 설정할 수 있습니다.

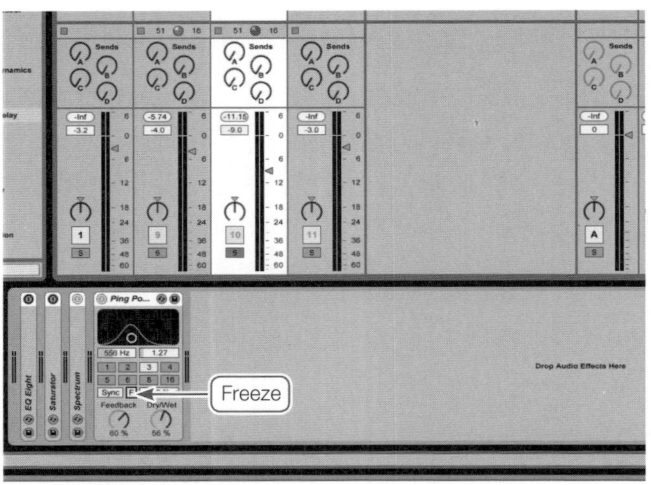

06 딜레이 버퍼 사운드를 무한정 반복시킬 수 있는 Freeze 버튼이 있다는 것 외에는 Simple Delay 파라미터와 동일합니다.

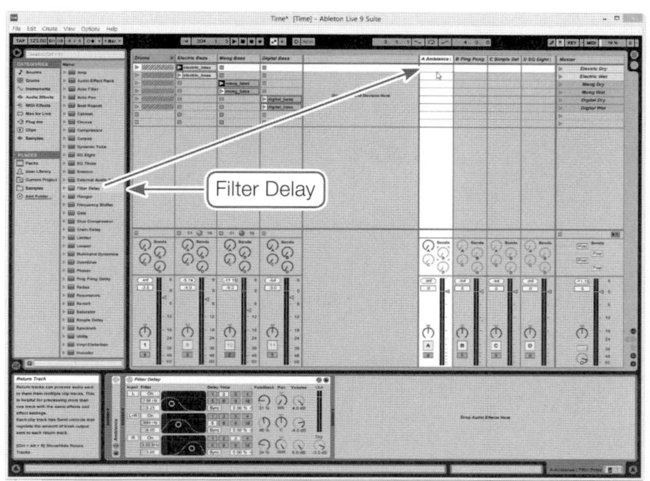

07 Return Track

딜레이 및 리버브와 같은 타임 계열의 이펙트는 리턴 트랙에서 사용하는 경우가 일반적입니다. 주파수 별로 채널을 3개로 분리해서 딜레이를 걸 수 있는 Filter Delay를 A Ambience라는 이름의 리턴 트랙으로 드래그합니다.

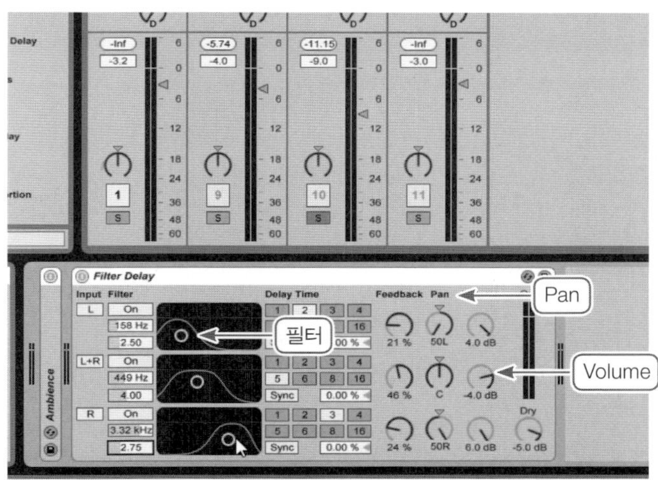

08 왼쪽 채널은 저음역, 가운데는 미들 음역, 오른쪽 채널은 고음역으로 설정합니다. 채널 마다 팬과 레벨을 조정할 수 있는 Pan과 volume 노브도 제공되고 있습니다.

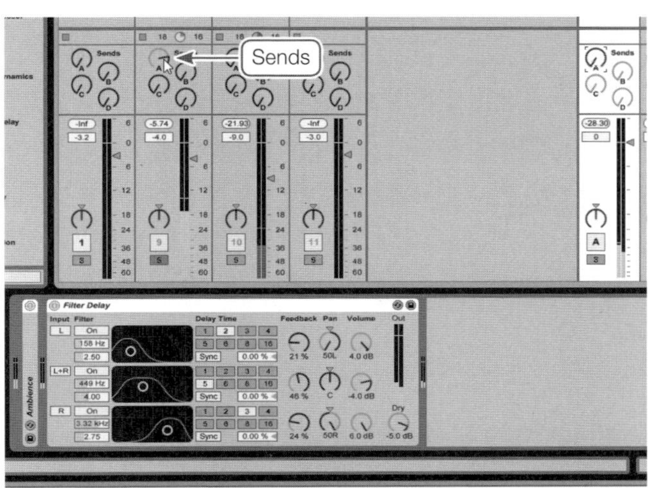

09 Electric bass 트랙의 센드 섹션에서 A Sends 값을 올립니다. A 리턴 트랙에 장착한 Filter Delay가 적용되는 것을 확인할 수 있습니다. 이펙트를 리턴 트랙에 걸면 하나의 장치로 여러 트랙에서 사용할 수 있는 것입니다.

● 리버브

01 리버브는 소리에 잔향을 만들어 콘서트 홀과 같은 공간감을 만드는 장치입니다. Audio Effects 카테고리의 Reverb에서 Room 폴더의 Drums Room.adv 프리셋을 B Ping Pong이라는 이름의 리턴 트랙으로 드래그합니다.

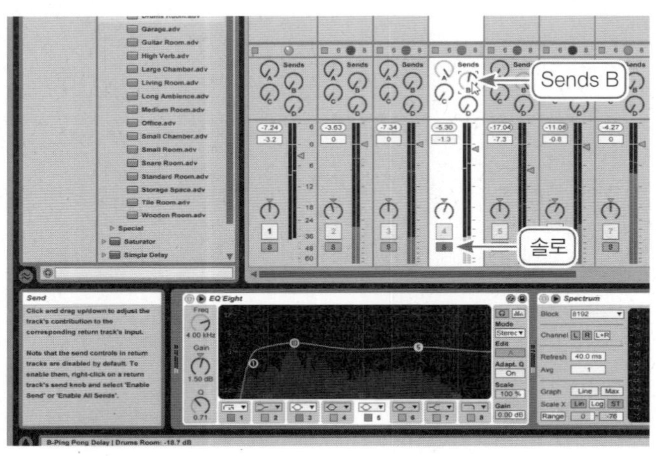

02 Drums Room.adv 프리셋을 드럼 룸 공간을 연출할 수 있도록 리버브의 파라미터들을 세팅해 놓았다는 의미입니다. Drums 그룹의 Snare 트랙을 솔로로 놓고, Sends B 노브를 올려 사운드를 모니터 합니다.

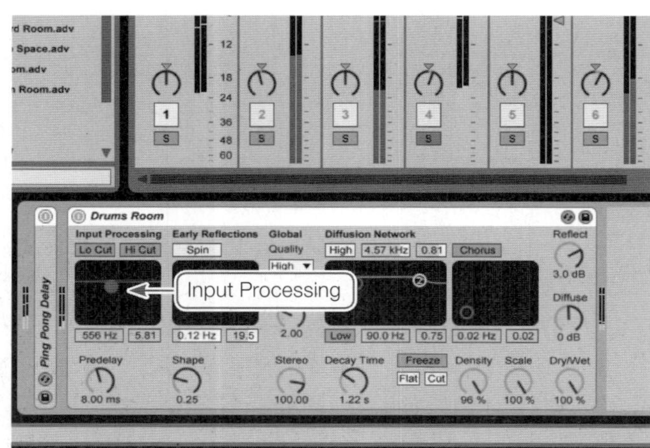

03 리버브가 어떻게 세팅되어 있는지 살펴보겠습니다. 인풋 신호에 필터를 적용할 수 있는 Input Processing의 Lo Cut과 Hi Cut은 꺼져 있습니다. 필터를 적용하겠다면 각 버튼을 On으로 놓고, X/Y 컨트롤러의 포인트를 드래그하여 조정합니다.

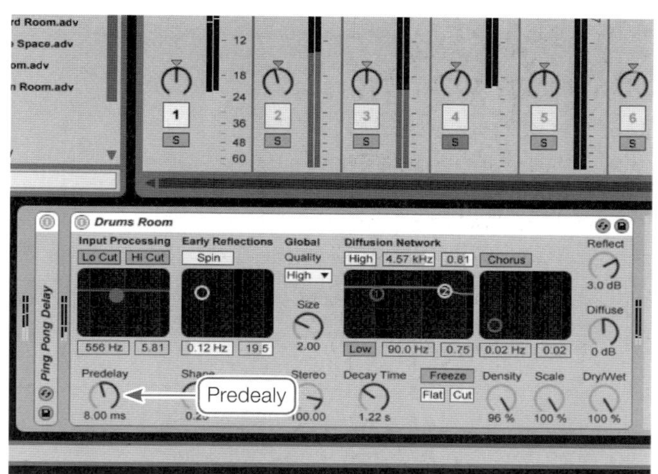

04 Predelay는 초기 반사음 타임을 조정합니다. 초기 반사음은 사운드가 벽에 반사되어 들리는 첫 번째 사운드를 의미하는 것으로 공간 크기를 결정하는 요소가 됩니다.

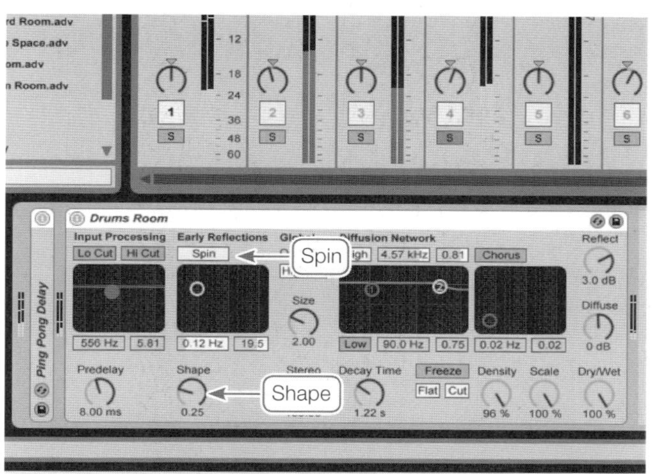

05 Early Reflections의 Spin은 초기 반사음의 주파수를 설정하는 것으로 벽면의 재질을 결정하는 요소가 됩니다. Shape는 반사음의 라인을 조정하는 것으로 값이 클수록 속도가 빨라집니다.

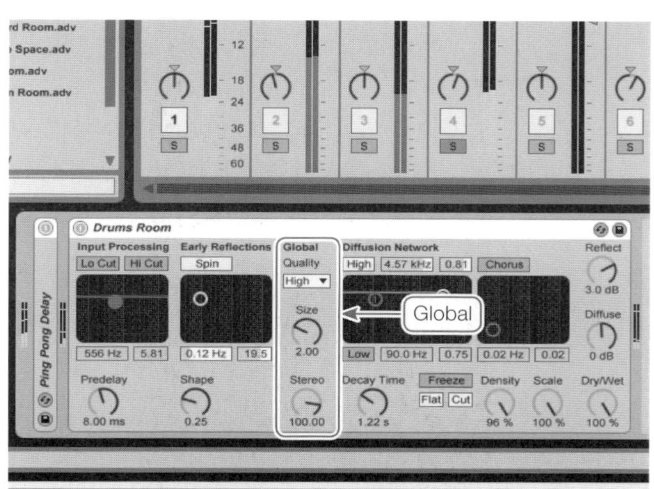

06 Global은 리버브의 품질을 결정하는 Quality, 공간의 크기를 결정하는 Size, 스테레오 확산 감을 조정하는 Stereo 파라미터로 구성되어 있습니다.

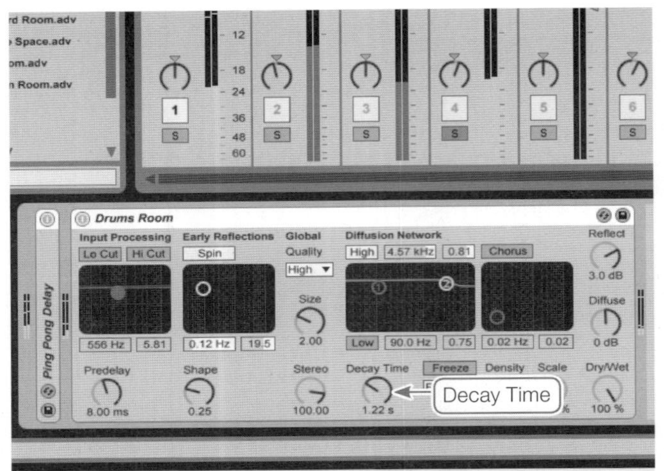

07 Diffusion Network는 잔향을 컨트롤하는 것으로 공간의 구조를 결정합니다. High 및 Low 필터를 제공하고 있으며, Decay Time으로 잔향의 길이를 조정합니다. Freeze는 리버브를 무한정 반복하며, Cut은 인풋 신호에 Freeze 리버브를 차단하고, Flat은 Freeze 리버브에 필터를 차단합니다.

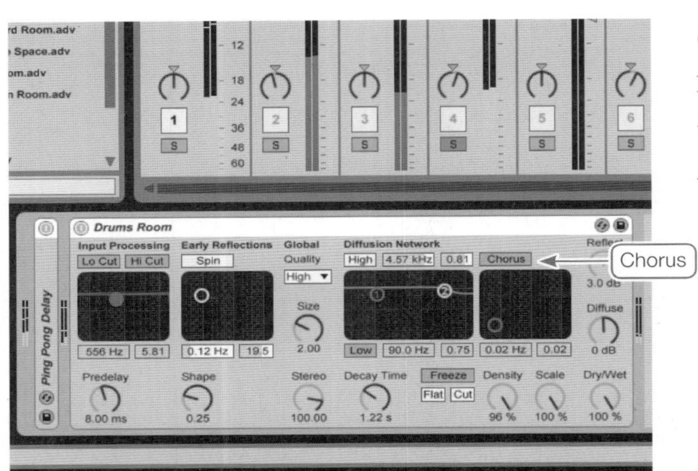

08 Chorus는 잔향의 주파수를 변조하고, Density는 밀도, Scale은 질감을 조정합니다. 공간의 크기와 구조 및 재질을 결정하는 요소가 됩니다.

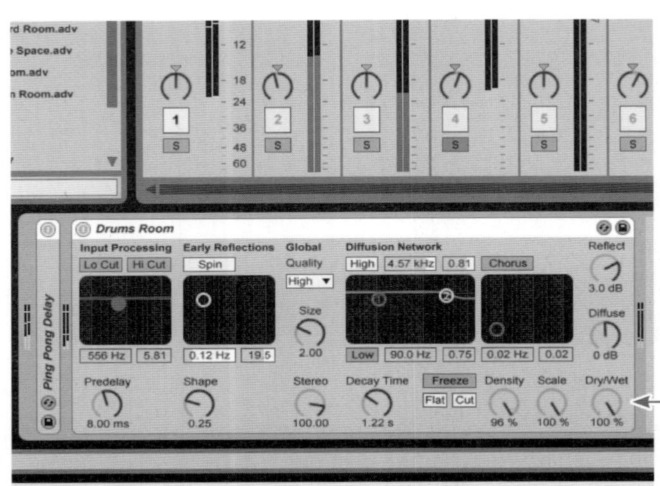

09 아웃 섹션에는 반사음, 잔향, 리버브의 비율을 조정하는 Reflect, Diffuse, Dry/Wet 노브가 제공됩니다. 입문자는 미리 세팅되어 있는 프리셋들을 참조하면서 모니터 능력을 키우는 것이 가장 빠른 학습 방법입니다.

● 사이드 체인

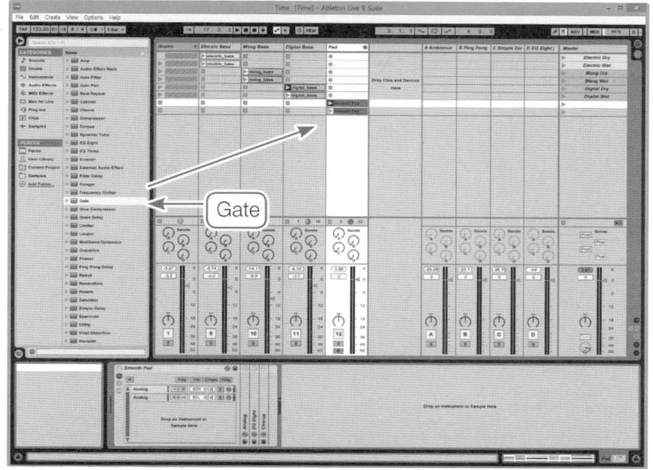

01 다른 트랙의 오디오 신호에 의해서 동작되게 하는 방식을 사이드 체인이라고 하며, 대부분의 다이내믹 장치에서 제공됩니다. 확실한 이해를 위해 Gate를 사용하겠습니다. Audio Effects의 Gate를 Pad 트랙으로 드래그 합니다.

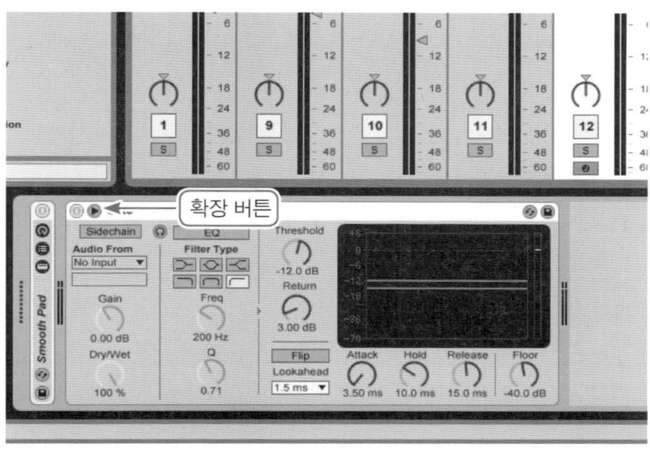

02 Gate는 Threshold 이하의 레벨을 차단하여 잡음을 제거하는 역할의 다이내믹 장치입니다. 확장 버튼을 클릭하여 패널을 확장하면 Sidechain 섹션을 볼 수 있습니다.

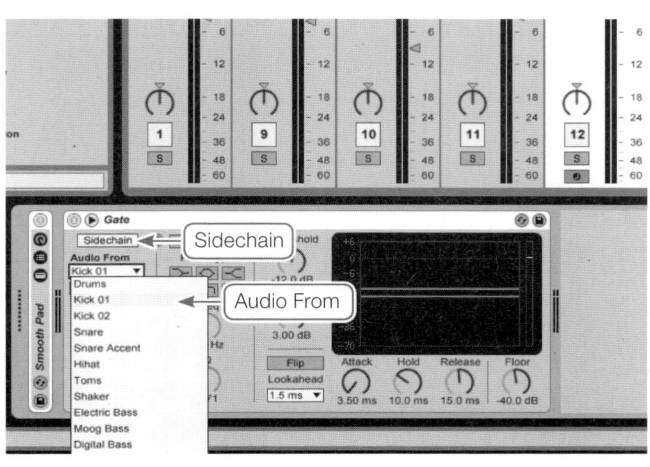

03 Sidechain 버튼을 클릭하여 On하면 어떤 트랙의 신호로 동작되게 할 것인지를 선택할 수 있는 Audio From이 활성화 됩니다. Kick 01를 선택합니다. 킥 소스에 의해서 패드 사운드가 압축되는 것을 확인할 수 있습니다. 이것이 사이드 체인 기능입니다.

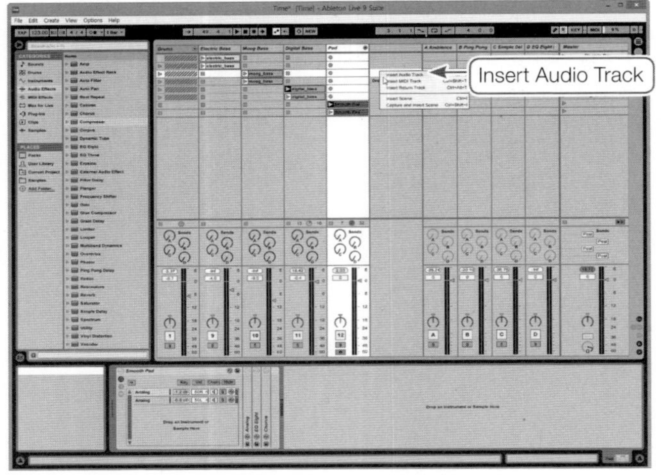

04 사이드 체인은 덕킹 기법으로 댄스 음악의 킥 드럼 어택을 강조하는 용도로 많이 사용합니다. 덕킹은 소리를 줄인다는 의미입니다. 트랙에서 마우스 오른쪽 버튼을 클릭하여 단축 메뉴를 열고, Insert Audio Track을 선택하여 추가합니다.

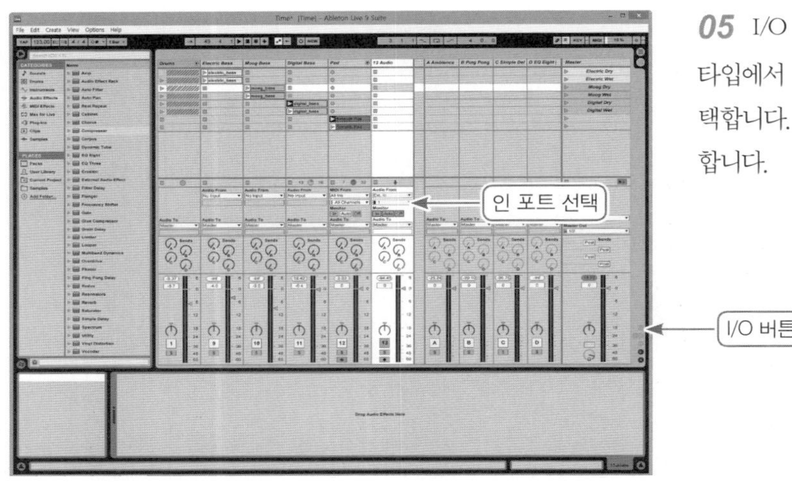

05 I/O 버튼을 클릭하여 섹션을 열고, 인풋 타입에서 마이크가 연결되어 있는 포트를 선택합니다. 그리고 Monitor의 In 버튼을 선택합니다.

06 Master 트랙에 Compressor를 장착하고, 확장 버튼을 클릭하여 패널을 확장 합니다. 그리고 Sidechain 버튼을 On 합니다.

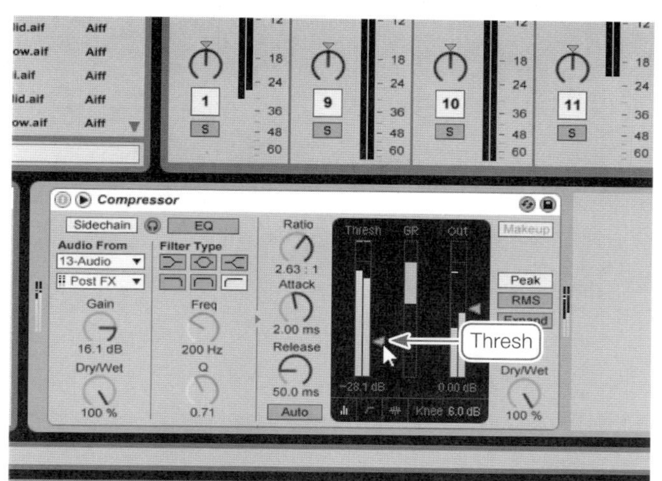

07 Audio From에서 마이크가 연결된 트랙을 선택하고, Thresh 값을 낮춥니다. 스페이스 바 키를 눌러 사운드를 재생하면서 마이크에 음성을 입력해보면, 음성이 입력될 때 사운드가 작아지는 것을 확인할 수 있습니다. 이것이 덕킹 기법입니다.

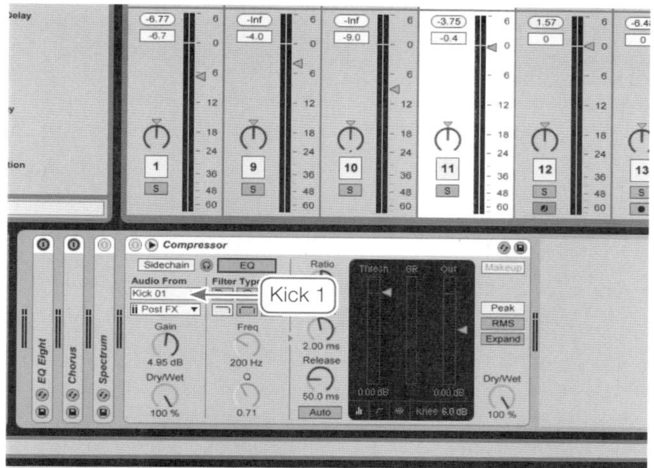

08 마스터 트랙의 컴프레서를 Delete 키로 삭제하고, Digital Bass 트랙에 Compressor를 장착합니다. 그리고 Sidechain을 활성화하고, Audio From에서 Kick 1을 선택합니다.

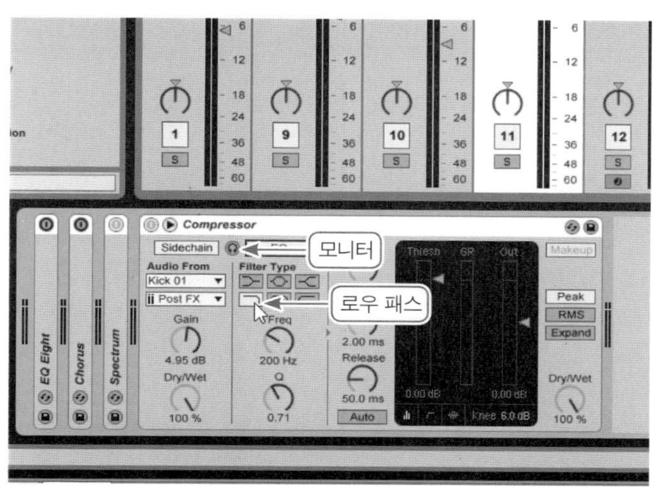

09 EQ를 활성화 하고, 로우 패스를 적용합니다. 모니터를 On으로 하고, 킥 드럼의 어택을 강조할 수 있는 Freq 및 Q 값을 설정합니다. 다이내믹이 적은 댄스 음악에서 저음역을 확보하여 킥 드럼을 강조시키는 사이드 체인 기능은 거의 필수 처럼 사용되는 기법입니다.

미디 이펙트

Live는 건반 하나만 눌러도 코드가 연주되게 한다거나 아르페지오 패턴이 연주되게 하는 등, 연주가 서툰 입문자도 프로 뮤지션 못지않은 미디 작업을 할 수 있는 이펙트를 제공합니다. 미디 이펙트는 연주 데이터를 소스로 삼는 것이기 때문에 악기 왼쪽으로 로딩되어야 하며, 두 개 이상의 이펙트를 조합해서 사용할 수 있습니다.

● 아르페지오

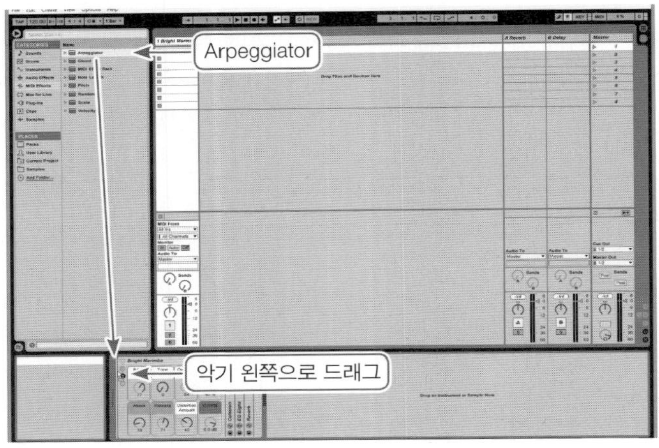

01 코드 구성 음을 차례로 연주하여 리듬을 만드는 아르페지오 주법을 연출할 수 있게 하는 장치입니다. 부록 CD의 Arp 프로젝트를 열고, MIDI Effects 카테고리에서 arpeggiator를 악기 왼쪽으로 드래그하여 로딩합니다.

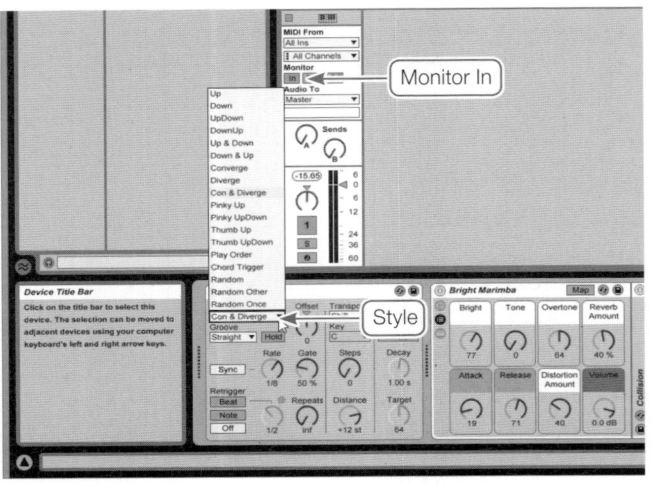

02 Monitor의 In 버튼을 On으로 하고, 건반에서 코드를 눌러보면, 자동으로 아르페지오 연주가 만들어지는 것을 확인할 수 있습니다. 기본 스타일은 상행(Up) 연주이며, Style 항목에서 원하는 방향을 선택할 수 있습니다.

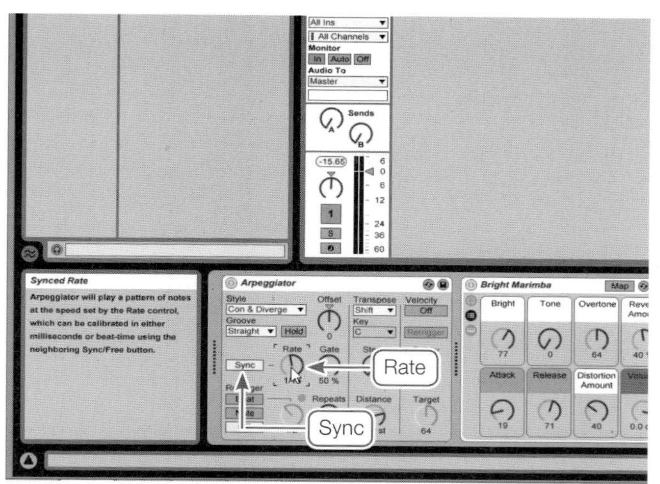

03 Sync 버튼은 비트를 맞추는 기능이고, Rate는 비트 수를 결정합니다. 기본 값이 1/8로 설정되어 있기 때문에 8비트 아르페지오가 연주됩니다. Rate를 1/16으로 조정하여 16비트 아르페지오를 만들어 봅니다.

TIP : Sync 버튼을 Off하면 타임 단위로 아르페지오를 만들 수 있습니다.

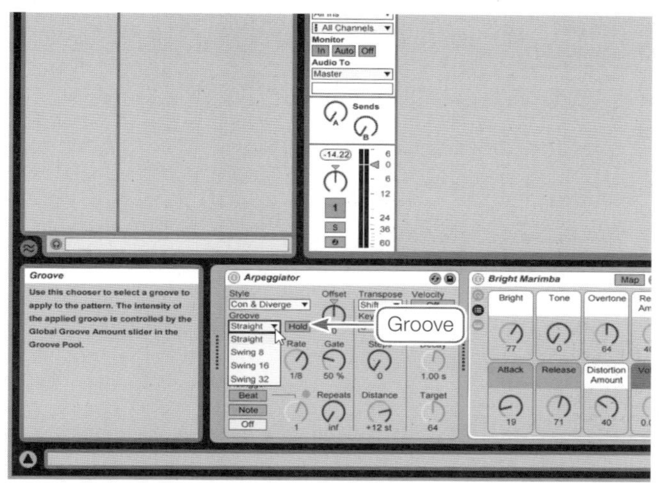

04 기본 연주는 스트레이트 입니다. 스윙 리듬이 필요한 경우에는 Groove에서 선택합니다. 오른쪽 Hold 버튼은 건반에서 손을 떼어도 다음 코드를 누르기 전까지 계속 연주되게 하는 역할을 합니다.

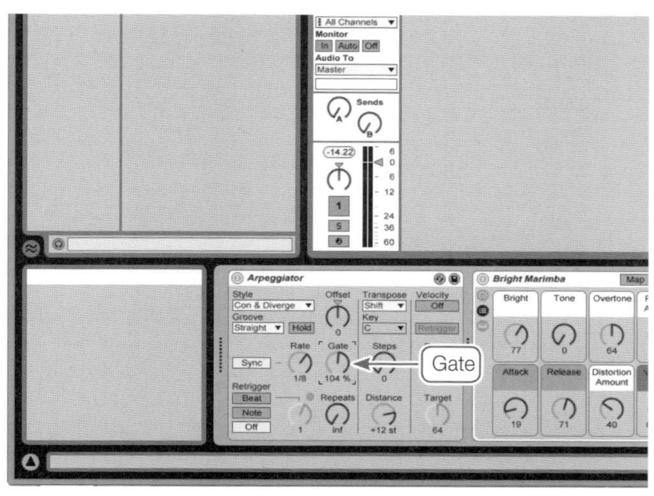

05 Gate는 음의 길이를 설정합니다. 100%를 기본으로 값을 낮추면 스타카토 연주를 만들 수 있고, 값을 높이면 레가토 연주를 만들 수 있습니다.

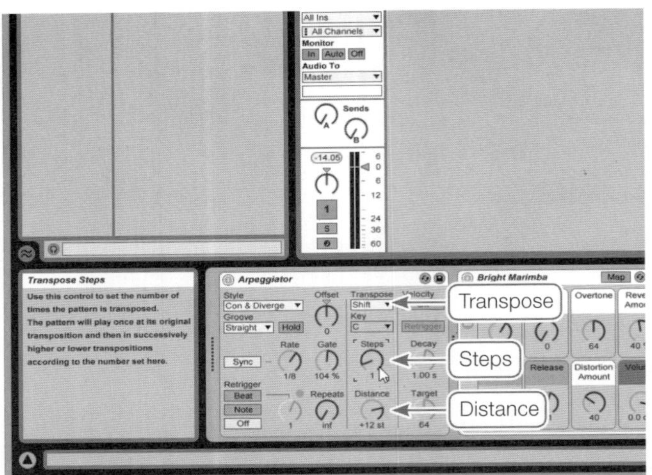

06 Transpose에서 반음 단위의 Shift 또는 Major 및 Minor 단위로 패턴을 변조시킬 수 있습니다. 변조 범위는 Distance에서 설정을 하고, 변조 수는 Steps에서 설정을 합니다.

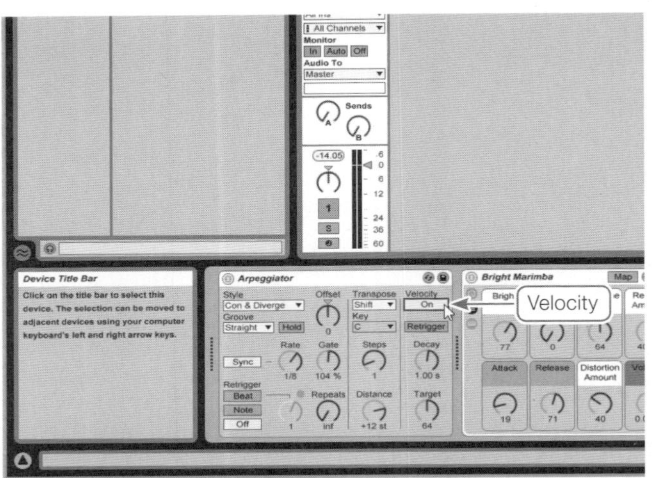

07 연주의 다이내믹은 Velocity를 On하여 컨트롤할 수 있습니다. 최종적으로 연주되는 벨로시티 값을 Target에서 설정하고, 도달 시간은 Decay에서 설정합니다.

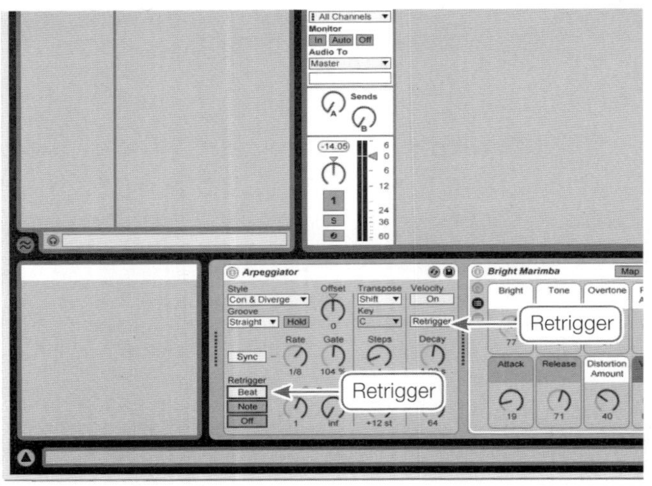

08 Retrigger는 패턴을 비트 또는 노트 단위로 시작되게 하며, Repeats로 반복횟수를 설정할 수 있습니다. 이때 Velocity 섹션의 Retrigger 버튼을 On으로하면 벨로서티 곡선도 패턴이 반복될 때마다 재 시작 됩니다.

● 코드

01 코드 구성 음을 잘 모르는 사용자도 건반 하나로 코드 연주를 할 수 있게 하는 장치입니다. MIDI Effects의 Chord를 아르페지오 왼쪽으로 드래그하여 장착합니다. 건반 하나로 코드 아르페지오 연주를 만들 수 있도록 하는 것입니다.

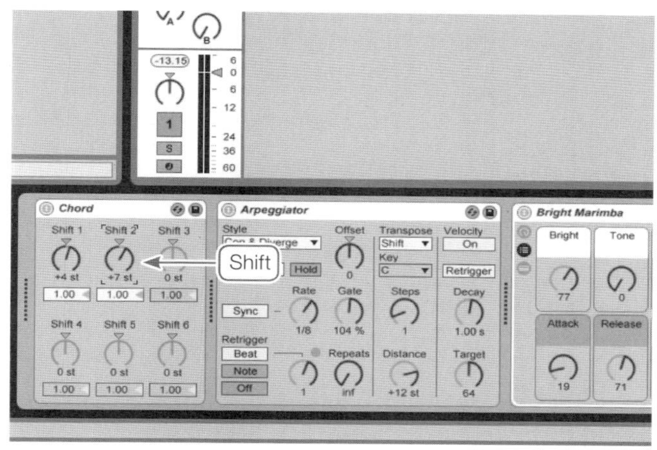

02 6개의 Shift를 제공하고 있으며, 이것을 이용해서 입력되는 노트를 코드를 전환합니다. 예를 들어 Shift 1을 4, Shift 2를 7로하면 C 노트를 연주했을 때 반음 4개 위의 E 노트와 7개 위의 G 노트가 추가되어 C 코드를 만드는 것입니다.

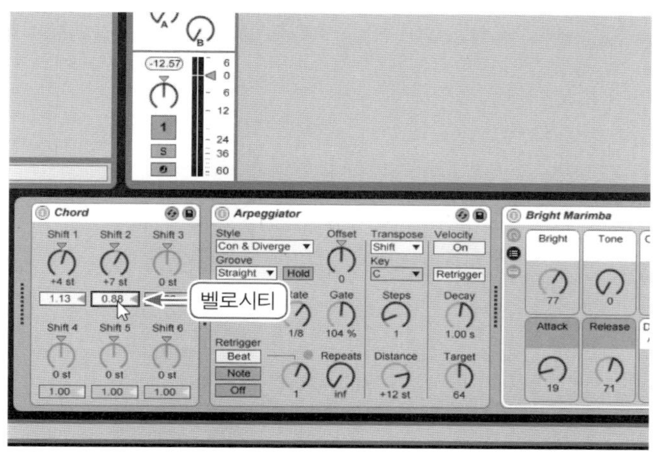

03 Shift 아래쪽에는 각 노트의 벨로시티를 설정할 수 있는 파라미터를 제공합니다. 최대 200%의 다이내믹을 설정할 수 있습니다.

● 스케일

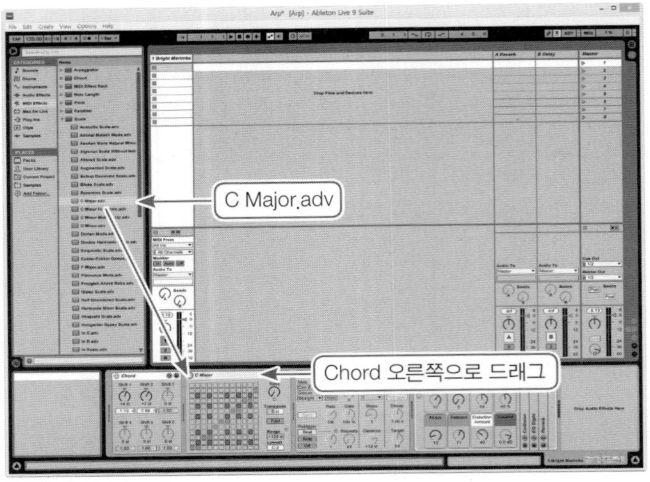

01 앞의 코드 설정에서 문제가 되는 것은 모두 메이저 코드만 연주된다는 것입니다. 하지만, C 메이저 스케일의 2도, 3도, 6도 코드는 마이너입니다. 이것을 만들 수 있는 Scale 이펙터에서 C Major.adv 프리셋을 Chord 오른쪽으로 드래그합니다.

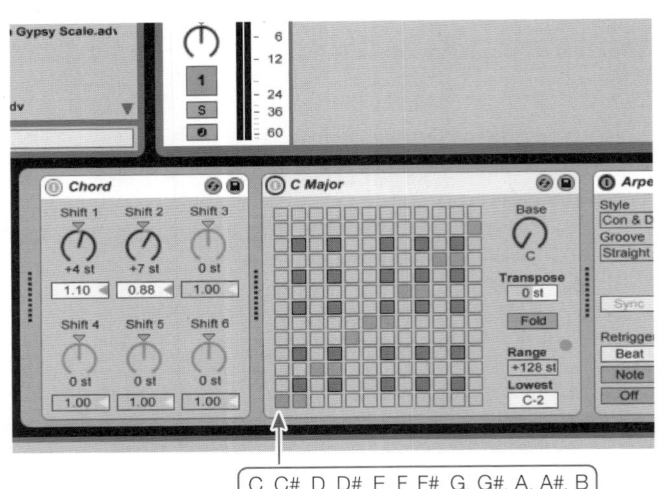

02 사각형은 왼쪽에서부터 C, C#, D, D#... 으로 피아노 건반과 동일한 배열이며, 자주색으로 선택되어 있는 것이 출력 노트입니다. 즉, C#은 C로, D#은 D로 연주되도록 설정되어 있기 때문에 D 건반을 누를 때, F#이 F로 변환되어 Dm 코드가 연주됩니다.

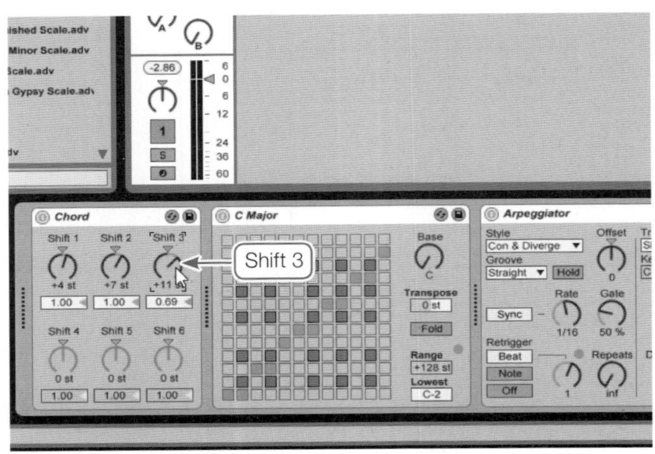

03 Chord 이펙트의 Shift 3 파라미터를 +11로 설정하여 7음이 추가되도록 합니다. C노트는 CM7, D노트는 Dm7… 순서로 C 다이어토닉 7 코드가 연주되는 것입니다.

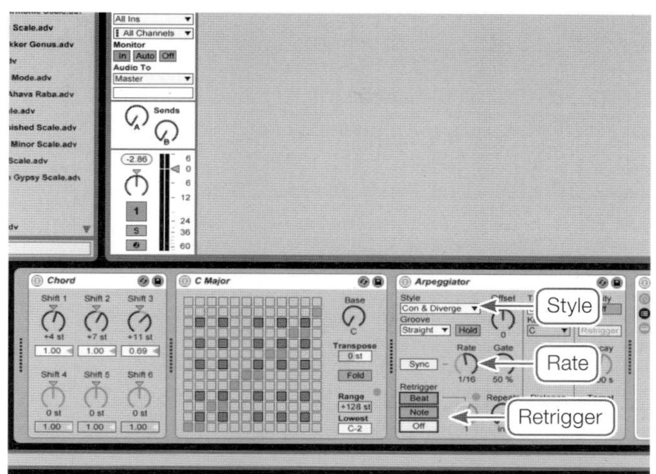

04 Arpeggiator 이펙트의 Style을 Con & Diverge로 선택하고, Rate를 1/16으로 설정합니다. 그리고 Retrigger는 Off 합니다.

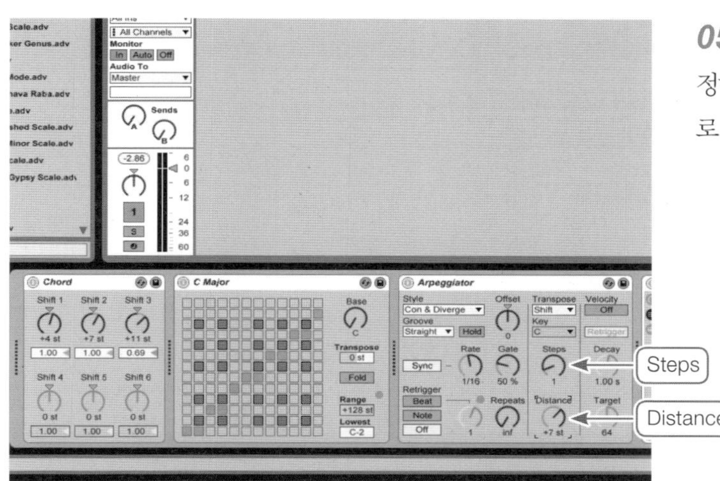

05 Distance를 +7로 하고, Steps을 1로 설정하여 패턴이 반복될 때, 베이스가 1, 5 순서로 인버전될 수 있게 만듭니다.

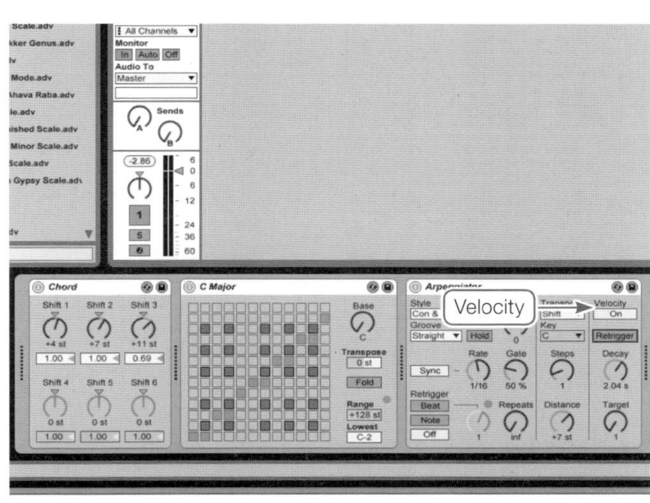

06 Velocity를 On으로 하고, Decay는 2, Target은 1로 설정합니다. C에서 B 노트를 순서대로 눌러보면 CM7에서 Bm7-5까지 멋진 아르페지오가 연주되는 것을 확인할 수 있습니다. 3가지 이펙트를 조합한 결과이며, 사용자 아이디어에 따라 다양한 연출이 가능한 것이 미디 이펙트입니다.

컨트롤러 맵핑

라이브 장치 대부분의 파리미터는 컴퓨터 키보드 또는 미디 컨트롤러를 이용해서 조정할 수 있습니다. 다만, 컴퓨터 키보드의 경우에는 On/Off 파라미터 외에는 별 의미가 없기 때문에 효율적인 리모트 작업을 위해서는 노브 및 슬라이더 조작이 가능한 외부 미디 컨트롤러가 있어야 할 것입니다. 또한 라이브 연주가 필요한 경우에는 Ableton Push, Akai Professional APC40, Novation Launchpad와 같은 전용 컨트롤러를 추천합니다.

● 키보드 맵핑

01 컴퓨터 키보드를 이용해서 라이브 장치의 파라미터를 컨트롤할 수 있습니다. 컨트롤바의 Key 버튼을 On으로 합니다. 단축키는 Ctrl+K 입니다.

02 맵핑 가능한 파라미터들이 주황색으로 표시되며, 화면 왼쪽에 Key Mappings 창이 열립니다. 컨트롤하고 싶은 파라미터를 선택하고, 키보드에서 원하는 키는 누르면, 해당 파라미터를 키보드로 컨트롤할 수 있게 됩니다. Key 버튼을 Off하고 테스트 해봅니다.

● 미디 컨트롤러

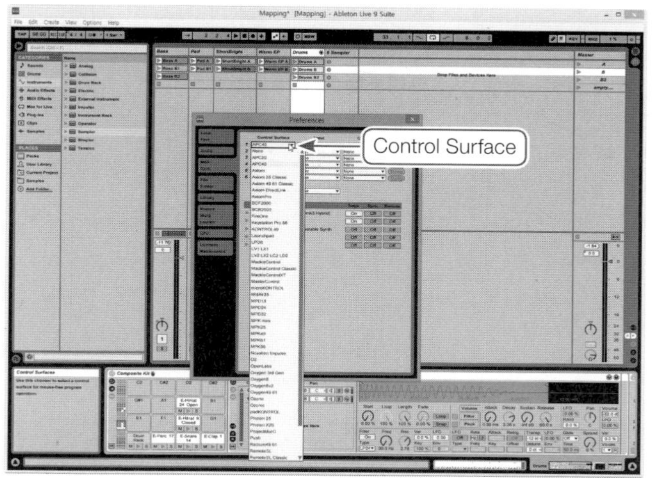

01 슬라이더 및 노브와 같이 값을 조정하는 파라미터의 경우에는 컴퓨터 키보드보다 미디 컨트롤러가 유리합니다. Options 메뉴의 Preferences를 선택하여 창을 열고, MIDI/Sync 페이지의 Control Surface 목록을 보면 라이브에서 지원하는 컨트롤러를 확인할 수 있습니다.

02 라이브 지원 제품의 경우에는 해당 컨트롤러에서 프리셋을 Live로 설정하면 자동으로 연결이 되지만, 그 외의 제품이거나 프리셋을 변경하겠다면 컨트롤 바의 MIDI 버튼을 On으로 합니다.

03 맵핑이 가능한 파라미터가 파란색으로 표시됩니다. 키보드 설정에서와 같이 원하는 파라미터를 선택하고, 미디 컨트롤러에서 노브 및 슬라이더를 움직여 인식시키면 됩니다.

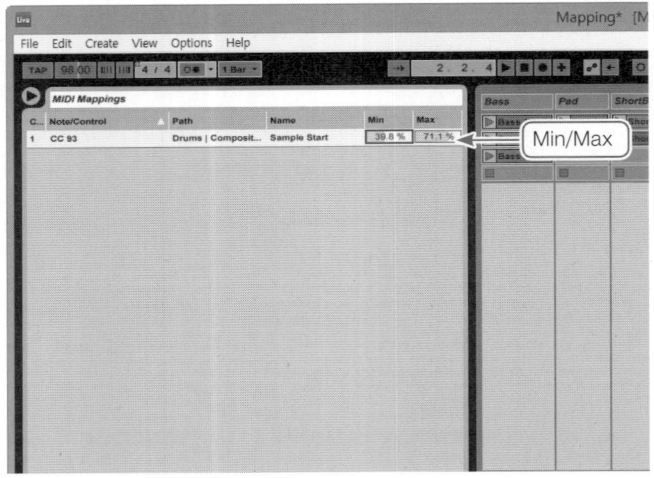

04 노브 및 슬라이더와 같이 값 설정이 가능한 파라미터는 최소(Min) 값과 최대(Max) 값을 설정할 수 있는 칼럼이 제공되고 있으며, 설정한 파라미터는 언제든 Delete 키를 눌러 삭제할 수 있습니다.

● 인스턴트 맵핑

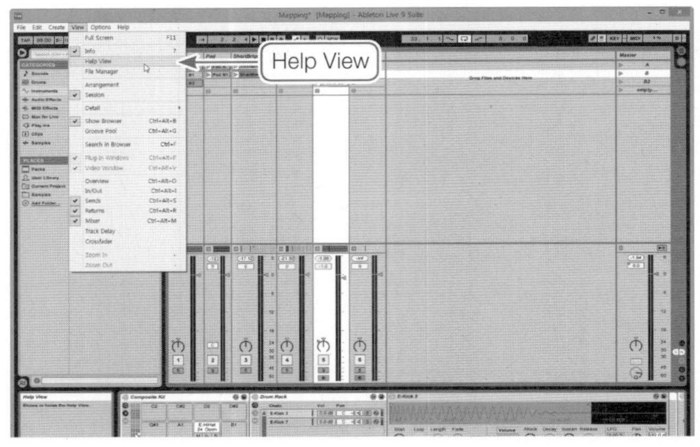

01 라이브 지원 컨트롤러의 기본 프리셋이 어떻게 연결되어 있는지 확인하고 싶은 경우에는 View 메뉴의 Help View를 선택하여 창을 엽니다.

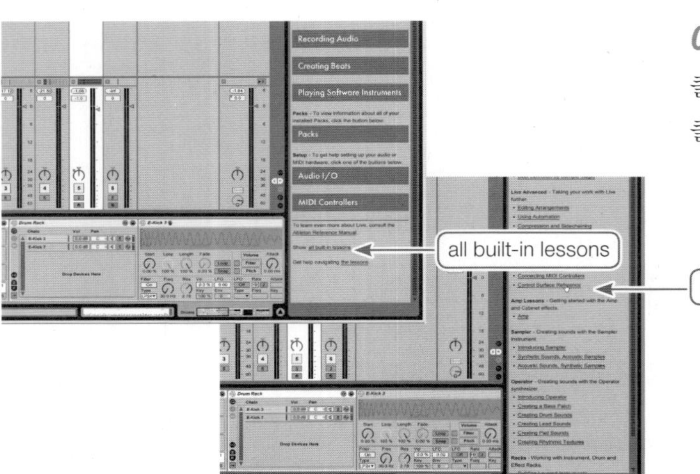

02 Help View 창의 all built-in lessons를 클릭하여 열고, Control Surface Reference를 클릭합니다.

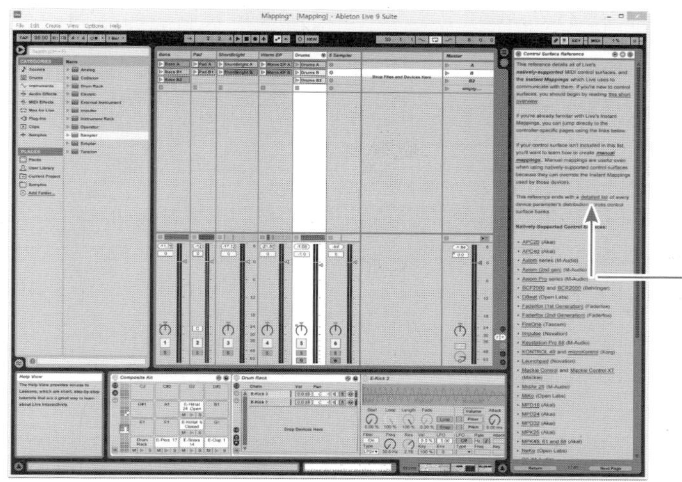

03 라이브 지원 장치들의 파라미터를 확인할 수 있으며, detailed list를 클릭하면 라이브 장치마다 뱅크로 연결되어 있는 세부 파라미터를 확인할 수 있습니다.

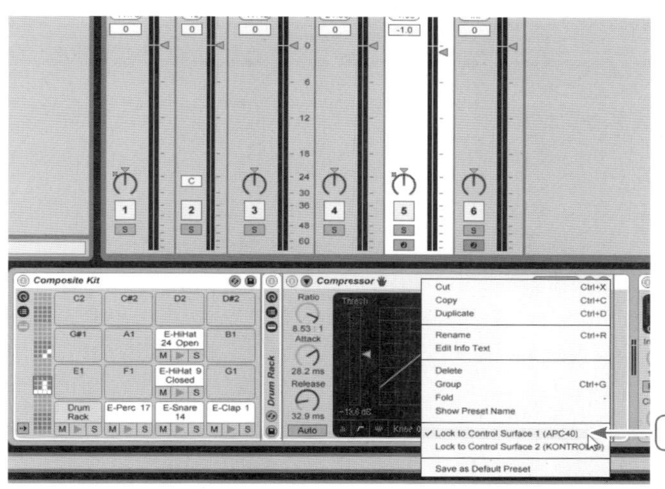

04 특정 장치를 어디에서든 컨트롤할 수 있게 잠글 수 있습니다. 잠그고자 하는 장치의 타이틀 바에서 마우스 오른쪽 버튼을 클릭하여 단축 메뉴를 열고, Lock to Control Surface를 선택합니다. 잠긴 장치는 타이틀 바에 손 모양의 아이콘이 표시됩니다.

05 컨트롤러의 동작 상태는 Preference 창 MIDI/Sync 페이지의 Takeover mode를 이용해서 설정할 수 있습니다. None은 바로 조정되며, Pick Up은 파라미터 값에 도달했을 때 조정되고, Value Scaling은 파라미터 값이 일치되기 전까지 부드럽게 움직입니다.

오토메이션

음악의 템포가 점점 느려진다거나 특정 악기의 파라미터 값이 변하는 동작을 기록할 수 있으며, 이를 오토메이션이라고 합니다. 오토메이션은 마우스 및 미디 컨트롤러의 움직임을 실시간으로 기록할 수 있으며, 다양한 모드를 제공합니다. 음악 작업에서 빼놓을 수 없는 오토메이션의 기록 및 편집 방법에 관해서 살펴보겠습니다.

● 리얼 입력

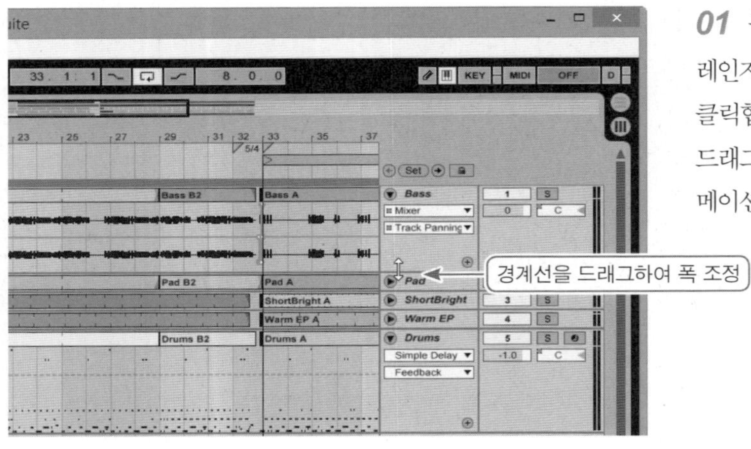

01 부록 CD의 Auto 프로젝트를 엽니다. 어레인지먼트 뷰에서 Bass 트랙의 열기 버튼을 클릭합니다. 트랙의 폭은 위/아래 경계 선을 드래그하여 조정할 수 있으며, 빨간색의 오토메이션 라인을 볼 수 있습니다.

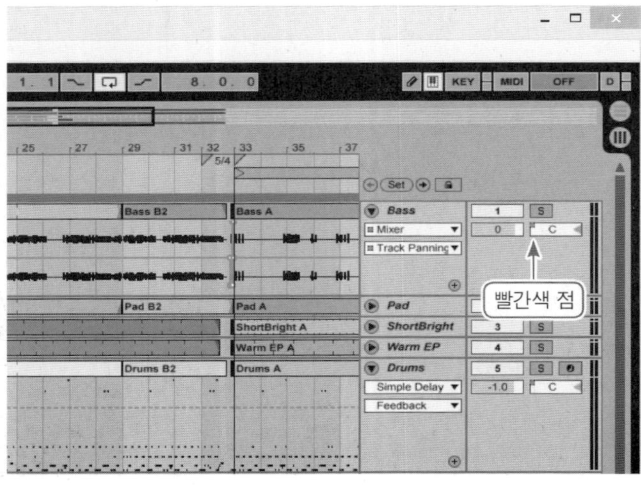

02 믹서 섹션과 디바이스 선택 메뉴를 보면, 빨간색의 작은 점이 있는데, 이것은 해당 정보의 오토메이션이 기록되어 있다는 표시이며, 이를 선택하여 해당 정보의 오토메이션 라인을 볼 수 있습니다.

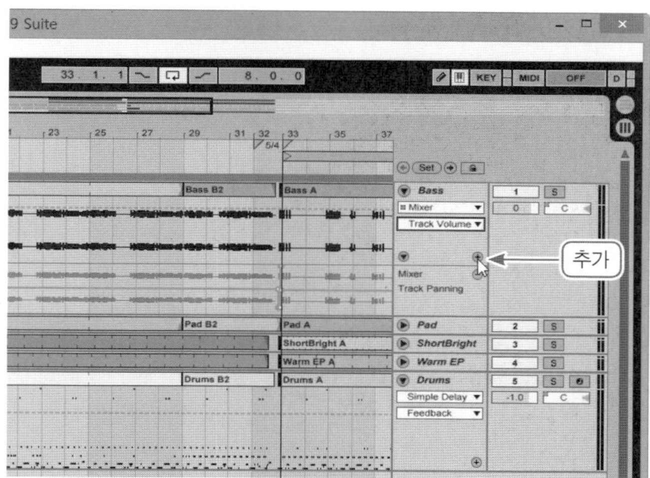

03 디바이스 메뉴 아래쪽에 보이는 + 버튼은 오토메이션 라인을 추가하는 것이며, 메뉴에서 장치 및 파라미터를 선택하여 오토메이션을 기록할 정보를 선택할 수 있습니다. - 버튼은 오토메이션 트랙을 닫습니다.

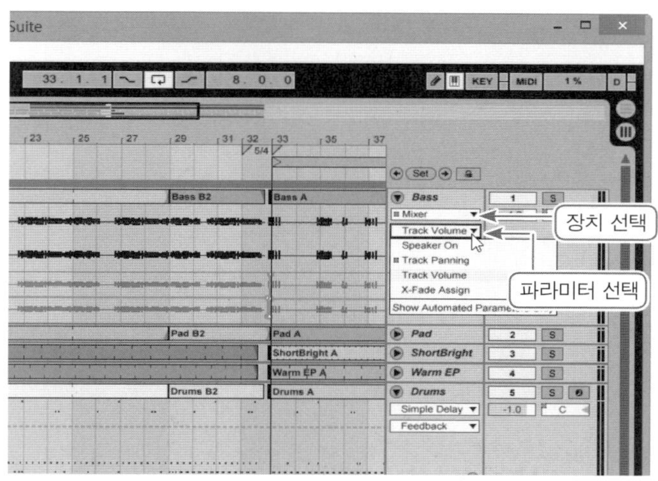

04 디바이스 메뉴에서 Mixer를 선택하고, 파라미터 메뉴에서 Track Volume을 선택합니다. 볼륨의 움직임을 기록하겠다는 의미입니다. Live 지원 컨트롤러의 경우에는 볼륨에 연결된 컨트롤러를 움직일 때 자동으로 선택됩니다.

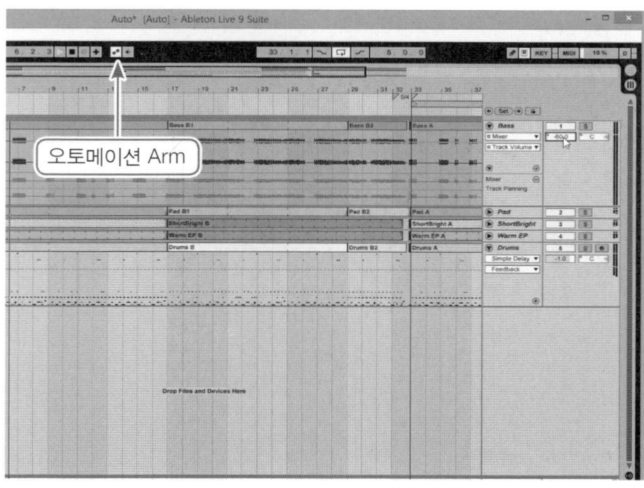

05 오토메이션 Arm 버튼이 On으로 되어 있는지 확인하고, 녹음 버튼을 클릭합니다. 그리고 컨트롤러의 볼륨 슬라이더를 움직이면 값이 기록되는 것을 확인할 수 있습니다. 컨트롤러를 사용하고 있지 않다면 믹서 섹션의 볼륨을 마우스로 움직입니다.

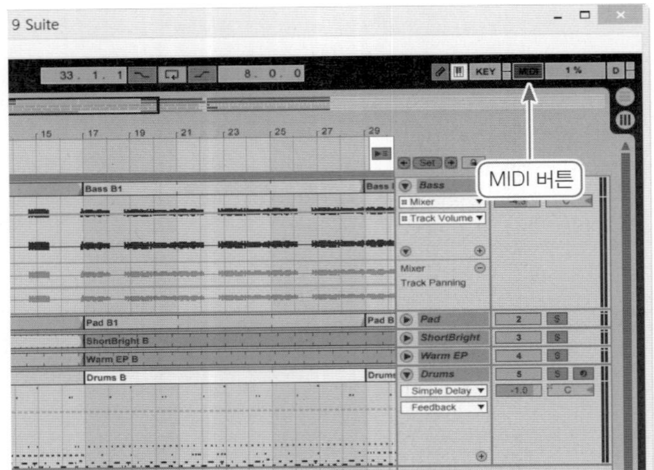

06 Live 프리셋을 지원하지 않거나 연결되어 있지 않은 파라미터를 컨트롤하고자 한다면, MID 버튼을 In으로 하여 맵핑합니다.

07 맵핑은 Key에서와 같이 원하는 파라미터를 선택하고, 컨트롤러의 노브 및 슬라이더를 움직여 인식시키면 됩니다.

08 필요하다면 컨트롤러의 움직임 범위를 최소값(Min), 최대값(Max)으로 설정할 수 있습니다. MIDI 버튼을 Off하고 녹음 버튼을 눌러 컨트롤러 동작 상태를 확인합니다.

● 드로잉

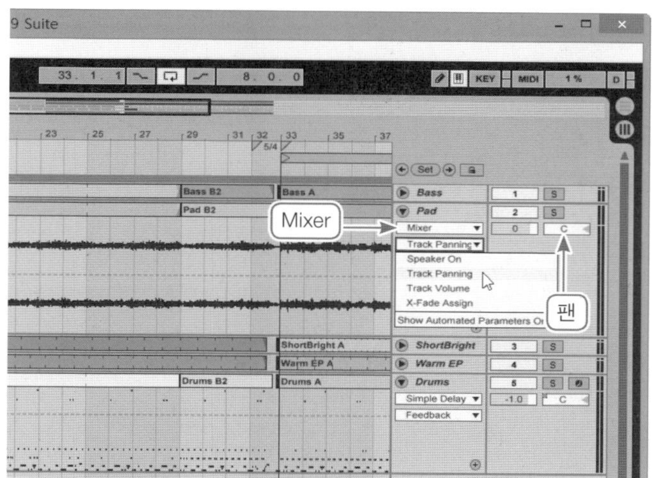

01 오토메이션 라인을 마우스로 입력하고 편집하는 것도 가능합니다. Pad 트랙을 열고, 장치 메뉴에서 Mixer를 선택합니다. 그리고 파라미터 메뉴에서 Track Panning을 선택하거나 믹서 섹션에서 팬을 클릭합니다.

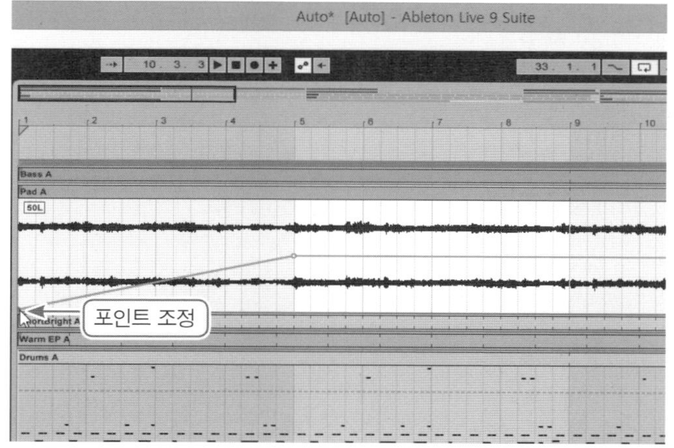

02 빨간색 오토메이션 라인을 클릭하면 포인트가 생성되며, 포인트를 드래그하여 값을 조정할 수 있습니다. 시작 위치와 5마디 위치에 포인트를 만들고, 시작 포인트를 아래로 드래그합니다. 사운드가 왼쪽에서부터 오른쪽으로 천천히 이동되게 만드는 것입니다.

03 Alt 키를 누른 상태에서 라인을 드래그하면 곡선 모양으로 편집이 가능합니다. 포인트를 다시 클릭하면 삭제됩니다.

04 마우스 드래그로 범위를 선택하고 Shift 키를 누른 상태에서 라인을 드래그하면 선택 범위 시작과 끝 위치에 포인트가 생성되고, 해당 범위만 값을 조정할 수 있습니다.

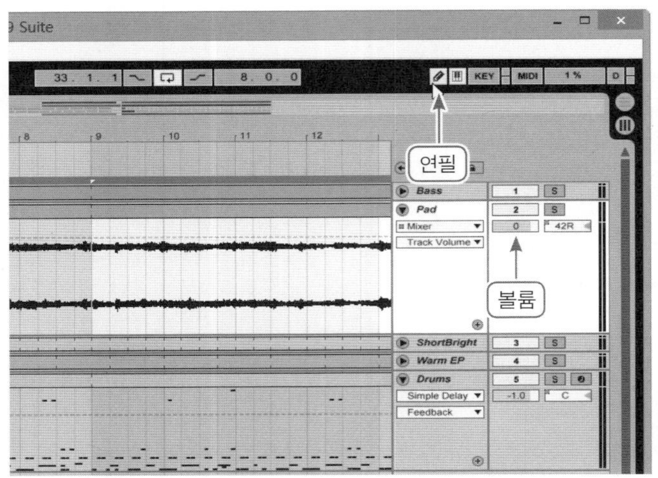

05 연필 툴을 이용하면 좀 더 자유로운 기록이 가능합니다. 믹서 섹션의 볼륨을 선택하여 볼륨 라인이 보이게 하고, 연필 버튼을 선택합니다.

TIP : 연필 툴을 선택하는 단축키는 Ctrl+B 입니다.

06 시작 위치에서 점점 상승 되는 곡선을 그립니다. 볼륨이 점점 커지는 페이드 인 효과를 만든 것입니다. 라인은 그리드 단위로 그려지므로, 부드러운 라인이 필요하다면 단위를 Off로 바꾸거나 Alt 키를 누른 상태에서 그립니다.

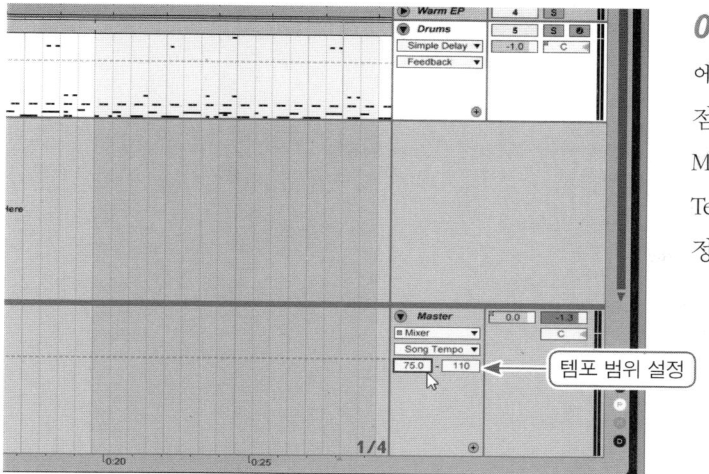

07 전체 트랙을 컨트롤하려면 마스터 트랙에서 오토메이션을 기록하면 됩니다. 템포가 점점 느려지게 해보겠습니다. 장치 메뉴에서 Mixer를 선택하고 파라미터 메뉴에서 Song Tempo를 선택합니다. 그리고 범위를 75~110 정도로 설정합니다.

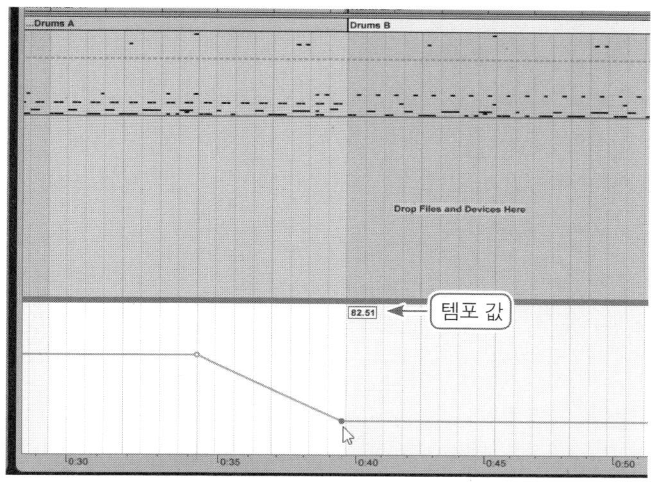

08 15마디 위치와 17마디 위치를 클릭하여 포인트를 만들고, 17마디 위치의 포인트를 80 정도로 늦춥니다.

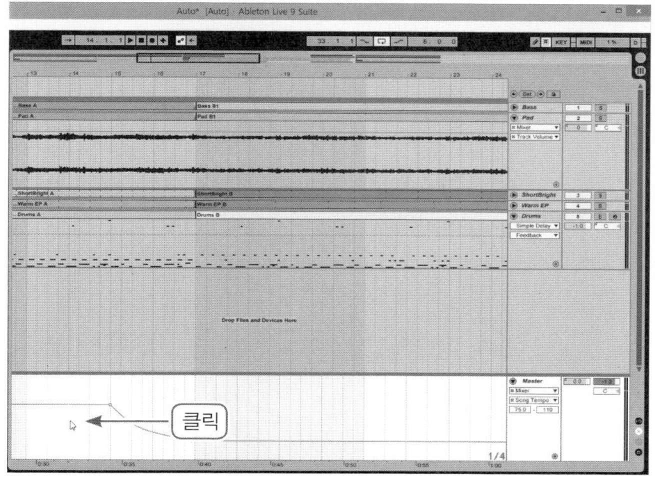

09 Alt 키를 누른 상태로 라인을 드래그하여 곡선으로 만들고, 15마디 이전 위치를 클릭하여 편집 라인을 가져다 놓습니다. 그리고 스페이스 바 키를 눌러 템포 변화를 모니터합니다.

● 엔벨로프

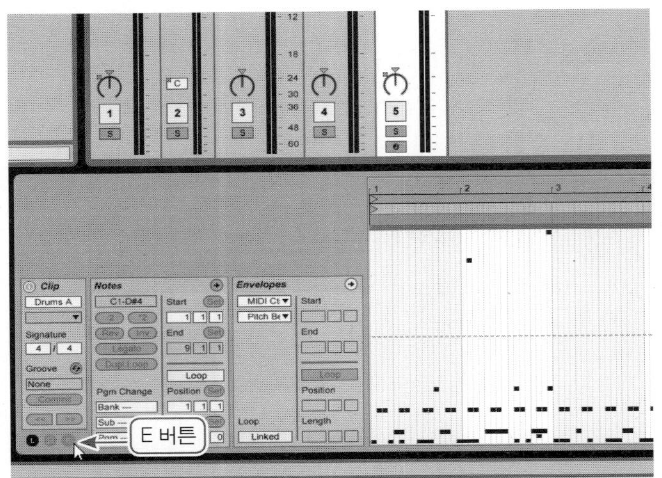

01 클립에 기록되는 오토메이션을 엔벨로프 라고 합니다. 세션 뷰에서 Drum A 클립을 선택하고, 편집 창의 E 버튼을 클릭하여 엔벨로프 창을 엽니다.

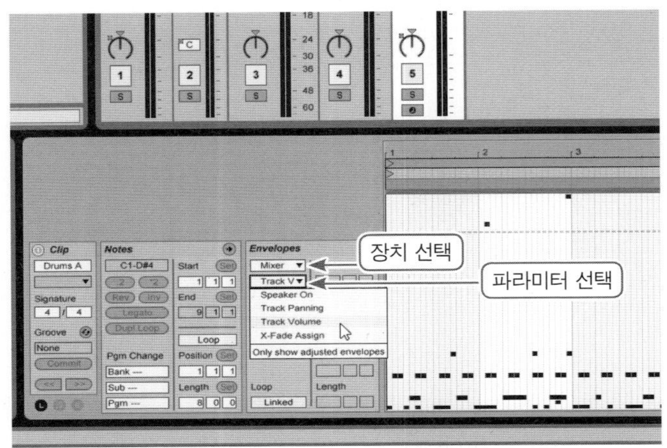

02 엔벨로프의 장치 선택 메뉴에서 Mixer 를 선택하고, 파라미터 선택 메뉴에서 Track Volume을 선택합니다.

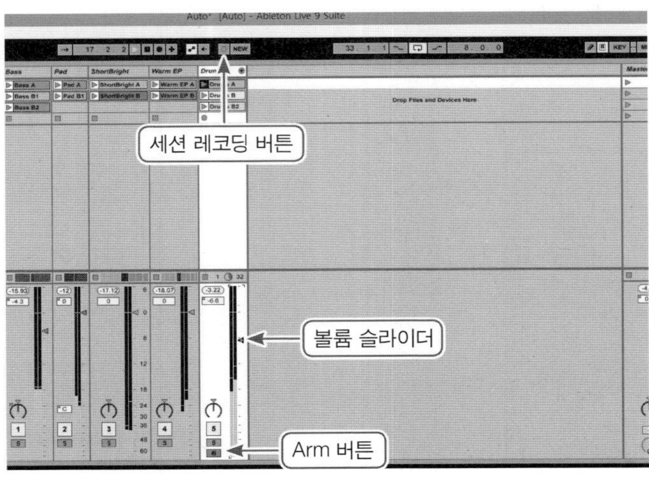

03 Drums 트랙의 Arm 버튼을 On으로 하고, 세션 레코딩 버튼을 클릭합니다. 그리고 컨트롤러나 트랙 볼륨 슬라이더를 움직이면 엔벨로프 라인이 기록되는 것을 확인할 수 있습니다.

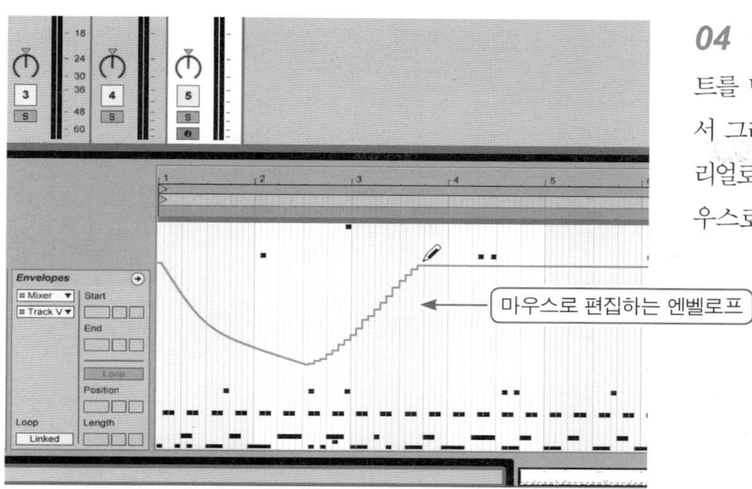

04 엔벨로프 라인을 마우스 클릭으로 포인트를 만들어 편집한다거나 연필 툴을 이용해서 그리는 것도 가능합니다. Ctrl+Z 키를 눌러 리얼로 입력한 엔벨로프 라인을 취소하고, 마우스로 테스트를 해봅니다.

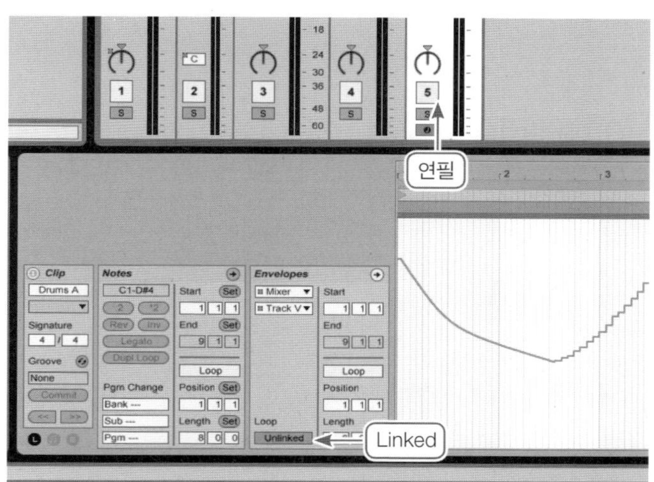

05 클립이 반복될 때 다른 값으로 움직이게 하고 싶은 것도 가능합니다. 엔벨로프 창 Loop 항목의 Linked 버튼을 클릭하여 Unlinked로 변경합니다.

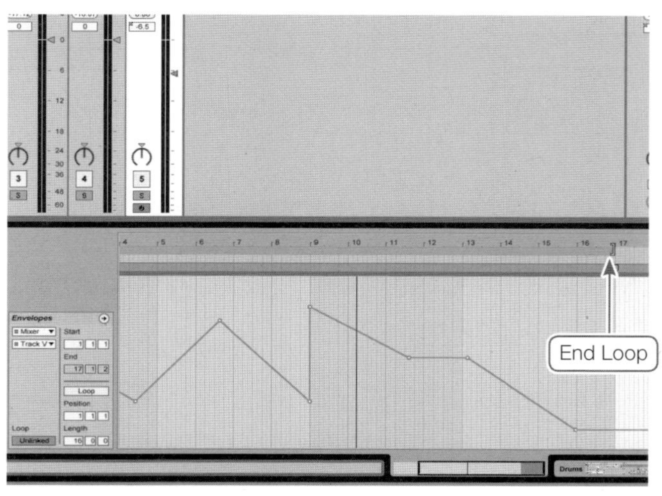

06 End Loop 마커를 드래그하여 클립의 두 배 길이로 조정합니다. Drums A 클립이 8마디 이므로, 16마디로 조정하고 엔벨로프 라인을 편집하면 두 번째 반복될 때 다른 값으로 연주되는 것입니다.

● 오토메이션 편집

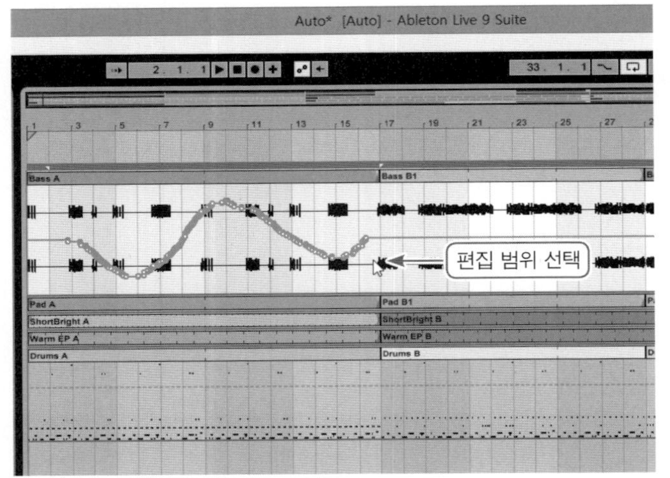

01 특정 범위의 오토메이션 라인을 편집할 때는 해당 범위를 선택합니다. 선택한 범위는 Delete 키로 삭제하거나 마우스 드래그로 위치와 값을 변경할 수 있습니다.

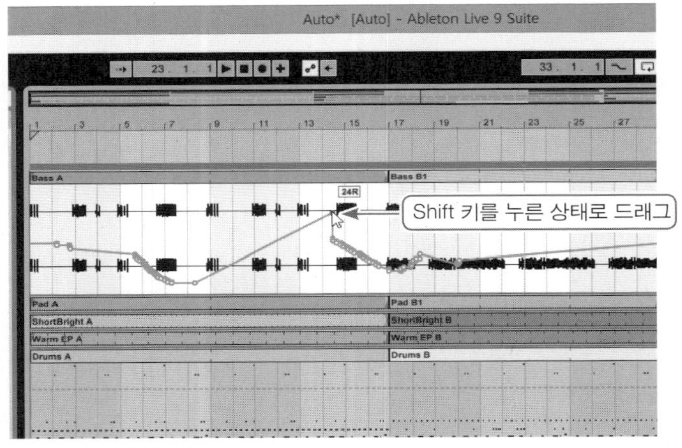

02 포인트 역시 마우스 드래그로 편집할 수 있으며, Shift 키를 누른 상태로 드래그하면 라인 타입으로 수정 가능합니다.. 라인은 Alt 키를 누른 상태로 드래그하여 곡선 타입으로 변경 가능합니다.

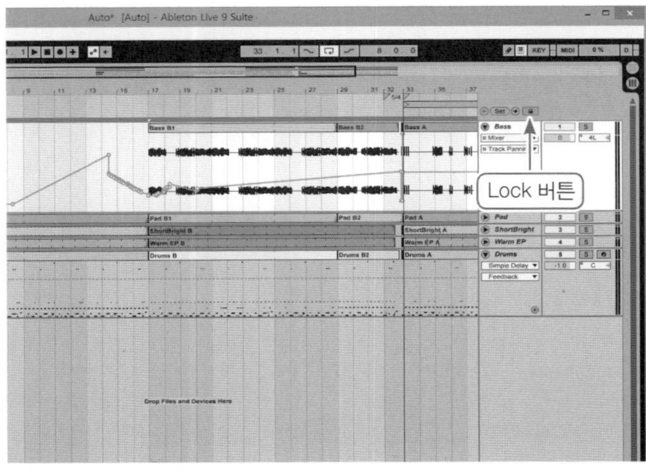

03 클립을 삭제하거나 이동, 복사 등의 편집을 할 때 클립 범위 오토메이션 라인이 함께 편집되는데, 이를 방지하고자 한다면 Lock 버튼을 On으로 합니다.

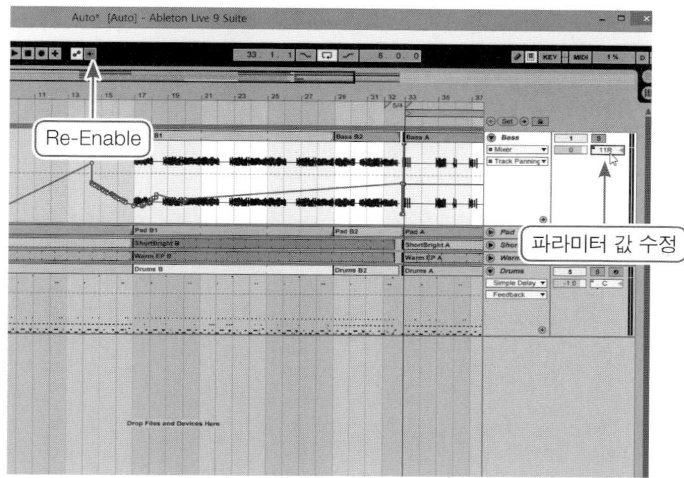

04 트랙 전체의 오토메이션 값을 변경할 때는 해당 파라미터의 값을 변경합니다. 라인은 회색으로 표시되며, Re-Enable 버튼을 클릭할 때 변경 값이 적용됩니다.

● 페이드 인/아웃

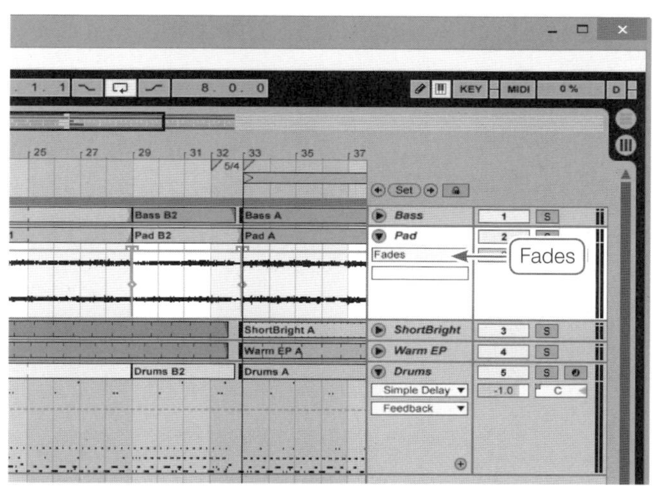

01 어레인지먼트 뷰에서는 클립이 생성될 때 시작과 끝 위치에 페이드 인/아웃이 적용됩니다. 이는 사운드가 튀는 클릭 잡음을 방지하기 위한 것이며, 장치 선택 메뉴에서 Fades를 선택하여 볼 수 있습니다.

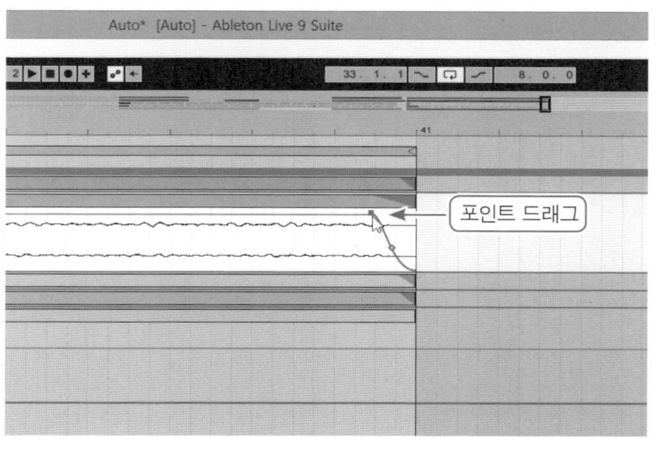

02 기본적으로 생성되는 페이드 인/아웃 타임은 0.4 ms로 매우 짧습니다. 클립의 시작과 끝 위치에서 클릭 잡음이 발생한다면, 포인트를 드래그하여 타임이나 라인 형태를 변경할 수 있습니다.

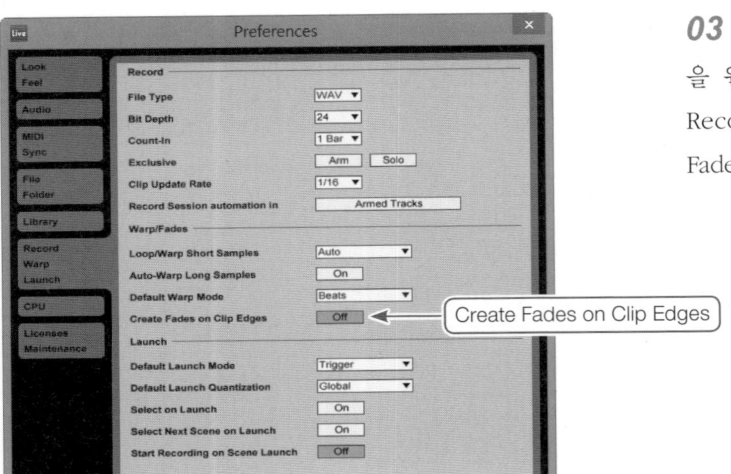

03 기본적으로 생성되는 페이드 인/아웃을 원치 않는 경우에는 Preferences 창의 Record/Warp/Launch 페이지에서 Create Fades on Clip Edges를 Off로 설정합니다.

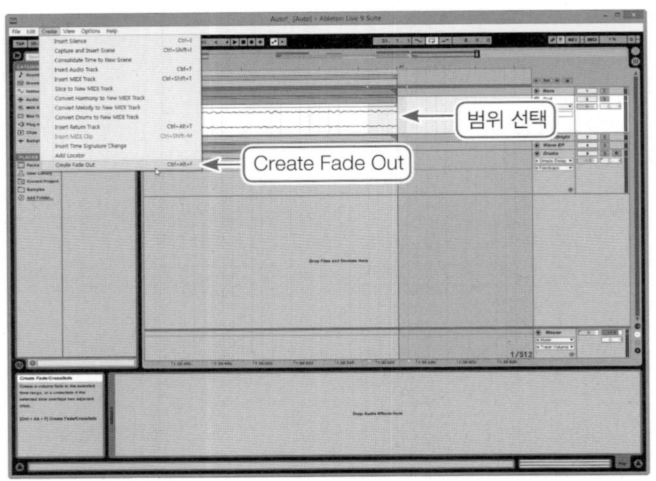

04 Create Fades on Clip Edges 옵션을 Off 설정한 경우에는 원하는 범위를 선택하고, Create 메뉴의 Create Fade Out을 선택하여 수동으로 만들 수 있습니다. 선택 범위가 시작 위치인 경우에는 메뉴가 Create Fade In 으로 표시됩니다.

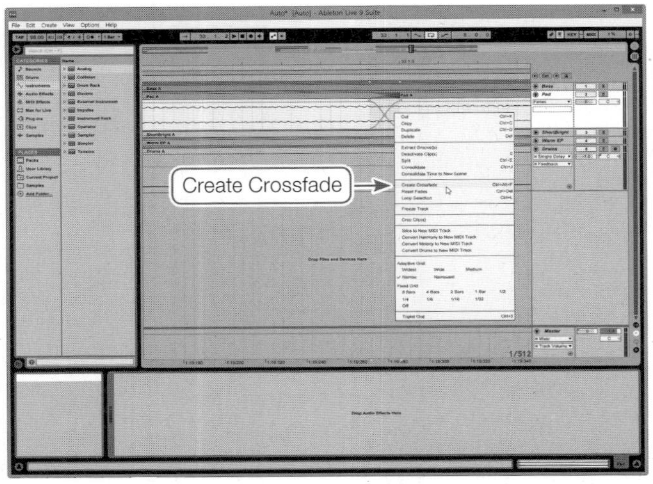

05 클립이 맞닿은 경우에는 크로스 페이드 라인이 생성되며, 수동으로 설정할 때는 마우스 오른쪽 버튼을 클릭하여 단축 메뉴를 열고, Create Crossfade를 선택합니다. 페이드 생성 단축 키는 Ctrl+Alt+F 입니다.

워핑 오디오

Live는 오디오 샘플을 불러오면 자동으로 프로젝트 템포에 맞추어 줍니다. 이것을 워프 (Warp)라고 하며, 추가 작업 없이 프로젝트 템포를 자유롭게 컨트롤할 수 있게 합니다. 하지만, 샘플에 따라서 정확히 분석이 되지 않는 경우가 있으며, 필요하다면 사용자가 직접 편집해야 하는 경우도 있습니다. 이것들에 관해서 살펴보겠습니다.

● 워프 모드

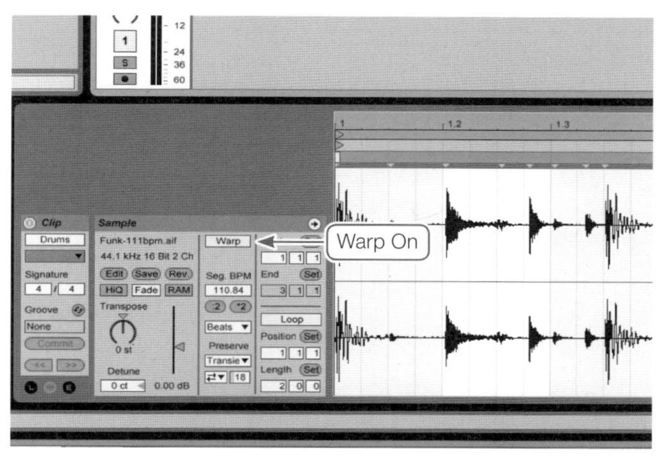

01 부록 CD의 Warp프로젝트를 엽니다. Drums 클립의 Sample 창을 보면 Warp 버튼이 On으로 되어 있으며, Seg. BPM이 110이라는 것을 확인 할 수 있습니다. 원래 템포가 110이지만, Warp 기능이 적용되어 프로젝트 템포의 130으로 연주가 된다는 것입니다.

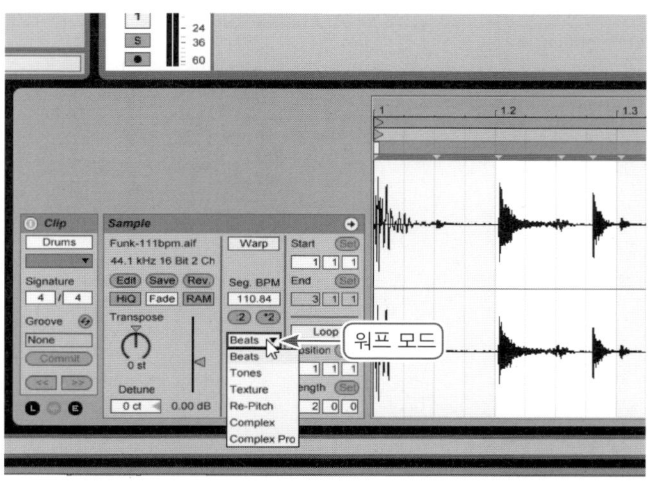

02 오디오를 분석하는 워프 모드는 Beats, Tones, Texture, Re-Pitch, Complex 및 Complex Pro가 있으며, 샘플 유형에 적합한 모드를 선택하면 좀 더 정확한 분석이 가능합니다.

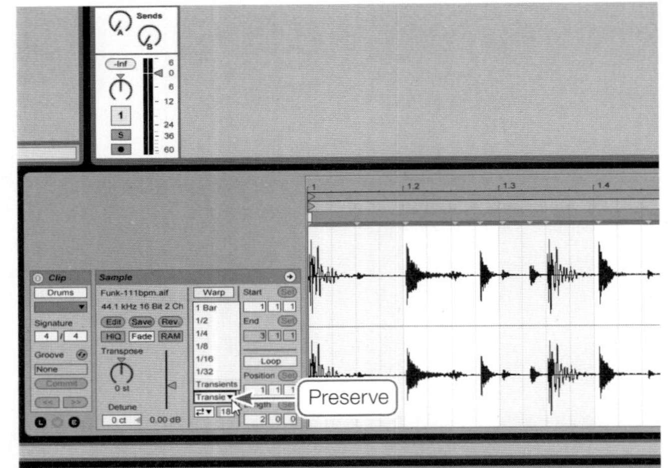

03 Beats

기본 모드인 Beats는 드럼과 같은 리듬 유형
에 효과적이며, 사용자가 원하는 비트 단위로
샘플을 분석하거나 어택 타임(Transients)을
기준으로 추출 합니다.

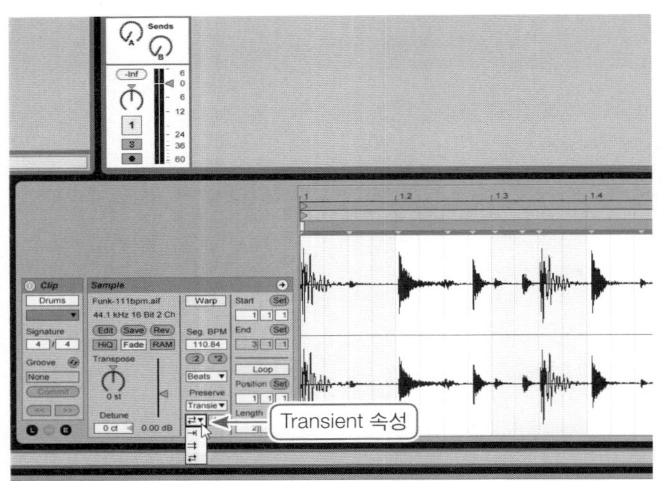

04 Transient의 속성은 Loop Off(반복 안
함), Loop Froward(반복 함), Loop Back and
Forth(반전 재생)의 3가지를 제공하며, 각각
분석된 조각들을 어떻게 재생시킬 것인지를
결정합니다. 프로젝트 템포를 느리게 조정하
고 테스트를 하면, 각각의 차이점을 쉽게 모니
터 할 수 있습니다.

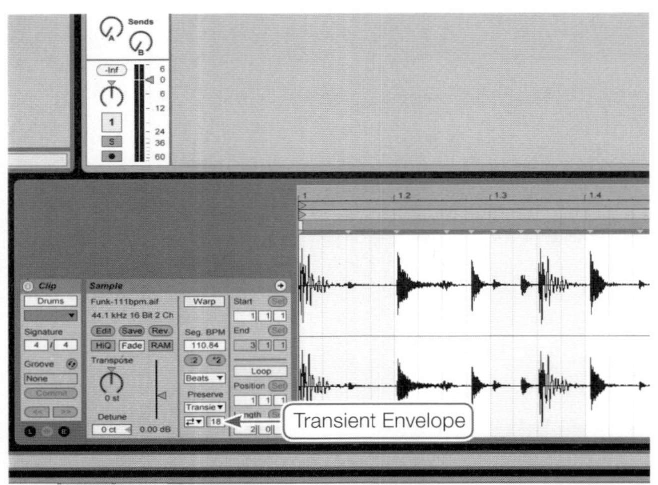

05 Transient Envelope는 각 조각 사이에
적용되는 페이드 타임을 설정합니다. 샘플 조
각 사이에서 클릭 잡음이 발생하지 않도록 설
정하는 하는 것이 포인트입니다.

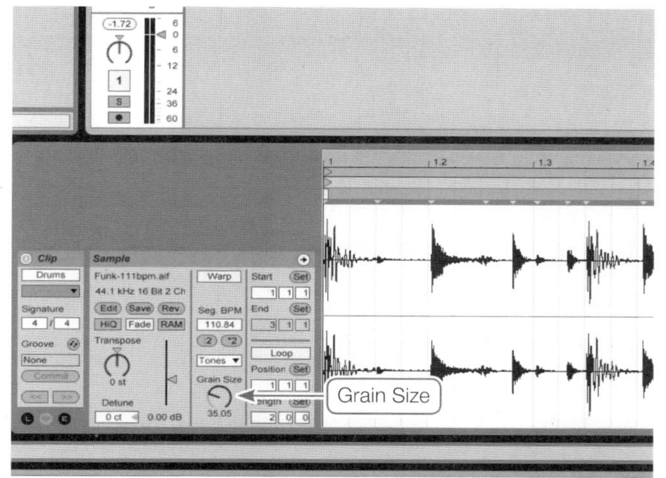

06 Tones

음정이 분명한 멜로디 악기에 효과적입니다. Grain Size로 조각의 크기를 컨트롤 할 수 있으며, 어택이 분명한 멜로디일수록 작은 값이 효율적입니다.

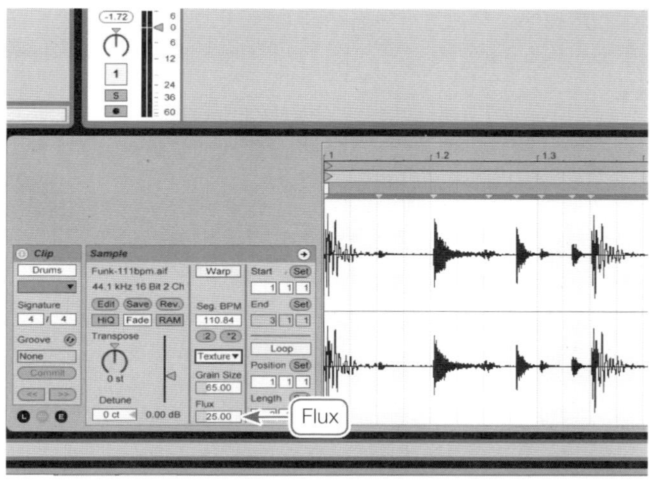

07 Texture

화음으로 연주되는 악기에 효과적입니다. Tones과 같이 크기를 컨트롤할 수 있는 Grain Size를 제공하지만, 신호의 특성을 고려하지 않고 적용된다는 차이점이 있으며, 분석 정도를 Flux에서 설정합니다.

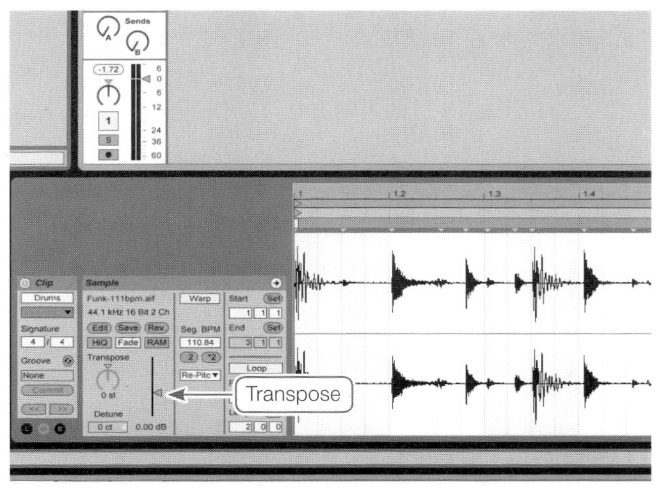

08 Re-Pitch

템포에 따라 속도가 조정되게 합니다. 프로젝트의 템포가 샘플 템포보다 빠르면 음정이 올라가고 느리면 내려가게 됩니다. Re-Pitch 모드에서는 음정을 조정할 수 있는 Transpose 파라미터를 사용할 수 없게 됩니다.

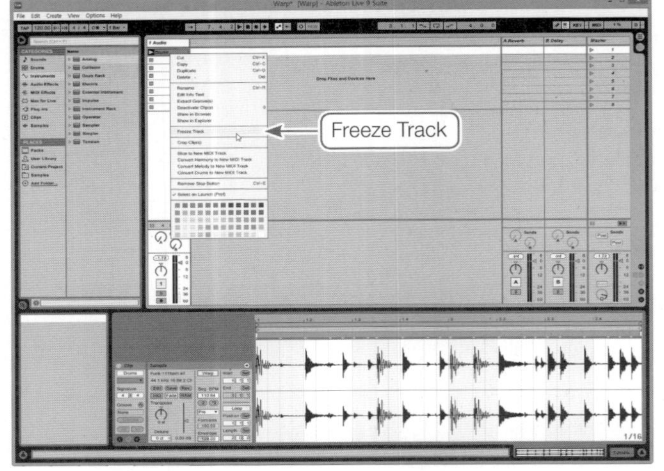

09 Complex

모든 악기가 함께 연주되는 AR 음악에 효과
적입니다. 단, 시스템 사용량이 늘어나므로,
트랙에서 마우스 오른쪽 버튼을 클릭하여 단
축 메뉴를 열고, Freeze Track을 적용한 다음
에 사용할 것을 권장합니다.

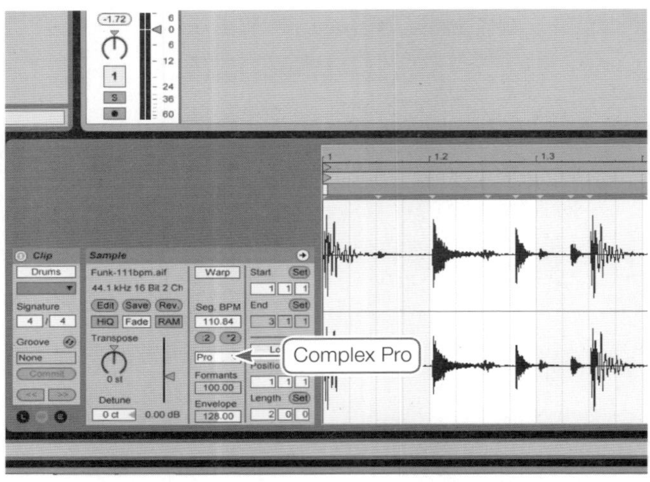

10 Complex Pro

한 층 업그레이드된 Complex Pro 모드의 경
우에는 음색 변화를 최소화 시킬 수 있는
Formants와 Envelope를 제공합니다. 오디오
는 템포에 따라 음색이 변할 수 밖에 없는데,
Formants로 원래 음색을 최대한 유지할 수
있습니다.

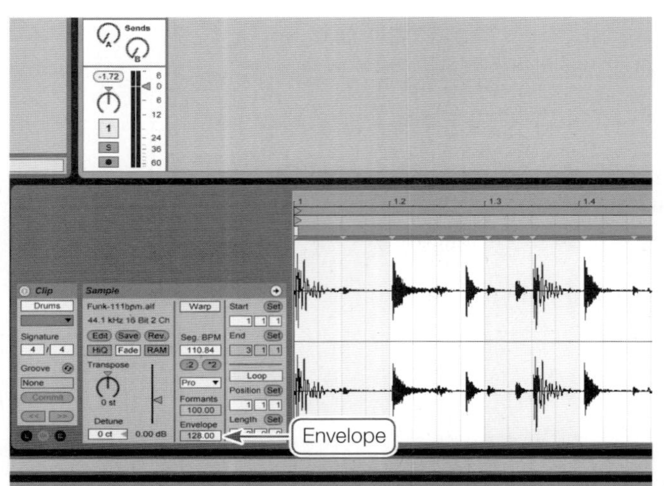

11 Envelope는 템포 변화로 변질된 음색
을 보정하는 옵션입니다. 템포가 빨라져 음정
이 올라간 경우에는 기본값 128보다 낮은 값
으로 설정하여 보정합니다. 템포 변화가 심
한 경우에는 Formants를 100%으로 설정하
는 것 보다, 조금 낮은 값으로 여유를 두고,
Envelope로 보정하는 것 좀 더 나은 결과를
만들 수 있습니다.

● 워프 마커 편집

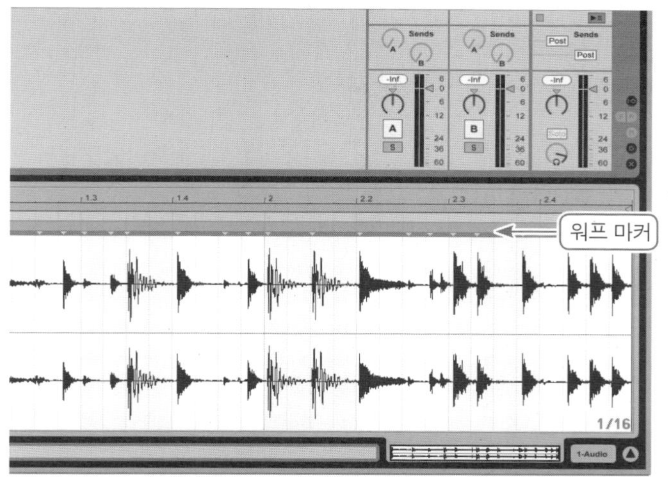

01 샘플 에디터를 보면 파형 상단에 회색으로 표시되어 있는 작은 삼각형 모양을 볼 수 있는데, 이것은 오디오가 분석된 워프 마커입니다. 즉, 템포를 변경할 때 워프 마터를 기준으로 스트레칭되는 것입니다.

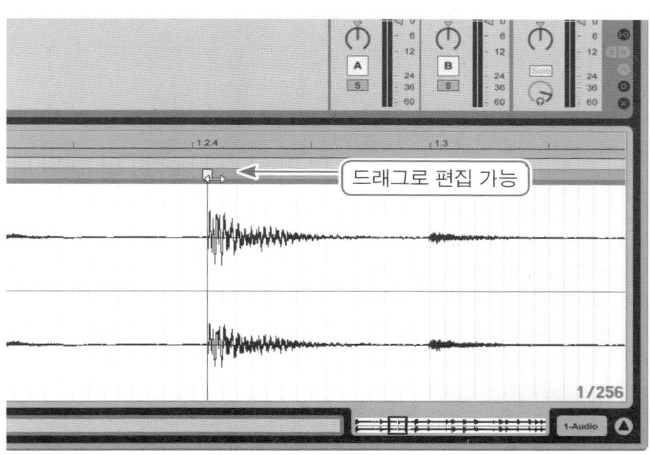

02 룰러 라인을 아래쪽으로 드래그하여 편집 뷰를 확대해보면, 워프 마커가 비트에 정확하게 일치되어 있지 않은 것을 확인할 수 있는데, 마커를 드래그로 보정이 가능합니다. 이 때, 조정 하는 마커 이전과 이후의 마커를 고정시킨 상태에서 조정을 하고 싶은 경우에는 Ctrl 키를 누른 상태로 드래그합니다.

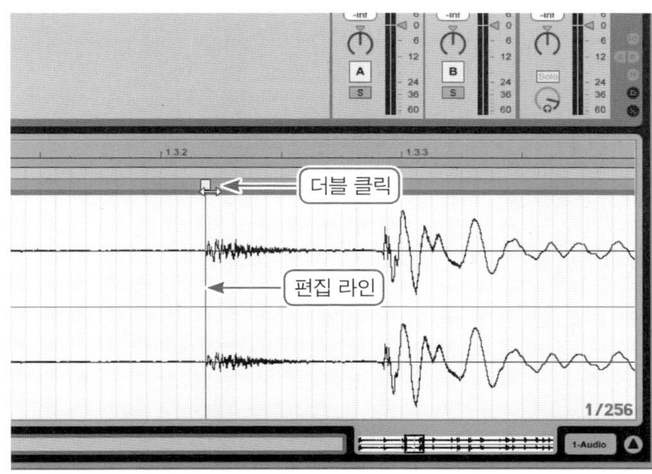

03 워프 마커는 마우스 더블 클릭으로 추가하거나 Delete 키로 선택한 마커를 삭제할 수 있습니다. 작업 공간을 클릭하면 표시되는 빨간색의 편집 라인 위치에 마커를 삽입하고 싶은 경우에는 단축키 Ctrl+I 키를 이용합니다.

01 모든 워프 마커를 일률적으로 비트에 맞추고자 할 때는 퀀타이즈 기능을 이용하는 것이 효과적입니다. Edit 메뉴의 Quantize Settings을 선택합니다.

TIP : 그리드 단위로 퀀타이즈 할 때에는 Edit 메뉴의 Quantize를 선택하여 바로 적용해도 좋습니다.

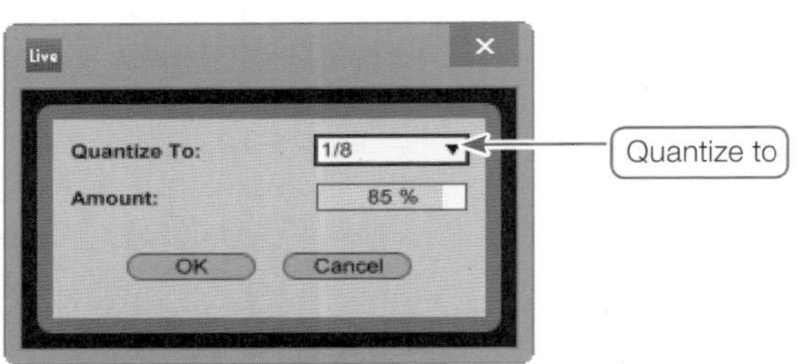

02 어떤 비트로 얼만큼 정렬할 것인지를 선택할 수 있는 창이 열립니다. Quantize to에서 1/8를 선택하고 Ok 버튼을 클릭합니다. Amount가 85%이므로, 8비트 단위로 85% 정렬됩니다.

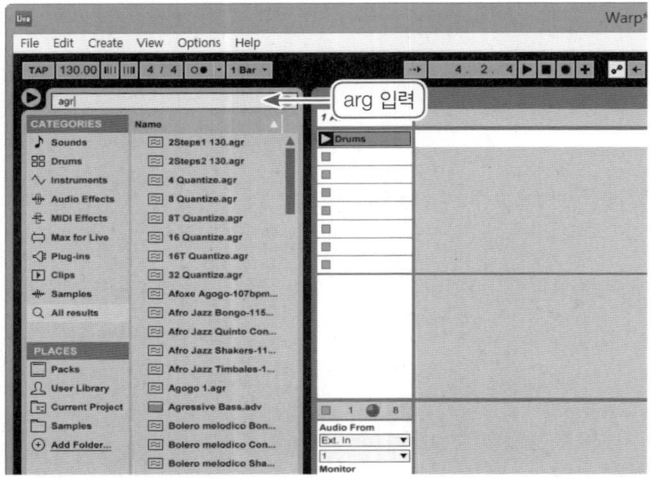

03 그루브 퀀타이즈를 적용해보겠습니다. Ctrl+Z 키를 눌러 앞에서 적용한 퀀타이즈를 취소하고, 검색 창에 agr를 입력하여 그루브 퀀타이즈 프리셋을 찾습니다.

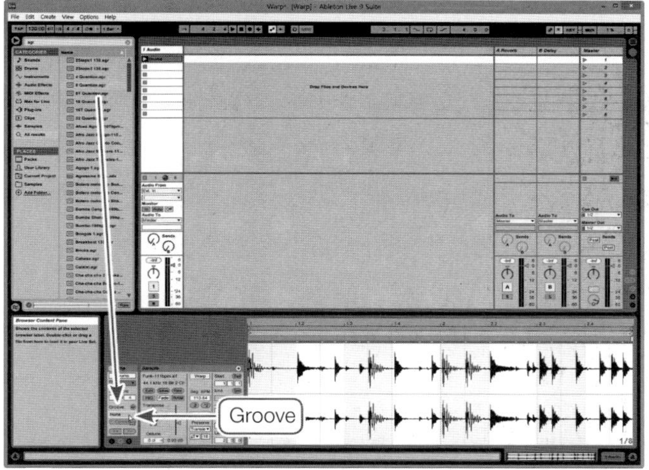

04 All results 카테고리를 선택하여 검색된 프리셋을 열고, 8 Quantize.agr을 Clip 창의 Groove로 드래그하여 적용합니다. 실제 데이터를 퀀타이즈 하려면 Commit 버튼을 클릭합니다.

오디오 그루브 퀀타이즈

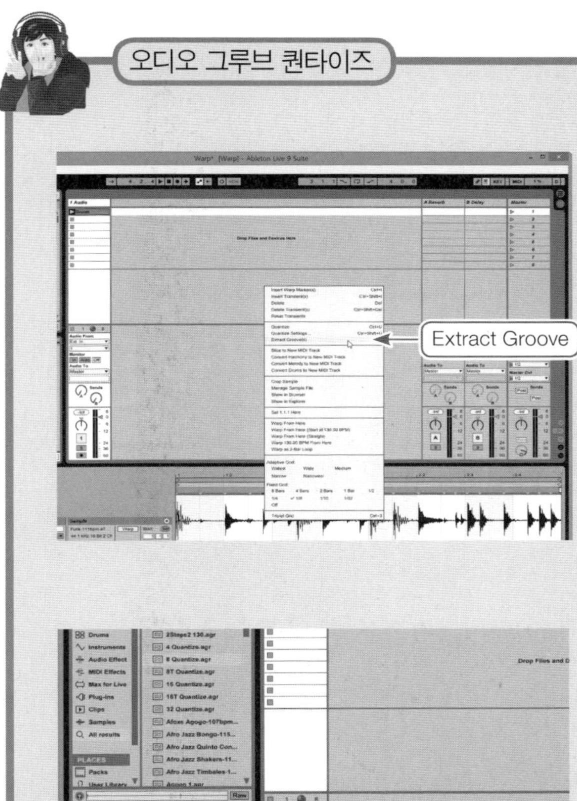

분석된 오디오 워프 마커를 그루브 퀀타이즈로 등록하여 미디 데이터에 적용하는 경우도 많습니다. 오디오 편집 창에서 마우스 오른쪽 버튼을 클릭하여 단축 메뉴를 열고 Extract Groove를 선택합니다.

오디오 클립의 워프 마커를 기준으로 그루브 퀀타이즈가 생성되며, 미디 클립을 오디오에 맞출 수 있습니다. 필요하다면 저장 버튼을 클릭하여 사용자 프리셋으로 만듭니다.

익스포팅

완성한 음악을 오디오 CD 및 MP3와 같은 음원으로 만들기 위해서는 윈도우 표준의 Wav나 맥 표준의 Aif 파일로 변환시키는 작업이 필요합니다. 이것을 익스포팅이라고 하며, 전체 트랙을 하나의 오디오 파일로 익스포팅하거나 사용자가 원하는 트랙만 익스포팅할 수 있습니다.

● 오디오 파일 만들기

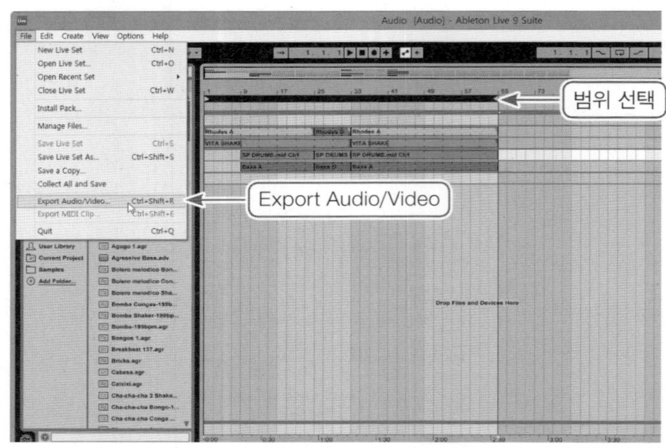

01 부록 CD의 Audio 프로젝트를 엽니다. 어레인지먼트 뷰에서 루프 라인을 드래그하여 익스포팅 할 구간을 선택하고, File 메뉴의 Export Audio/Video를 선택합니다.

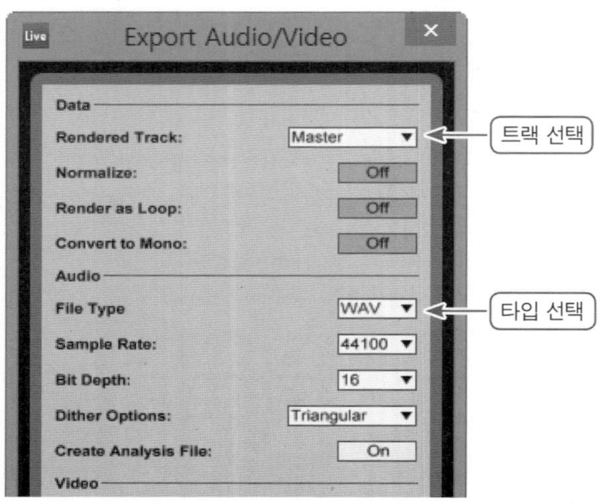

02 어떤 트랙을 어떤 포맷으로 익스포팅 할 것인지를 선택할 수 있는 창이 열립니다. 전체 트랙을 하나의 오디오 파일로 만들겠다면 Rendered Track에서 Master를 선택하고, File Type에서 Wav 및 Aif를 선택합니다. 오디오 CD의 표준은 Sample Rate 44100, Bit Depth 16 입니다.

- Rendered Track : 출력 트랙을 선택합니다. 전체 트랙을 하나의 오디오 파일로 제작하겠다면 Master를 선택하고, 특정 트랙만 익스포팅 하겠다면 해당 트랙 이름을 선택합니다. All Tracks은 모든 트랙을 익스포팅 합니다.

- Normalize : 사운드를 클립이 발생하지 않는 최대 레벨로 증폭시킵니다. 전체 레벨은 믹싱과 마스터링 작업에서 완성하는 것이 좋으므로, 익스포팅을 할 때 이 옵션은 사용하지 않는 것이 좋습니다.

- Render as Loop : 루프 샘플 속성을 부여합니다. 마스터 트랙보다는 클립을 익스포팅하여 사용자만의 루프 샘플을 만들 때 유용한 옵션입니다.

- Convert to Mono : 모노 파일을 생성합니다.

- File Type : 윈도우 표준의 Wav 및 맥 표준의 Aif 포맷을 지원합니다.

- Sample Rate : 샘플 레이트를 선택합니다. 오디오 CD를 제작하겠다면 44100Hz이 표준입니다.

- Bit Depth : 샘플 비트를 선택합니다. 오디오 CD를 제작하겠다면 16Bit가 표준입니다.

- Dither Options : 프로젝트를 44100Hz, 16Bit 이상으로 작업했다면 오디오 CD 표준으로 익스포팅할 때 디지털 잡음이 발생할 수 있습니다. 이를 방지하기 위한 디더링 옵션을 선택합니다. POW-1, 2, 3 순서로 좀 더 높은 디더링을 제공하지만 기본 설정의 Triangular가 안전합니다.

- Create Analysis File : 랜더링할 샘플의 Analysis 정보를 담은 *.asd 파일을 생성합니다.

- Create Video : 비디오를 사용하고 있는 프로젝트라면 비디오 파일을 함께 랜더링 할 수 있습니다.

- Video Encoder : 비디오 랜더링 작업에 사용할 엔코더를 선택합니다.

- Encoder Settings : 엔코더에 따라 세부 설정이 가능한 창을 열 수 있습니다.

- Upload Audio to SoundCloud : 익스포팅 파일을 SoundCloud에 업로드 할 수 있는 로그인 창을 엽니다. 물론, soundcloud.com에 가입되어 있어야 합니다.

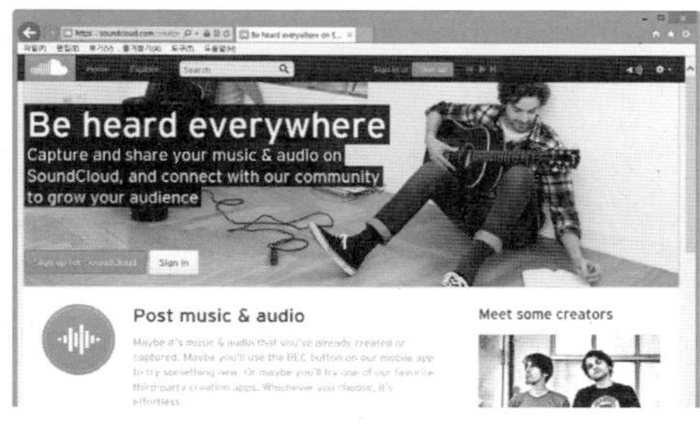

▲ soundcloud.com

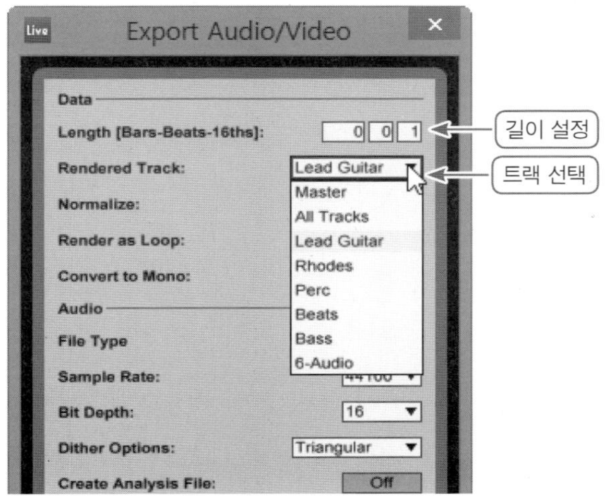

03 세션 뷰에서 루프 샘플 제작을 위해 클립을 선택한 경우라면 Export Audio/Video 창에 마디, 박자, 비트 단위로 길이를 설정할 수 있는 Length 항목이 추가됩니다. 여기에 만들고자 하는 루프 길이를 설정하고, Rendered Track에서 선택한 클립이 존재하는 트랙을 선택하면, 사용자만의 루프 샘플을 제작할 수 있습니다.

● 프리즘

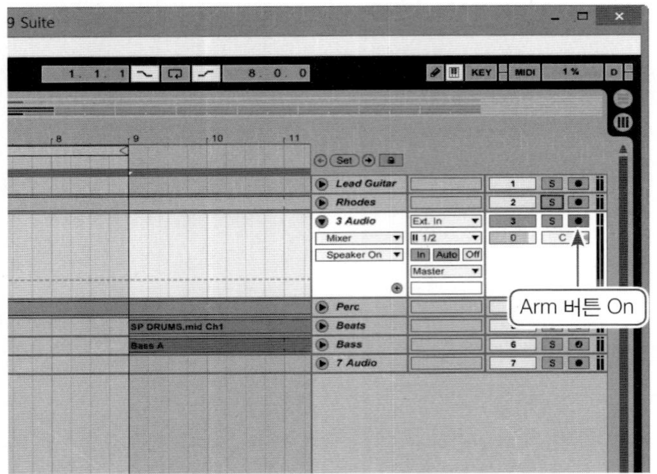

01 시스템이 성능이 낮아 재생이 정상적으로 되지 않는다거나 익스포팅 후 잡음이 발생할 경우에는 트랙을 녹음하거나 프리즘을 적용하여 해결할 수 있습니다. Ctrl+T 키를 눌러 오디오 트랙을 추가하고, Arm 버튼을 On으로 합니다.

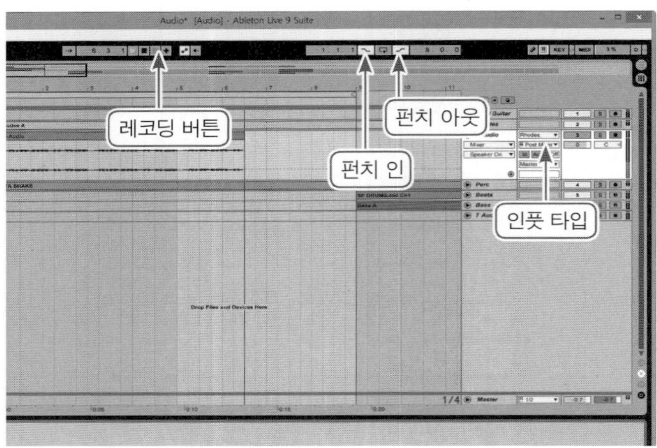

02 루프 라인에서 녹음할 범위를 지정하고, 펀치 인/아웃 버튼을 On으로 합니다. 그리고 오디오 트랙의 인풋 타입에서 녹음할 트랙을 선택하고, 레코딩 버튼을 클릭하여 녹음을 진행합니다.

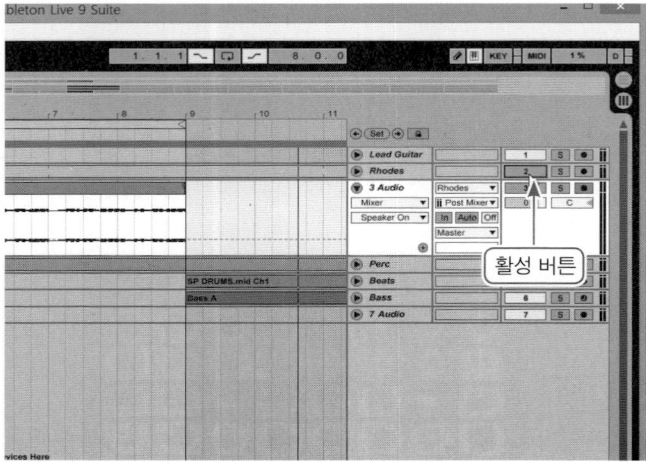

03 녹음 완료 후 필요 없어진 트랙은 활성 버튼을 Off 합니다. 같은 방법으로 더 이상의 편집이 필요 없는 트랙들을 오디오 트랙으로 녹음하면 시스템 자원을 확보할 수 있습니다.

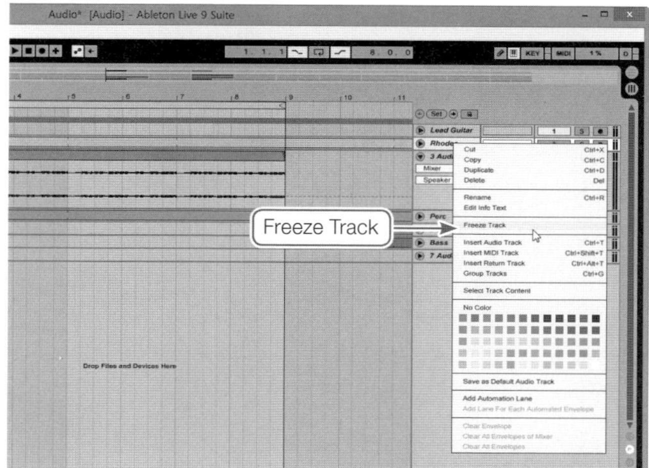

04 오디오 트랙으로 녹음하는 방법의 단점이라면 편집이 어렵다는 것입니다. 이를 해결할 수 있는 것이 프리즘 기능입니다. 트랙을 마우스 오른쪽 버튼으로 클릭하여 단축 메뉴를 열고, Freeze Track을 선택합니다.

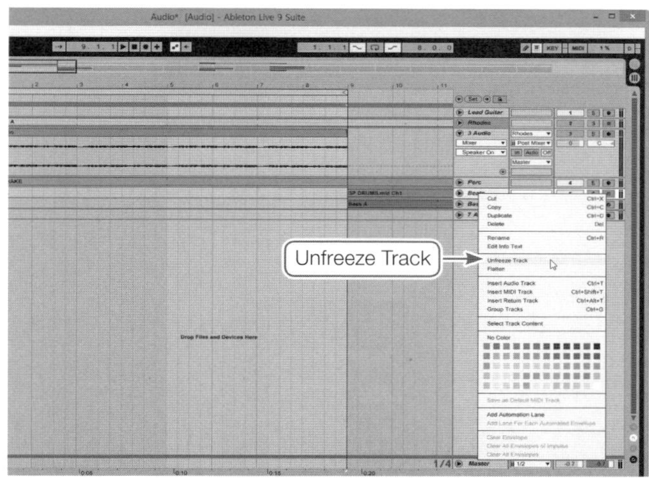

05 해당 트랙에 사용하던 장치들이 데이터에 적용되고, 시스템 자원을 확보합니다. 편집이 필요한 경우에는 단축 메뉴의 Unfreeze Track을 선택하여 취소할 수 있기 때문에 오디오 녹음보다 유용합니다. 프리즘된 트랙은 Flatten을 선택하여 오디오 트랙으로 변환 시킬 수 있습니다.

MP3 만들기

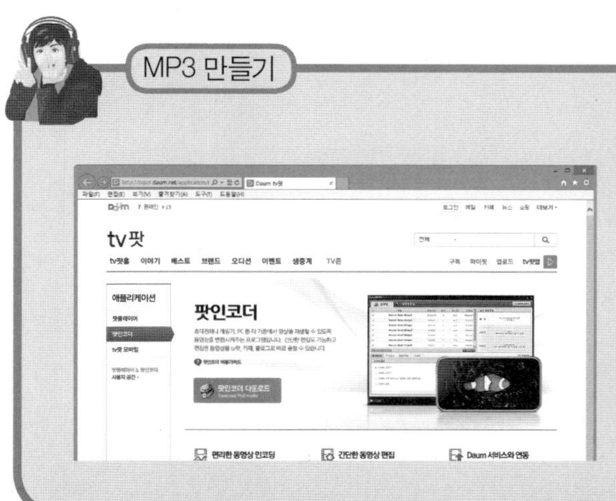

Live는 MP3 파일 익스포팅을 지원하지 않기 때문에 완성된 Wav 및 Aif 파일을 MP3 파일로 바꿀 수 있는 프로그램이 필요합니다. 국내에서 오디오뿐만 아니라 영상 포맷까지 변환 가능한 다음 팟인코더를 많이 사용하며, tvpot.daum.net/application/PotEncoder.do에서 무료로 다운 받을 수 있습니다.

PART 05
라이브 악기

⫴⫼ Ableton Live 9

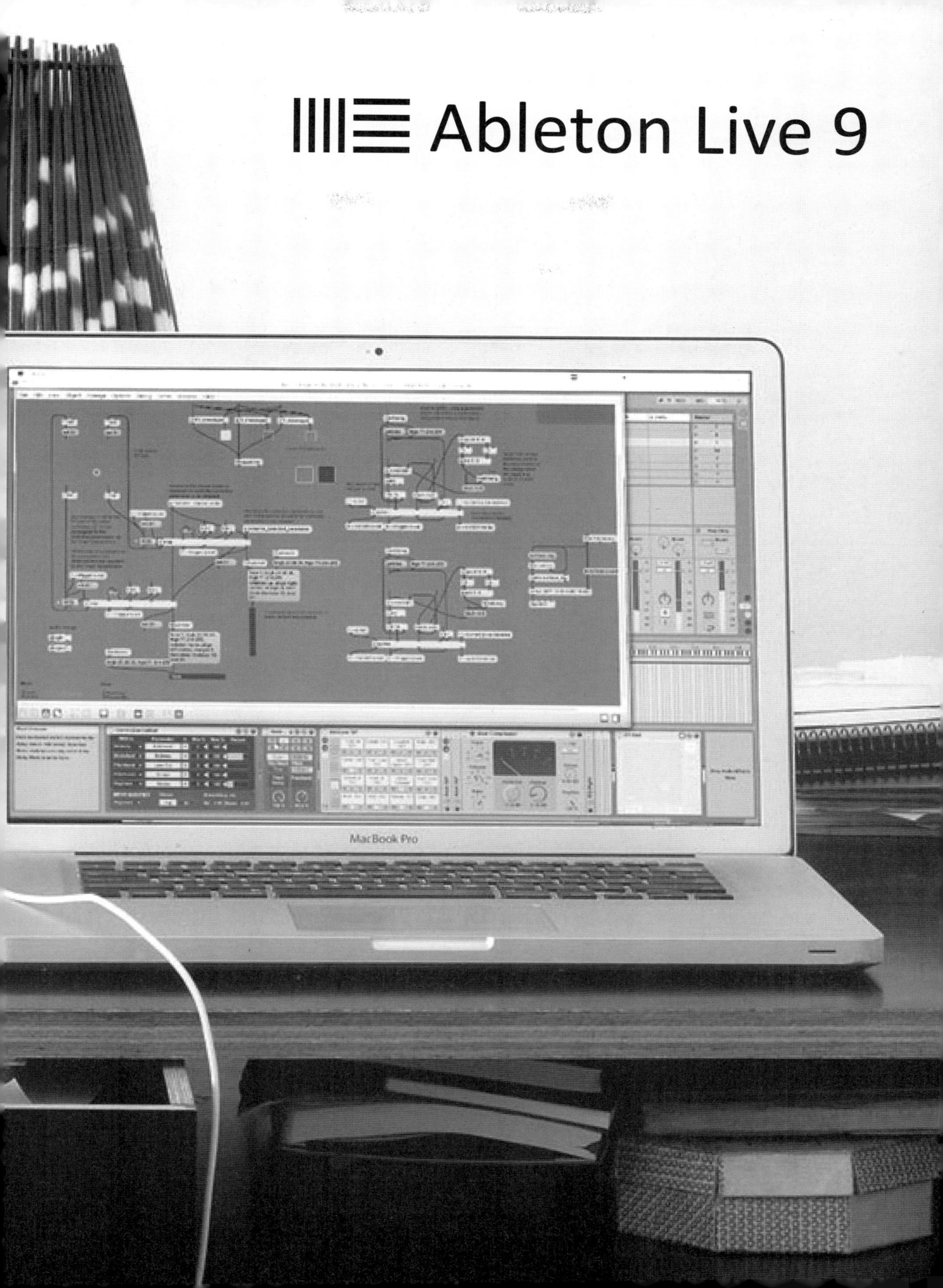

소프트 악기

Ableton Live는 Analog, Collision, Electric 등의 소프트 악기를 제공하고 있으며, Max for Live를 비롯한 다양한 플러그-인을 추가할 수 있습니다. 단, Live가 64bit인 경우에는 플러그-인 역시 64bir만 지원하므로, 자신이 사용하고 있는 버전을 확인하기 바랍니다. 버전은 Live를 실행할 때나 Help 메뉴의 About Live를 선택하여 확인할 수 있습니다.

● Impulse

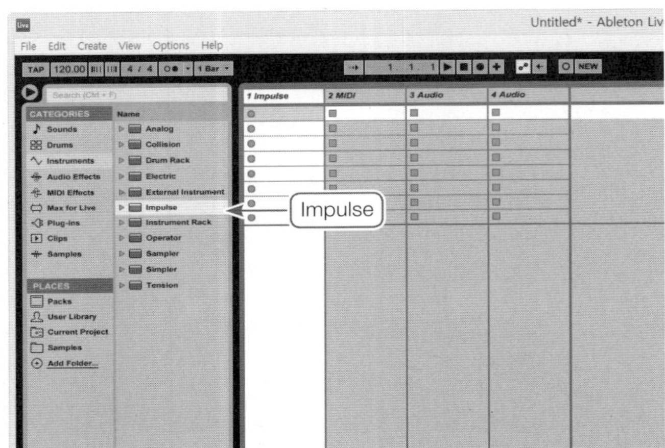

01 드럼 샘플러인 Impulse에 관해서 살펴 보겠습니다. Ctrl+N 키를 눌러 새 프로젝트를 만들고, Instruments 카테고리의 Impulse를 더블 클릭합니다.

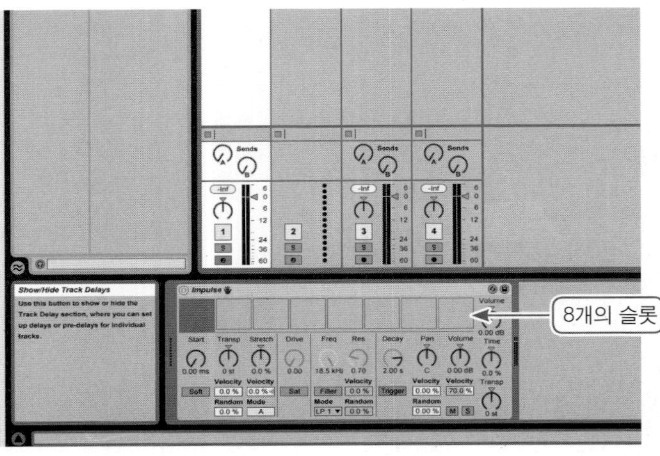

02 Impulse는 8개의 슬롯을 제공하고 있으며, 각 슬롯마다 샘플을 드래그하여 임포팅할 수 있습니다. 샘플은 Live에서 제공하는 것과 사용자가 가지고 있는 것 모두 가능합니다.

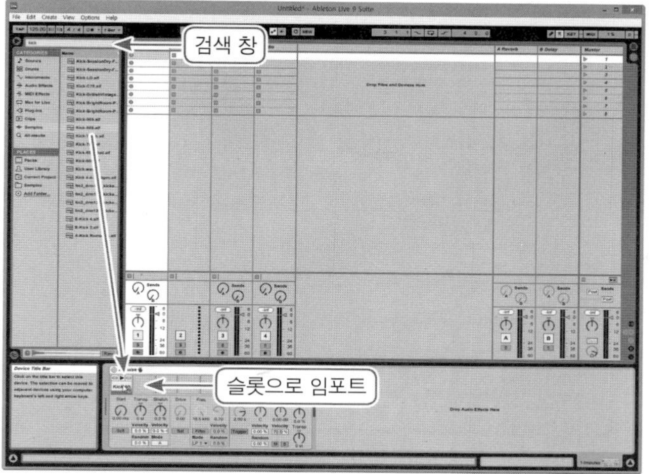

03 Ctrl+F 키를 눌러 검색 창을 선택하고, kick을 입력합니다. Samples 카테고리를 선택하면 Live에서 제공하는 킥 드럼 샘플을 볼 수 있으며, Impulse 슬롯으로 드래그하여 임포팅할 수 있습니다.

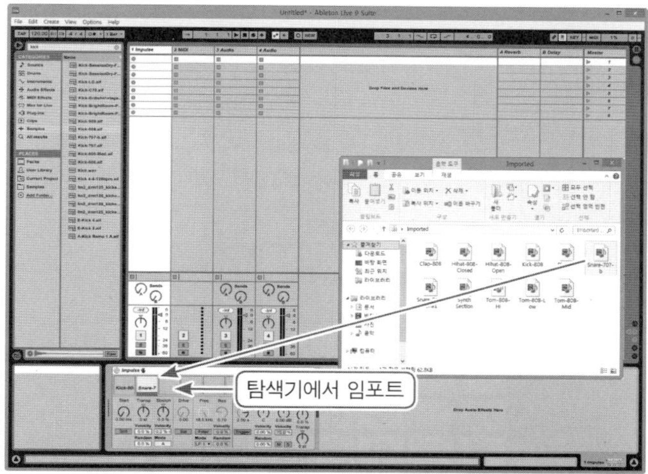

04 사용자가 가지고 있는 Wav, Aif 등의 오디오 샘플을 탐색기에서 Impulse 슬롯으로 드래그하여 임포팅하는 것도 가능합니다.

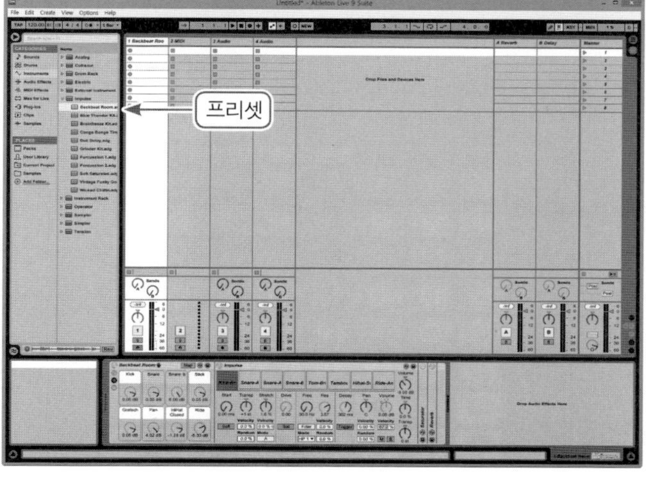

05 Impulse 폴더에는 다양한 프리셋을 제공하고 있으며, 미디 트랙으로 드래그하여 사용할 수 있습니다. 프리셋에는 이미 사운드가 디자인되어 있는 샘플들이 임포트되어 있으므로 바로 사용이 가능합니다.

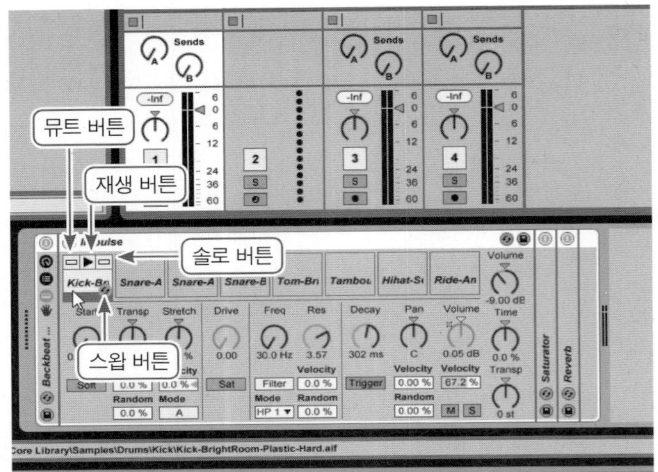

06 슬롯은 C3~C4까지의 미디 노트에 맵핑되어 있으며, 각 슬롯에는 뮤트, 재생, 솔로, 스왑 버튼을 제공합니다.

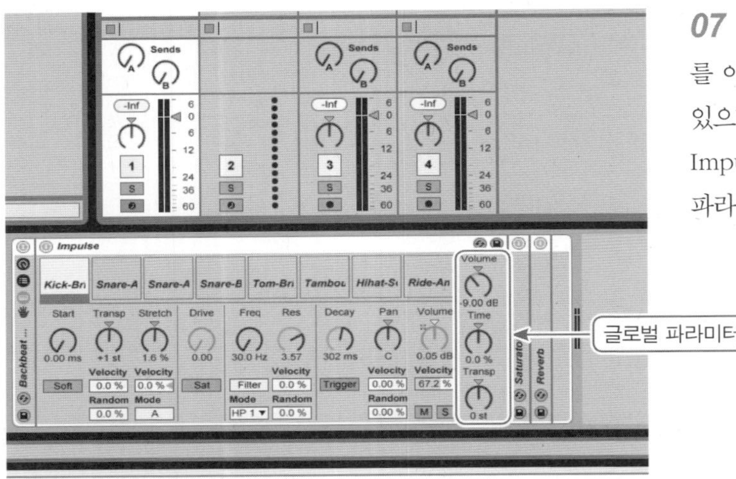

07 선택한 슬롯의 샘플은 아래쪽 파라미터를 이용해서 타임, 음정, 필터 등을 조정할 수 있으며, 오른쪽의 Volume, Time, Transp는 Impulse 전체 사운드를 컨트롤하는 글로벌 파라미터 입니다.

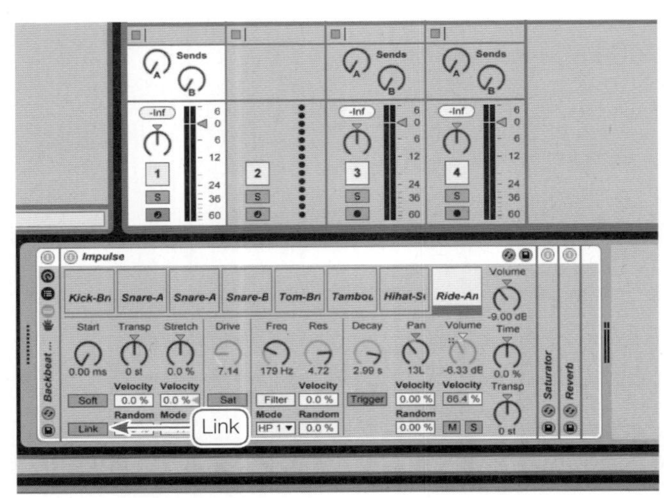

08 8번 슬롯 파라미터에는 Link 버튼이 제공되고 있는데, 이것은 7번 슬롯과 동시에 재생되지 못하도록 하는 역할을 합니다. 드럼의 Close HH와 Open HH와 같이 동시에 연주될 수 없는 샘플을 이용할 때 유용합니다.

● 멀티 아웃 사용하기

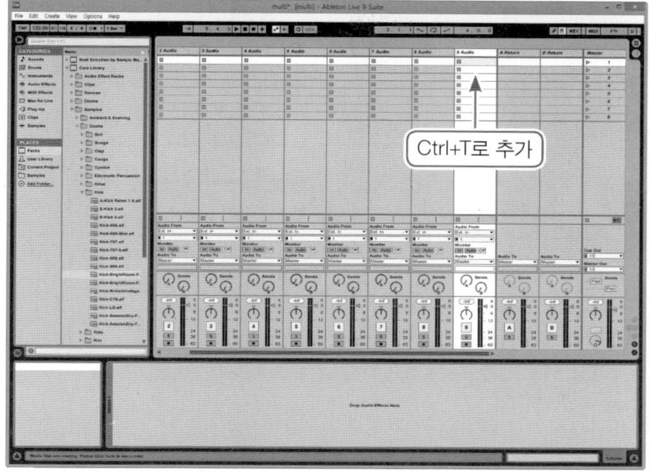

01 Impulse는 드럼 샘플이기 때문에 멀티 아웃 사용이 필수 입니다. Ctrl 키를 누른 상태로 T 키를 8번 눌러 트랙을 추가합니다.

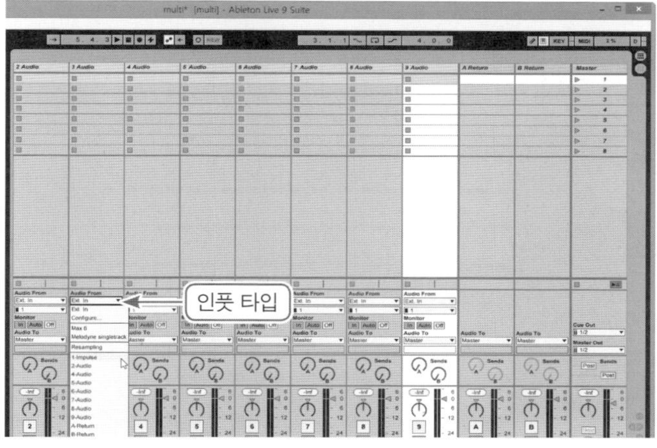

02 Audio 2 트랙을 선택하고, Shift 키를 누른 상태로 Audio 9 트랙을 선택하여 추가한 모든 트랙을 선택합니다. 그리고 인풋 타입에서 Impulse를 선택합니다.

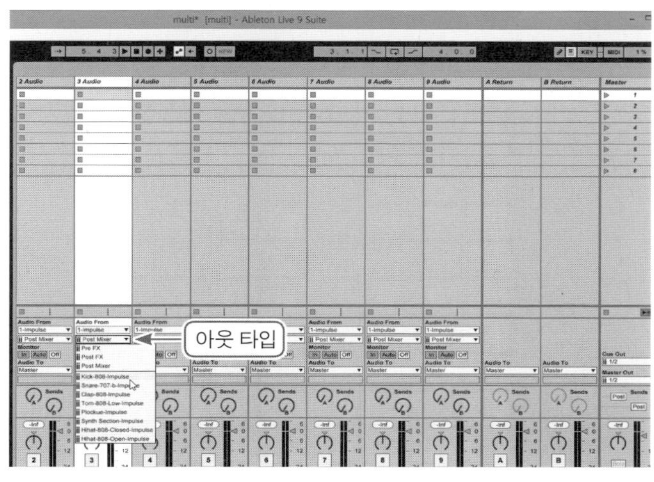

03 Audio 2 트랙을 선택하여 모든 트랙 선택을 해제하고, 아웃 타입에서 Kick-808-Impulse를 선택합니다. Audio 3 트랙은 Saner, Audio 4 트랙은 Clap 순서로 각 트랙의 아웃을 샘플 별로 지정합니다.

04 모든 트랙의 모니터를 In으로 선택합니다. 트랙의 크기는 트랙 이름의 경계를 드래그하여 조정할 수 있습니다.

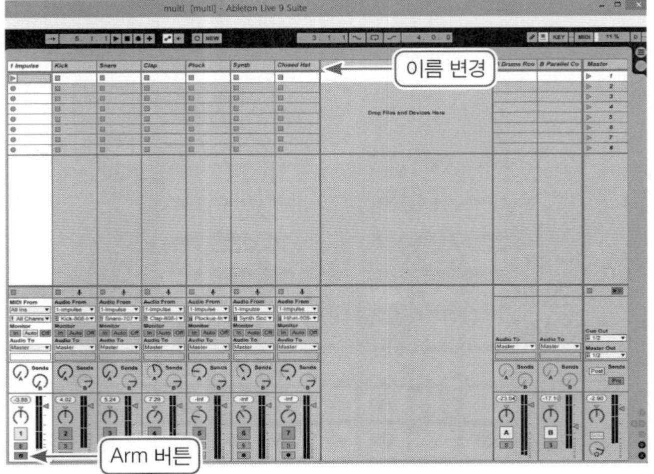

05 Impulse 트랙의 Arm 버튼을 On으로 놓고, C3~C4까지의 건반을 눌러보면 각 트랙별로 레벨이 뛰는 것을 확인할 수 있습니다. 트랙의 이름은 Ctrl+R 키를 눌러 Kick, Snare 등, 구분하기 쉽게 변경합니다.

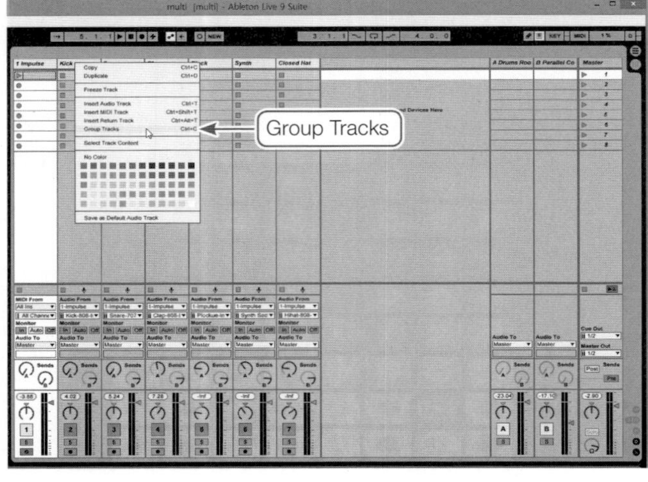

06 모든 트랙을 선택하고 마우스 오른쪽 버튼을 클릭하여 단축 메뉴 엽니다. 그리고 Group Tracks를 선택하면 하나의 트랙으로 관리할 수 있습니다.

● 파라미터의 역할

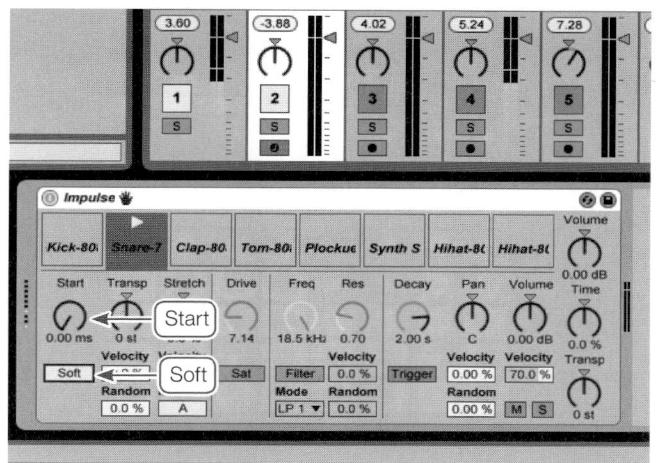

01 Start

Start 노브는 샘플이 재생되는 시작 위치를
100ms 범위로 조정하며, Soft 버튼을 이용하
여 부드럽게 시작되게 할 수 있습니다.

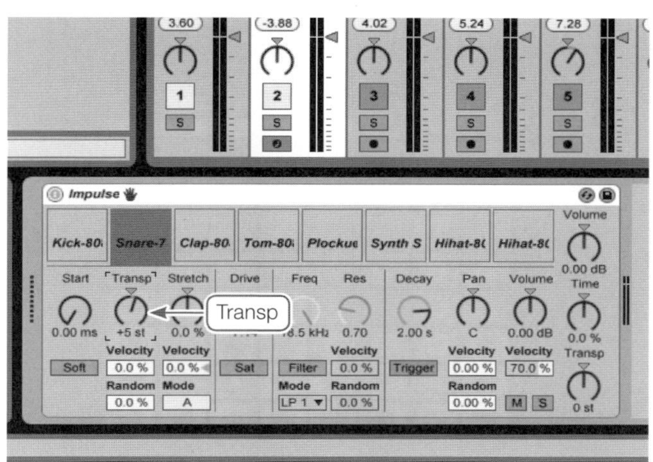

02 Transp

Transp 노브는 샘플의 음정을 반음 단위로
조정합니다. 아래쪽 Velocity 값을 이용하여
노트가 연주되는 강도에 따라 음정이 변하게
하거나 Random 값을 이용하여 무작위로 변
하게 할 수 있습니다.

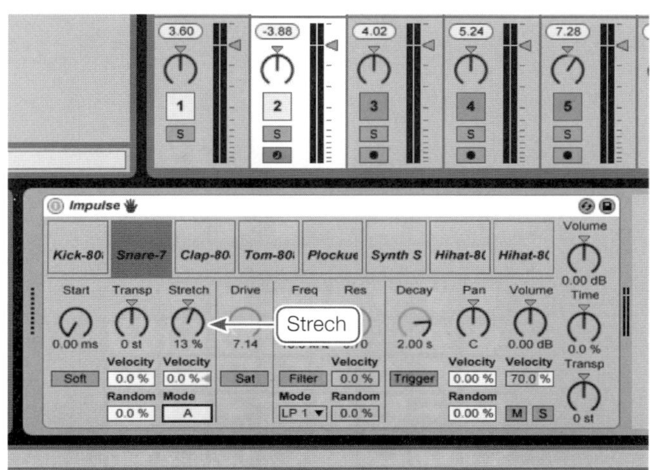

03 Strech

샘플의 길이를 조정합니다. 이때 적용되는 알
고리즘은 Mode A와 B가 있으며, A는 킥이나
스네어와 같은 저음 사운드에 적합하고, B는
하이해트나 심벌과 같은 고음 사운드에 적합
합니다. Velocity 값을 이용하여 벨로시티에
반응하게 만들 수 있습니다.

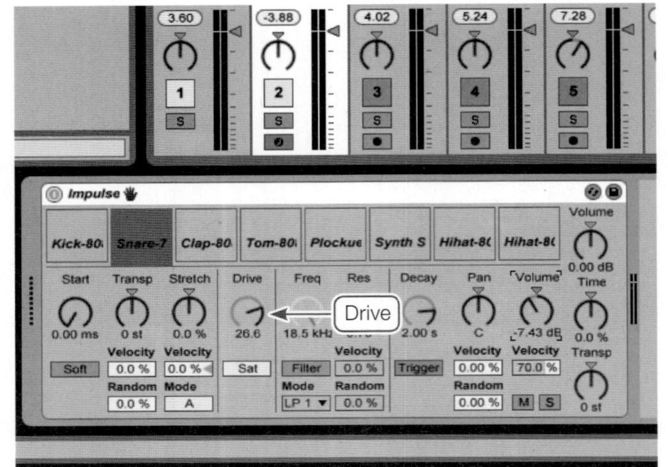

04 Drive

Sat 버튼으로 On/Off 하며, 입력 신호를 증폭하여 사운드를 왜곡시킵니다. 높은 Drive 값이 필요한 경우에는 출력 레벨(Volume)을 낮추어 클리핑을 방지하는 것이 요령입니다.

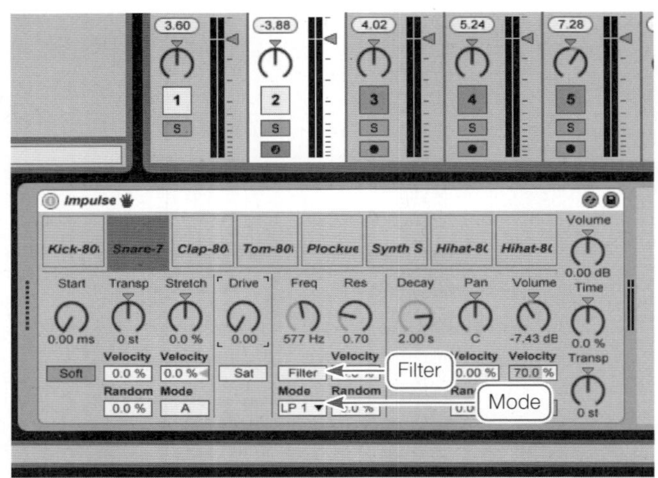

05 Filter

Filter 버튼을 On/Off 하여 필터의 적용 유무를 결정하며, 필터 타입은 Mode 메뉴에서 선택합니다.

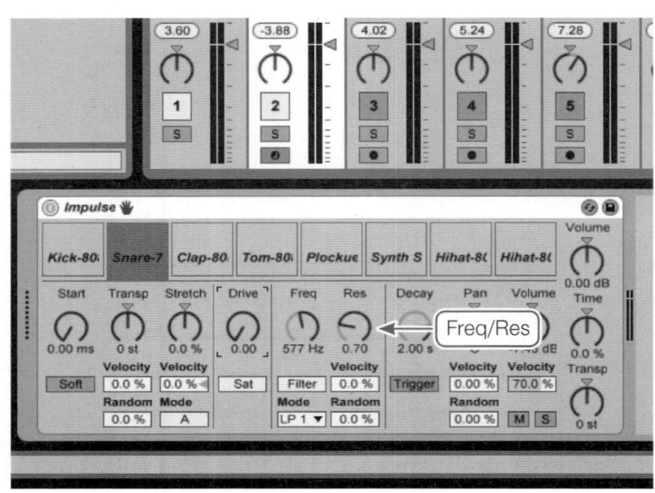

06 필터가 적용되는 중심 주파수는 Freq 노브로 결정하며, 레조넌스는 Res 노브로 조정합니다. 그 외, 필터가 벨로시티 값에 반응하게 만드는 Velocity와 무작위로 반응하게 만드는 Random 슬라이더를 제공합니다.

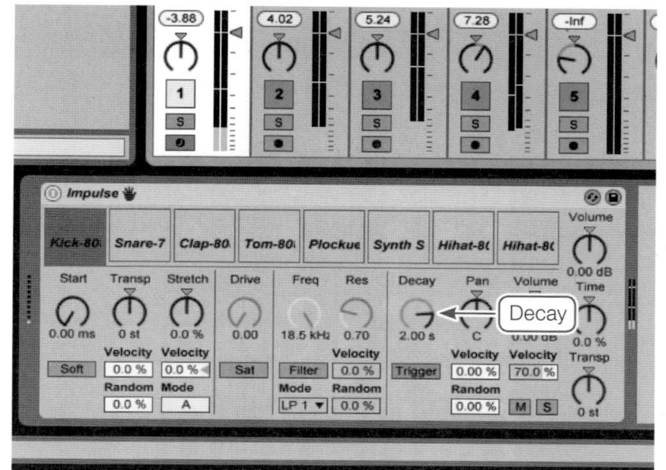

07 Decay

샘플의 소멸 타임을 초 단위로 조정하며, Trigger과 Gate 모드를 제공합니다. Trigger 는 노트가 On될 때부터 적용되며, Gate는 노 트가 Off될 때 적용됩니다.

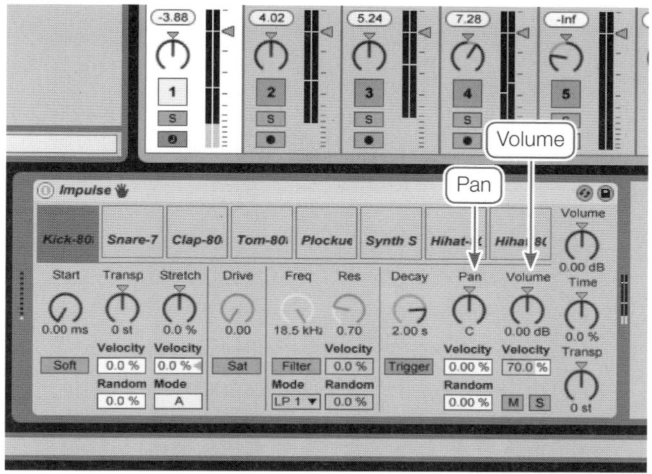

08 Pan/Volume

샘플의 볼륨과 팬을 조정합니다. 각각 벨로시 티에 반응하게 하는 Velocity 슬라이더를 제 공하며, Pan은 무작위로 반응하는 Random 슬라이더가 제공됩니다. 그 외 뮤트 및 솔로 버튼을 제공합니다.

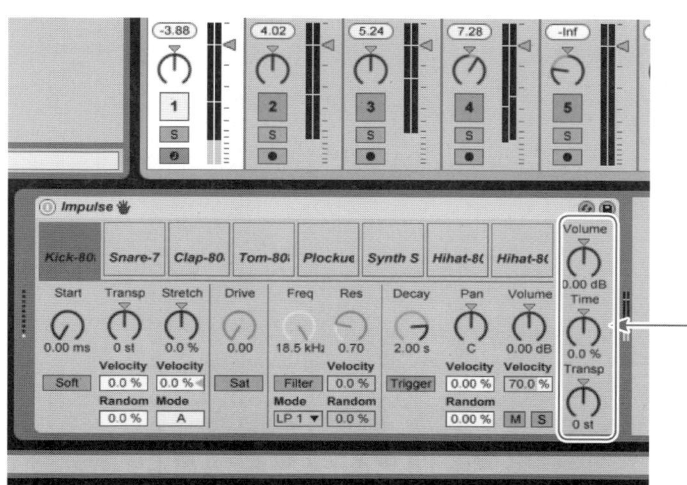

09 Global

지금까지 살펴본 파라미터는 선택한 슬롯의 샘플을 디자인하는 것이며, Global의 볼륨 (Volume), 시작 타임(Time), 음정(Transp)은 Impulse 전체 출력을 조정합니다.

● Simpler

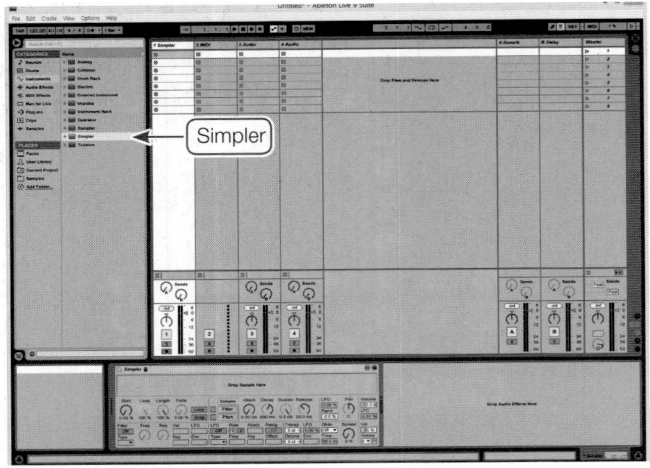

01 샘플러의 기본 구성과 신디사이저 파라미터가 결합된 악기입니다. Ctrl+N 키를 눌러 새 프로젝트를 만들고, Instruments 카테고리의 Simpler를 더블 클릭합니다.

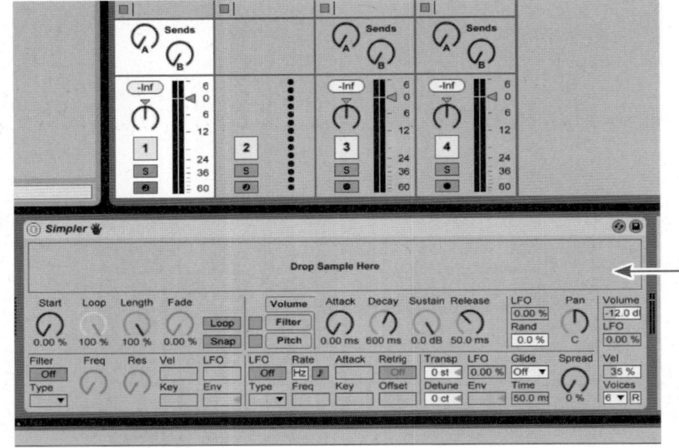

02 라이브에서 제공하는 것이나 사용자가 가지고 있는 샘플을 로드할 수 있는 디스플레이 창을 제공합니다.

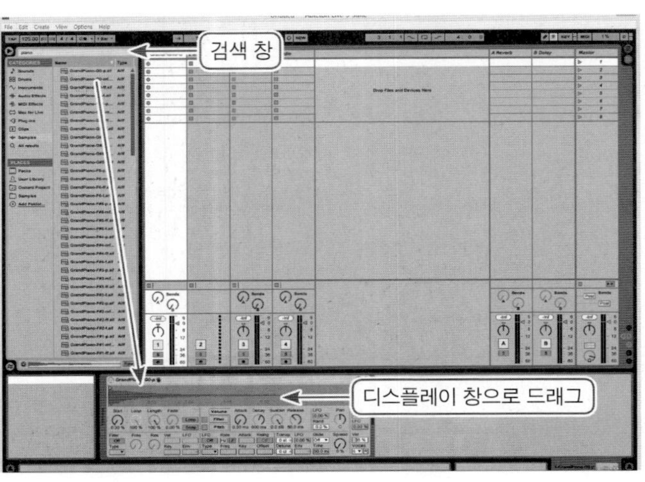

03 Ctrl+F 키를 눌러 검색 창을 선택하고, Pinao를 입력합니다. Samples 카테고리를 선택하면 Live에서 제공하는 피아노 샘플을 볼 수 있으며, 디스플레이 창으로 드래그하여 로딩할 수 있습니다.

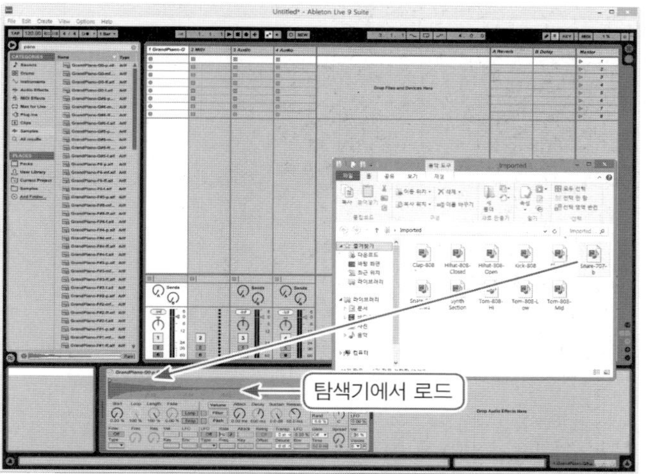

04 사용자가 가지고 있는 Wav, Aif 등의 오디오 샘플을 탐색기에서 Simpler로 드래그하여 로딩하는 것도 가능합니다.

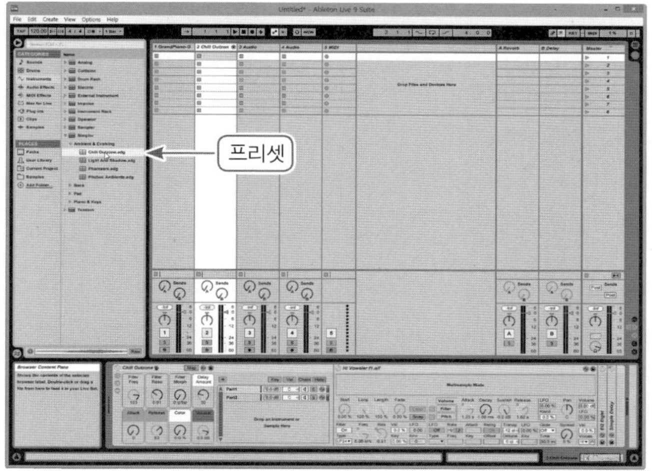

05 Simpler 폴더에는 다양한 프리셋을 제공하고 있으며, 미디 트랙으로 드래그하여 사용할 수 있습니다. 프리셋에는 이미 사운드가 디자인되어 있는 샘플들이 로드되어 있으므로 바로 사용이 가능합니다.

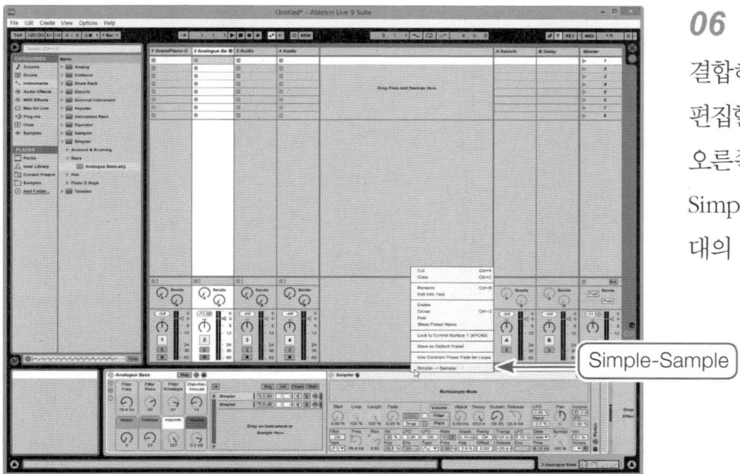

06 Simpler 프리셋들은 여러 개의 샘플을 결합해놓은 멀티 타입으로 제공되며, 샘플을 편집할 필요가 있다면, 타이틀 바에서 마우스 오른쪽 버튼을 클릭하여 단축 메뉴를 열고, Simple -> Sample를 선택하여 전환합니다. 반대의 경우도 마찬가지 입니다.

● 시작 및 끝 포인트

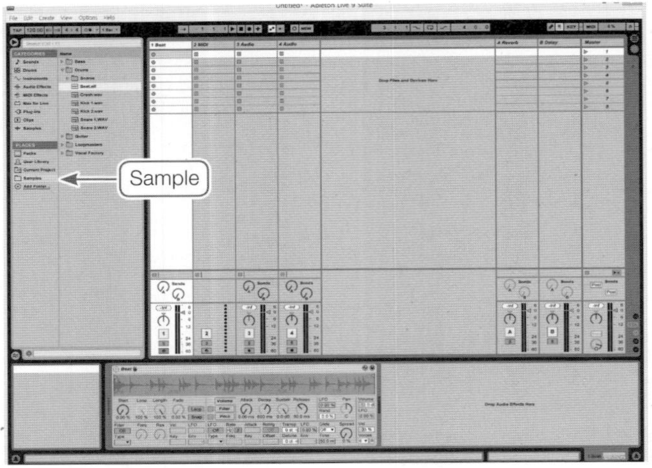

01 Simpler에 로드한 샘플의 사용 구간을 설정할 수 있습니다. Places의 Sample 카테고리에서 Drums의 Beat.aif 파일을 Simpler로 드래그하여 로드 합니다.

> TIP : Places의 Sample 카테고리는 부록 CD의 Sample 폴더를 임포트한 것입니다.

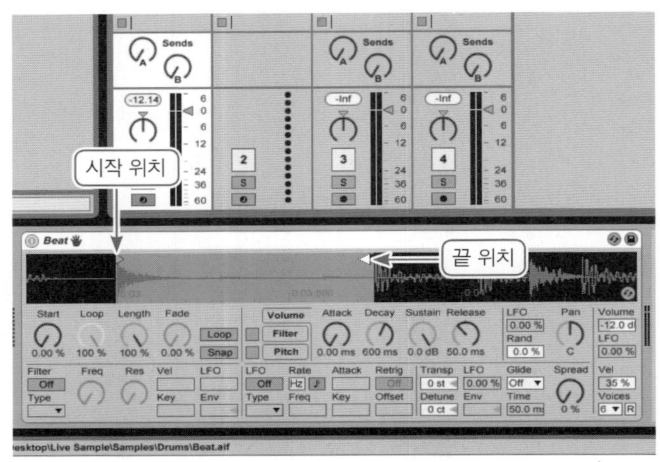

02 디스플레이 창 양쪽 모서리에 작은 삼각형으로 표시되어 있는 마커가 있습니다. 이것을 드래그하여 시작 및 끝 위치를 조정할 수 있습니다. 건반(C3)을 눌러가면서 스네어 사운드만 사용할 수 있도록 조정해 봅니다.

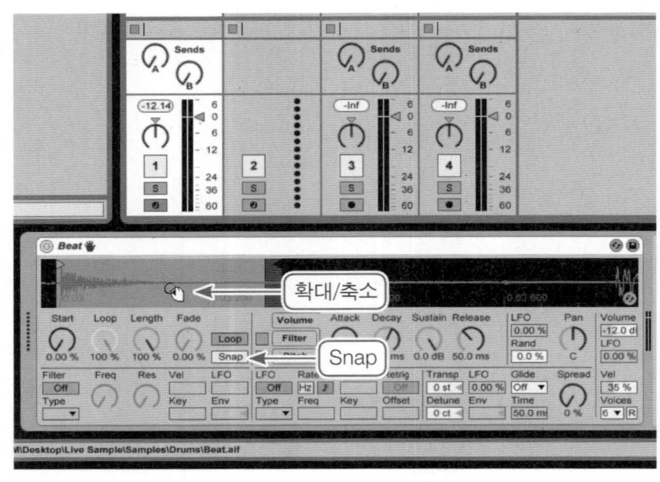

03 디스플레이 창은 마우스를 위/아래로 드래그하여 확대/축소 할 수 있습니다. 구간을 지정할 때 제로 크로싱 지점을 맞추지 못하면 잡음이 발생할 수 있기 때문에 이를 자동으로 맞춰주는 Snap 버튼을 On으로 하는 것이 좋습니다.

● 파라미터의 역할

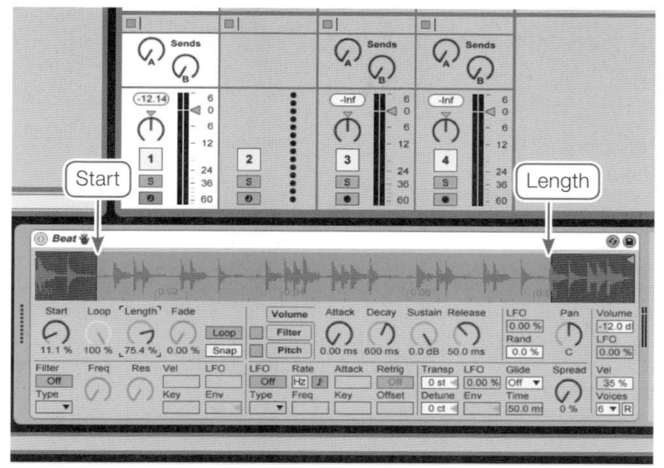

01 Start/Length

Start 노브는 재생 시작 지점, Length는 재생 끝 지점을 설정합니다. 앞에서 살펴본 시작 및 끝 포인트를 기준으로 조정된다는 것에 주의하기 바랍니다.

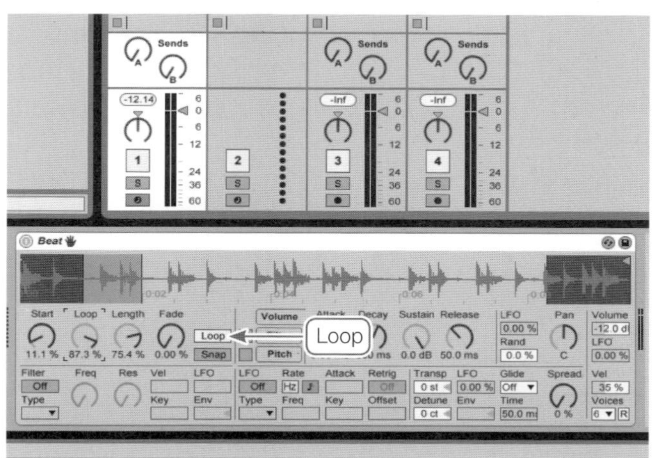

02 Loop

샘플의 반복 여부를 결정합니다. 버튼을 On으로 하면, Loop 노브가 활성화되며, 반복되는 길이를 조정할 수 있습니다.

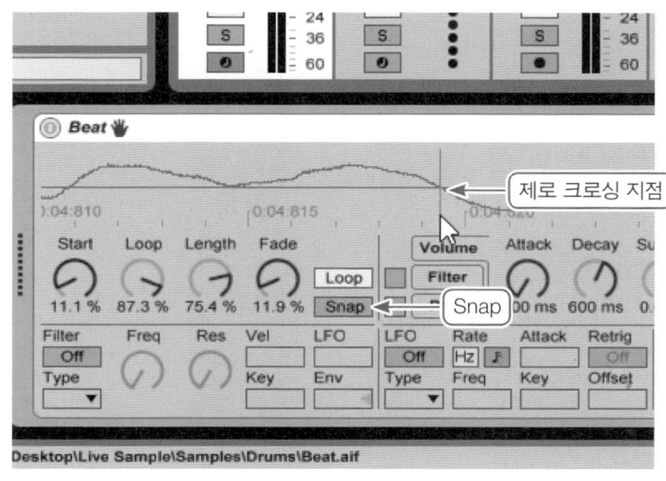

03 Snap

시작 및 끝 지점을 결정할 때 제로 크로싱 지점에 맞추지 못하면 잡음이 발생할 수 있는데, 이를 자동으로 맞추는 기능이 Snap 입니다. 파형을 확대해보면 가운데 베이스 라인에 닫는 부분이 있는데, 이곳을 제로 크로싱 지점이라고 합니다.

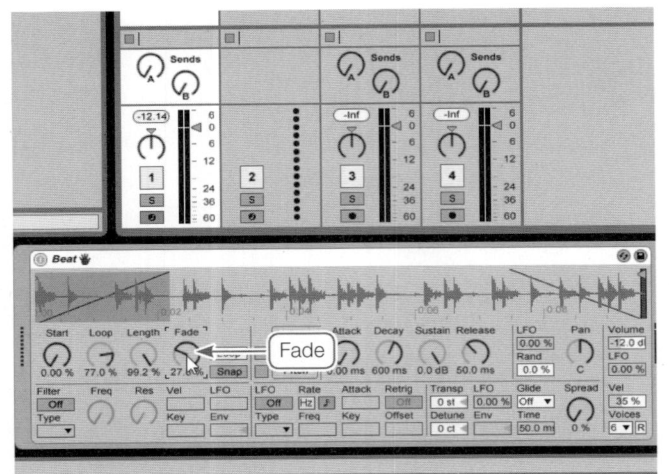

04 Fade

Loop가 활성화되어 샘플이 반복될 때 시작과
끝 부분이 자연스럽게 겹치도록 하는 역할을
합니다. 페이드 인/아웃 범위는 파형의 라인
으로 확인할 수 있습니다.

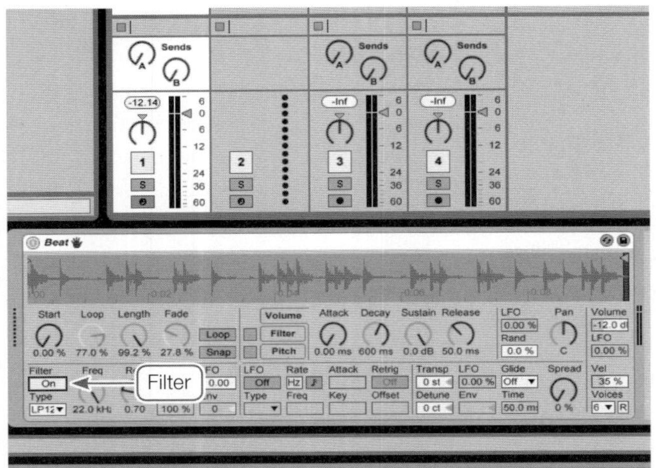

05 Filter

Filter 버튼을 On으로 하여 필터를 적용할 수
있으며, Type 메뉴와 Freq 및 Res 노브가 활
성화 됩니다. Vel은 벨로시티에 반응하는 정
도를 설정하고, Key 음정에 반응하는 정도를
설정합니다.

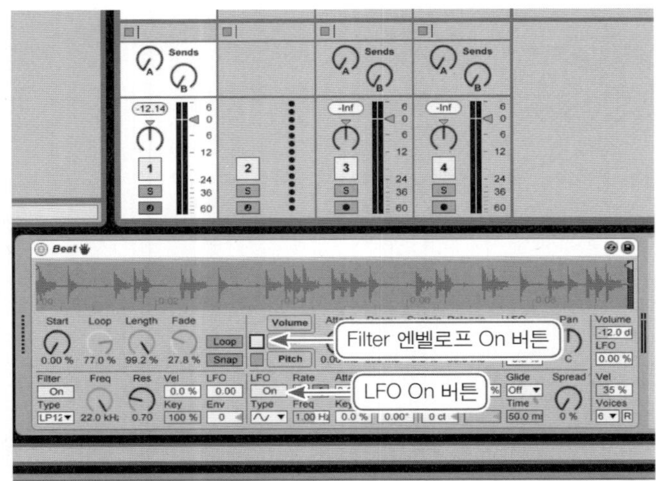

06 LFO 및 Env는 LFO와 Filter 엔벨로프의
반응 정도를 설정하는 것으로 각각 On 버튼
으로 작동되고 있을 때 적용됩니다.

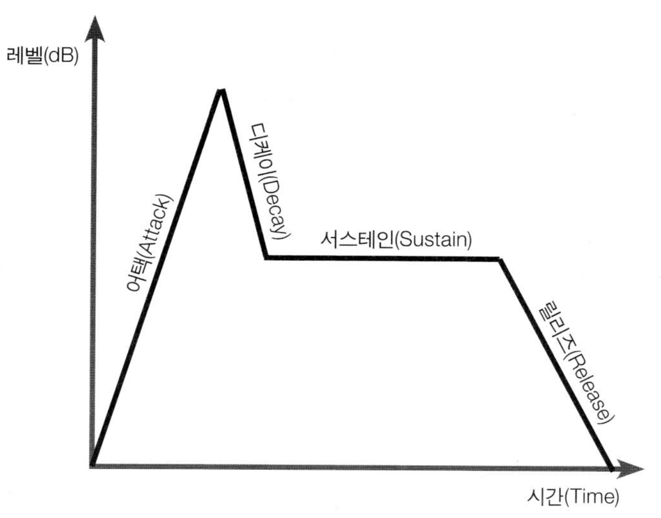

07 Envelope

소리가 생성에서 소멸까지의 타임을 4구간으로 구분한 것을 엔벨로프라고 합니다. 어택(Attack)은 소리의 시작에서 피크 레벨까지, 디케이는(Decay)는 피크 레벨에서 중간 레벨까지, 서스테인(Sustain)은 중간 레벨이 유지되는 타임, 릴리즈(Release)는 중간 레벨에서 소멸되기 까지를 나타냅니다.

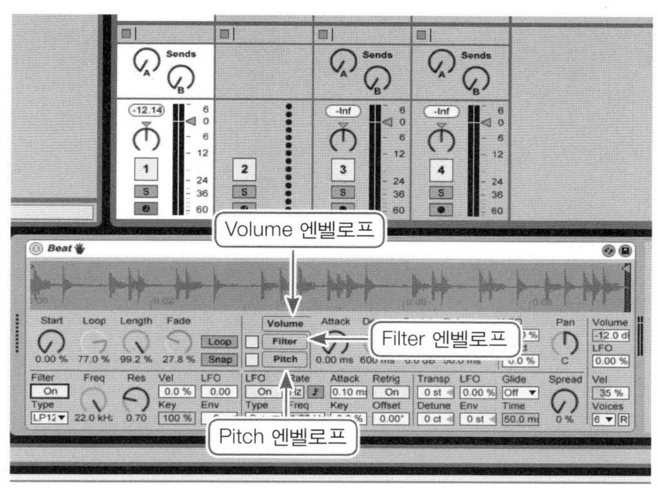

08

08 Simpler는 Volume, Filter, Pitch의 엔벨로프를 조정할 수 있는 3개의 섹션을 제공하여 타임마다 변하는 엔벨로프를 연출할 수 있습니다. 단, 필터의 경우에는 Filter 섹션이 On일 경우에만 활성화됩니다.

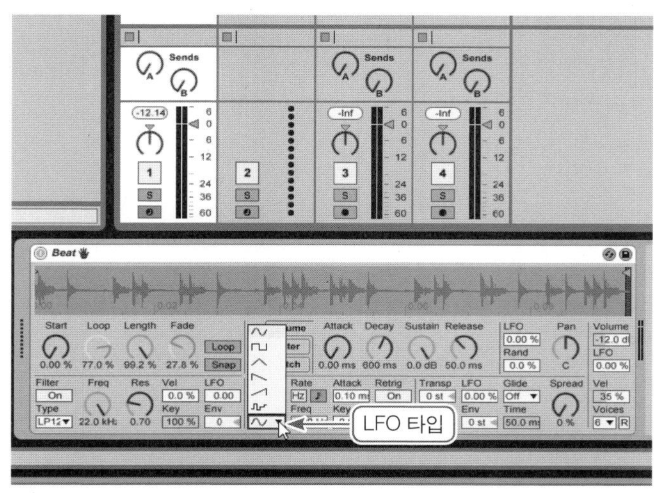

09 LFO

LFO는 저주파 발진을 의미하며, 사운드에 비브라토 효과를 만듭니다. 타입은 사인파, 사각파, 삼각파, 톱니파, 랜덤파를 제공합니다.

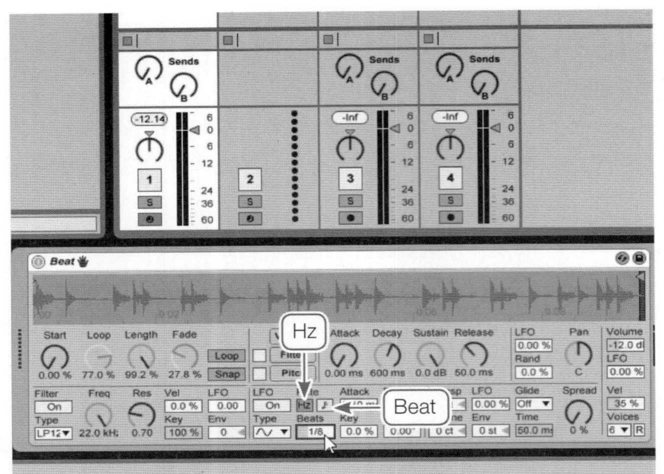

10 LFO 속도를 조정하는 Rate는 Hz와 Beat 단위를 제공하며, Beat 단위를 선택한 경우에는 박자에 맞추어 조정할 수 있습니다.

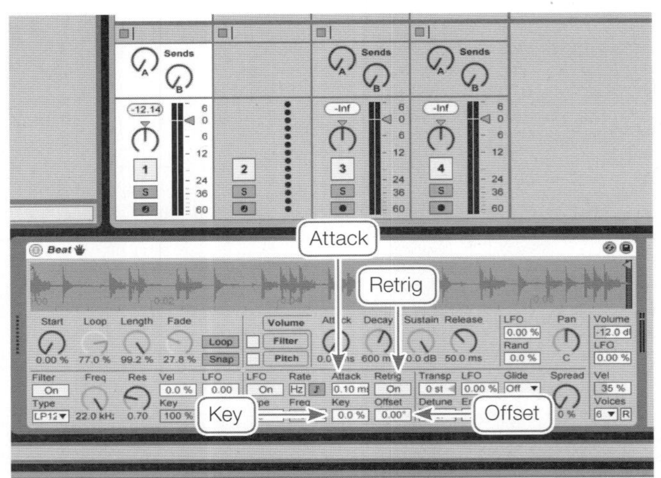

11 Attack은 피크 레벨에 도달하는 타임을 조정하고, Key는 노트 음정에 반응하는 정도를 조정합니다. 그리고 노트가 재생될 때마다 시작되게 하는 Retrig 버튼과 시작 각도를 조정하는 Offset 파라미터를 제공합니다.

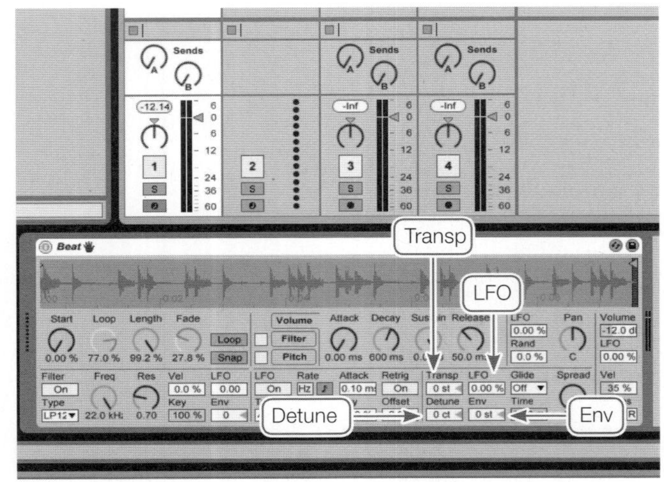

12 Transp

음정은 반음 단위의 Transp와 1/100 단위의 Detune으로 조정할 수 있으며, LFO와 엔벨로프(Env)가 음정 변화 값을 조정할 수 있는 파라미터도 제공되고 있습니다.

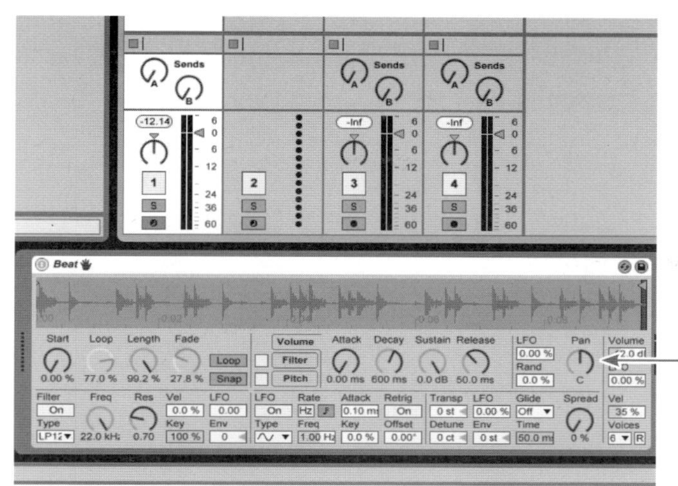

13 Pan

사운드가 재생되는 좌/우 위치를 조정합니다.
LFO에 맞추어 이동되게 하거나 랜덤(Rand)으
로 이동되게 할 수 있는 파라미터도 제공되고
있습니다.

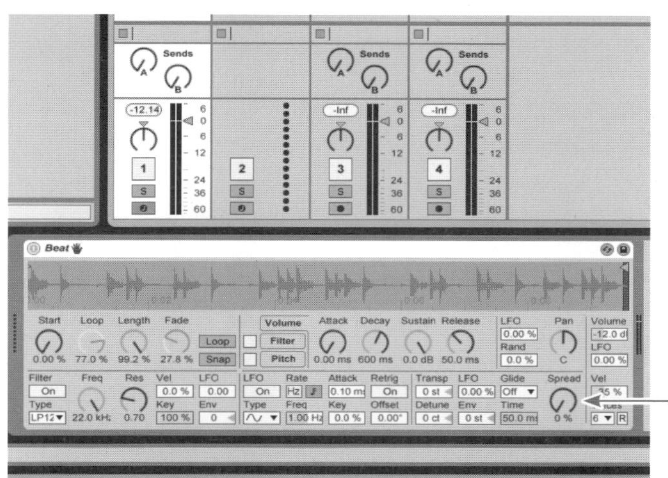

14 Spread

Spread는 사운드의 스테레오 폭을 조정하며,
Glide는 두 노트 사이를 미끄러지듯이 연주
되게 합니다. 모노로 작동하는 Glide와 다선
율로 작동하는 Portamento를 제공하고 있으
며, 속도는 Time 슬라이더로 조정합니다.

15

마지막 섹션에는 최종 볼륨을 조정하는
Volume, LFO와 벨로시티(Vel) 반응 값을 설
정하는 파라미터, 동시 발음 수를 결정하는
Voices, 새로 연주되는 노트만 재생시켜 시스
템을 절약할 수 있게 하는 Retrigger 버튼을
제공합니다.

라이브 랙

녹음 스튜디오나 라이브 현장에서 다양한 장치들을 끼워놓은 진열대를 본적이 있을 것입니다. 재질은 나무나 철로 되어 있는데, 이것을 랙(Rack)이라고 합니다. Ableton Live 에는 이러한 랙과 비슷한 개념의 MIDI Effect Rack, Audio Effect Rack, Instrument Rack, Drum Rack의 4가지 타입을 제공합니다. 악기 및 이펙트 장치들을 끼워놓고 자신만의 신호 프로세서를 구축할 수 있는 것입니다.

● 이펙트 랙

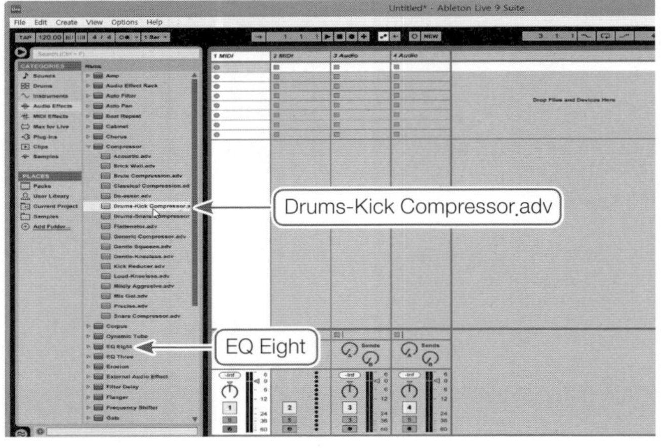

01 랙 만들기

자주 사용하는 프로세서 라인을 랙으로 만들어 둘 수 있습니다. Audio Effects 카테고리의 EQ Eight와 Compressor 폴더의 Drums-Kick Compressor. adv를 더블 클릭하여 두 개의 이펙트를 장착합니다.

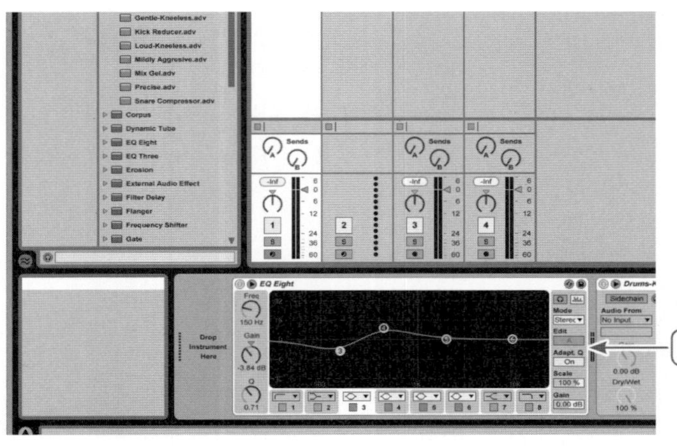

02 트랙에 이펙트를 장착한 후에는 사운드를 디자인하기 위해서 각 장치의 파라미터를 조정하게 될 것이며, 다음에도 같은 장치의 같은 설정을 사용하고 싶은 경우가 있습니다.

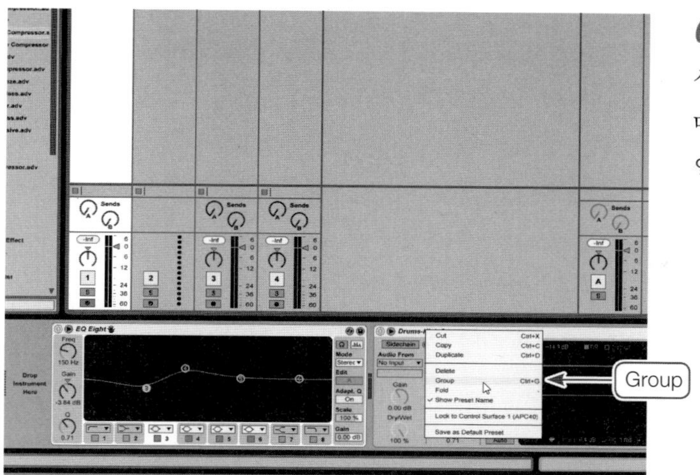

03 EQ Eight을 선택하고 Shift 키를 누른 상태에서 Compressor를 선택합니다. 그리고 마우스 오른쪽 버튼을 클릭하여 단축 메뉴를 열고, Group를 선택하여 랙으로 만듭니다.

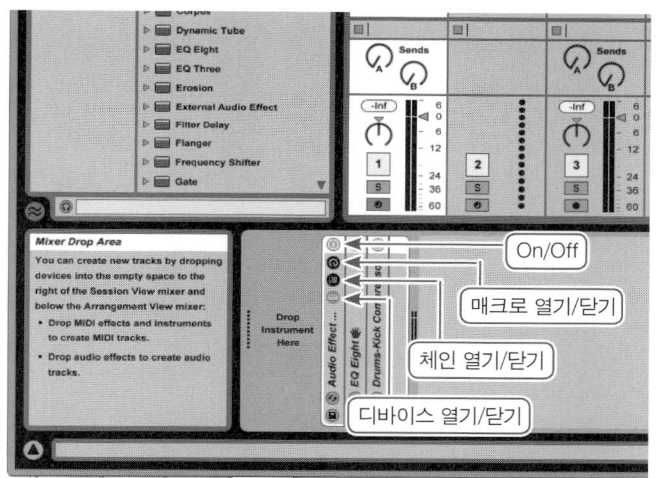

04 두 개의 장치가 하나의 랙으로 생성되었습니다. 랙은 On/Off 버튼 외에 매크로, 체인, 디바이스 뷰를 열거나 닫을 수 있는 버튼을 제공하며, 각 장치들은 타이틀 바를 더블 클릭하여 열거나 닫을 수 있습니다.

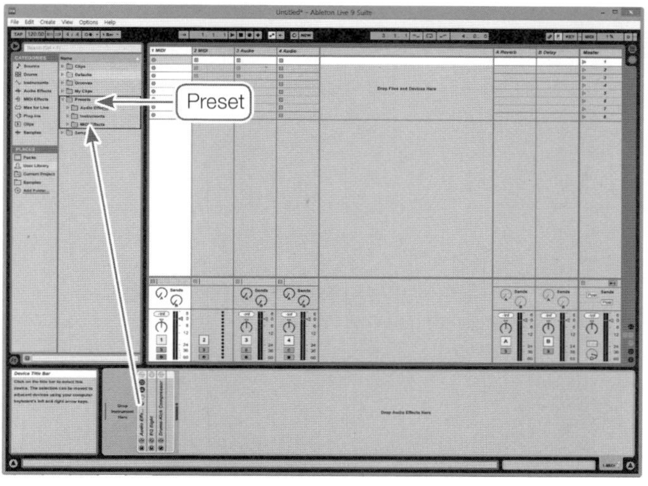

05 Places의 User Library를 선택하여 열고, 랙 타이틀 바를 Preset으로 드래그하여 가져다 놓습니다.

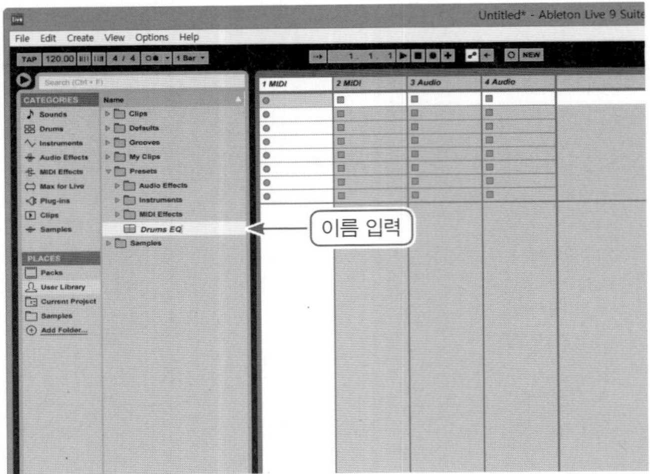

06 사용자가 자주 사용하는 이펙트 세팅 값을 랙으로 만들어 언제든 사용할 수 있게 랙으로 만드는 것입니다. 구분하기 쉬운 이름으로 저장합니다.

07 이렇게 만들어놓은 랙은 어떤 작업에서든 트랙으로 드래그하여 사용자 세팅을 그대로 적용할 수 있습니다.

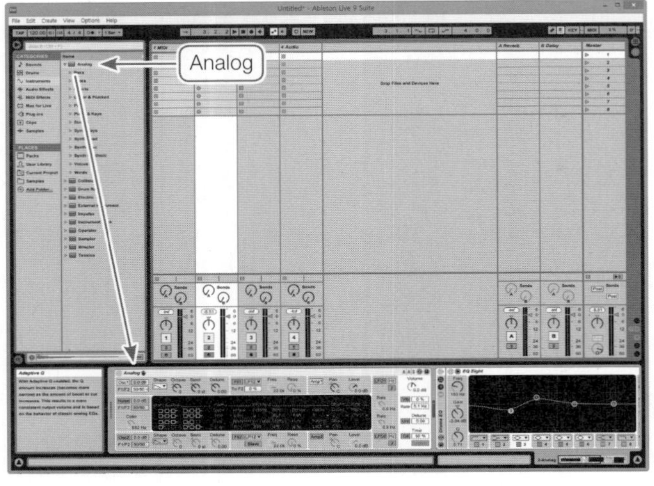

08 체인의 이해

Live의 신호 라인은 왼쪽에서부터 오른쪽으로 흐름입니다. 여기에 병렬 방식으로 라인을 접속시킬 수 있는데 이것이 체인입니다. Instruments 카테고리의 Analog 악기를 랙 왼쪽으로 드래그하여 가져다 놓습니다. 신호는 Analog-EQ-Compressor가 됩니다.

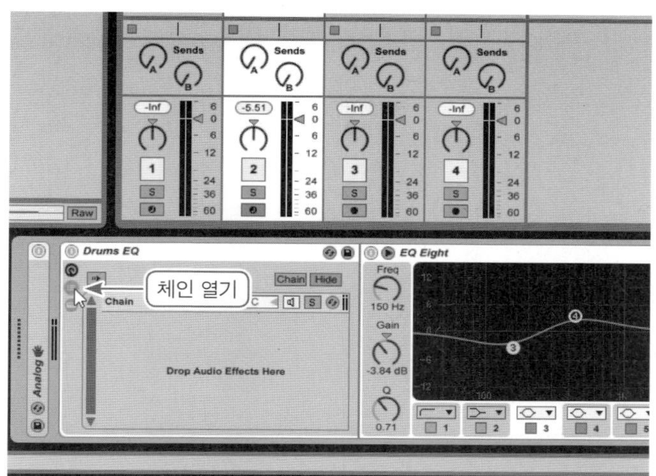

09 Analog 타이틀 바를 더블 클릭하여 패널을 닫고, 랙의 체인 리스트 버튼을 클릭하여 엽니다.

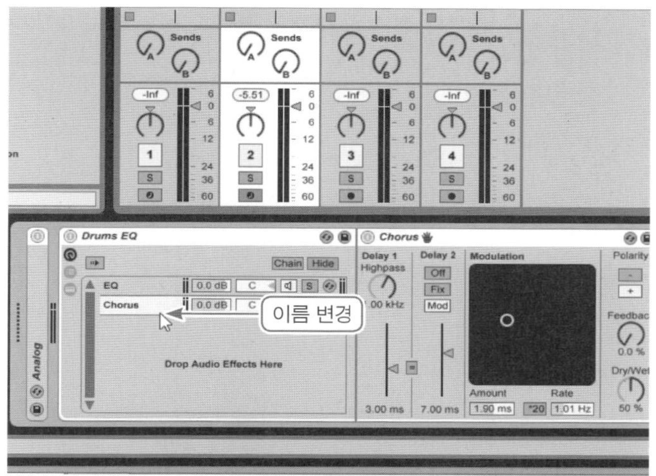

10 Audio Effects 카테고리의 Chorus를 체인 리스트로 드래그하여 등록합니다. 그리고 Ctrl+R 키를 눌러 각 체인의 이름을 EQ와 Chorus로 구분하기 쉽게 변경합니다.

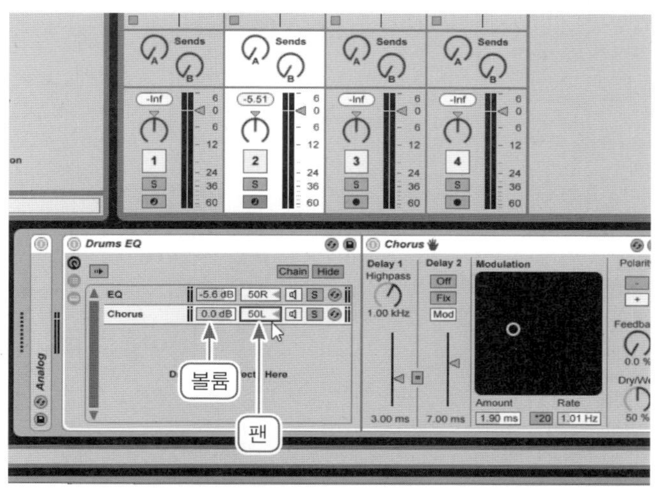

11 EQ 체인의 볼륨을 -6dB 정도 줄이고, 팬을 50R로 조정합니다. Chorus 체인은 팬만 50L로 조정합니다. Analog 사운드가 체인을 통과하면서 오른쪽 채널에서는 EQ가 적용된 사운드가 들리고, 왼쪽 채널에서는 Chorus가 적용된 사운드가 들리게 됩니다.

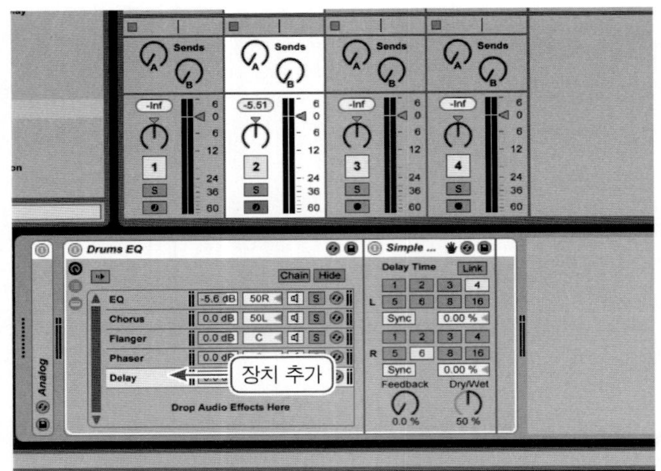

12 체인에 좀 더 많은 장치를 장착하고 존으로 구분하여 사용하는 것도 가능합니다. Flanger, Phaser, Simple Delay를 추가로 장착하고, 각 체인의 이름을 변경합니다.

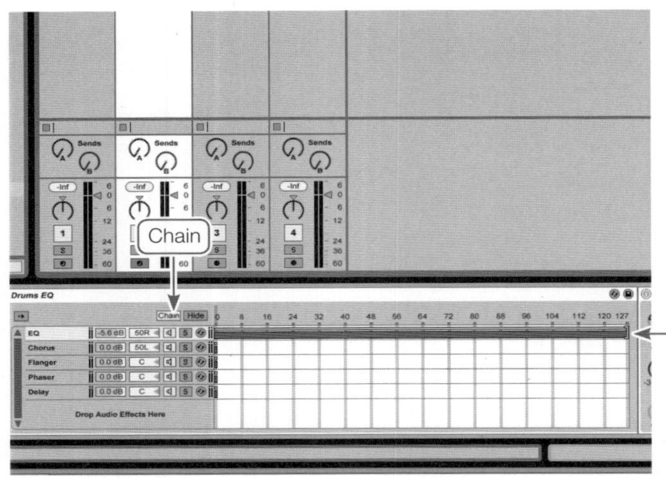

13 5개의 체인을 존으로 나누어 사용하는 방법을 살펴보겠습니다. Chain 버튼을 클릭하여 에디터 창을 열고, EQ 체인의 존(Zone) 막대를 드래그하여 127까지 늘립니다.

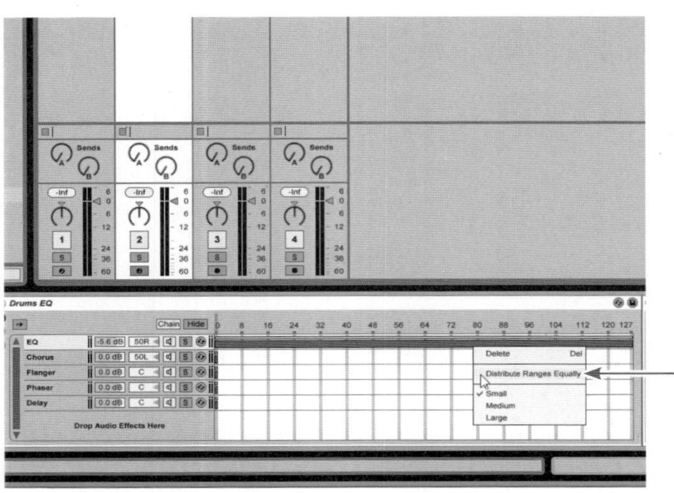

14 마우스 오른쪽 버튼을 클릭하여 단축메뉴를 열고, Distribute Ranges Equally를 선택합니다. 5개의 체인이 동일한 길이의 존으로 조정됩니다.

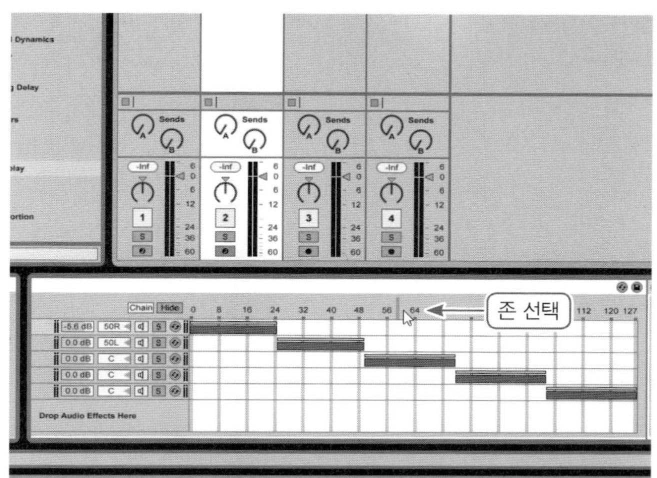

15 룰러 라인을 클릭하면 주황색 라인을 이 동시키면 해당 위치의 존이 적용됩니다. 64 부근을 클릭하면 가운데 위치한 Flanger 체인 이 적용된 사운드를 모니터 할 수 있습니다.

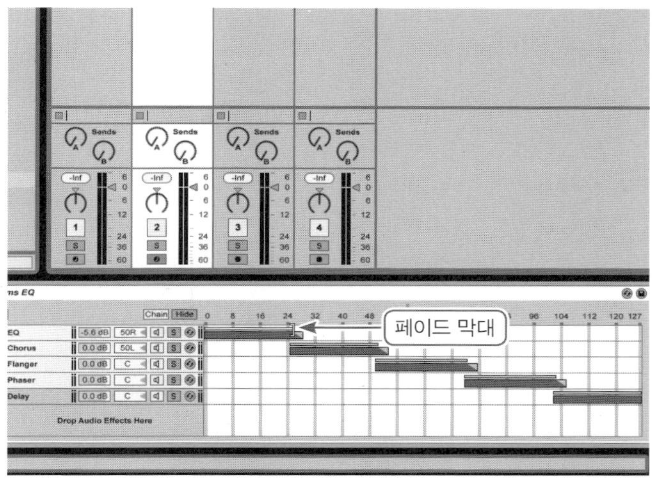

16 EQ에서 Phaser 체인까지를 Shift 키를 이용하여 선택하고, 존 막대의 오른쪽 끝을 드래그하여 겹치게 합니다. 그리고 존 막대 위쪽에 가늘게 표시되어 있는 페이드 막대를 왼쪽으로 드래그하여 겹친 범위를 페이드 아 웃으로 만듭니다.

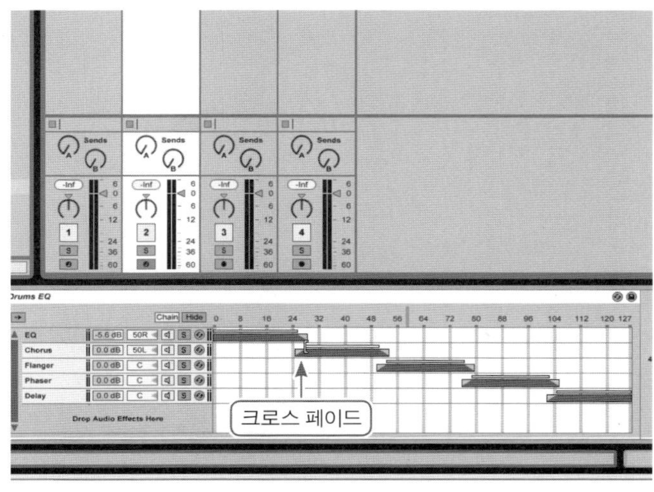

17 Chorus에서 Delay 체인까지를 Shift 키 를 이용하여 선택하고, 페이드 막대 왼쪽을 드래그하여 페이드 인을 만듭니다. 각 존을 크로스 페이드로 자연스럽게 연결시키는 것 입니다.

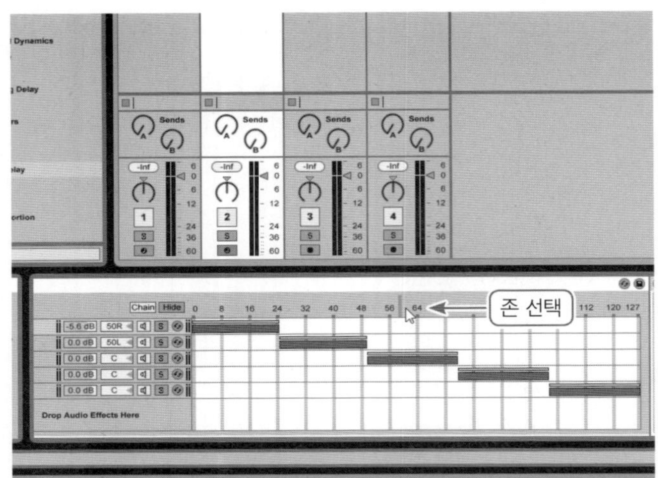

18 룰러 라인을 클릭하여 주황색 라인을 이동시키면 해당 위치의 존이 적용됩니다. 64 부근을 클릭하면 가운데 위치한 Flanger 체인이 적용되는 것입니다.

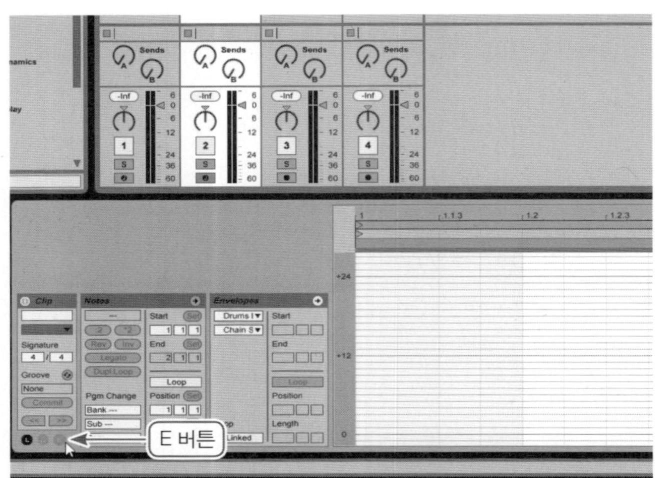

19 체인 존을 엔벨로프로 기록하여 적용하는 것도 가능합니다. 트랙의 슬롯을 더블 클릭하여 에디터 뷰를 열고, Clip 창의 E 버튼을 클릭하여 엔벨로프 창을 엽니다.

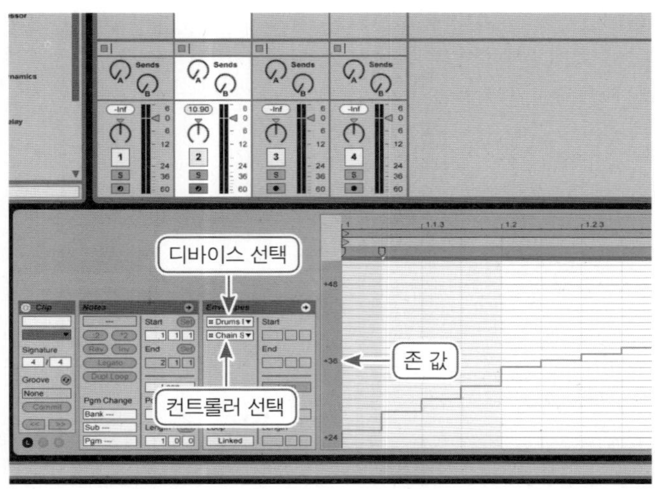

20 디바이스 선택 메뉴에서 랙을 선택하고, 컨트롤러 선택 메뉴에서 Chain Selector를 선택합니다. 그리고 연필 툴을 이용해서 엔벨로프 라인을 그립니다. 클립을 재생할 때 구간별로 체인을 적용하는 것입니다. 존 값은 에디터 창 왼쪽에 표시됩니다.

TIP : 연필 툴 선택 단축키는 B 키 입니다.

● 악기 랙

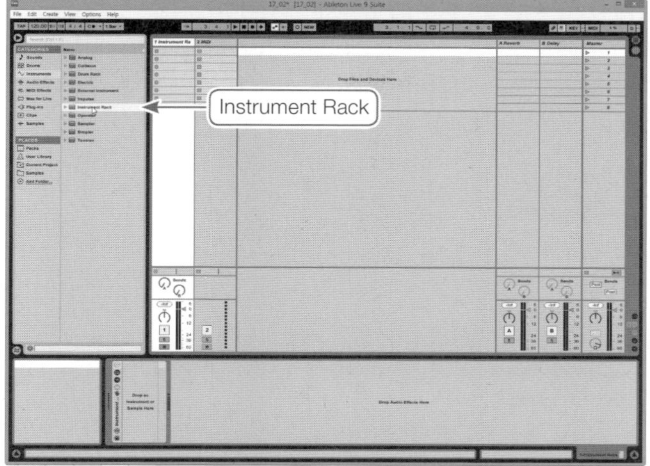

01 악기 랙은 키와 벨로시티 존을 설정할 수 있는 기능을 제공합니다. Ctrl+N 키를 눌러 새 프로젝트를 만들고, Instruments 카테고리의 Instrument Rack을 더블 클릭합니다.

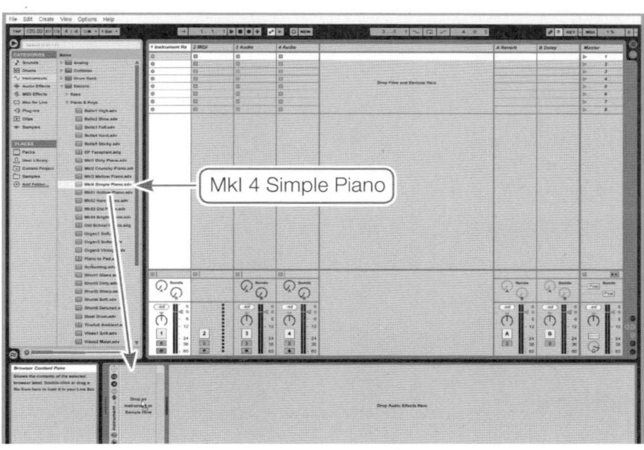

02 Instruments 카테고리의 Electric에서 Piano & Keys 폴더를 열고, MkI4 Simple Piano.adv 프리셋을 악기 랙으로 드래그하여 장착합니다.

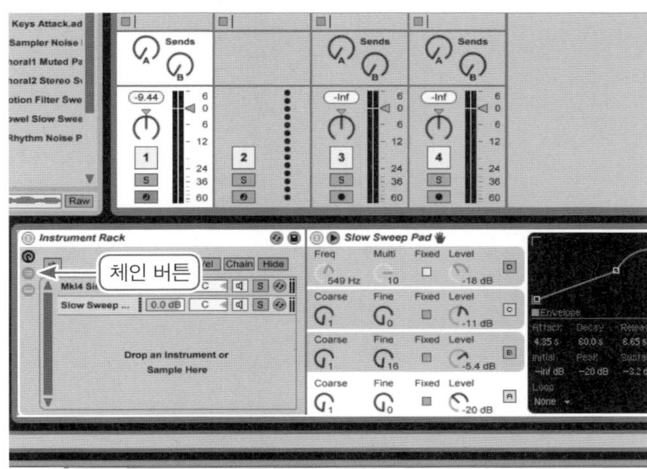

03 랙의 체인 버튼을 클릭하여 열고, Instruments 카테고리의 Operator에서 Pad 의 Slow Sweep를 드래그하여 장착합니다. 랙을 이용하여 피아노와 패드 합성 음색을 간단하게 만들고 있는 것입니다.

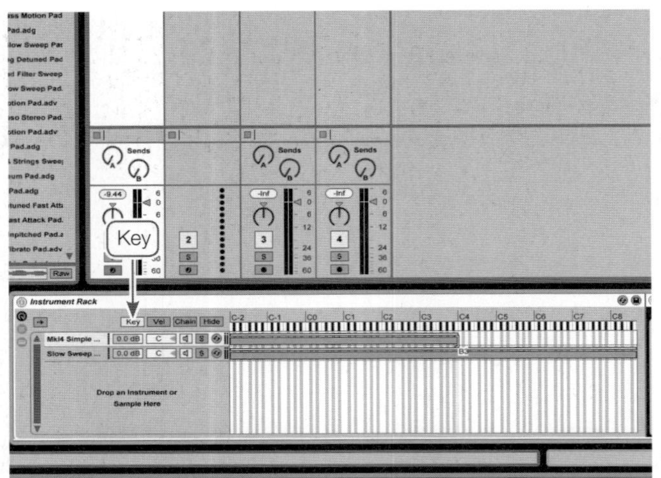

04 악기 랙 체인에는 Key와 Vel 버튼이 보입니다. Key는 존 범위를 음정으로 결정하는 것입니다. Key 버튼을 클릭하여 에디터 창을 열고, 피아노 음색 존의 오른쪽 끝 부분을 드래그하여 B2까지 줄입니다.

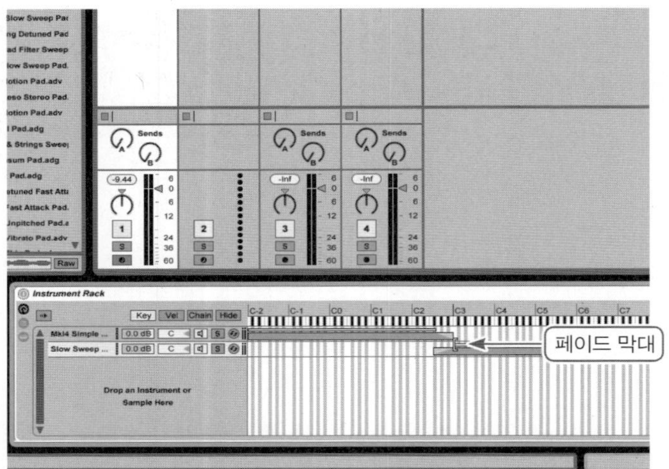

05 패드 음색의 존 막대 왼쪽을 드래그하여 F#2 위치로 조정합니다. 겹치는 부분은 페이드 인/아웃으로 처리합니다. 건반을 눌러보면 C3 이상에서 패드 음색이 연주되고, 이하에서 피아노 음색이 연주되는 것을 확인할 수 있습니다.

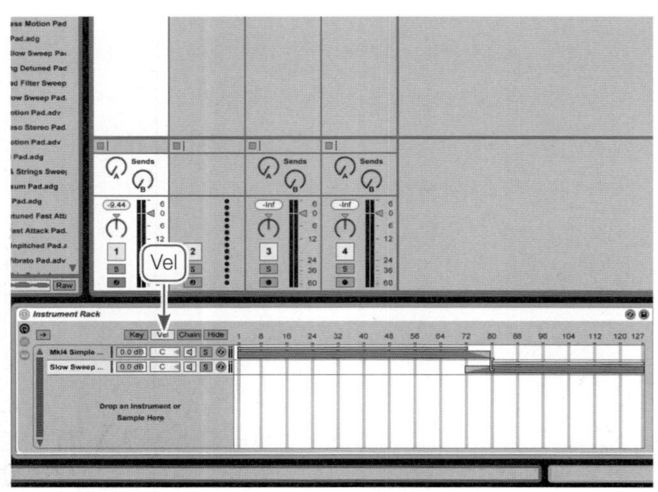

06 키 존 막대를 원상태로 되돌리고, Vel 버튼을 클릭합니다. 그리고 80을 중심으로 피아노와 패드 존을 조정합니다. 건반을 눌러보면 벨로시티 80 이상에서 패드 음색이 연주되고, 이하에서 피아노 음색이 연주되는 것을 확인할 수 있습니다.

● 드럼 랙

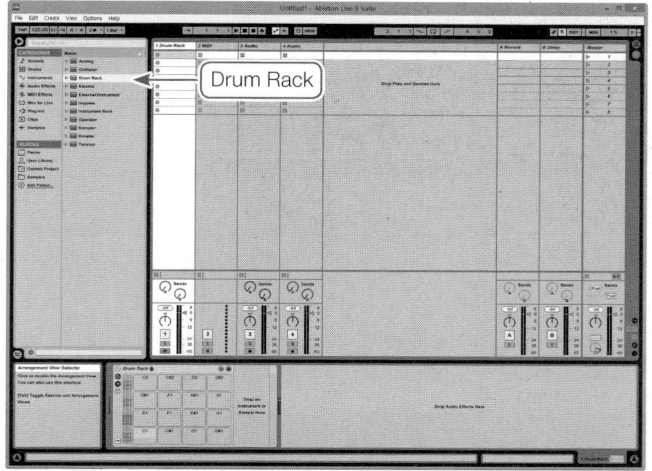

01 드럼 랙은 세트 구성을 위한 패드와 In/Output, Send/Return, Auto Select 파라미터를 제공합니다. Ctrl+N 키를 눌러 새로운 프로젝트를 만들고, Instruments 카테고리의 Drum Rack을 더블 클릭하여 장착합니다.

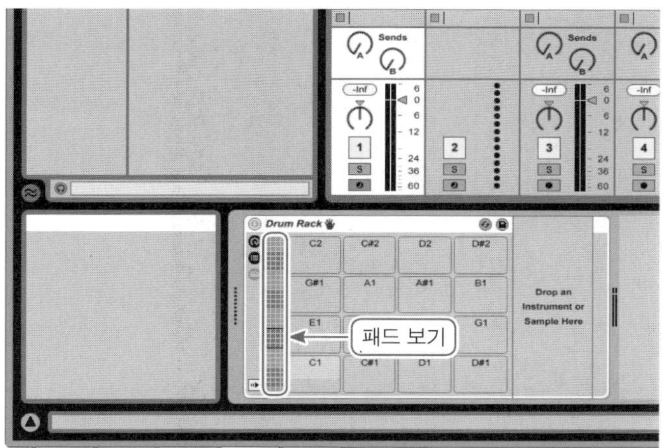

02 드럼 랙은 샘플 맵핑을 위한 패드를 제공하며, 16개씩 한 그룹으로 형성되어 있습니다. 패드 왼쪽의 패드 보기 버튼을 클릭하여 각각의 그룹으로 이동이 가능합니다.

> TIP : Alt 키를 누른 상태로 패드 보기 버튼을 클릭하거나 드래그하면 한 칸씩 이동이 가능합니다.

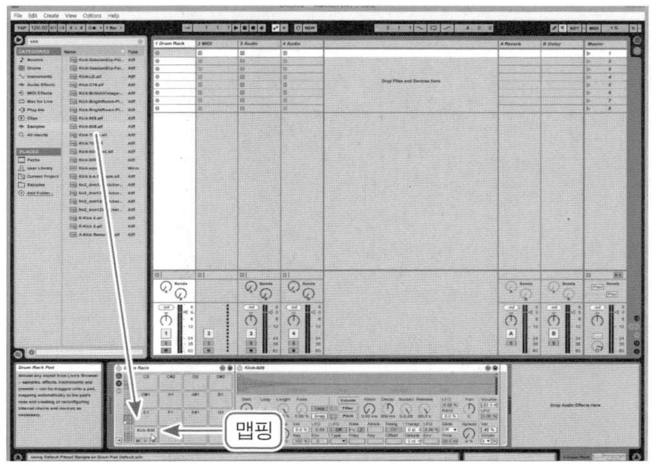

03 각 패드에는 Live에서 제공하는 것이나 사용자가 가지고 있는 샘플을 드래그하여 맵핑할 수 있습니다. Ctrl+F 키를 눌러 검색 창을 선택하고 Kick 샘플을 찾아 맵핑해봅니다.

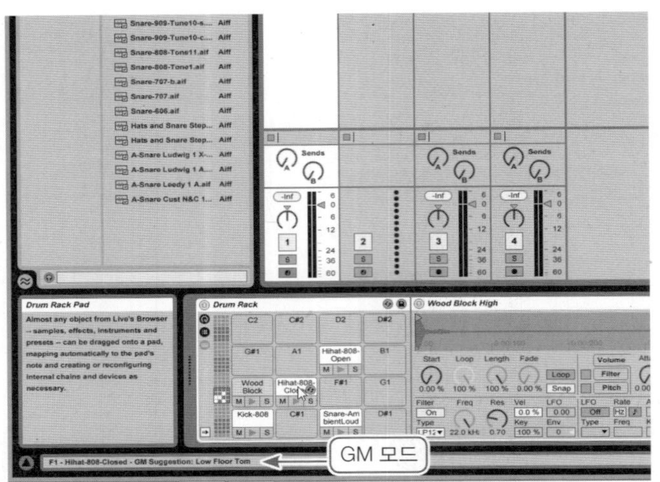

04 Snare와 Hihat도 같은 방법으로 맵핑하여 드럼 세트를 만들어봅니다. 패드에 마우스를 위치시키면 GM 모드 권장 악기가 표시되며, 오른쪽에는 샘플을 편집할 수 있는 Simpler 패널이 보입니다.

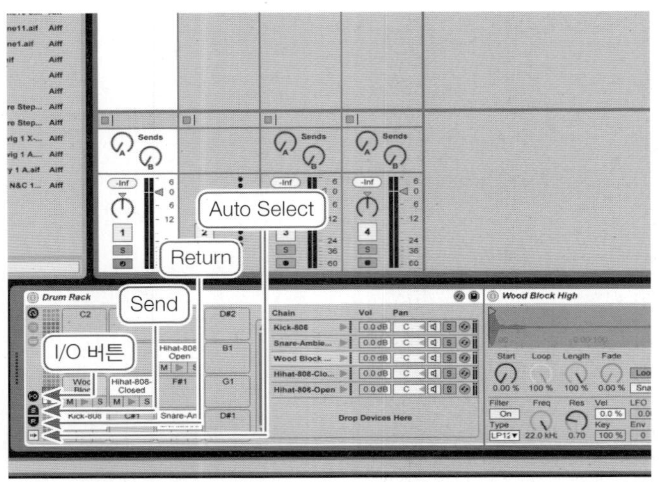

05 체인 버튼을 클릭하여 열면, 각 패드의 샘플들이 체인으로 구성된다는 것을 확인할 수 있습니다. 드럼 랙에서만 제공되는 I/O, Send, Return, Auto 버튼을 볼 수 있습니다.

06 드럼 랙 트랙에는 삼각형 모양의 그룹 버튼이 표시되며, 이를 클릭하여 각 체인의 볼륨, 팬, 센드 값 등을 독립적으로 컨트롤할 수 있습니다.

07 체인에 이펙트를 인서트 방식으로 걸 때
는 체인을 선택하고 Simper 바로 오른쪽의 랙
안쪽으로 드래그하거나 바로 해당 체인으로
드래그하면 됩니다.

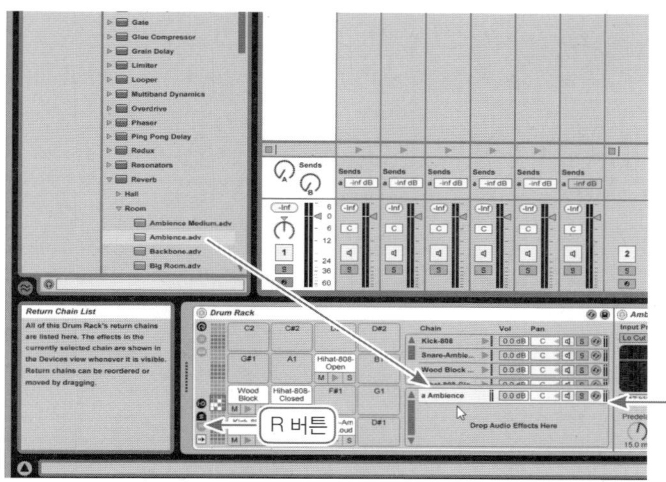

08 이펙트를 리턴 방식으로 적용할 때는 R
버튼을 클릭하여 리턴 리스트를 열고, 이펙트
를 리스트로 드래그합니다.

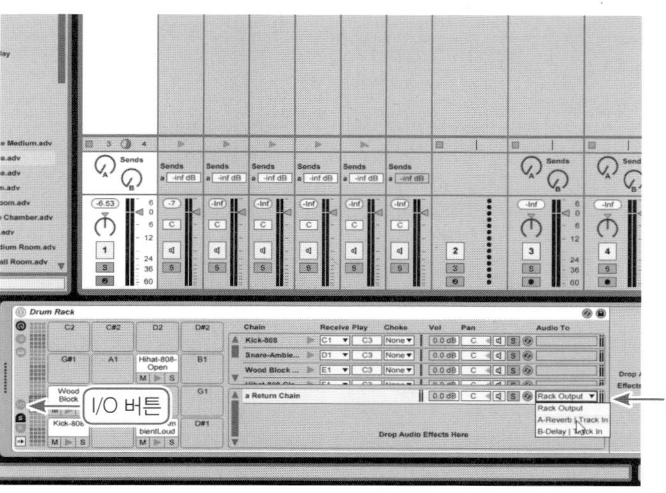

09 아웃을 리턴 트랙으로 설정하는 방법도
있습니다. I/O 버튼을 클릭하여 파라미터를
열고, 리턴 리스트의 Audio To를 리턴 트랙
으로 선택합니다.

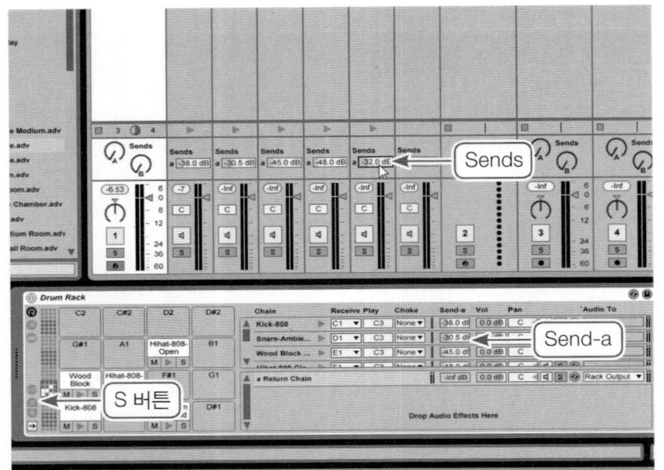

10 센드 값은 S 버튼을 클릭하여 Send-a 파라미터를 열거나 트랙 믹서의 Sends 슬라이더를 이용해서 조정합니다.

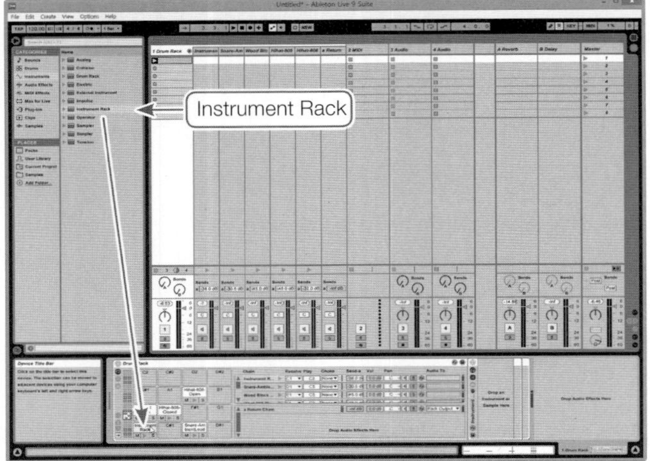

11 드럼 랙은 패드에 악기 랙을 맵핑해서 합성 사운드를 만들 수 있습니다. Instruments 카테고리의 Instrument Rack을 패드로 드래그하여 맵핑합니다.

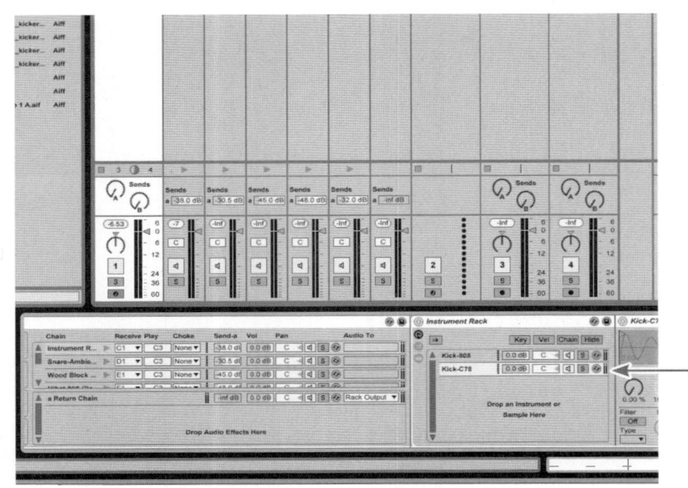

12 Instrument Rack의 체인 리스트를 열고, 두 가지 이상의 샘플을 드래그하면, 간단하게 합성 사운드를 만들 수 있는 것입니다.

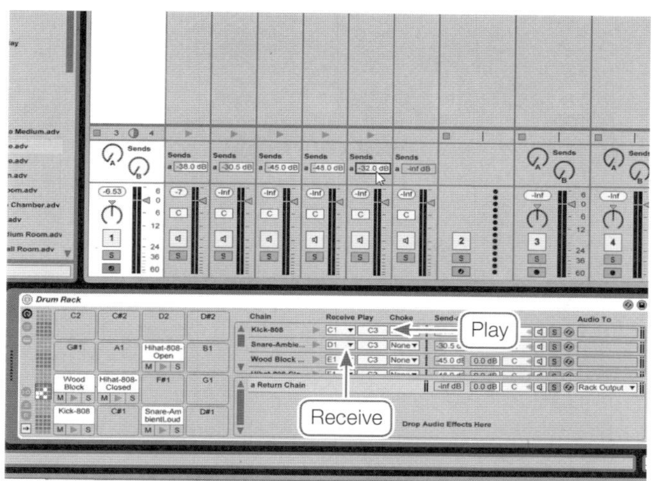

13 Receive 파라미터는 입력 노트를 나타내면 Paly는 체인 장치로 보내는 미디 노트를 나타냅니다. Paly 값은 C3가 기본이며 음정 변화에 따라 샘플의 음정이 변화됩니다.

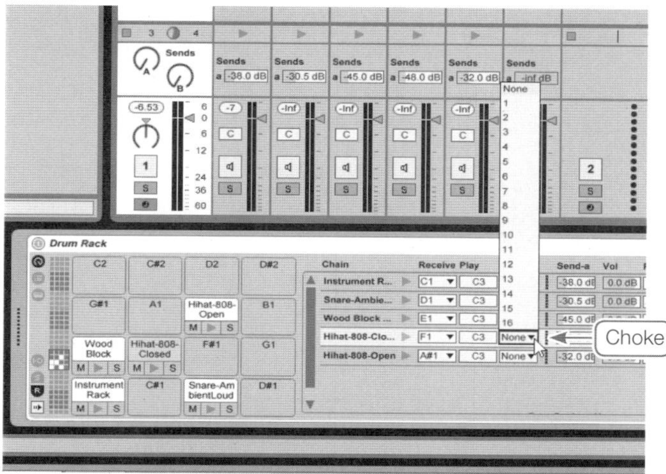

14 Choke는 그룹을 지정하는 것이며, 같은 그룹의 체인을 뮤트시킵니다. Close HH과 Open HH 처럼 함께 연주되는 것을 방지하고자 할 때 유용한 기능입니다.

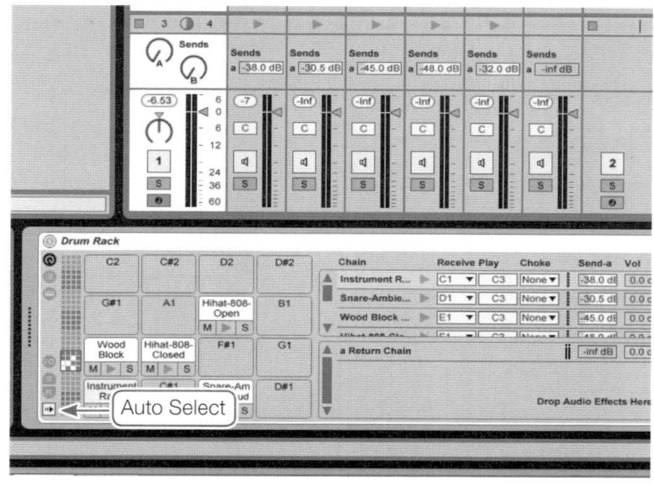

15 Auto Select 버튼은 노트를 연주할 때 해당 체인이 자동으로 선택되도록 하는 역할을 합니다.

● 매크로 컨트롤

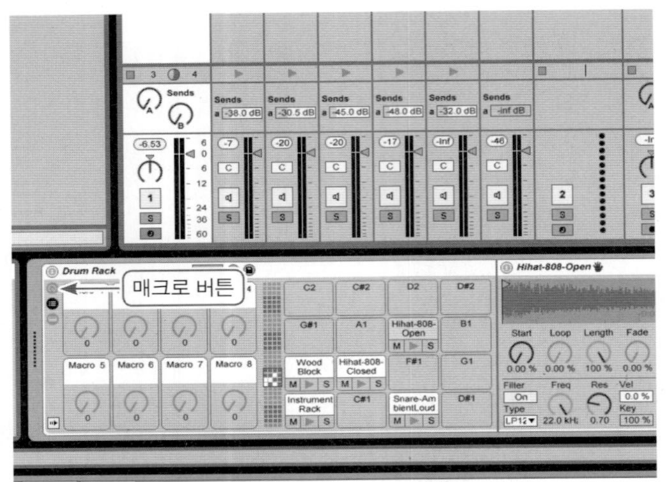

01 라이브 랙은 실시간 조정이 필요한 파라미터를 하나의 컨트롤러로 연결시켜 사용할 수 있는 매크로 뷰를 제공합니다. 매크로 버튼을 클릭하여 뷰를 엽니다.

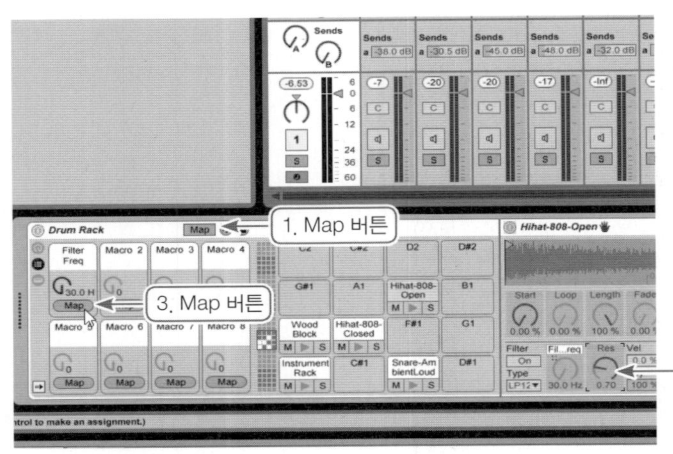

02 Map 버튼을 클릭하면 연결 가능한 파라미터가 녹색으로 표시됩니다. 연결할 파라미터를 선택하고 Map 버튼을 클릭하면 되며, 하나의 매크로 컨트롤에 두 개 이상의 파라미터 연결도 가능합니다.

03 컨트롤러의 조정 범위는 최소(Min), 최대(Max) 값으로 정해둘 수 있으며, 매크로 컨트롤러은 Ctrl+R 키를 눌러 구분하기 쉬운 이름으로 변경 가능합니다.

맥스 포 라이브

Max For Live는 악기, 오디오 이펙트 등의 장치를 확장하는 추가 프로그램 입니다. 장치 패키지의 대부분 유료이지만, Live의 기능을 한 층 업그레이드 시킬 수 있는 방법입니다. Max For Live 패키지는 ableton.com/en/packs에서 다운로드 방식으로 구매할 수 있으며, 무료로 제공되는 것들도 있습니다.

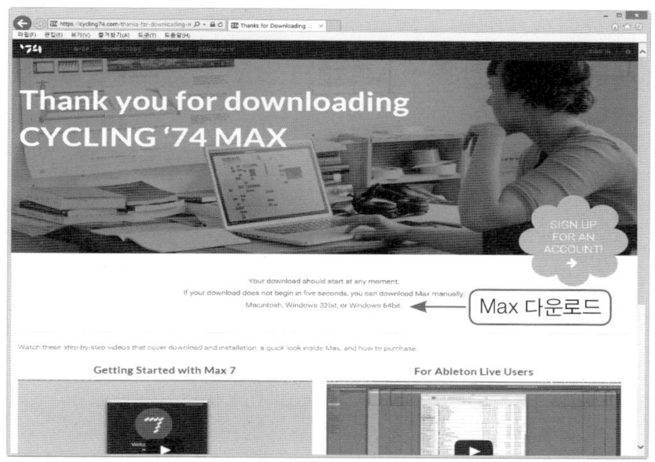

01 Max For Live 패키지를 사용하기 위해서는 Cycling74.com에서 운영체제에 맞는 Max 프로그램을 다운받아 설치해야 합니다.

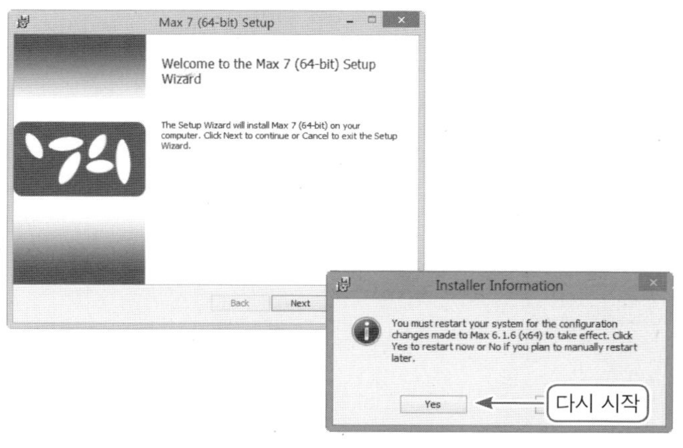

02 설치 과정은 Ableton과 비슷합니다. 다운 받은 파일을 더블 클릭하여 실행하고 화면 지시대로 Next 버튼을 클릭하여 진행하면 됩니다. 단, 마지막에 Yes 버튼을 클릭하여 시스템을 다시 시작해야 하므로, 작업 중인 프로그램이 있다면 모두 종료합니다.

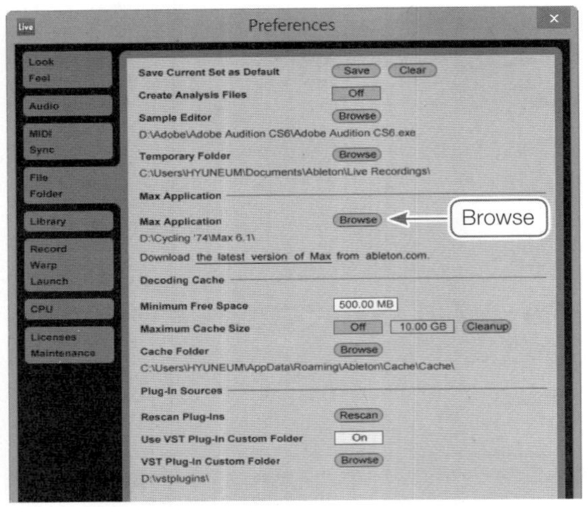

03 Ableton Live의 Options 메뉴에서 Preferences를 선택하여 창을 열고, File/Folder 페이지의 Max Application에서 경로가 인식되었는지 확인합니다. 인식되지 않았다면 Browse 버튼을 클릭하여 설치 폴더를 수동으로 지정합니다.

TIP : 언제든 the latest version of Max 문자를 클릭하여 최신 버전을 다운 받을 수 있습니다.

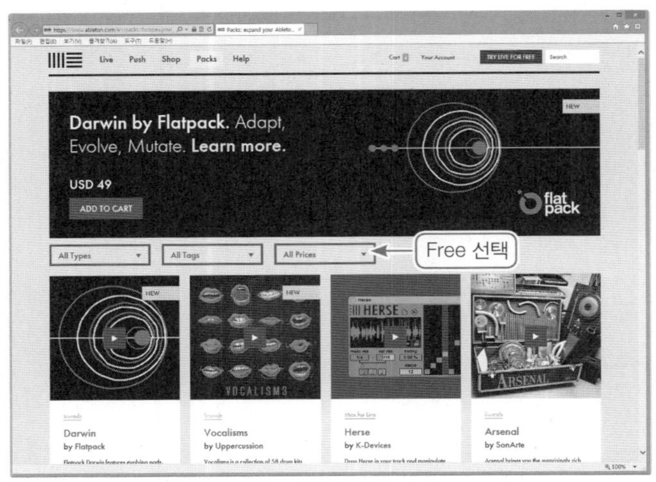

04 악기, 사운드, Max for Live 패키지는 Ableton.com/en/packs에서 유/무료로 다운로드 받아 설치할 수 있습니다. 무료만 확인을 하겠다면 카테고리 메뉴에서 Free를 선택합니다.

TIP : ableton 홈페이지는 수시로 리뉴얼 되므로, 그림과 차이가 있을 수 있습니다.

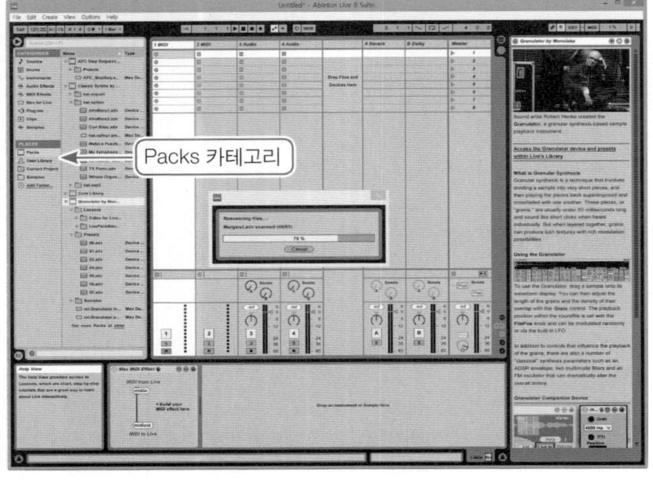

05 다운 받은 패키지 파일을 더블 클릭하면 Places의 Packs 카테고리에 자동으로 등록되며, 해당 패키지의 사용법을 익힐 수 있는 Help 창이 열립니다.

06 설치된 장치들은 Max for Live 카테고리에서 오디오 및 미디 이펙트와 악기 콘텐츠로 추가되며 일반 장치와 동일하게 사용할 수 있습니다.

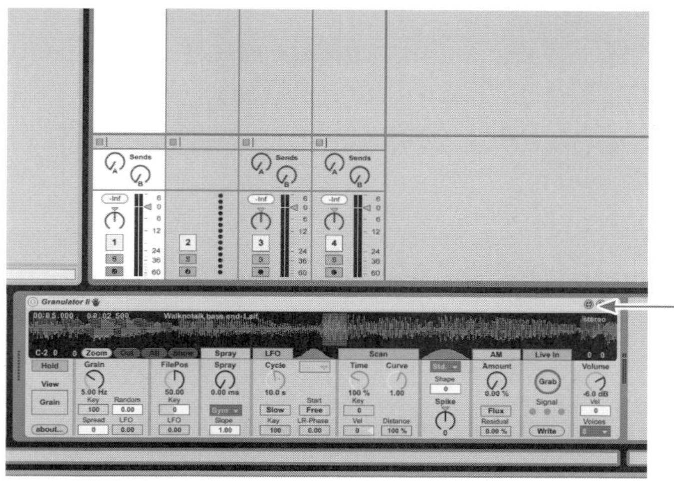

07 Mac for Live 장치들은 파라미터의 구조나 프로세서 라인을 사용자가 원하는데로 프로그래밍 할 수 있습니다. 필요하다면 Edit 버튼을 클릭합니다.

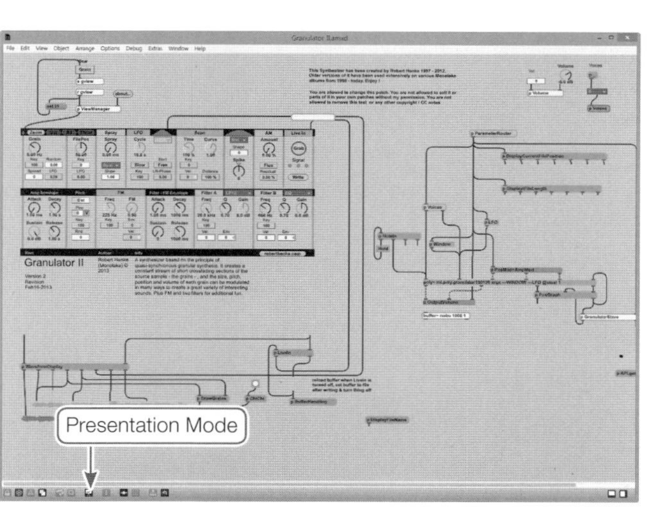

08 장치를 프로그래밍할 수 있는 Max가 실행되며, 하단 도구의 Presentation Mode 버튼을 클릭하면 프로세서 라인을 확인할 수 있습니다. 뮤지션이 장치까지 프로그래밍할 일은 없으므로, Max for Live의 개념만 이해하는 것으로 마무리하겠습니다. 자세한 내용은 Cycling74.com의 Tutorials을 참조합니다.

비디오 작업

Live는 PC 버전의 AVI 및 Mac 버전의 MOV 비디오 파일을 불러와 음악 동기 작업을 진행할 수 있습니다. 영상을 직접 편집할 수는 없지만, 뮤지션은 이미 제작된 영상에 음악을 맞추는 역할만으로도 충분합니다. 클럽의 프로젝트 영상에서부터 영화 음악, CF 등, 다양한 영상 음악 작업에 응용할 수 있기를 바랍니다.

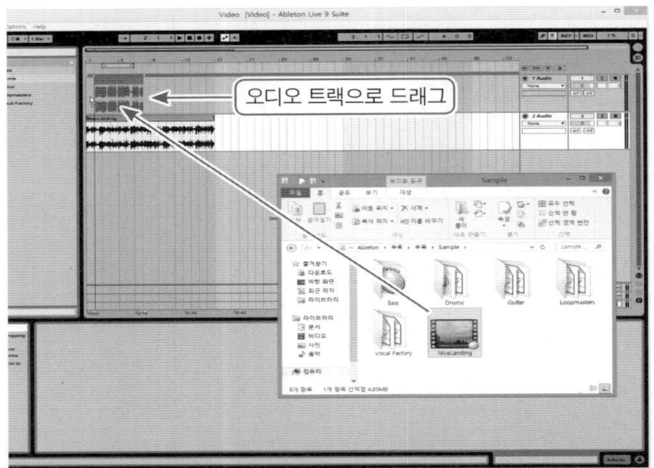

01 부록 CD의 Video 프로젝트를 열고, 탐색기에서 Sample 폴더의 NiceLanding 비디오 파일을 오디오 트랙의 2 마디 위치로 드래그하여 가져다 놓습니다.

TIP : PC에서 비디오가 임포트되지 않는다면, 부록 CD의 DivXInstaller를 설치합니다.

02 비디오 창이 자동으로 열립니다. 비디오 창을 닫았다면 View 메뉴의 Video Window를 선택하여 언제든 다시 열 수 있습니다.

TIP : 비디오 창의 크기는 경계선을 드래그하여 조정할 수 있습니다.

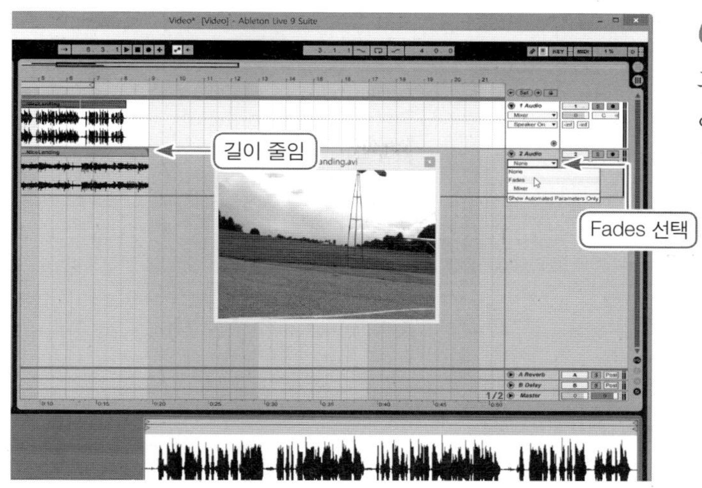

03 미리 준비한 오디오 클립 오른쪽을 드래그하여 9마디 위치로 줄입니다. 그리고 디바이스 선택 메뉴에서 Fades를 선택합니다.

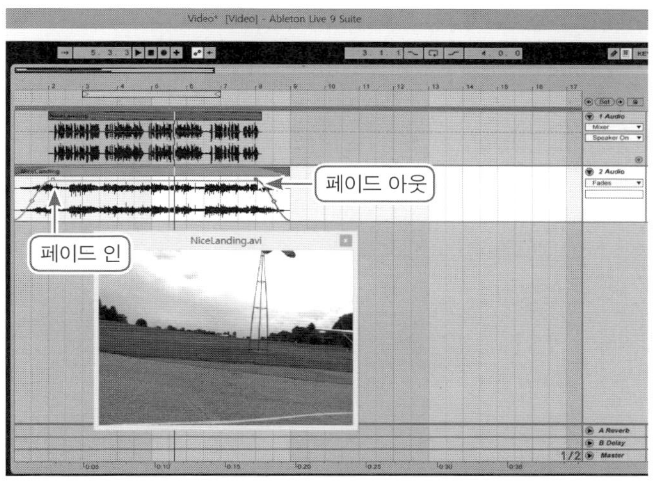

04 룰러 라인을 드래그하여 작업 공간을 확대하고, 클립 시작 위치의 페이드 인과 끝 위치의 페이드 아웃 포인트를 영상 클립의 시작과 끝 위치로 드래그하여 조정합니다.

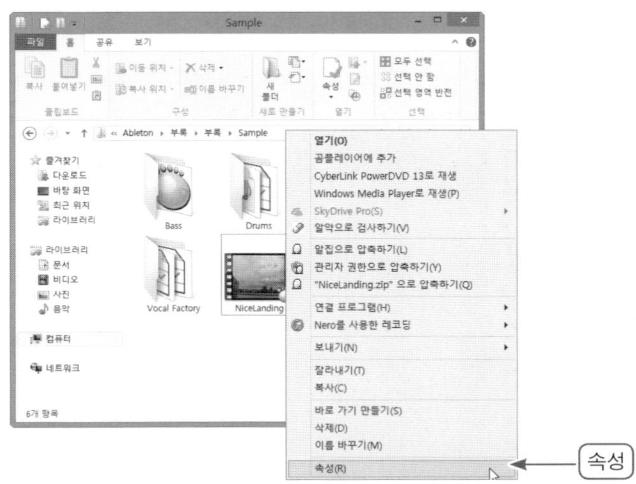

05 실습에서는 간단하게 영상의 백그라운드 음악을 깔아본 것이지만, 타임 단위로 작업할 일도 많습니다. Sample 폴더의 NiceLanding 비디오 파일을 마우스 오른쪽 버튼으로 클릭하여 단축 메뉴를 열고, 속성을 선택합니다.

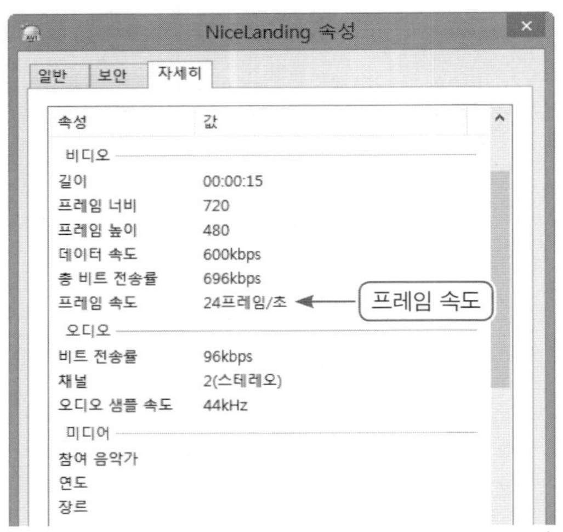

06 자세히 탭을 클릭하여 열어보면 프레임 크기와 속도 등의 비디오 정보를 확인할 수 있습니다. 샘플의 경우에는 프레임 속도가 24 프레임/초 입니다. 국내 방송의 경우에는 29.97 fps(Non-Drop/NTSC)이 표준입니다.

07 작업 공간 아래쪽에 보이는 타임 룰러에서 마우스 오른쪽 버튼을 클릭하여 단축 메뉴를 열고, 비디오 정보에서 확인한 24 fps(Film)을 선택합니다. 비디오와 동일한 프레임으로 표시를 하면, 클라이언트가 요구하는 정확한 시간에 맞추어 음악 작업을 할 수 있습니다.

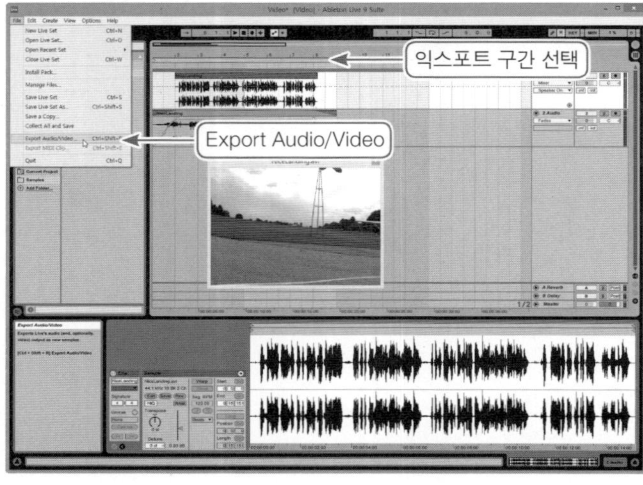

08 완성된 음악을 비디오와 통합하여 저장할 수 있습니다. 루프 라인을 1~9 마디 길이로 조정하고, File 메뉴의 Export Audio/Video를 선택합니다.

09 Create Video 버튼을 On으로 하고 Video Settings에서 엔코더를 선택합니다. 엔코더의 종류는 사용자 컴퓨터에 설치되어 있는 것에 따라 다릅니다.

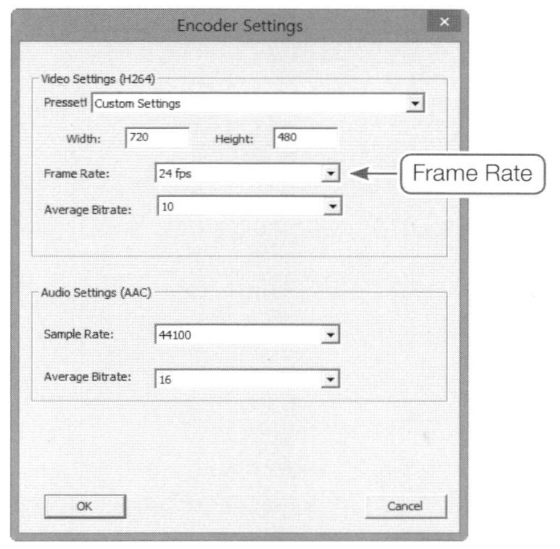

10 Encoder Settings의 Edit 버튼을 클릭하여 창을 열고, 프레임 크기와 속도(Frame Rate)를 설정합니다. 일반적으로 비디오 원본과 동일하게 맞춥니다.

11 OK 버튼을 클릭하여 저장하면 백그라운드 음악이 첨부된 비디오를 완성할 수 있습니다. 물론, 클라이언트에겐 오디오 파일만 전해주면 됩니다.

Music Making

프로그램이나 음악 작업 능력을 빠르게 향상시킬 수 있는 방법은 많이 만들어보는 것 뿐입니다. 클럽 비트로 유명한 하우스 댄스 음악을 만들어보면서 지금까지 학습한 Ableton Live의 기능을 정리하고, 습득하는 시간을 가져보겠습니다. 입문자는 실습을 무조건 따라 해보고, 앞의 기능 학습 편을 다시 한 번 반복해보기 바랍니다.

● 실습 1 - 드럼 비트 만들기

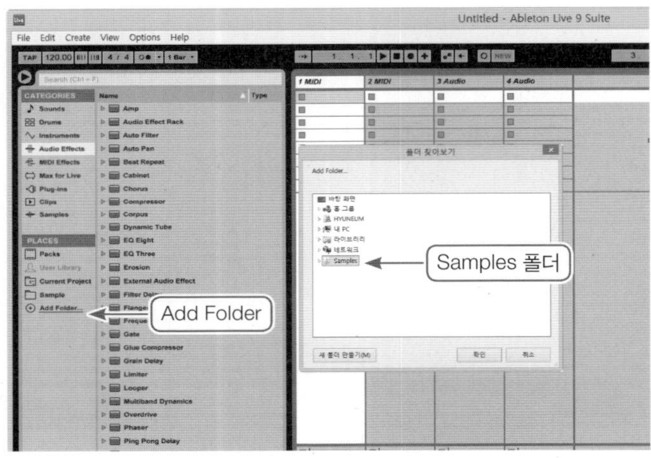

01 Kick & Clap

Ctlr+N 키를 눌러 새로운 세트를 만듭니다. Places 카테고리의 Add Folder를 클릭하여 사용자 컴퓨터에 복사해놓은 부록 CD의 Samples 폴더를 등록합니다.

TIP : 부록 CD의 Samples 폴더는 사용자 컴퓨터에 복사해놓고 사용해야 에러가 발생하지 않습니다.

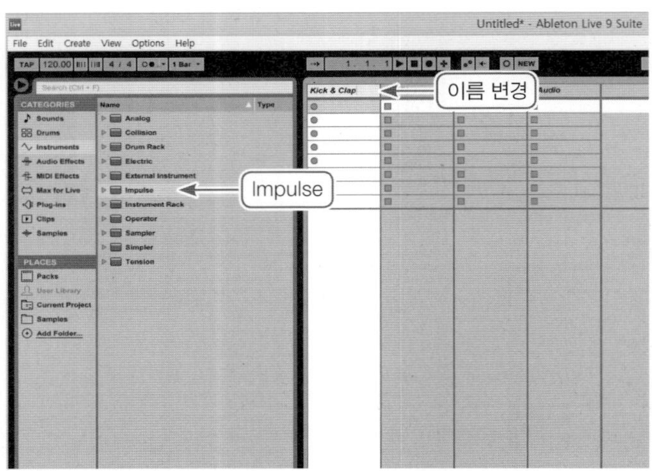

02 Instruments 카테고리의 Impulse를 미디 트랙으로 가져다 놓고, Ctrl+R 키를 눌러 이름을 Kick & Clap로 변경합니다.

03 Samples 카테고리의 Drum Hits 폴더에서 Kick, Clap, Snare 샘플을 차례로 드래그하여 Impulse 슬롯에 등록합니다. 사용자가 즐겨 사용하던 샘플을 이용해도 좋습니다.

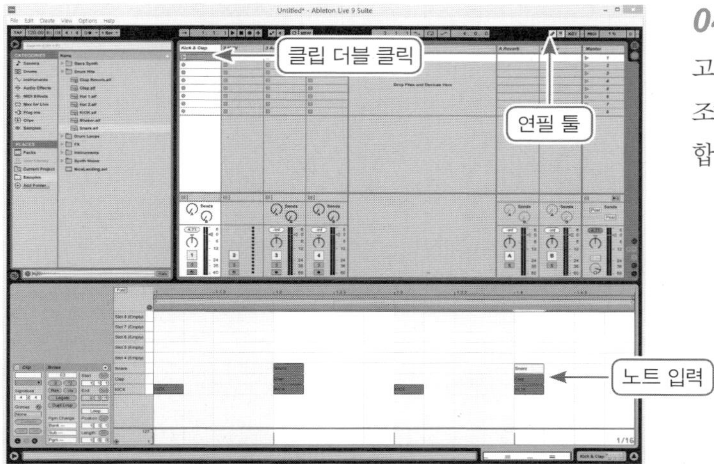

04 클립을 더블 클릭하여 에디터 창을 열고, 연필 툴을 선택합니다. 그리고 그림을 참조하여 하우스 비트에 해당하는 노트를 입력합니다.

05 Kick 슬롯의 솔로 버튼을 On으로 하여 사운드를 모니터 하면서 Decay 타임을 조정합니다. 실습에서는 샘플 전체가 연주될 수 있게 10s로 조정하고 있습니다.

TIP : 에디터 창과 디바이스 창의 전환 키는 Shift+Tab 입니다.

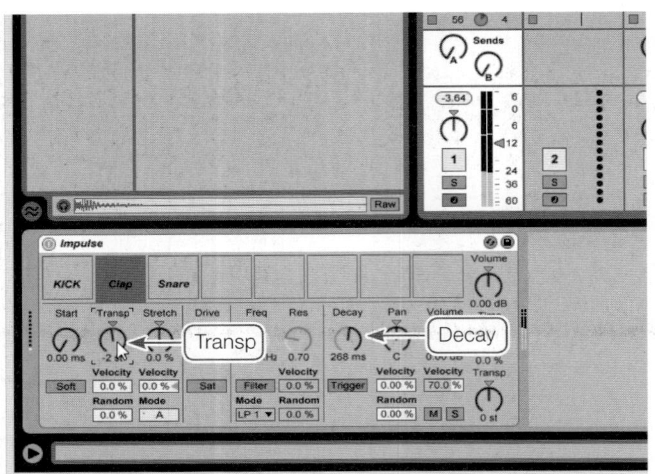

06 두 번째 슬롯의 Clap 샘플은 Decay 타임을 268ms 정도로 조정하고, Transp를 -2로 설정하여 음을 내립니다.

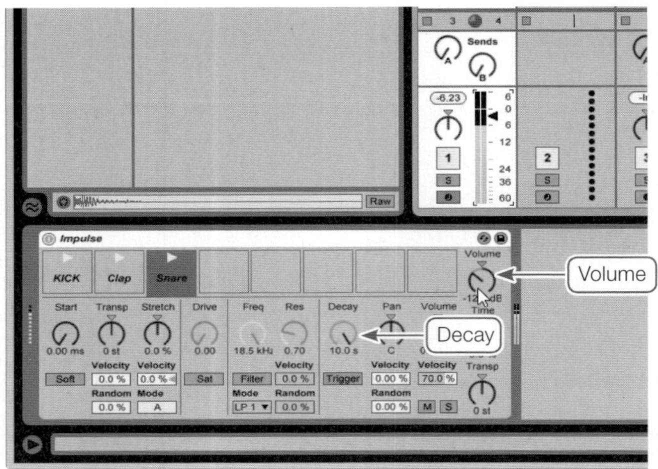

07 세 번째 슬롯의 Snare 샘플은 Decay 값을 10s로 설정합니다. 그리고 Volume 값을 -12dB 정도로 낮춥니다.

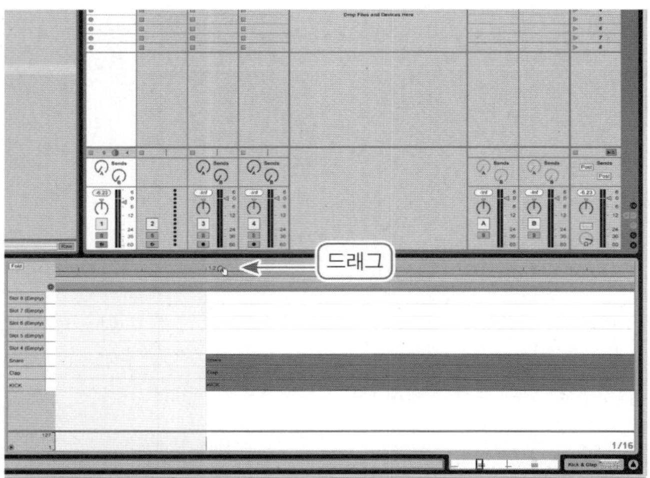

08 Shift+Tab 키를 눌러 에디터 창을 열고, 타임 라인을 드래그하여 작업 공간을 확대합니다.

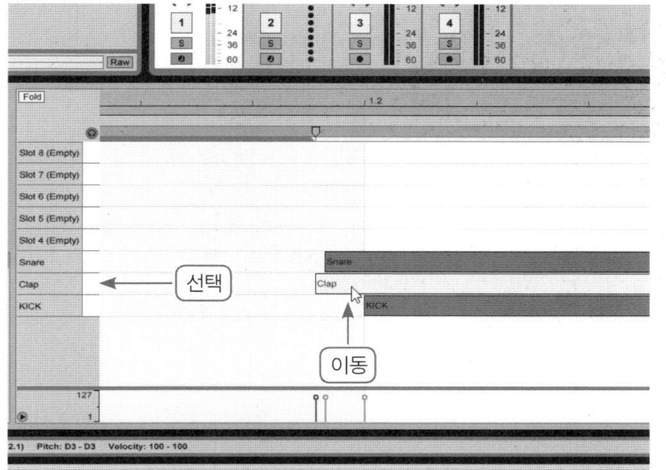

09 피아노 롤을 클릭하여 Clap 노트를 선택하고, 왼쪽으로 조금 이동시킵니다. Snare도 같은 방법으로 이동시켜 역동적인 느낌을 연출합니다.

TIP : 스네어가 살짝 앞서면 음악이 급해지는 느낌이 들고, 킥 드럼이 앞서면 약간 여유롭게 들립니다.

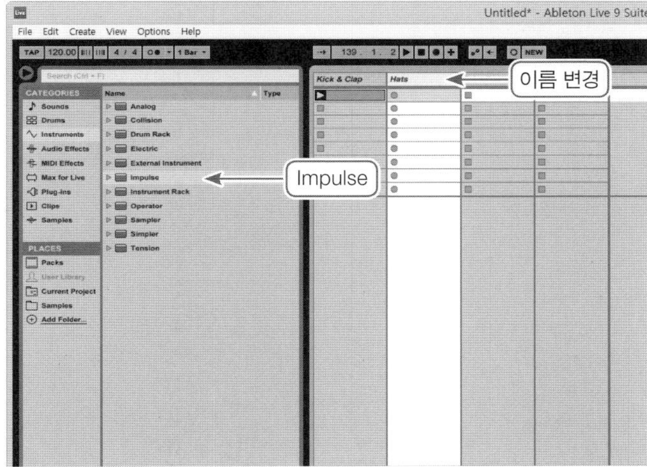

01 Hats

Instruments 카테고리의 Impulse를 2번 미디 트랙으로 드래그하여 장착하고, Ctrl+R 키를 눌러 이름을 Hats로 변경합니다.

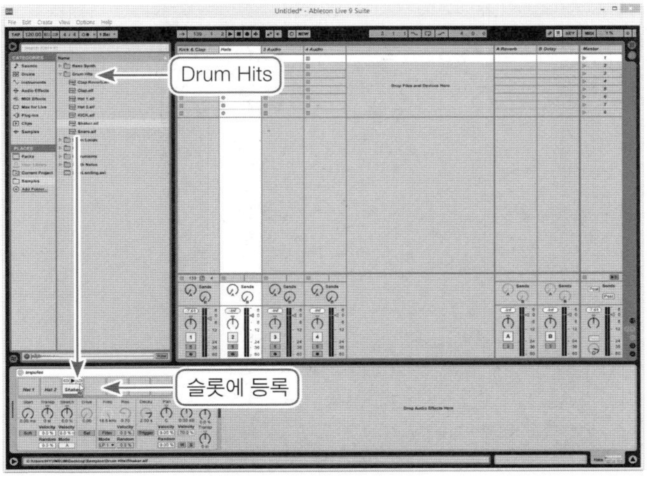

02 Samples 카테고리의 Dum Hits 폴더에서 Hat1, Hat2, Shaker 샘플을 차례로 드래그하여 Impulse 슬롯에 등록합니다.

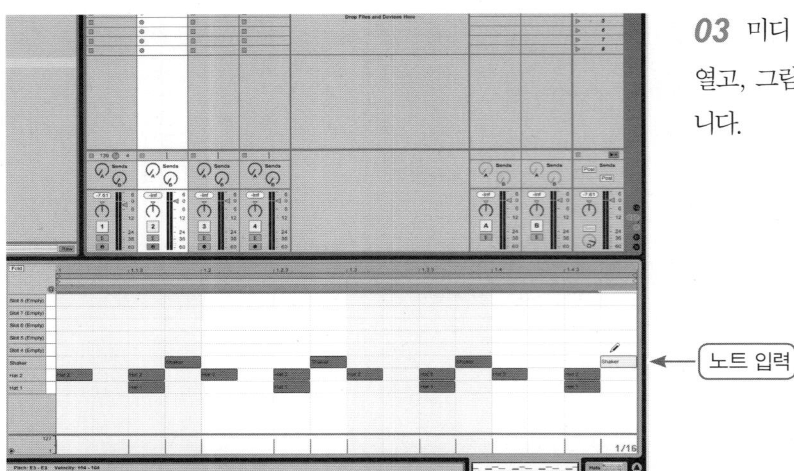

03 미디 클립을 더블 클릭하여 에디터 창을 열고, 그림을 참조하여 8비트 리듬을 입력합니다.

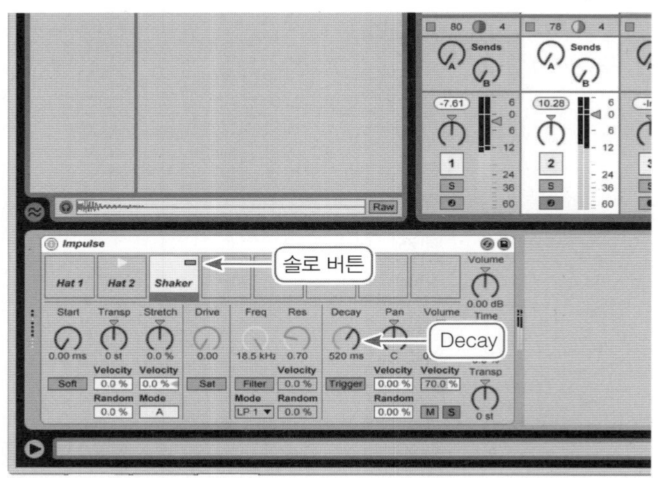

04 Shift+Tab 키를 눌러 디바이스 창을 엽니다. 세 번째 슬롯의 Shaker 샘플을 솔로로 모니터 하면서 출렁 거리지 않게 Decay 값을 줄입니다. 실습에서는 520ms 정도로 조정하고 있습니다.

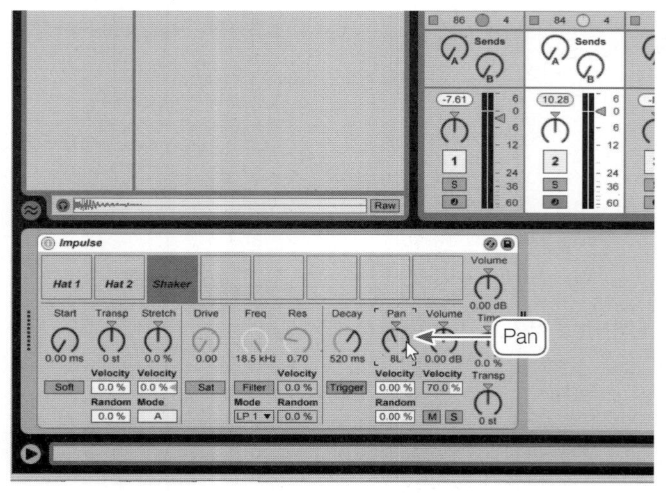

05 솔로 버튼을 Off로 하고 전체 사운드를 모니터 하면서 Pan 값을 10L 정도로 조정합니다. Shaker 사운드가 약간 왼쪽에서 들리게 하는 것입니다.

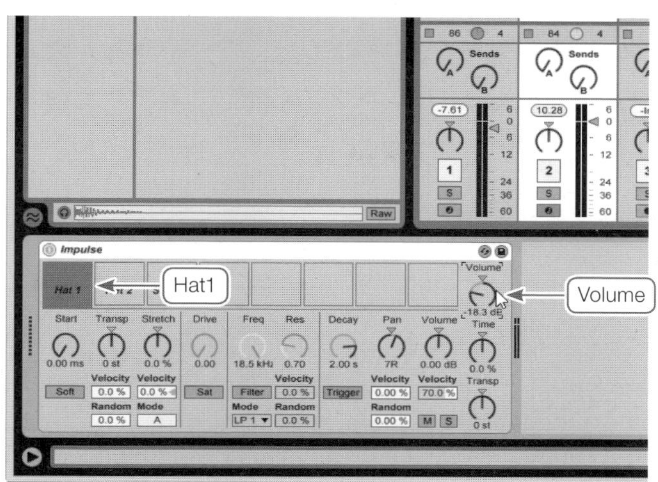

06 첫 번째 슬롯의 Hat 1 샘플을 선택하고 Pan 값을 10R 정도로 조정합니다. 그리고 Volume을 -18dB 정도 줄입니다.

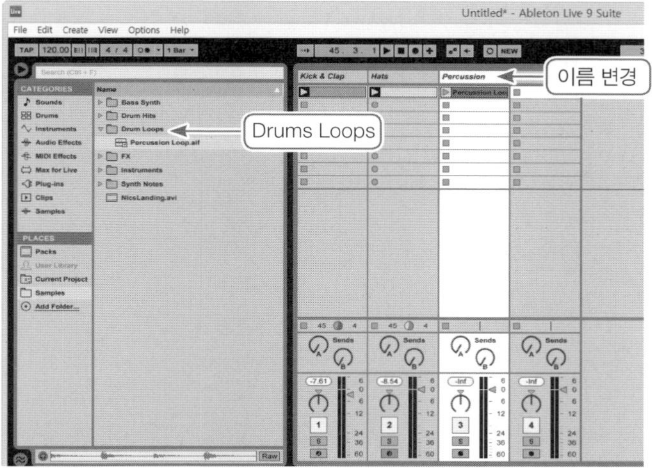

01 Audio Loop

Samples 카테고리의 Drum Loops 폴더에서 Percussion Loop.aif 샘플을 오디오 트랙으로 드래그합니다. 그리고 Ctrl+R 키를 눌러 이름을 Percussion으로 변경합니다.

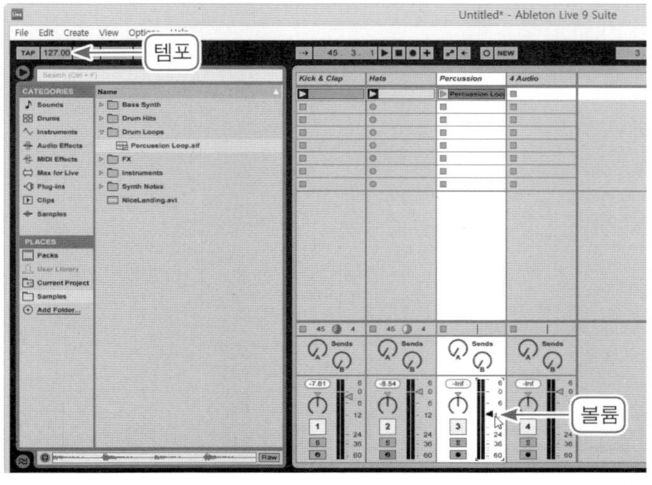

02 템포를 127로 조정하고, Percussion 트랙의 볼륨을 -12dB 정도로 줄입니다. Ctrl+S 키를 눌러 지금까지의 작업을 저장합니다.

> TIP : 실습-1은 부록 CD의 Projects 폴더에 Live-01로 저장되어 있습니다.

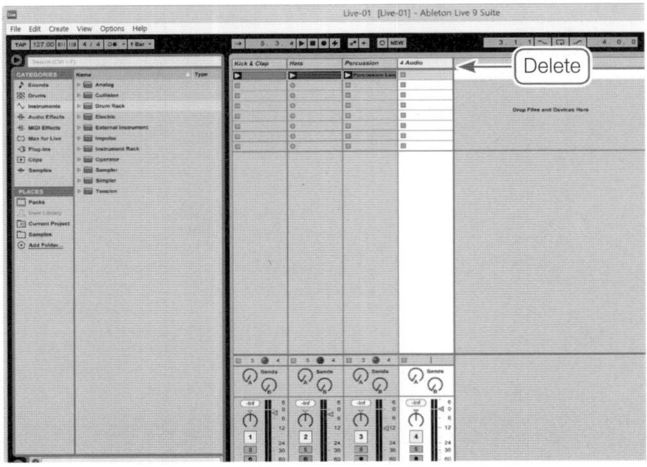

01 Live-01로 저장한 실습 1에 이어서 계속됩니다. 4 Audio 트랙을 선택하고, Delete 키로 삭제합니다.

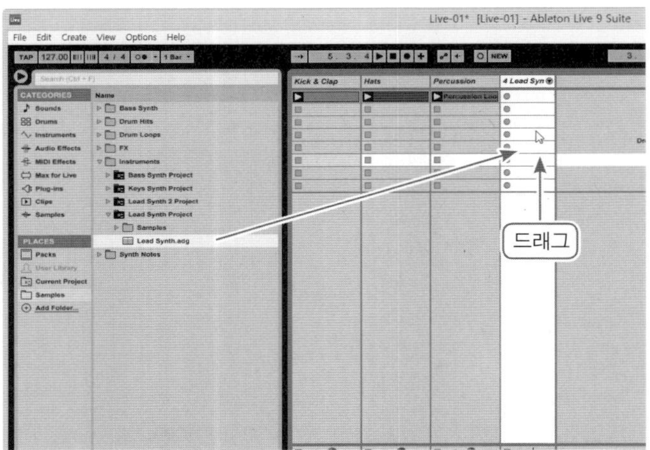

02 Samples 카테고리의 Instruments 폴더에서 Lead Synth Project를 열고, Load Synth.adg를 작업 공간으로 드래그하여 미디 트랙을 만듭니다.

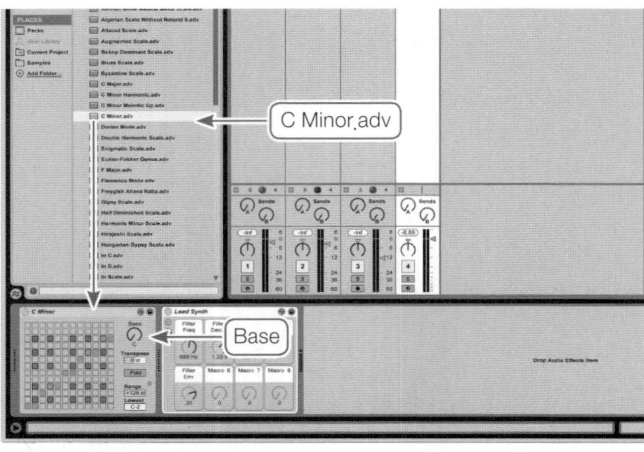

03 MIDI Effects 카테고리의 Scale 폴더를 열고, C minor.adv를 디바이스 왼쪽으로 드래그하여 장착합니다. 그리고 Base를 C#으로 설정합니다.

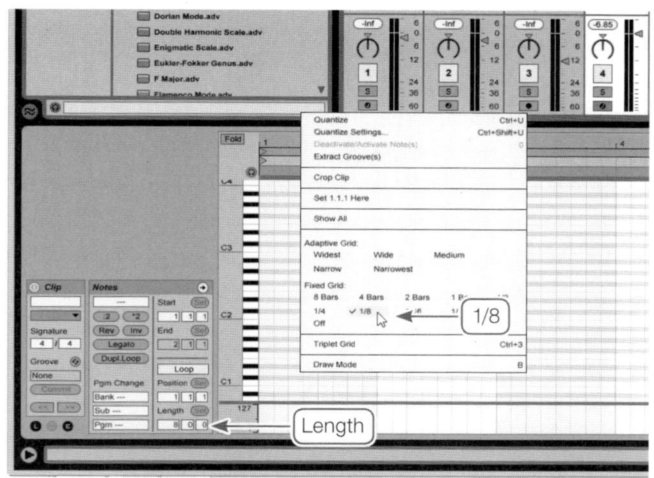

04 클립을 더블 클릭하여 에디터 창을 열고, Notes 패널의 Length를 8로 설정합니다. 그리고 작업 공간에서 마우스 오른쪽 버튼을 클릭하여 단축 메뉴를 열고, Fixed Grid를 1/8로 선택합니다.

05 다음 악보를 참조하여 한 옥타브 아래로 노트를 입력합니다.

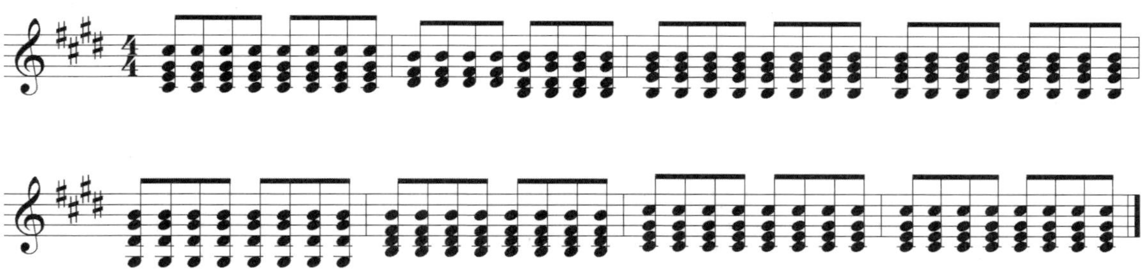

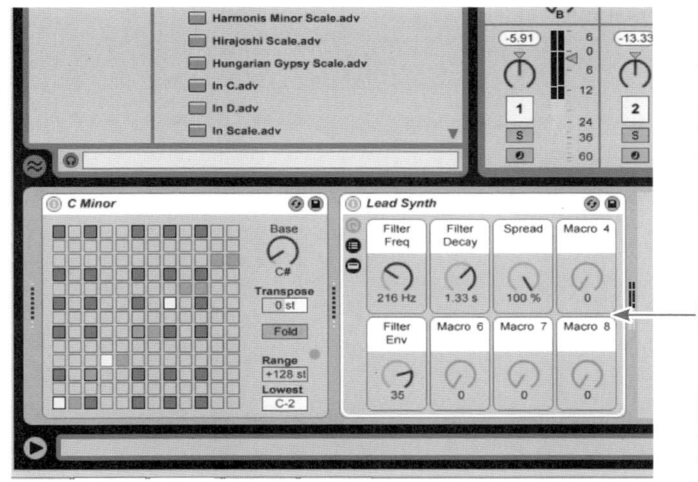

06 사운드를 모니터하면서 톤을 조정합니다. 실습에서는 Filter Freq를 216Hz, Filter Decay를 1.33s, filter Env를 35 정도로 설정하고 있습니다. Ctrl+S 키를 눌러 지금까지의 작업을 저장합니다.

TIP : 실습-2는 부록 CD의 Projects 폴더에 Live-02로 저장되어 있습니다.

● 실습 3 - 베이스 라인 만들기

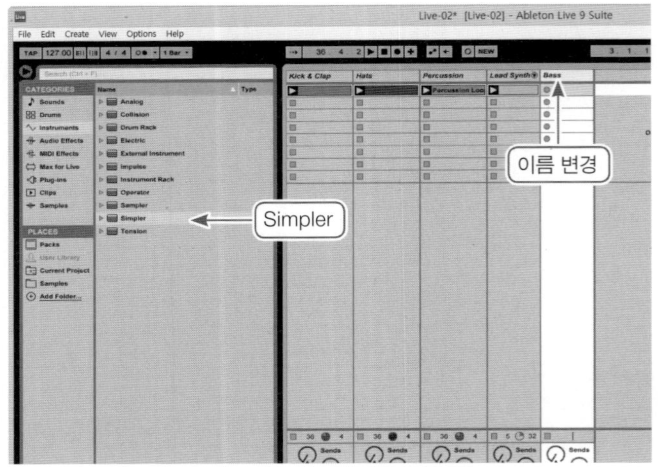

01 Live-02로 저장한 실습 2에 이어서 계속 됩니다. Instruments 카테고리에서 Simpler 를 작업 공간으로 드래그하여 트랙을 만듭니 다. 트랙 이름은 Ctrl+R 키를 눌러 Bass로 변 경합니다.

> TIP : Ctrl+R 단축키는 이름 항목이 선택되어 있을 때 작동 됩니다.

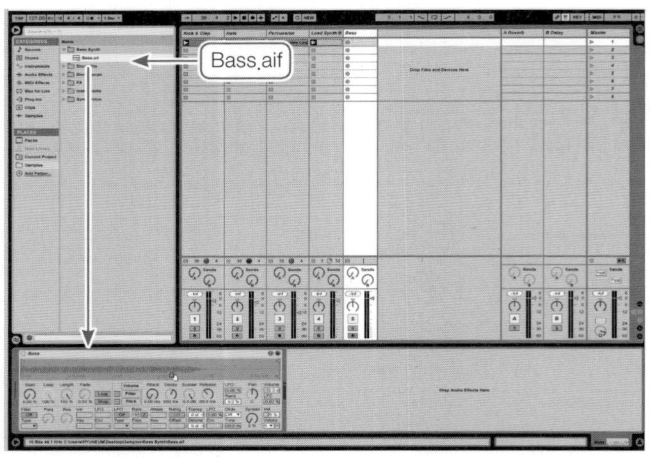

02 Samples 카테고리의 Bass Synth 폴더를 열고, Bass.aif 샘플 파일을 Simpler 디스플레 이 창으로 드래그하여 등록합니다.

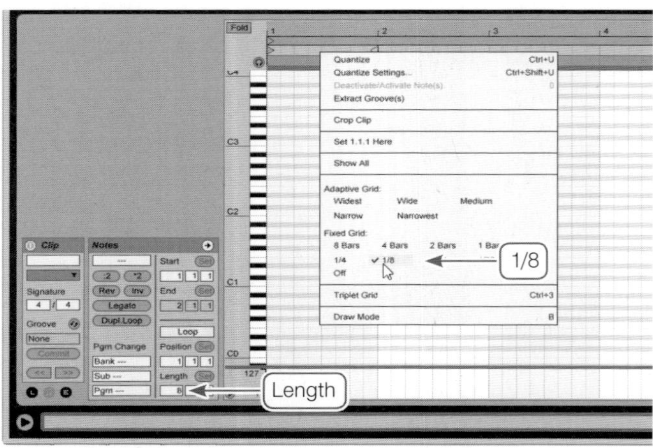

03 클립을 더블 클릭하여 에디터 창을 열 고, Notes 패널의 Length을 8마디로 설정합니 다. 그리고 작업 공간에서 마우스 오른쪽 버 튼을 클릭하여 단축 메뉴를 열고, Fixed Grid 를 1/8로 선택합니다.

04 다음 악보를 참조하여 노트를 입력합니다.

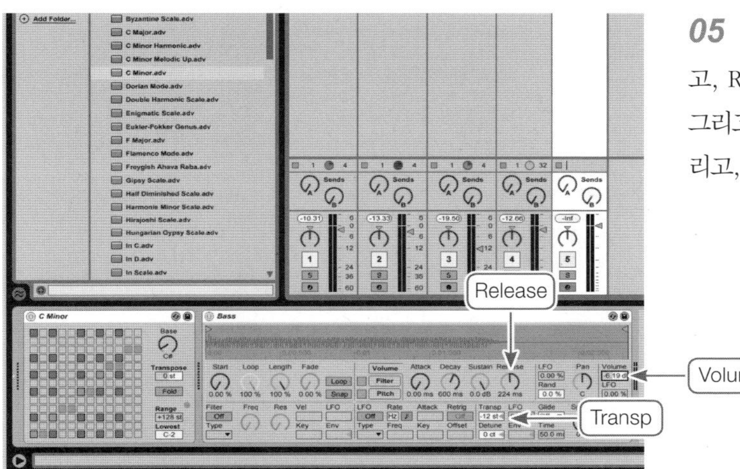

05 Shift+Tab 키를 눌러 디바이스 창을 열고, Release 타임을 220ms로 증가시킵니다. 그리고 Transp 값을 -12로 하여 한 옥타브 내리고, Volume을 -6dB 정도로 증가시킵니다.

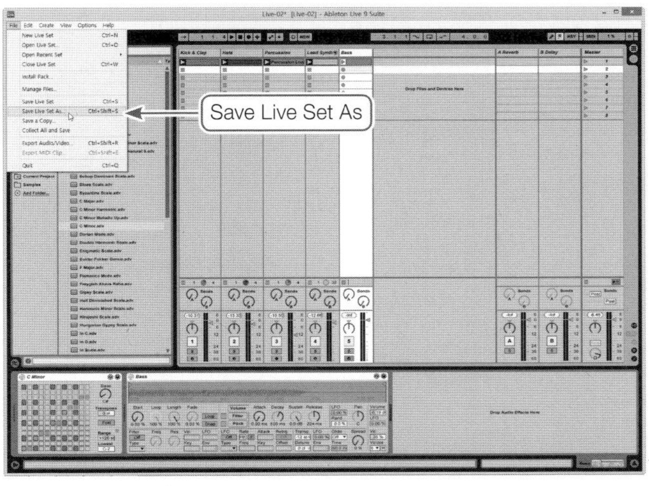

06 Ctrl+S 키를 눌러 지금까지의 작업을 저장합니다. 베이스 라인 작업 전의 프로젝트 파일을 유지하고, 새로운 프로젝트를 만들고 싶은 경우에는 File 메뉴의 Save Live Set As 명령을 이용합니다.

TIP : 실습-3는 부록 CD의 Projects 폴더에 Live-03으로 저장되어 있습니다.

01 Live-03로 저장한 실습 3에 이어서 계속됩니다. Ctrl 키를 누른 상태로 Kick & Clap, Hats, Percussion 트랙을 선택합니다. 그리고 마우스 오른쪽 버튼을 클릭하여 단축 메뉴를 열고, Group Tracks을 선택합니다.

TIP : 어레인지는 편곡을 의미하며, 실습은 곡을 구성하는 정도로 진행합니다.

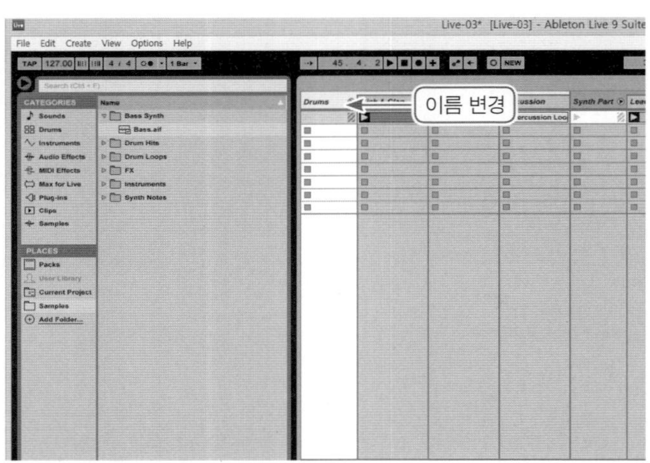

02 생성된 그룹 트랙의 이름은 Ctrl+R 키를 눌러 Drums로 변경합니다. 같은 방법으로 Lead와 Bass 트랙을 Synth Part라는 이름의 그룹으로 만듭니다.

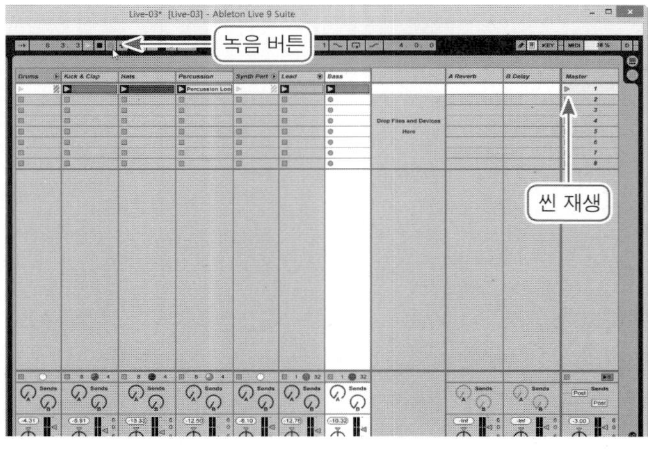

03 씬 버튼을 클릭하여 전체 재생을 확인하고, 정지 버튼을 두 번 클릭하여 처음으로 이동합니다. 그리고 녹음 버튼을 클릭하여 8마디를 녹음합니다.

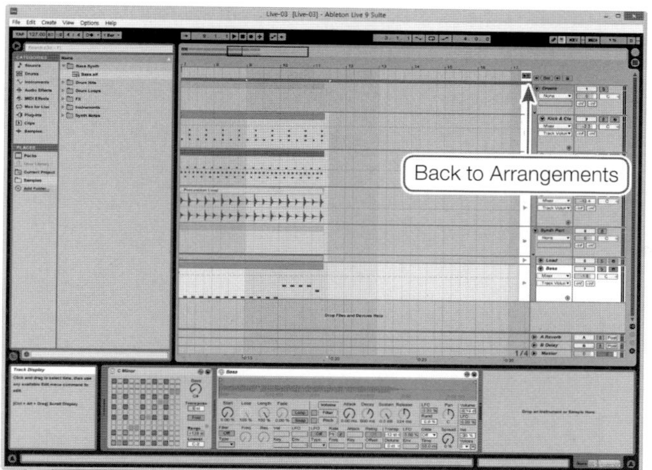

04 Tab 키를 눌러 어레인지 뷰를 열고, Back to Arrangements 버튼을 클릭하여 완료합니다. 8 마디 이상 녹음된 클립은 마우스 드래그로 선택하고, Delete 키를 눌러 삭제합니다.

05 클립 전체를 마우스 드래그로 선택하고, 오른쪽 끝 부분을 드래그하여 145마디까지 반복시킵니다. 작업 공간은 룰러 라인을 드래그하여 확대/축소 시킬 수 있습니다.

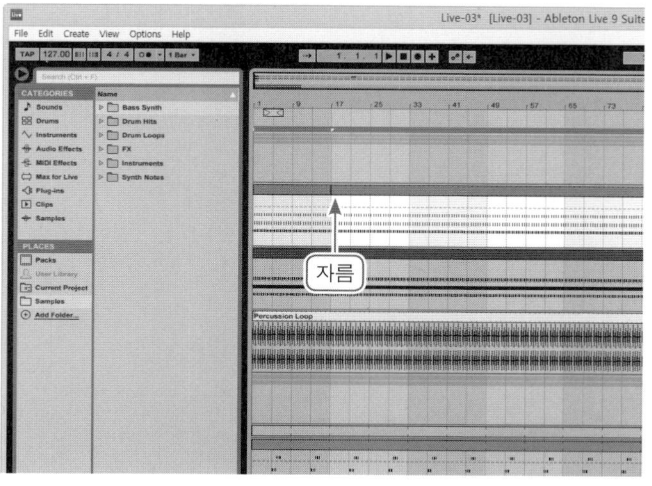

06 Kick & Clap 트랙의 17마디에서부터 처음위치로 드래그하여 선택하고, Ctrl+E 키를 눌러 자릅니다.

07 자른 클립을 더블 클릭하여 에디터 창을 열고, Clip과 Snare 노트를 마우스 드래그로 선택합니다. 그리고 Delete 키를 눌러 삭제합니다.

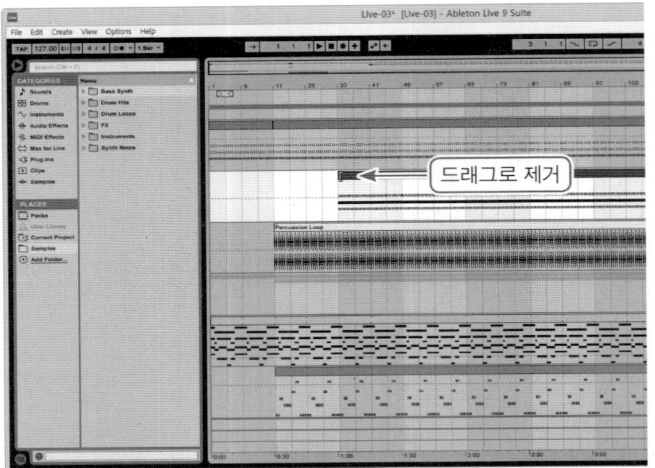

08 Hats 트랙 클립의 시작 부분을 33마디까지 드래그하여 제거합니다. 같은 방법으로 Percussion과 Bass 클립의 시작 부분을 17마디 위치까지 드래그하여 제거합니다.

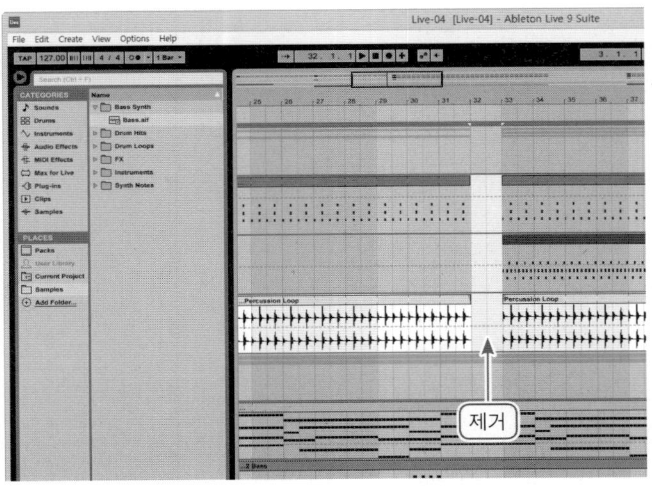

09 Kick과 Percussion 트랙의 32마디 클립을 드래그로 선택하고, Delete 키를 눌러 제거합니다.

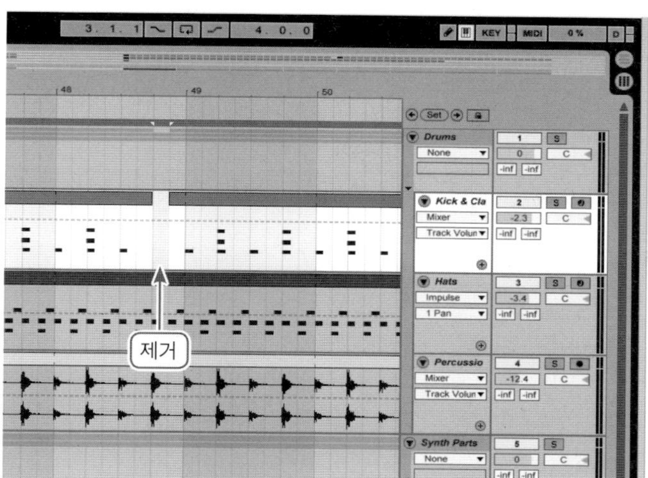

10 48마디 위치의 룰러 라인을 드래그하여 노트가 보이도록 확대합니다. 그리고 4박자 위치의 노트를 드래그고 선택하고, Delete 키를 눌러 제거합니다.

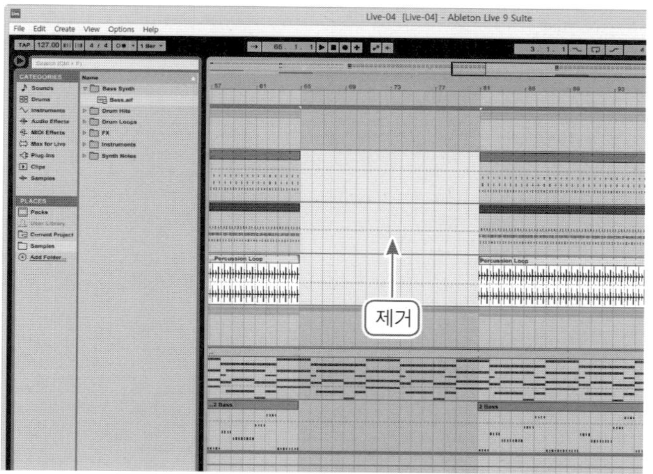

11 Kick, Hats, Bass 트랙의 65- 81마디까지의 클립을 드래그로 선택하고, Delete 키를 눌러 제거합니다.

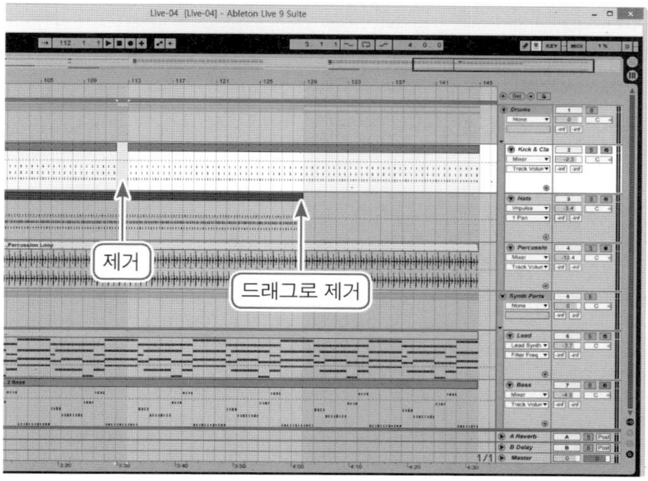

12 Kick 트랙의 112마디 클립을 제거하고, Hat 트랙의 끝 부분을 129마디까지 왼쪽으로 드래그하여 줄입니다. 지금까지의 작업을 Ctrl+S 키를 눌러 저장합니다.

TIP : 실습-4는 부록 CD의 Projects 폴더에 Live-04로 저장되어 있습니다.

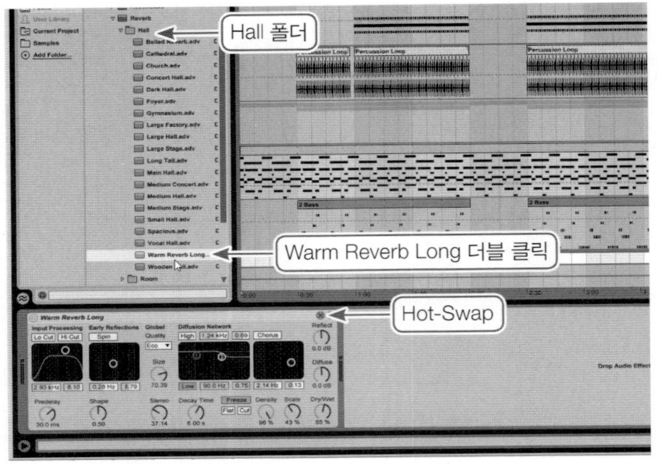

01 Reverb

Live-04로 저장한 실습 4에 이어서 계속됩니다. A Reverb 리턴 트랙을 선택하고, Hot-Swap 버튼을 On으로 합니다. 그리고 Hall 폴더의 Warm Reverb Long 프리셋을 더블 클릭하여 변경합니다.

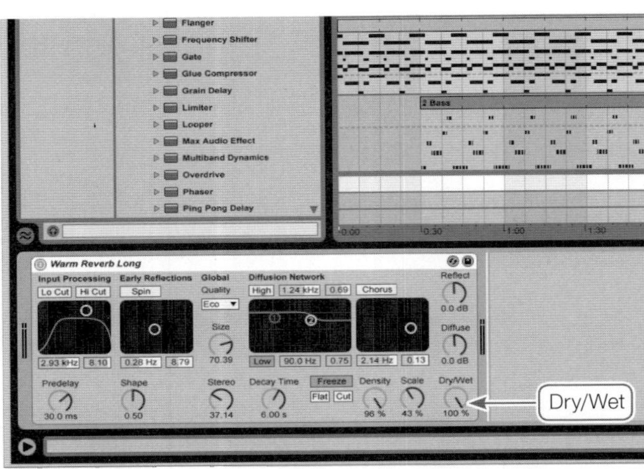

02

Hot-Swap 버튼을 Off 하고, Dry/Wet 값을 100%로 설정합니다. 이펙트를 센드 방식으로 적용할 때는 Dey/Wet 값을 100%로 설정하는 것이 일반적입니다.

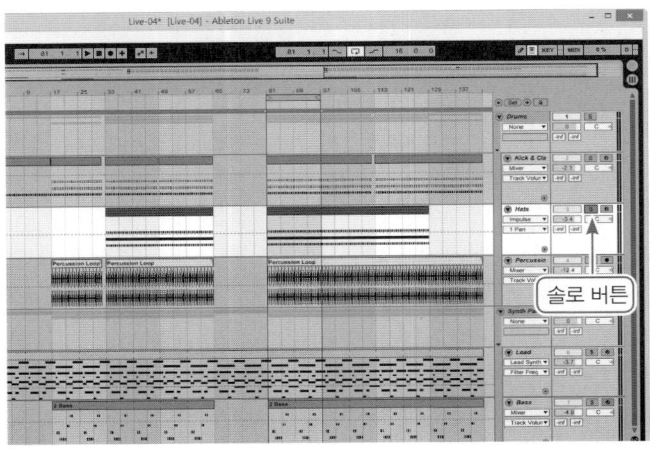

03

Hats 트랙의 솔로 버튼을 On으로 하고, 모니터 하고 싶은 구간을 마우스 드래그로 선택합니다. 그리고 Ctrl+L 키를 눌러 루프 스위치를 On으로 합니다.

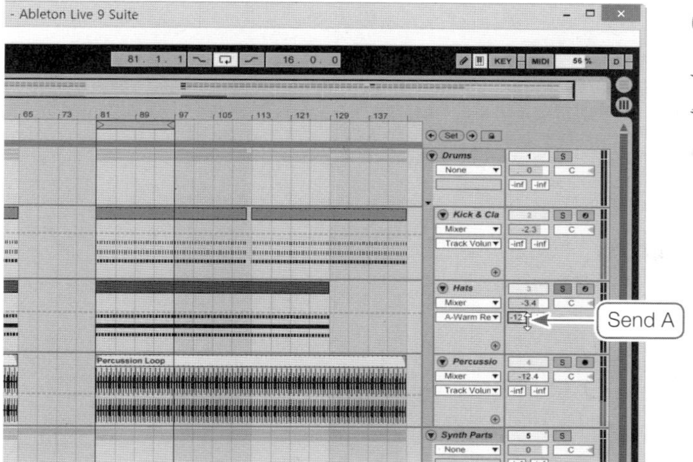

04 스페이스 바 키를 눌러 Hats 사운드를 모니터 하면서 Send A 레벨을 조정합니다. 실습에서는 -12dB 정도로 하고 있습니다.

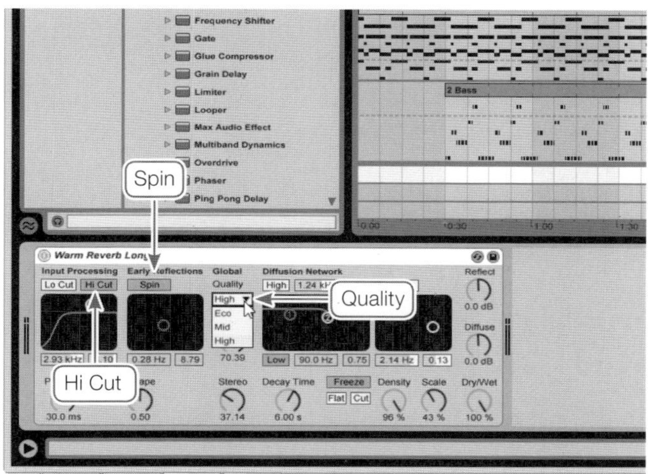

05 Input Processing의 Hi Cut과 Early Reflection의 Spin 버튼을 Off로 하고, Global 의 Quality를 High로 선택합니다.

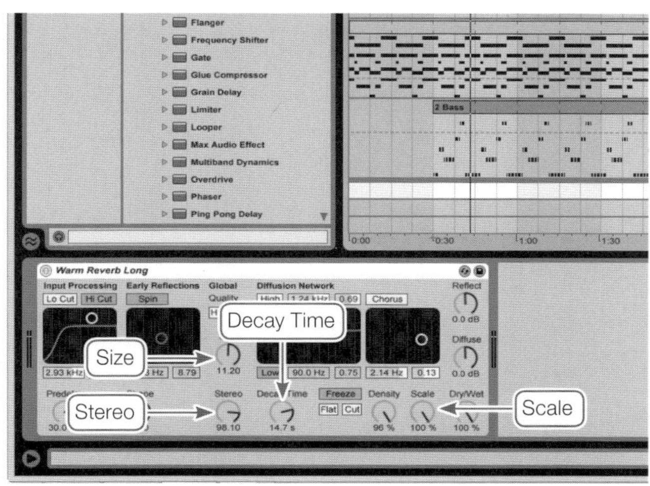

06 Size를 11 정도로 설정하고, Stereo를 100 정도로 설정합니다. 그리고 Dacey Time 을 14s, Scale을 100%로 설정합니다. 제시된 값 보다는 직접 리버브의 변화를 모니터하면서 조정하는 것이 좋습니다.

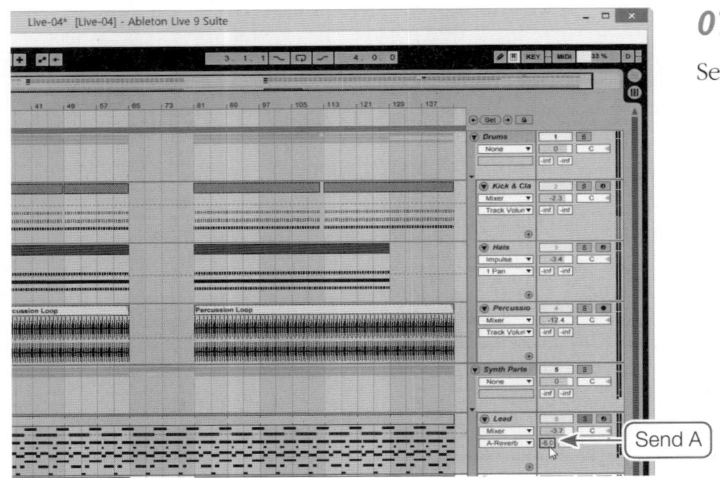

07 Lead 트랙을 솔로로 모니터 하면서 Send A 레벨 값을 -6dB 정도로 조정합니다.

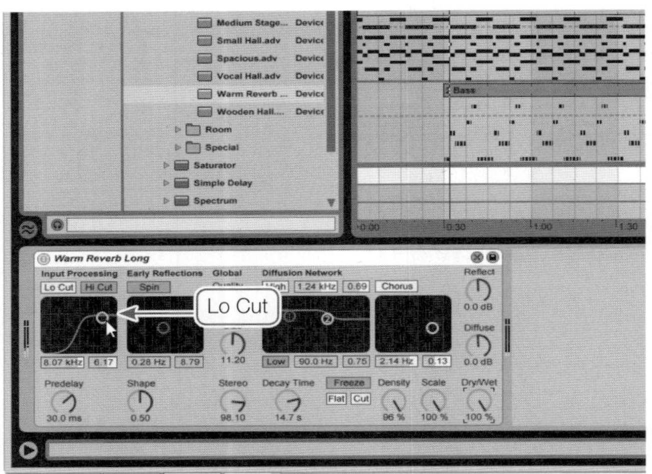

08 Input Processing 디스플레이 창의 포인트를 드래그하여 Lo Cut 값을 8Khz 정도로 조정합니다.

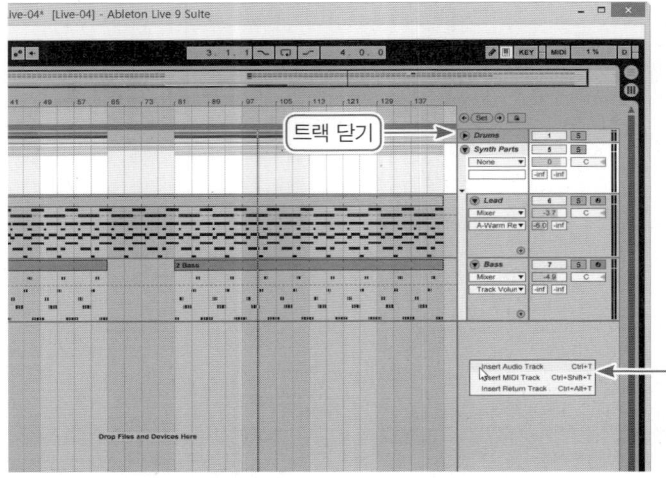

01 FX 트랙 추가

Drums 트랙의 트랙 닫기 버튼을 클릭하여 작업 공간을 확보합니다. 그리고 마우스 오른쪽 버튼을 클릭하여 단축 메뉴를 열고, Insert Audio Track을 선택하여 추가합니다.

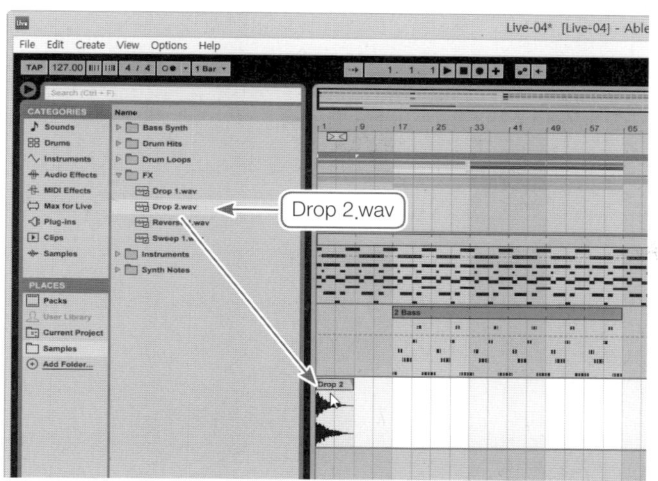

02 트랙 이름은 Ctrl+R 키를 눌러 FX1으로 변경합니다. 그리고 Samples 카테고리의 FX 폴더에서 Drop 2.wav 파일을 FX1 트랙의 1마디 위치로 드래그하여 가져다 놓습니다.

03 Warp 버튼을 Off로 하고, Ctrl 키를 누른 상태로 클립을 드래그하여 33, 65, 81, 113 마디로 복사합니다. 그리고 사운드를 모니터 하면서 볼륨을 조정합니다. 실습에서는 -30dB 정도로 조정하고 있습니다.

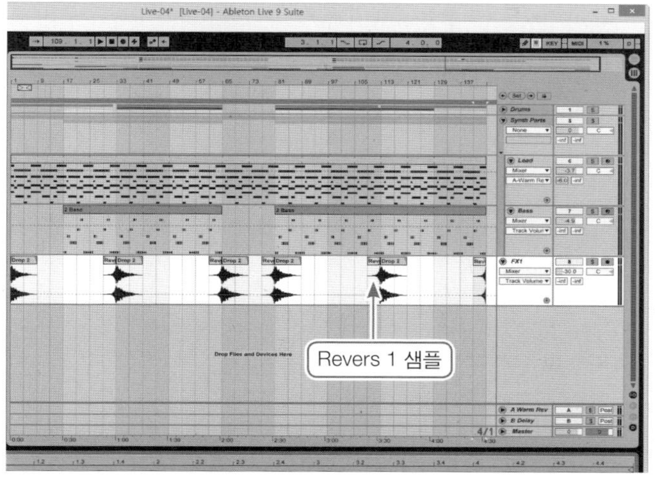

04 FX 폴더에서 Revers 1.wav 샘플을 FX1 트랙으로 드래그하여 32마디 위치에 가져다 놓습니다. 그리고 Ctrl 키를 누른 상태로 드래그하여 64, 80, 112, 144 마디로 복사합니다.

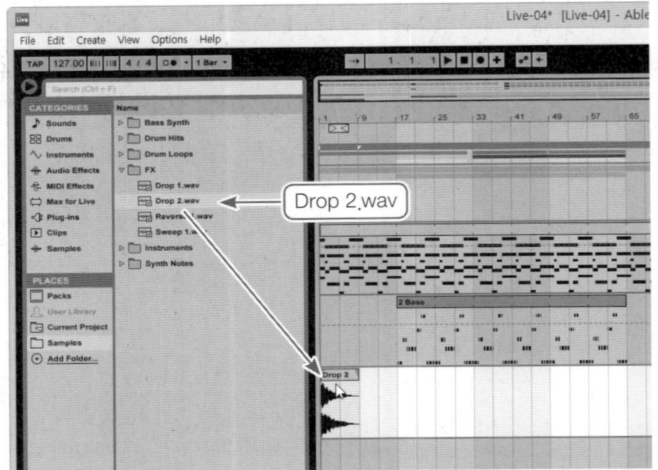

05 Ctrl+T 키를 눌러 오디오 트랙을 추가하고 이름을 FX2로 입력합니다. 그리고 FX 폴더의 Sweep1.wav 샘플을 드래그하여 33마디 위치에 가져다 놓습니다.

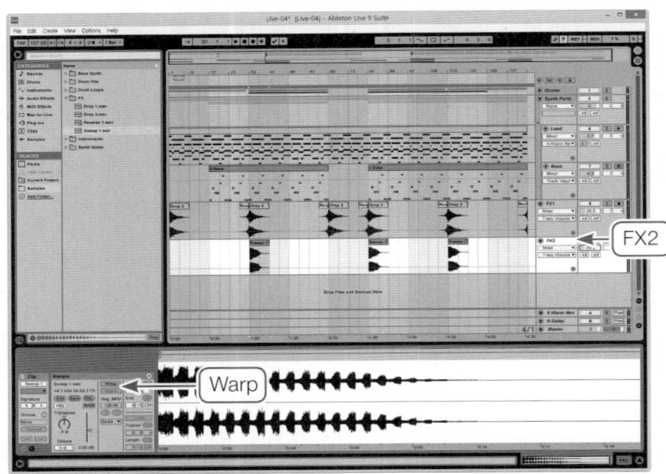

06 Warp 버튼을 Off로 하고, Ctrl 키를 누른 상태로 클립을 드래그하여 33, 81, 113 마디로 복사합니다. 그리고 사운드 볼륨을 FX1 트랙과 비슷하게 -33dB 정도로 낮춥니다.

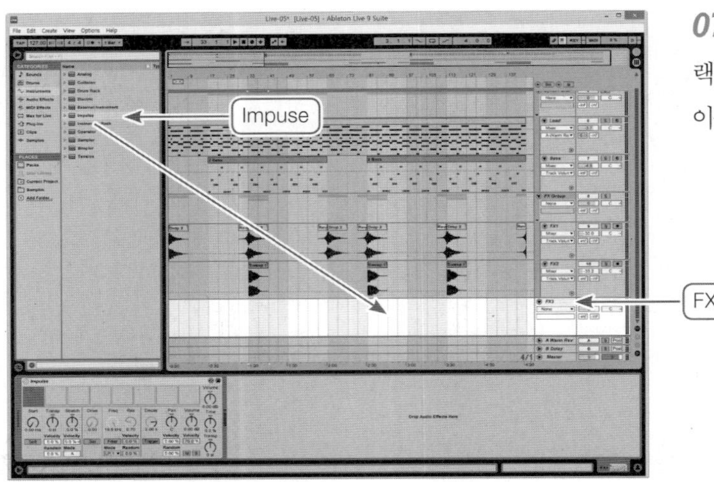

07 Instrumnets 카테고리의 Impulse를 트랙 아래쪽으로 드래그하여 추가합니다. 트랙 이름은 Ctrl+R 키를 눌러 FX3로 변경합니다.

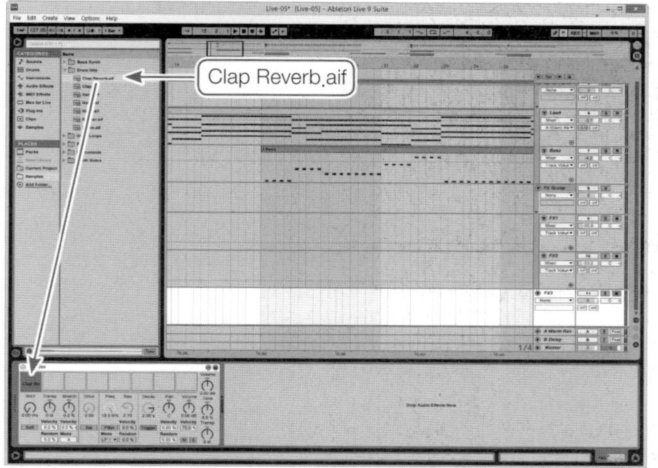

08 Samples 카테고리의 Drum Hits 폴더에서 Clap Reverb.aif 샘플을 Impuse 첫 번째 슬롯으로 드래그하여 로딩합니다.

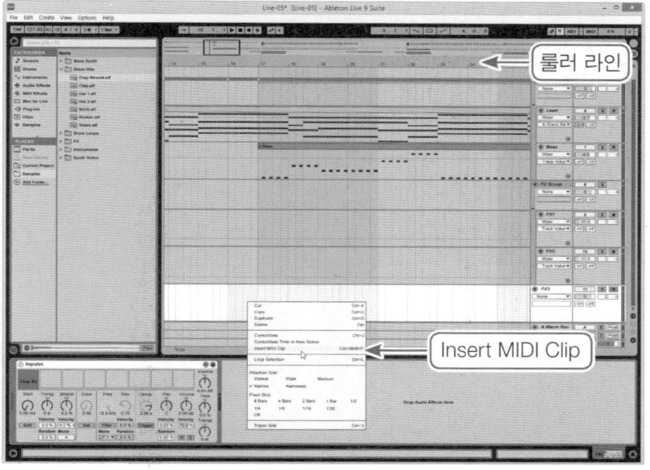

09 룰러 라인을 드래그하여 작업 공간을 확대하고, 16마디 위치를 드래그로 선택합니다. 그리고 마우스 오른쪽 버튼을 클릭하여 단축 메뉴를 열고, Insert MIDI Clip을 선택하여 클립을 만듭니다.

10 클립을 더블 클릭하여 에디터 창을 열고, 4박자 위치에 노트를 입력합니다.

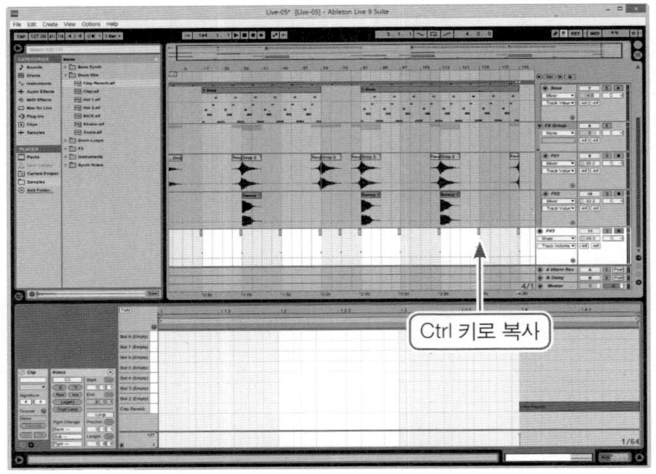

11 클립을 Ctrl 키를 누른 상태로 드래그하여 32, 48, 64, 72, 80, 96, 112, 128, 144 마디로 복사하고, 볼륨은 -28dB로 조정합니다.

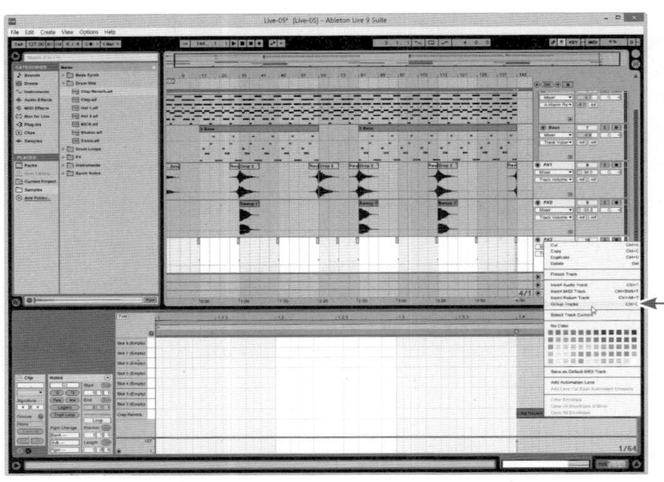

12 Ctrl 키를 누른 상태에서 FX1과 FX2 트랙을 선택합니다. 그리고 마우스 오른쪽 버튼을 클릭하여 단축 메뉴를 열고, Group Track을 선택합니다.

13 그룹 트랙의 이름은 Ctrl+R 키를 눌러 FX Group로 입력합니다. 그리고 Ctrl+S 키를 눌러 지금까지의 작업을 저장합니다.

TIP : 지금까지의 작업은 부록 CD의 Projects 폴더에 Live-05로 저장되어 있습니다.

01 Filter & Delay

B Delay 트랙을 선택하여 장치를 열고, 오른쪽(R) 비트 값을 5로 선택합니다. 그리고 Feedback은 70%로 증가시킵니다.

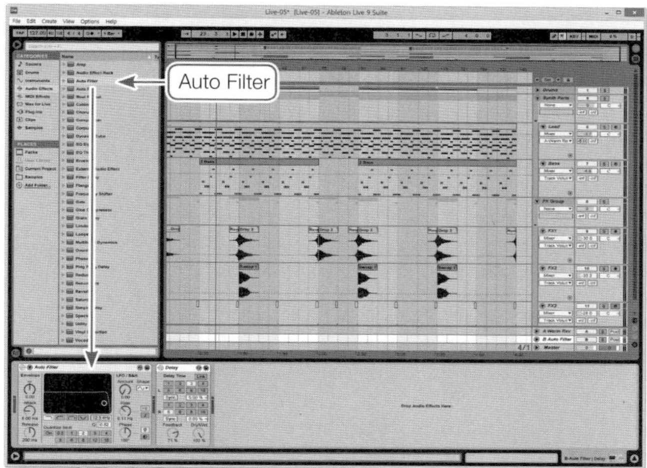

02 Audio Effects 카테고리의 Auto Filer를 Delay 왼쪽으로 드래그하여 장착합니다.

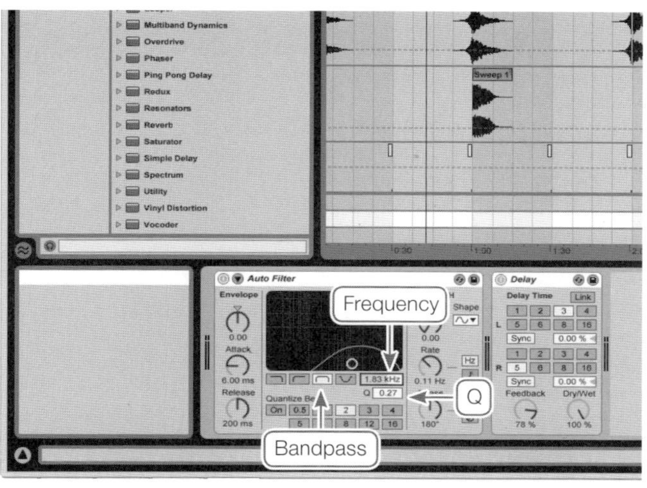

03 Bandpass 타입을 선택하고, 포인트를 드래그하여 Frequency는 1.83KHz, Q 값은 0.27로 설정합니다. 그리고 FX3 트랙의 Send B 값을 -6dB 정도로 조정하여 딜레이를 적용합니다.

04 Drums 그룹 트랙 열기 버튼을 클릭하여 열고, Hats 트랙을 선택합니다. 그리고 Audio Effects 카테고리의 Auto Filter를 악기 오른쪽으로 드래그하여 장착합니다.

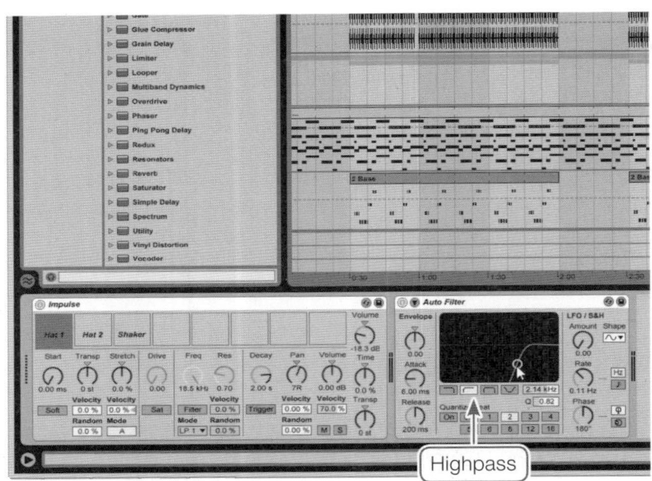

05 Highpass 필터 타입을 선택하고, 포인트를 드래그하여 프리퀀시를 2.14KHz 정도로 조정합니다.

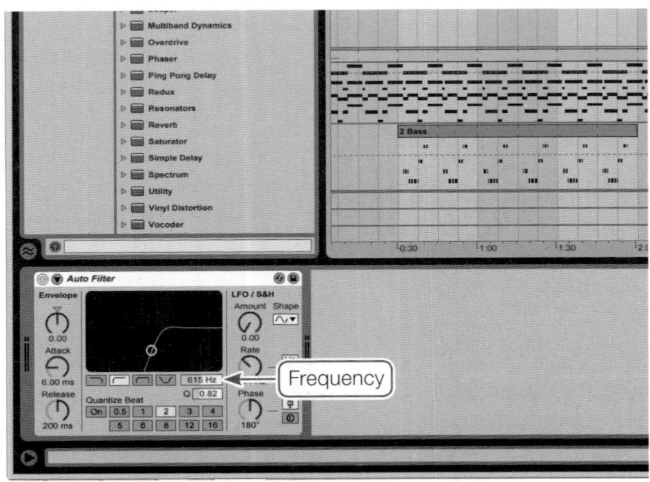

06 Percussion 트랙을 선택하고 앞에서와 동일하게 Auto Filter를 장착합니다. 그리고 타입을 Highpass로 선택하고, 프리퀀시를 615Hz 정도로 조정합니다.

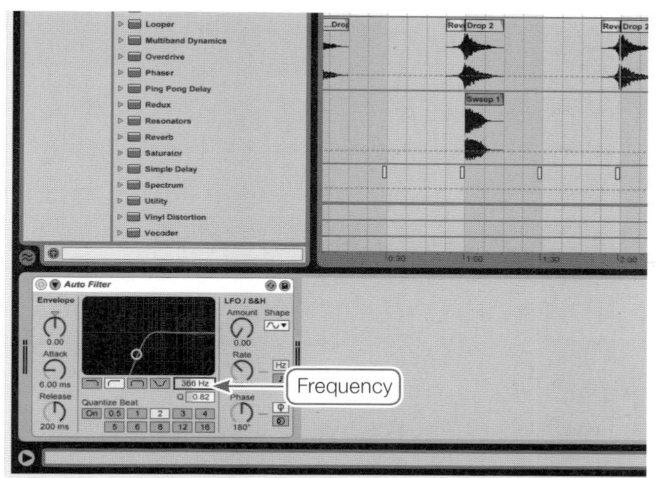

07 FX Group 트랙을 선택하고 앞에서와 동일하게 Auto Filter를 장착합니다. 그리고 타입을 Highpass로 선택하고, 프리퀀시를 366Hz 정도로 조정합니다. Ctrl+S 키를 눌러 지금까지의 작업을 저장합니다.

TIP : 지금까지의 작업은 부록 CD의 Projects 폴더에 Live-06으로 저장되어 있습니다.

01 Compressors

Lead 트랙을 선택하고, Audio Effects 카테고리의 Compressor를 드래그하여 장착합니다. 그리고 Sidechain 열기 버튼을 클릭합니다.

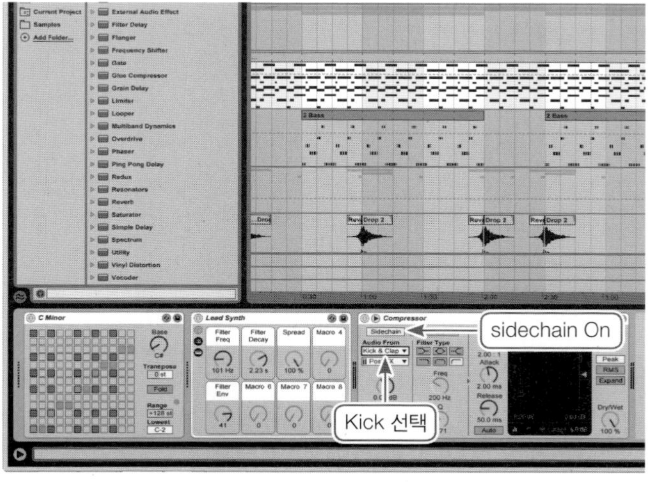

02 Sidechain 버튼을 On으로 하고, Audio From에서 Kick & Clap 트랙을 선택합니다.

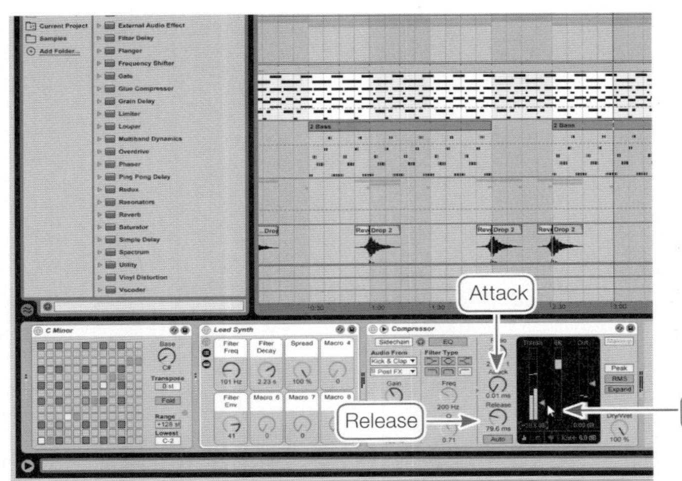

03 Attack을 0.01로 하고, Release를 80ms 정도로 조정합니다. 그리고 사운드를 모니터 하면서 Threshold 값을 조정합니다. 실습에서는 -30dB 정도로 조정하고 있습니다.

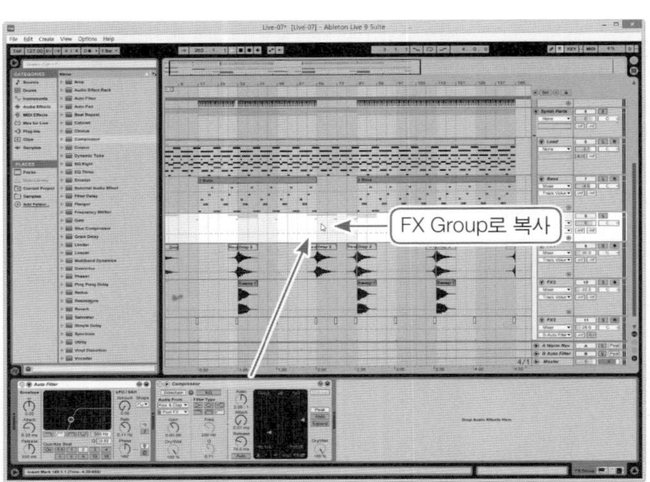

04 Compressor의 타이틀 바를 Ctrl 키를 누른 상태로 드래그하여 FX Group 트랙으로 복사합니다.

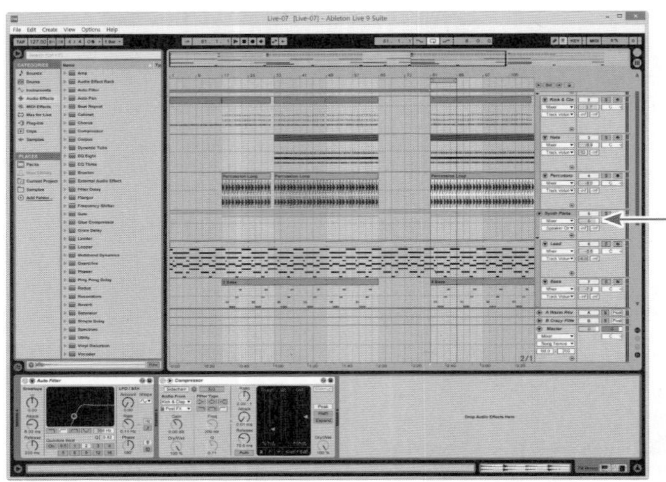

05 이펙트 작업으로 변경된 각 트랙의 볼륨을 자신의 취향에 맞게 조정하고, Ctrl+S 키를 눌러 지금까지의 작업을 저장합니다.

TIP : 지금까지의 작업은 부록 CD의 Projects 폴더에 Live-07로 저장되어 있습니다.

● 실습 6 - 파트 추가

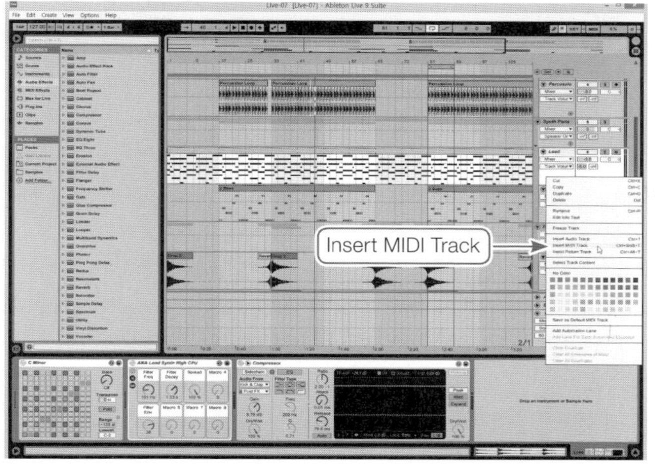

01 코드 신디

Live-07로 저장한 실습 5에 이어서 계속됩니다. Lead 트랙에서 마우스 오른쪽 버튼을 클릭하여 단축 메뉴를 열고, Insert MIDI Track을 선택하여 추가합니다. 트랙 이름은 Chords로 지정합니다.

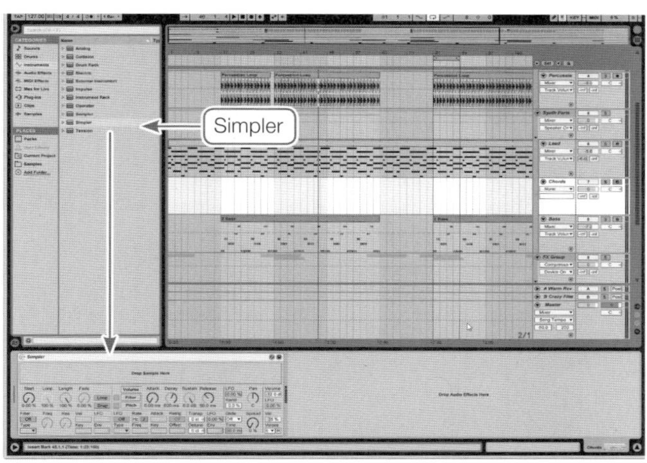

02 Chords 트랙은 Lead 트랙 아래쪽으로 추가됩니다. Instruments 카테고리의 Simpler를 드래그하여 디바이스에 장착합니다.

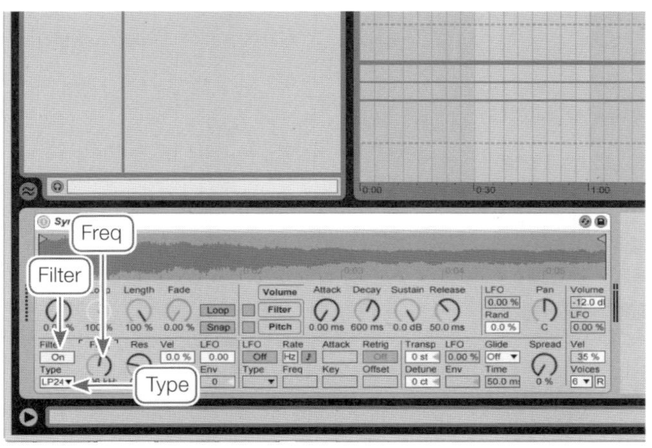

03 Samples 카테고리의 Synth Notes 폴더에서 Synth2.aif 파일을 드래그하여 Simpler에 로딩합니다. Filter를 On으로 하고, Type을 LP24로 선택합니다. 그리고 Freq를 7KHz 정도로 조정합니다.

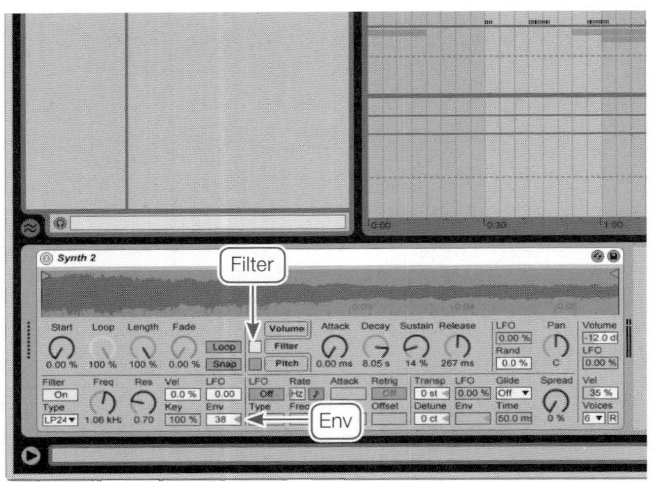

04 Filter 엔벨로프를 On으로 하고, Env 값을 38정도로 설정합니다. 그리고 Decay를 8s, Sustain을 14%, Release를 267ms 정도로 조정합니다. 사운드를 모니터 하면서 자신의 취향에 맞추길 권장합니다.

05 Ctrl 키를 누른 상태로 Lead 트랙의 클립을 드래그하여 새로 추가한 Chords 트랙으로 복사합니다.

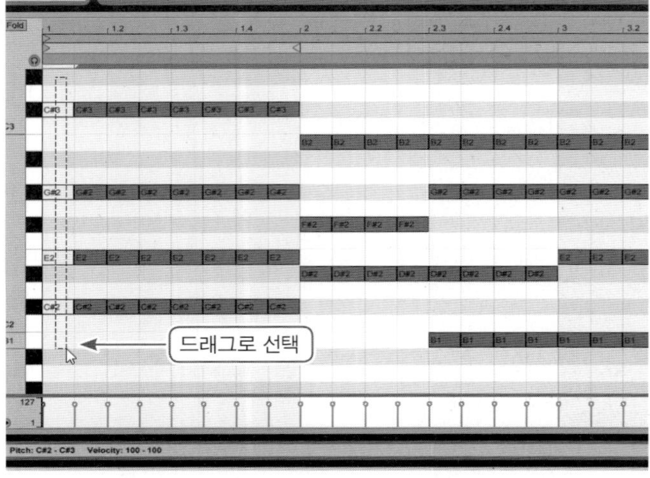

06 복사한 클립을 더블 클릭하여 에디터 창을 열고, 연주 노트의 시작 비트에 해당하는 노트들을 마우스 드래그로 선택합니다.

07 선택한 노트 오른쪽 끝 부분을 드래그
하여 길이를 연장합니다. 마디 단위로 연주되
는 코드를 동일한 방법으로 편집합니다.

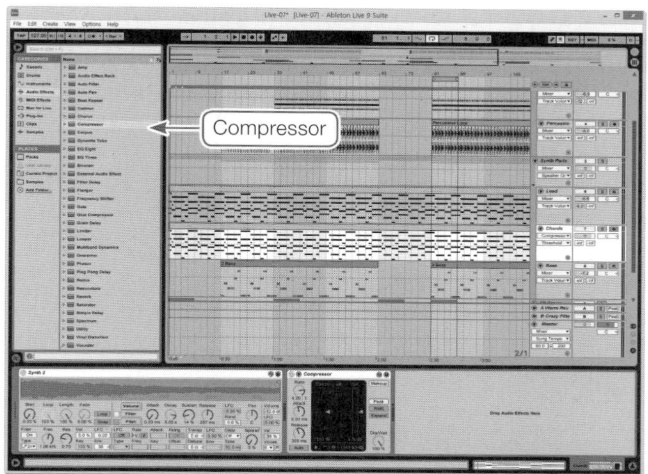

08 Shift+Tab 키를 눌러 디바이스 창을 열
고, Audio Effects 카테고리의 Compressor를
악기 오른쪽으로 장착합니다.

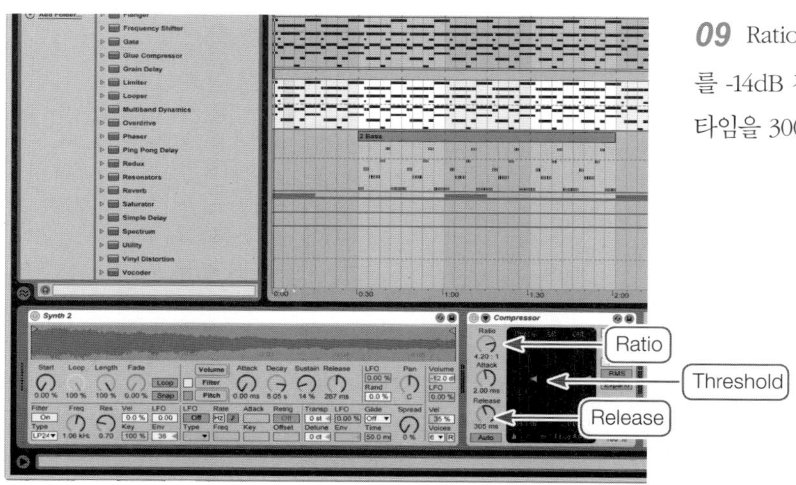

09 Ratio를 4:1 정도로 설정하고, Threshold
를 -14dB 정도로 설정합니다. 그리고 Release
타임을 300ms 정도로 설정합니다.

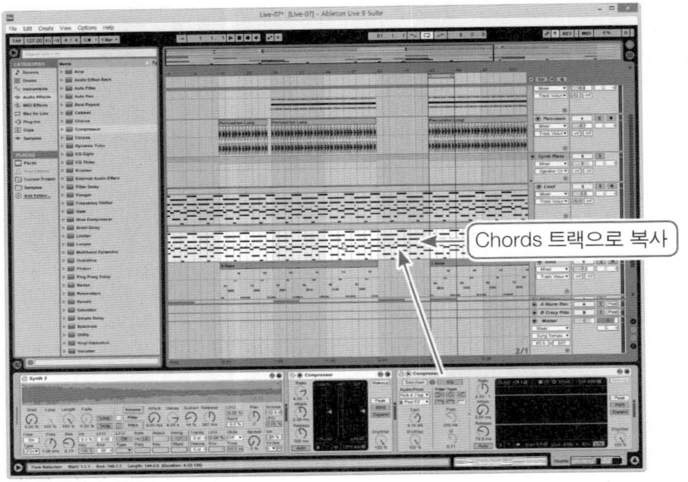

10 Read 트랙을 선택하여 열고, Sidechain 타입으로 적용했던 Compressor를 Ctrl 키를 누른 상태로 드래그하여 Chords 트랙으로 복사합니다.

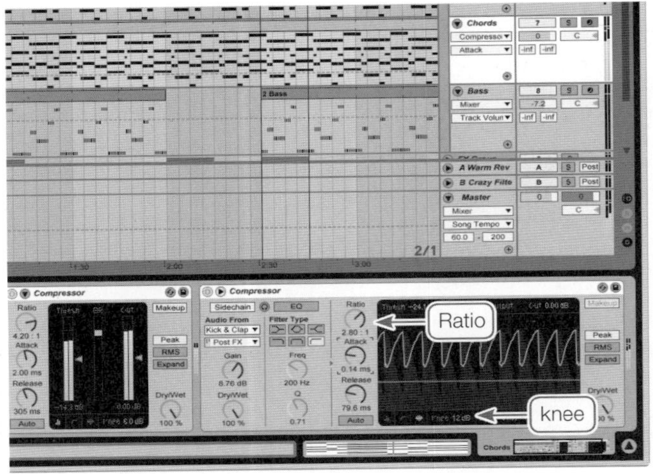

11 복사한 사이드체인 컴프레서의 Read를 2.8:1로 조금 증가시키고, knee 값을 12dB 정도로 증가시킵니다.

12 클립의 시작부분을 17마디 위치까지 드래그하여 줄이고, 볼륨을 Read 트랙과 비슷하게 조정합니다.

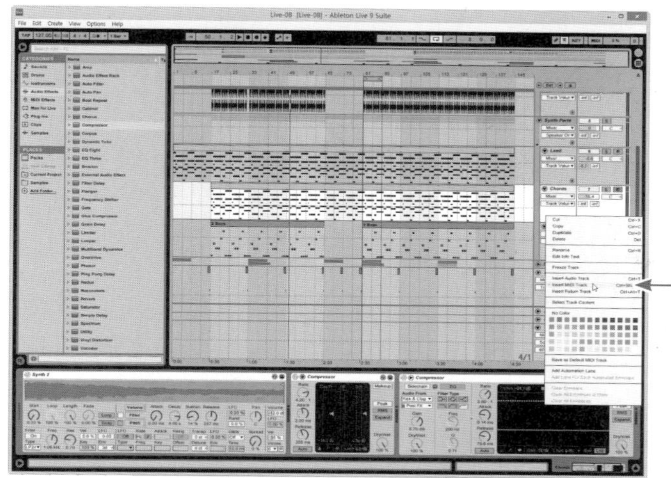

01 키 신디

Chord 트랙에서 마우스 오른쪽 버튼을 클릭
하여 단축 메뉴를 열고, Insert MIDI Track을
선택합니다. 추가된 트랙의 이름은 Key Synth
로 변경합니다.

02 추가한 트랙에 Instuments 카테고리의
Simpler를 장착하고, Samples 카테고리의
Synth Notes 폴더에서 Keys Synth.aif 샘플을
로딩합니다.

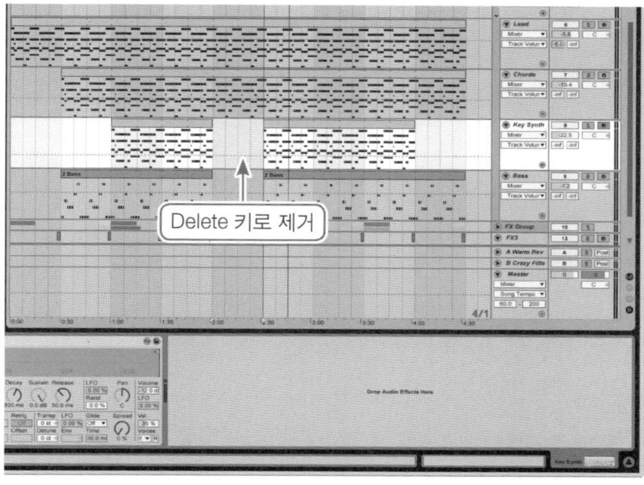

03 Chords 트랙의 클립을 Ctrl 키를 누른
상태로 드래그하여 Key Synth 트랙으로 복사
합니다. 그리고 시작 부분은 33마디까지, 끝
부분은 129마디까지 드래그로 줄이고, 65-81
마디는 Delete 키로 제거합니다.

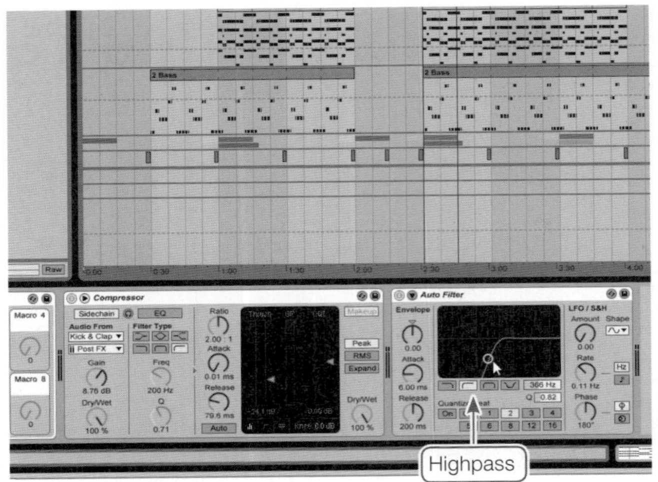

04 Lead 트랙을 선택하고, Audio Effects 카테고리의 Auto Filter를 장착합니다. 타입을 Highpass로 선택하고, 포인트를 드래그하여 Frequency를 366Hz 정도로 설정합니다.

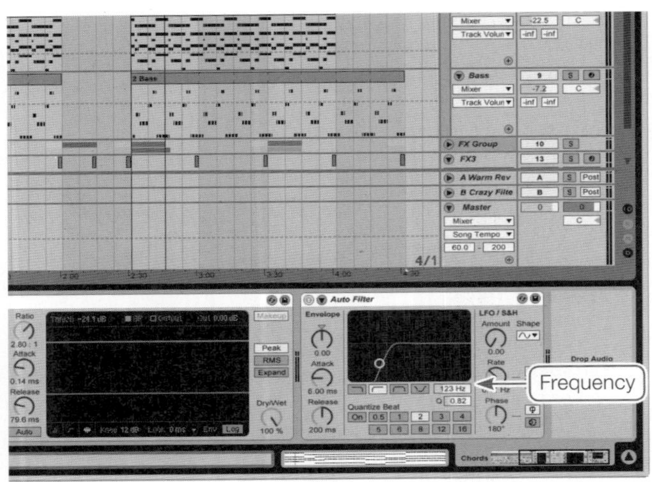

05 Audio Effects 카테고리의 Auto Filter Chord 트랙으로 드래그하여 장착합니다. 타입을 Highpass로 선택하고, Frequency를 120Hz 정도로 설정합니다.

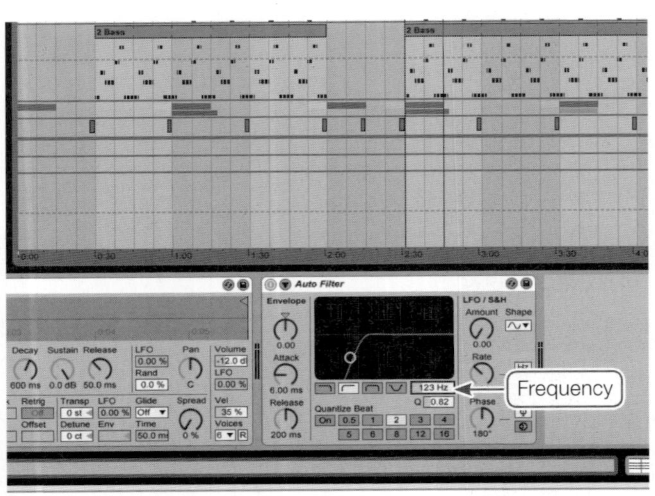

06 Audio Effects 카테고리의 Auto Filter Key Synth 트랙으로 드래그하여 장착합니다. 타입을 Highpass로 선택하고, Frequency를 120Hz 정도로 설정합니다.

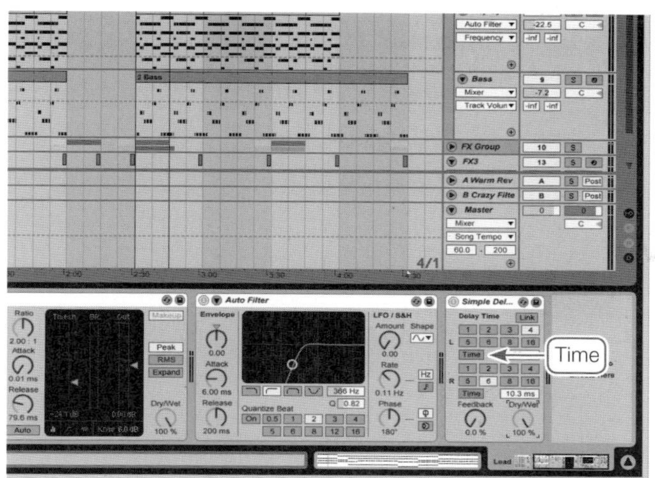

07 Audio Effects 카테고리의 Simple Delay 를 Lead 트랙으로 드래그하여 장착합니다. 그 리고 Sync 버튼을 클릭하여 양쪽 채널 모두 Time 모드로 변경합니다.

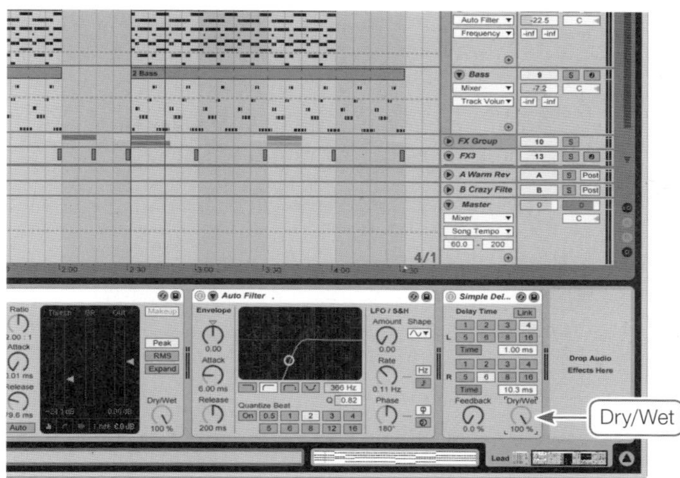

08 L 채널의 타임을 1ms로 조정하고, R 채 널의 타임을 10ms 정도로 조정합니다. 그리 고 Dry/Wet 값을 100%로 설정합니다.

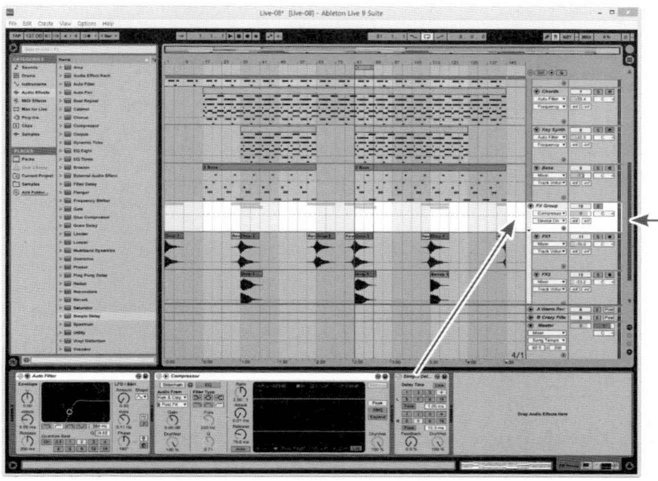

09 Ctrl 키를 누른 상태로 Simple Delay를 드래그하여 Chord, Key Synth, FX Group 트 랙으로 각각 복사합니다. 그리고 Ctrl+S 키를 눌러 지금까지의 작업을 저장합니다.

TIP : 지금까지의 작업은 부록 CD의 Projects 폴더에 Live-08로 저장되어 있습니다.

● 실습 7 - 오토메이션

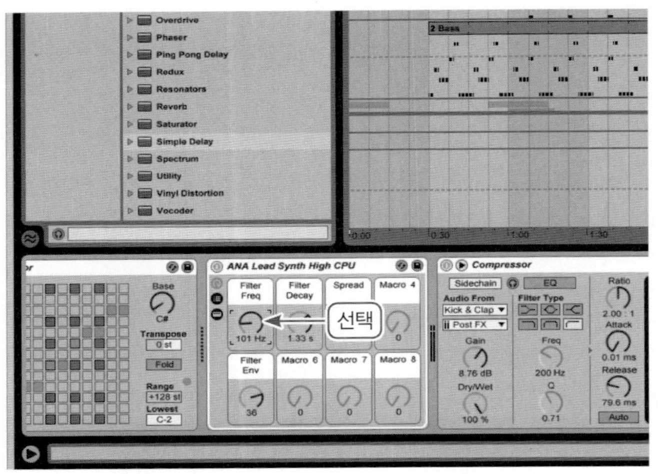

01 Live-08로 저장한 실습 6에 이어서 계속됩니다. Lead 트랙의 디바이스에서 Filter Freq를 선택합니다. 트랙에 빨간색 오토메이션 라인이 보이는 것을 확인할 수 있습니다.

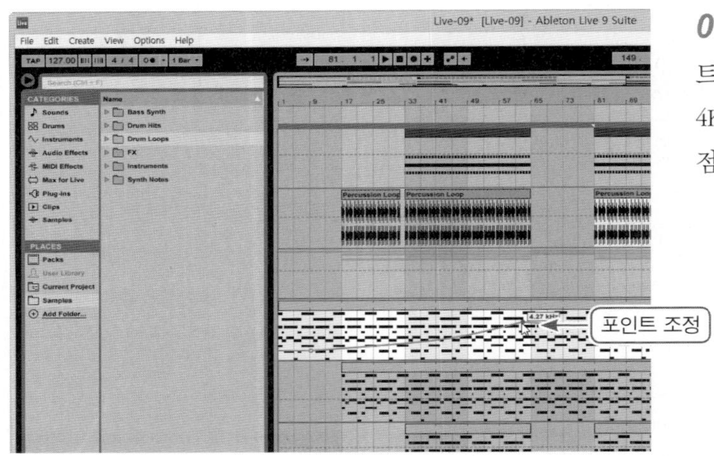

02 9마디와 65마디 위치를 클릭하여 포인트를 만들고, 65 마디 위치의 포인트 값을 4KHz 정도로 증가시킵니다. Filter Freq 값이 점점 증가되게 하는 것입니다.

03 동일한 방법으로 솔로로 연주되는 65-81 마디에서 값을 줄이고, 10KHz로 급격하게 올렸다가 113마디에서부터 점점 줄어드는 라인을 만들어봅니다.

04 Chord 트랙의 디바이스에서 Freq 노브를 선택하여 오토메이션 라인을 표시하고, Lead 트랙과 비슷한 유형으로 라인을 편집합니다. Alt 키를 누른 상태로 라인을 드래그하면 곡선 타입으로 조정할 수 있습니다.

05 Percussion 트랙에서 마우스 오른쪽 버튼을 클릭하여 단축 메뉴를 열고, Insert MIDI Track을 선택합니다. 트랙 이름은 Light Kick으로 입력합니다.

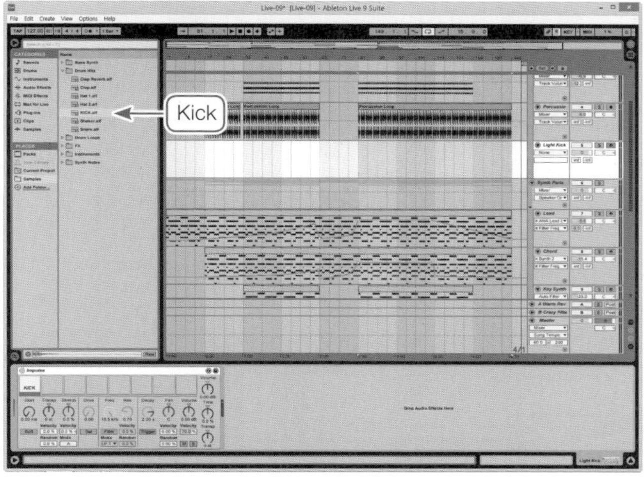

06 Instruments 카테고리의 Impulse를 장착하고, Samples 카테고리의 Drum Hits 폴더에서 Kick.aif 샘플을 드래그하여 슬롯에 로딩합니다.

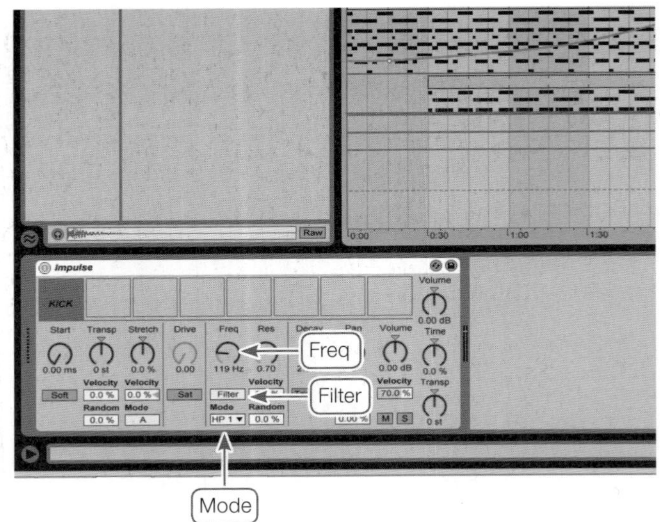

07 Filter 버튼을 On으로 하고, Hp1 모드를 선택합니다. 그리고 Freq 값을 80Hz 정도로 조정하고, 트랙 볼륨은 메인 보다 조금 작게 6dB 정도로 설정합니다.

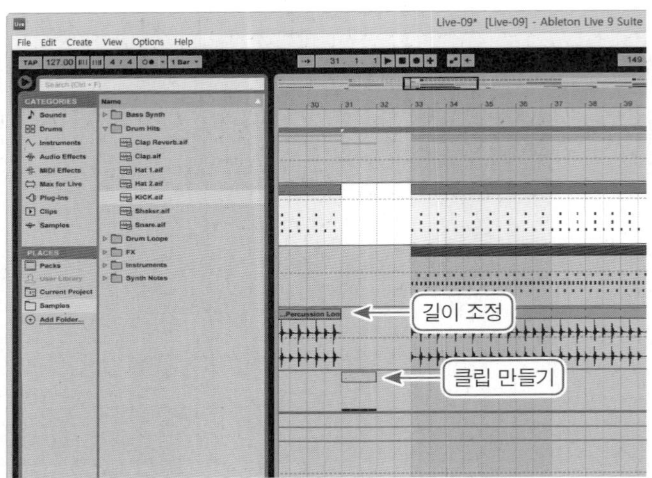

08 31마디 위치를 마우스 드래그로 선택하고, Ctrl+Shift+M 키를 눌러 클립을 만듭니다. 그리고 Kick & Clap과 Percussion 트랙의 클립이 겹치는 한 마디를 왼쪽으로 드래그하여 줄입니다.

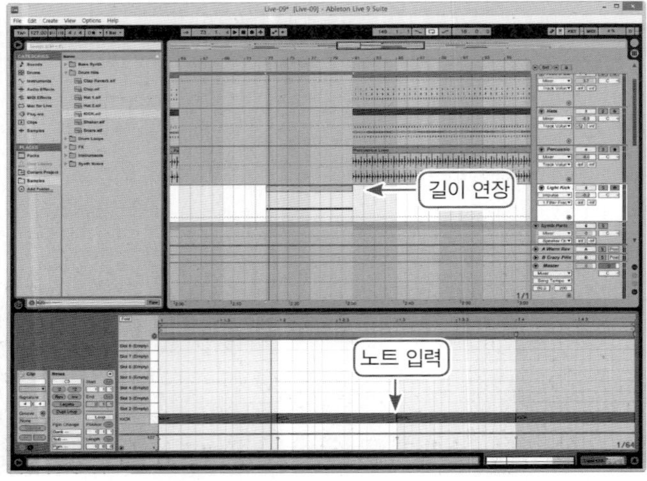

09 4비트 노트를 입력하고, 클립의 오른쪽으로 드래그하여 두 마디 길이로 연장합니다. 그리고 Ctrl 키를 누른 상태로 드래그하여 73 마디로 복사하고, 81까지 길이를 연장합니다. Ctrl+S 키를 눌러 지금까지의 작업을 저장합니다.

> TIP : 지금까지의 작업은 부록 CD의 Projects 폴더에 Live-09로 저장되어 있습니다.

● 실습 8 - 마스터링

01 Live-09로 저장한 실습 7에 이어서 계속됩니다. Audio Effects 카테고리에서 Compressor를 Master 트랙으로 드래그하여 장착합니다.

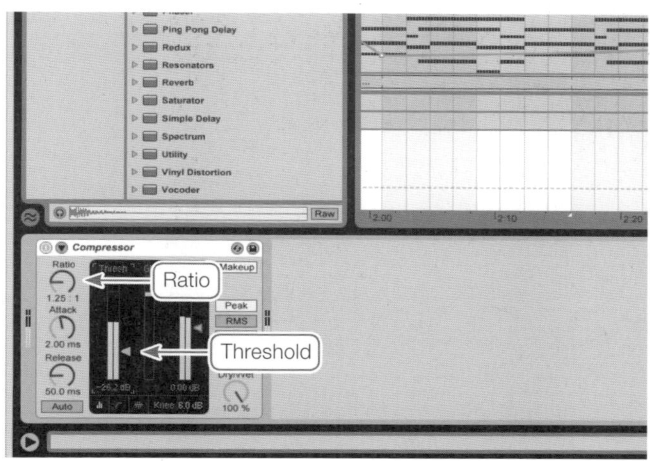

02 사운드를 모니터 하면서 Threshold를 -26dB 정도로 조정하고, Ratio 값을 1.25:1로 살짝 걸어줍니다.

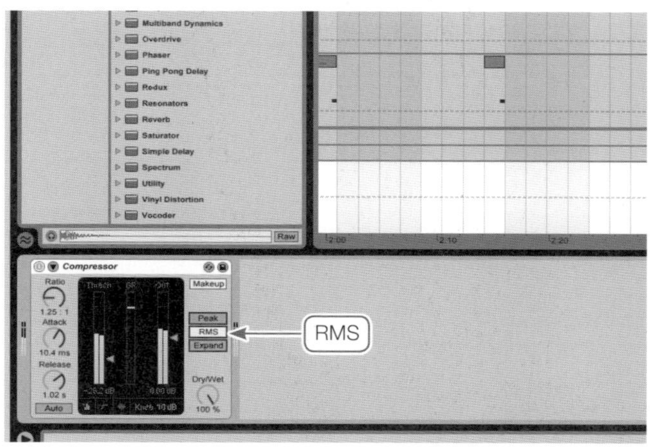

03 Attack은 10ms, Release는 1s 정도로 길게 설정합니다. Knee 값을 10dB로 조정하고, 모드를 RMS로 변경합니다.

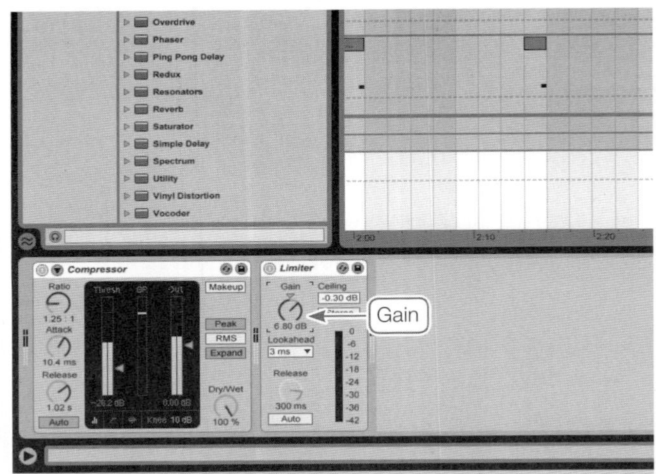

04 Audio Effects 카테고리의 Limiter를 장착하고, Gain 값을 6.8dB로 설정합니다. 전체 레벨이 일정하게 유지되는 것을 확인할 수 있습니다.

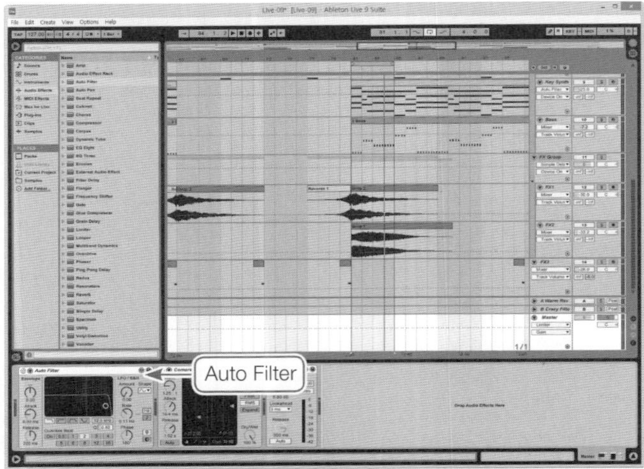

05 Audio Effects 카테고리의 Auto Filter를 Compressor 왼쪽으로 장착합니다.

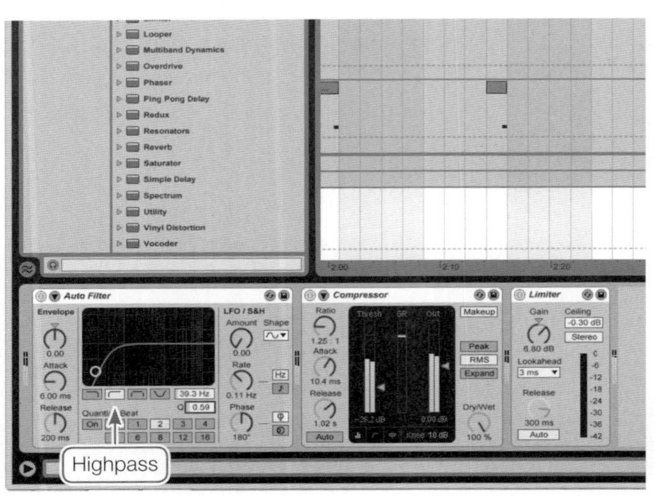

06 타입을 Highpass로 선택하고, 포인트를 드래그하여 Frequency를 40Hz 정도로 조정합니다. Ctrl+S 키를 눌러 지금까지의 작업을 저장합니다.

TIP : 지금까지의 작업은 부록 CD의 Projects 폴더에 Live-10으로 저장되어 있습니다.

07 Ctrl+A 키를 눌러 전체를 선택하고, File 메뉴의 Export Audio/Video를 선택합니다.

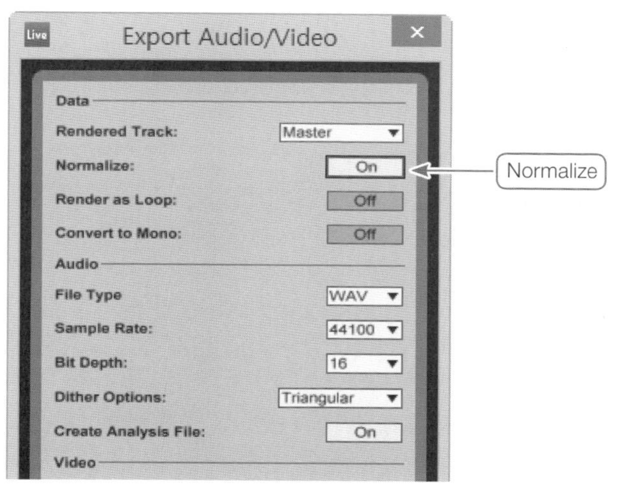

08 Export Audio/Video의 Normalize 버튼을 On으로 하고, File Type은 Wav, Sample Rate은 44100, Bit Depth는 16으로 선택되어 있는지 확인합니다. 그리고 OK 버튼을 클릭하여 오디오 파일을 만듭니다.

09 완성한 오디오 파일을 인터넷으로 발표하기 전에 스마트폰으로 옮겨 담아 모니터 하는 습관을 갖는 것이 좋습니다.

PART 06

Push & Launchpad

Ableton Live 전용 컨트롤러인 Push와 Launchpad의 사용법을 살펴보고, 퍼포먼스 영상으로 유명한 launchpad-pro.com의 해외 뮤지션들의 연주를 따라 해 볼 수 있는 악보를 수록하였습니다. 자신이 사용하고 있는 컨트롤러를 익힌 후에 악보 연주편으로 넘어가면 됩니다. 추가되는 악보는 hyuneum.com에서 제공될 예정입니다.

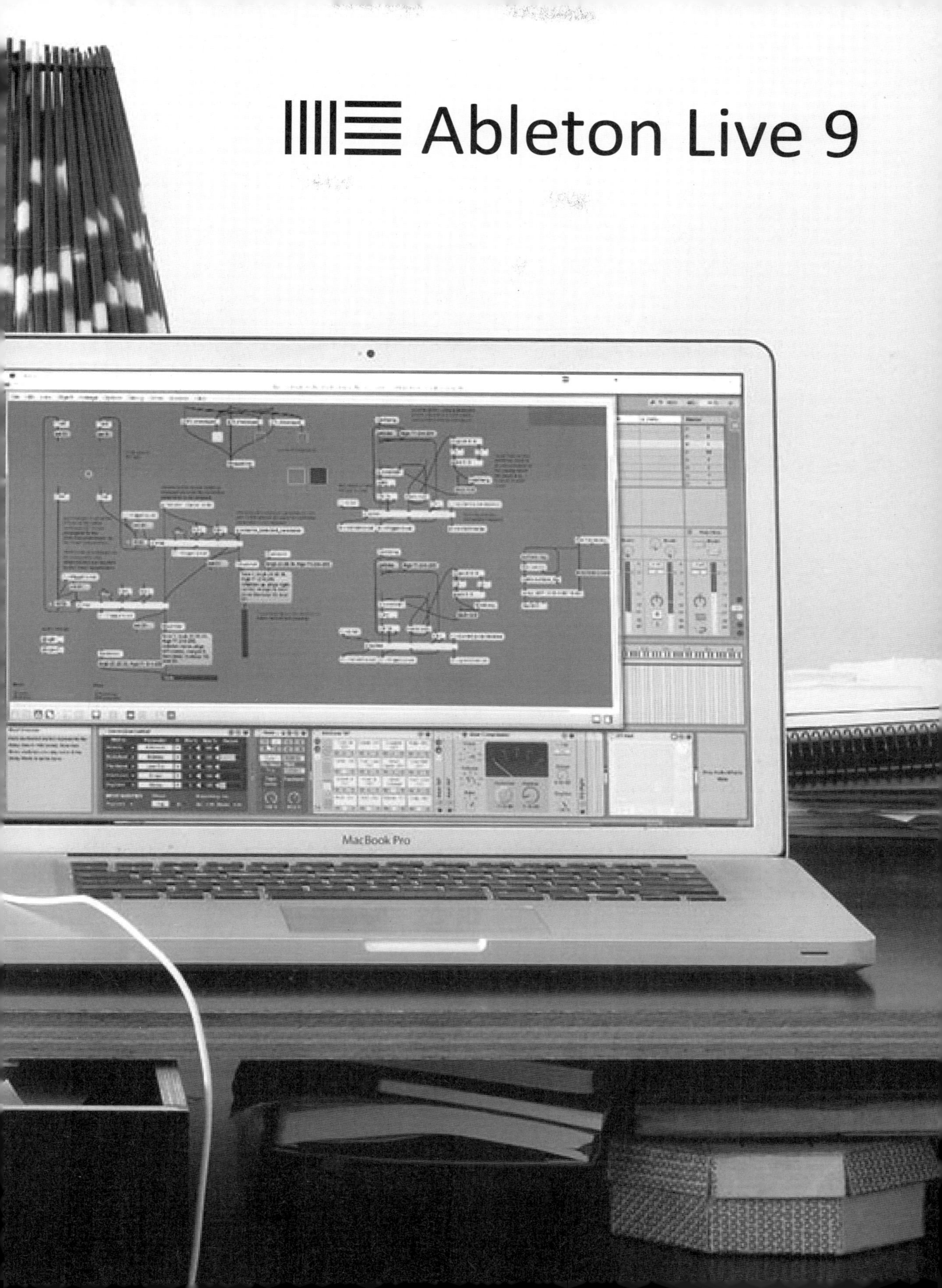

Ableton Live 9

Ableton Push

Push는 Ableton Live 제작사에서 출시한 컨트롤러 입니다. 자사 제품이다 보니 안정성이 뛰어나고, 연주용 악기로써의 역할뿐 아니라 브라우저 탐색, 노트 입력, 사운드 디자인, 오토메이션 등, 음악 제작에 필요한 대부분의 기능을 컨트롤할 수 있는 제품입니다. 간단한 루프 음악을 만들어보면서 Ableton Push 사용법을 익혀보겠습니다.

● 드럼 파트

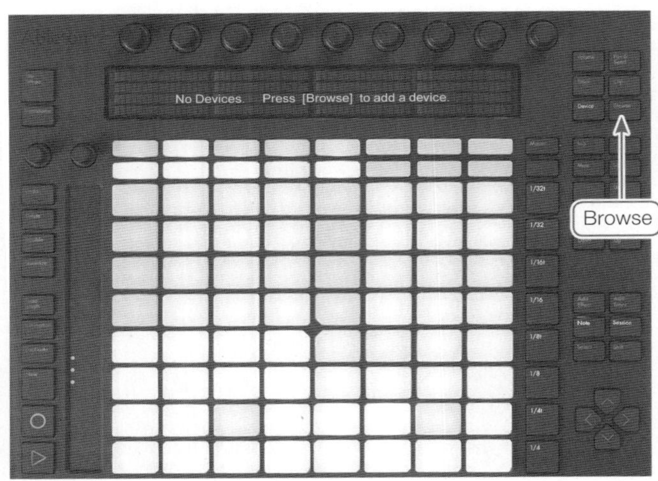

01 브라우저

Push는 USB 케이블로 컴퓨터에 연결만 하면 되기 때문에 라이브에서 특별한 설정이 필요 없습니다. Browse 버튼을 눌러 브라우저 모드로 진입합니다.

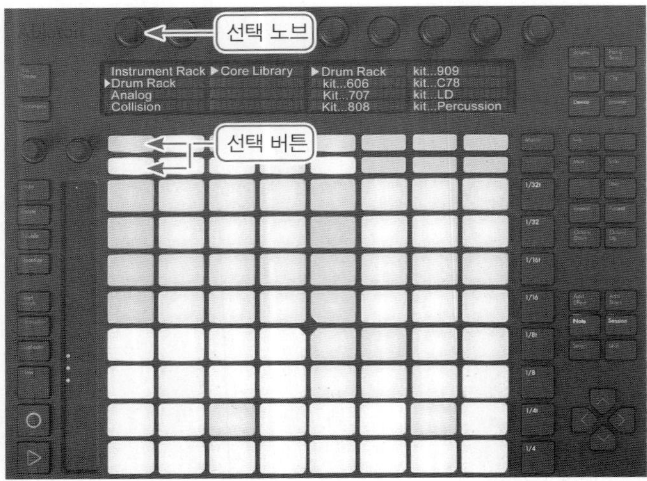

02 디스플레이 창에 선택 가능한 장치들이 표시됩니다. 첫 번째 열의 노브 또는 버튼을 이용해서 Drum Rack을 선택합니다.

> TIP : 디스플레이 창 위/아래 노브와 버튼은 모드에 따라 그 역할이 달라집니다.

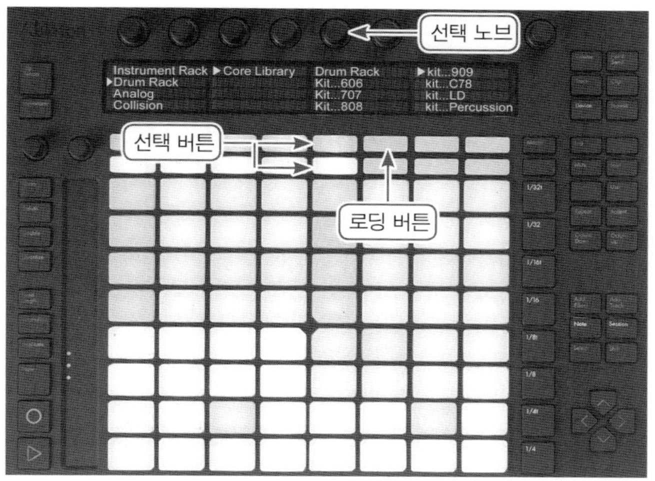

03 나머지 열에는 첫 번째 열에서 선택한 장치의 프리셋 목록이 표시됩니다. 세 번째 열의 노브 또는 버튼을 이용해서 Kit...909을 선택하고, 오른쪽에 녹색으로 표시되는 로딩 버튼을 눌러 음색을 로딩합니다.

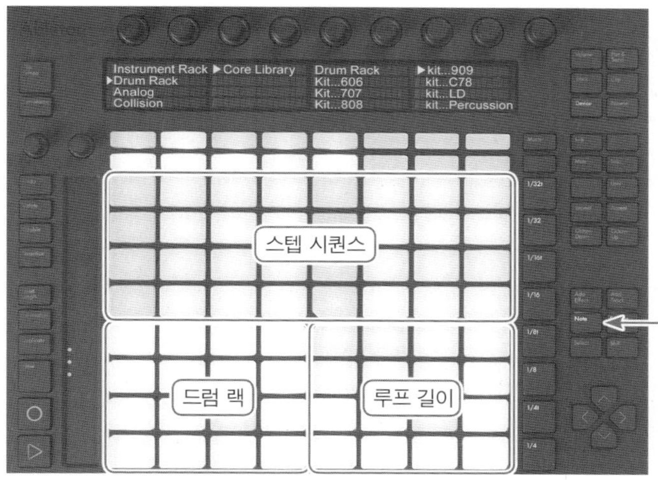

01 드럼 모드

패드는 악기에 따라 드럼 및 노트 모드로 자동 설정되며, Note 버튼으로 전환 가능합니다. 드럼 모드는 상단 32 패드가 스텝 시퀀스, 하단 왼쪽 16 패드가 드럼 랙, 오른쪽 16 패드가 루프 길이로 구분됩니다.

> TIP : 64패드 드럼 랙을 사용할 때는 Note 버튼을 선택하여 전환합니다.

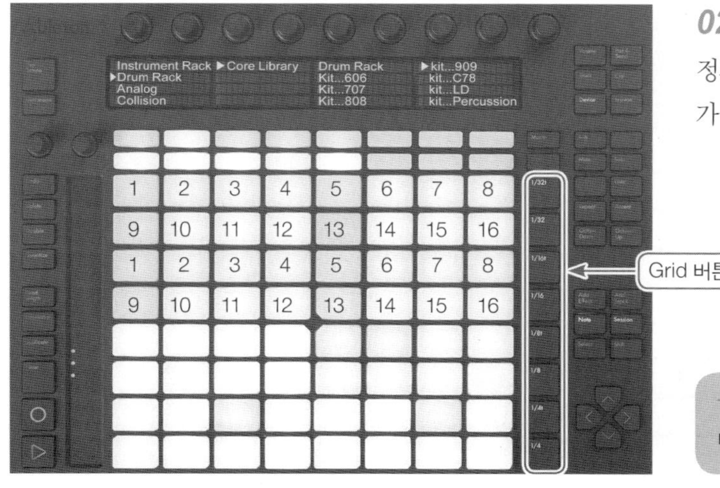

02 스텝 시퀀스는 기본적으로 16비트로 설정되어 있으며, Grid 버튼을 이용하여 변경 가능합니다.

> TIP : 세션 모드에서는 Grid 버튼이 Scene 버튼 역할을 합니다.

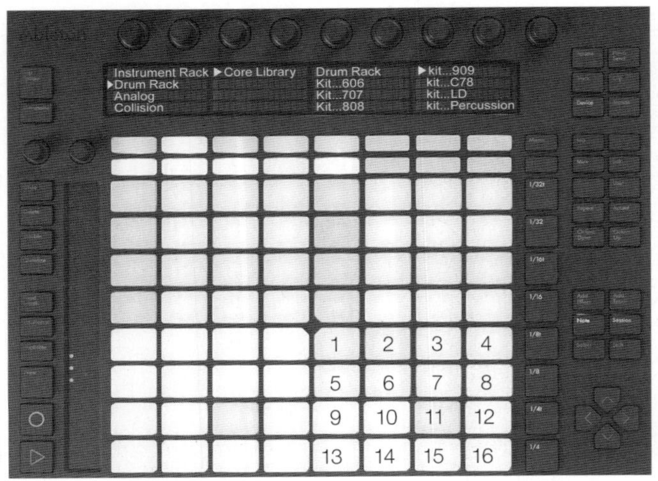

03 루프 길이는 기본적으로 2마디로 설정되어 있으며, 첫 번째 마디에 해당하는 버튼을 누른 상태로 원하는 길이에 해당하는 버튼을 눌러 조정할 수 있습니다.

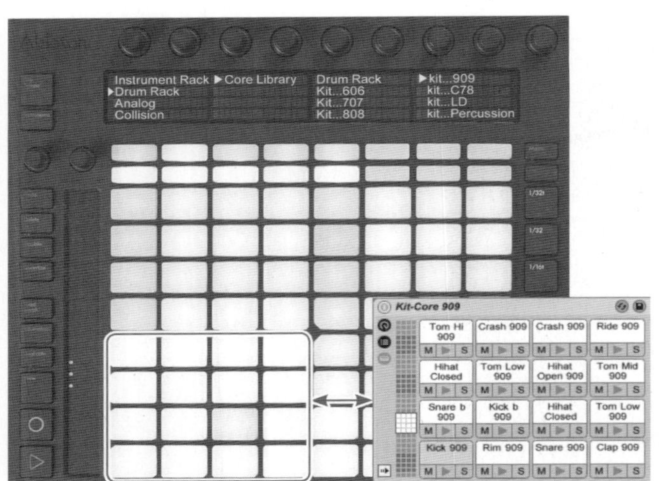

04 드럼 랙은 로딩한 악기와 동일한 패치로 배열되어 있으며, 각 패드를 눌러 연주할 수 있습니다. 64패드 프리셋은 Launchpad의 User 1 모드와 동일하게 왼쪽 하단에서 상단, 오른쪽 하단에서 상단 순서로 배치됩니다.

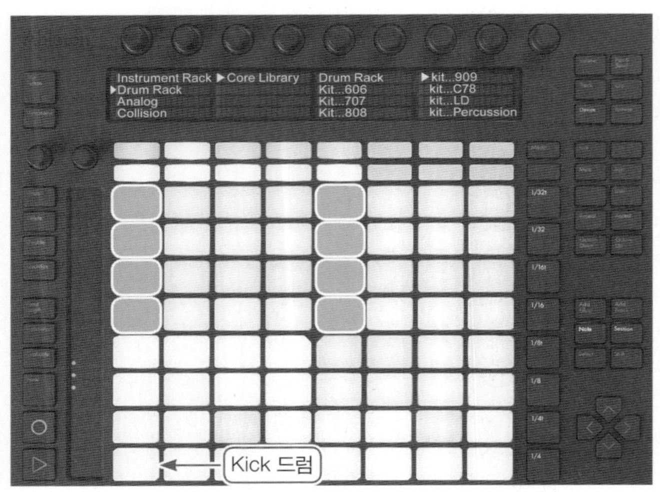

01 스텝 입력

Kick 드럼 패드를 선택하고, 스텝 시퀀스 1열의 4개, 5열의 4개 패드를 누릅니다. Grid의 기본 값이 1/16이고, 루프 길이가 2마디 이므로, 두 마디 길이의 4비트 Kick 드럼이 연주됩니다.

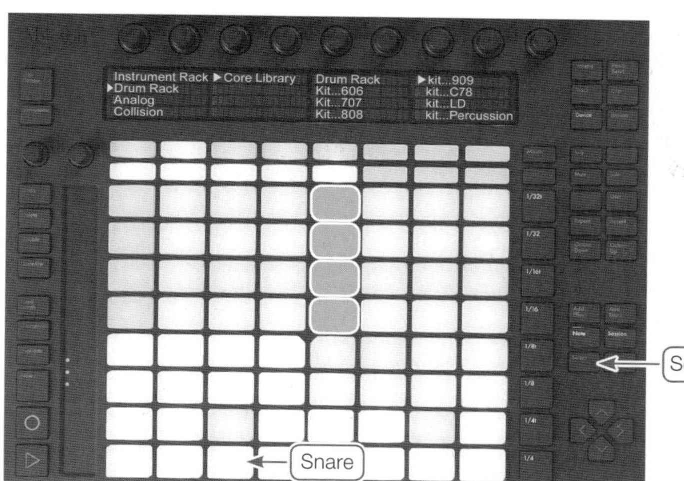

02 Snare 패드를 선택하고, 스텝 시퀀스 5열의 4개 패드를 누릅니다. 악기를 선택할 때 소리가 들리지 않게 하려면 Select 버튼을 누른 상태에서 패드를 누릅니다.

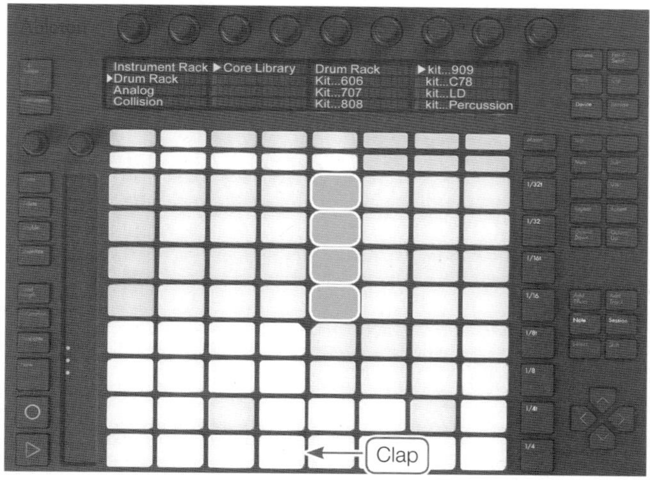

02 Clap 패드를 선택하고, 스텝 시퀀스 5열의 4개 패드를 누릅니다. 댄스 곡에서 Snare와 Clap이 합성된 사운드를 많이 사용합니다.

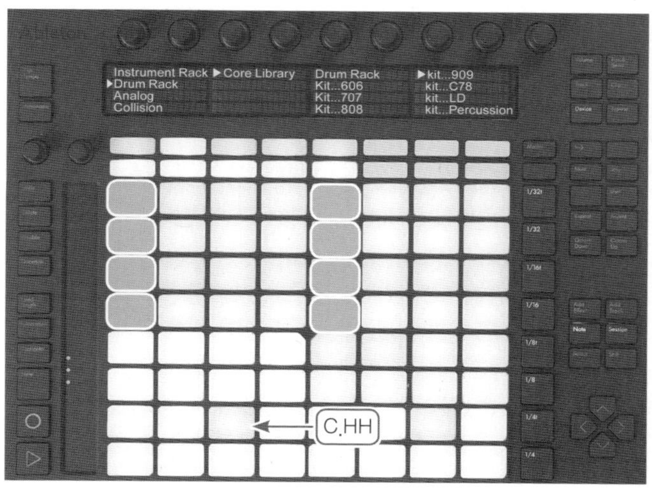

03 Close Hihat(C.HH) 패드를 선택하고, 스텝 시퀀스 1열과 5열의 4개 패드를 누릅니다.

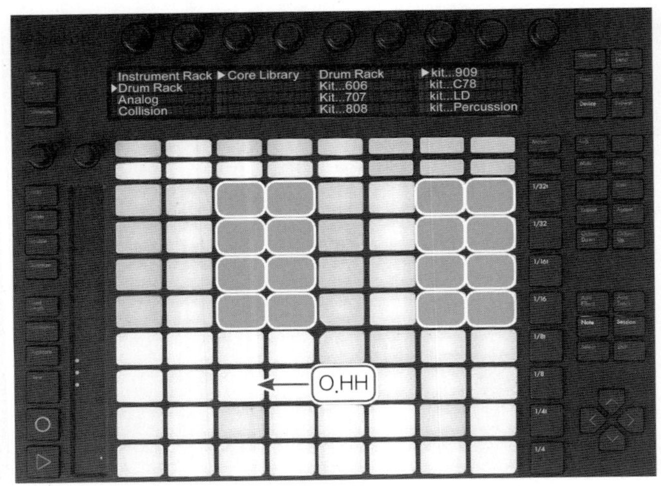

04 Open Hihat(O.HH) 패드를 선택하고, 스텝 시퀀스 3열, 4열, 7열, 8열 모두 4개의 패드를 누릅니다. 전형적인 클럽 비트를 만들어 본 것입니다.

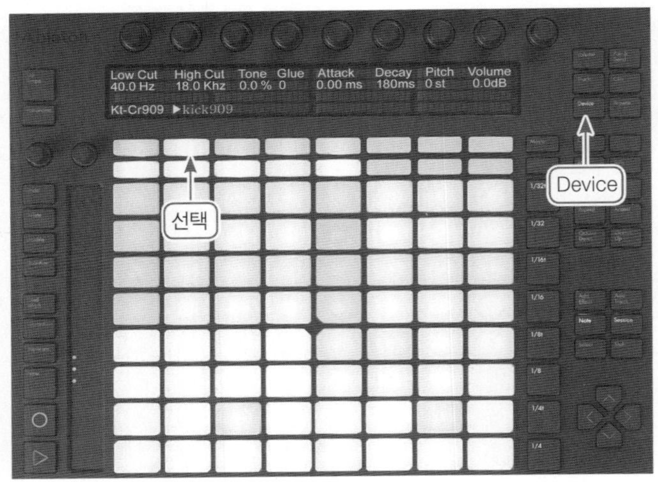

01 스왑

드럼 랙의 샘플을 사용자가 원하는 것으로 바꾸는 방법입니다. Device 버튼을 선택하고, 두 번째 열에 표시되어 있는 악기를 선택합니다. 악기는 드럼 랙에서 선택한 것으로 표시됩니다.

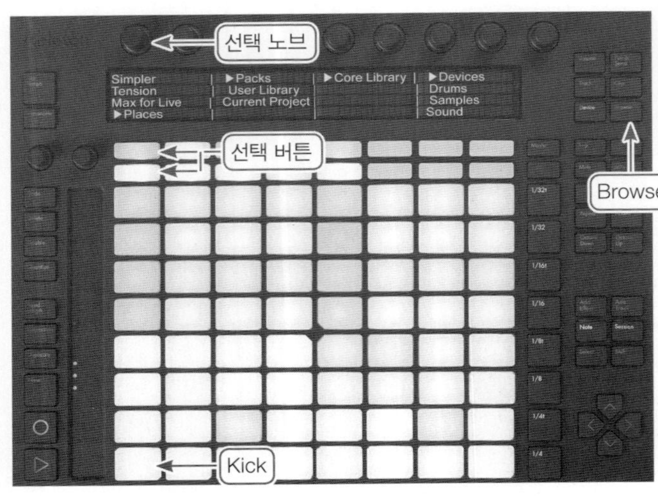

02 Browse 버튼을 선택하면 디스플레이 창에 샘플 목록이 표시됩니다. Kick 패드를 선택하고, 첫 번째 노브 및 버튼을 이용하여 Places 카테고리를 선택합니다.

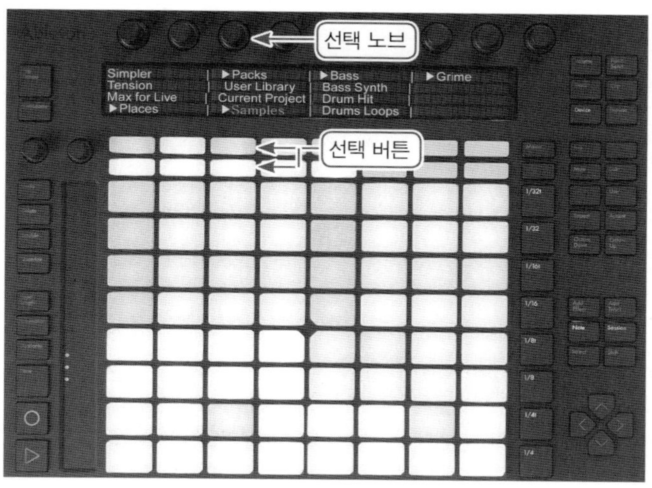

03 3번 노브 및 버튼을 이용하여 Samples 폴더 선택합니다. Samples 폴더는 부록 CD 를 의미하며, 독자가 별도로 관리하는 샘플들 이 있다면 해당 폴더를 선택합니다.

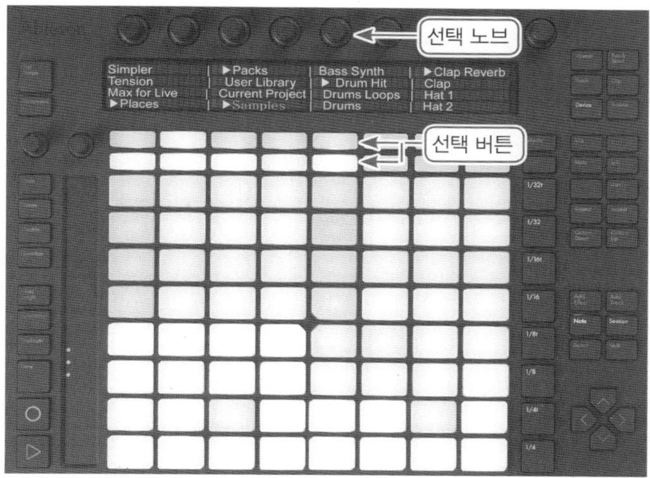

04 다섯 번째 노브 및 버튼을 이용하여 Drums Hits 폴더 선택합니다.

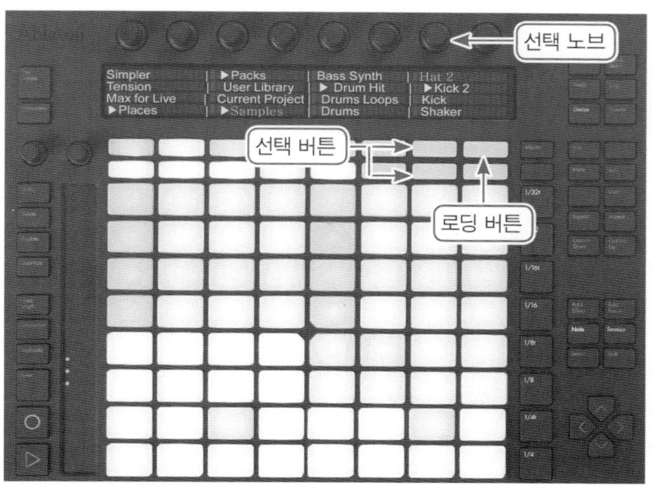

05 7 번 노브 및 버튼을 이용하여 kick 2 샘플을 선택하고, 오른쪽의 녹색 버튼을 눌러 선택한 Kick 패드의 샘플을 변경합니다.

06 Kick 사운드의 샘플이 변경된 것을 확인할 수 있습니다. 다른 패드의 샘플들도 앞에서와 동일한 방법으로 변경할 수 있습니다.

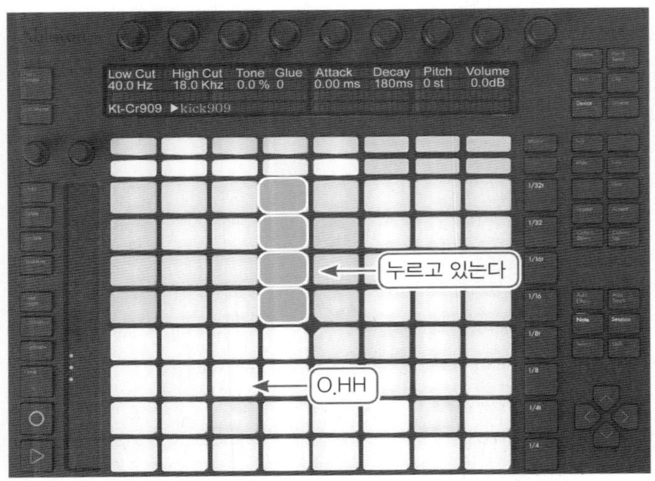

01 노트 편집

스텝 시퀀스에 입력한 패드를 누르고 있으면, 노트의 위치와 길이, 벨로시티를 조정할 수 있는 상태가 됩니다. O.HH을 선택하고, 업 비트에 해당하는 4열 4개의 패드를 동시에 누릅니다.

02 디스플레이 창에 노트의 위치를 조정하는 Nudge, 길이를 조정하는 Length와 Fine, 벨로시티를 조정하는 Velocity가 표시됩니다. Velocity 노브를 돌려 64 정도로 조정합니다. 8열의 업 비트도 동일하게 조정합니다.

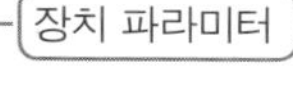

01 디바이스

Device 버튼을 선택하면 장치 파라미터를 조
정할 수 있습니다. 파라미터가 많은 경우에는
In/Out 버튼으로 이동할 수 있습니다.

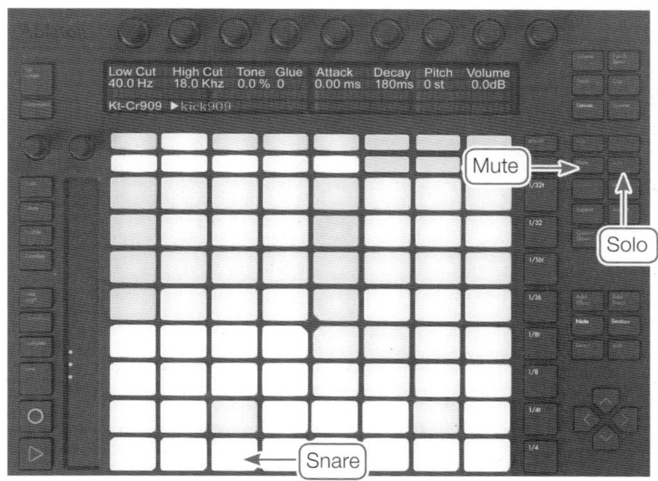

02 Solo 버튼을 누른 상태에서 Snare를 선
택합니다. 스네어 사운드를 솔로로 모니터 할
수 있습니다. 참고로 Mute 버튼은 선택한 악
기를 뮤트시킵니다.

03 Pitch 항목 위에 있는 노브를 돌려 -5로
음정을 낮춥니다. 그리고 Solo 버튼을 누른
상태에서 Snare를 선택하여 솔로 모드를 해
제합니다.

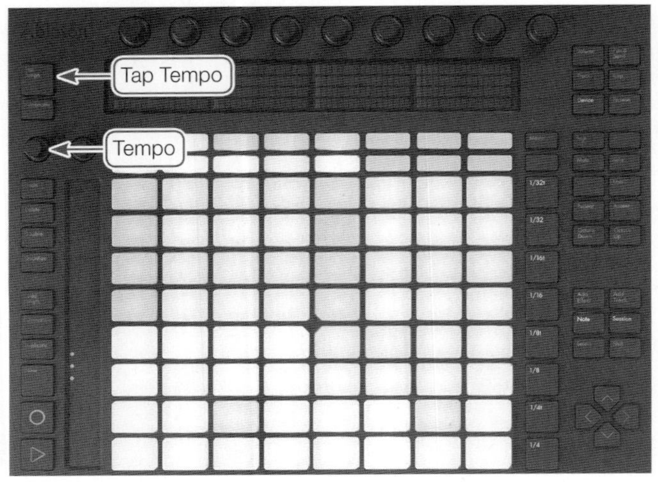

04 Tempo 노브를 돌려 150으로 설정합니다. Push는 AR 음악에 맞추어 템포를 설정할 수 있는 Tap Tempo 버튼도 제공합니다.

01 노트 스텝

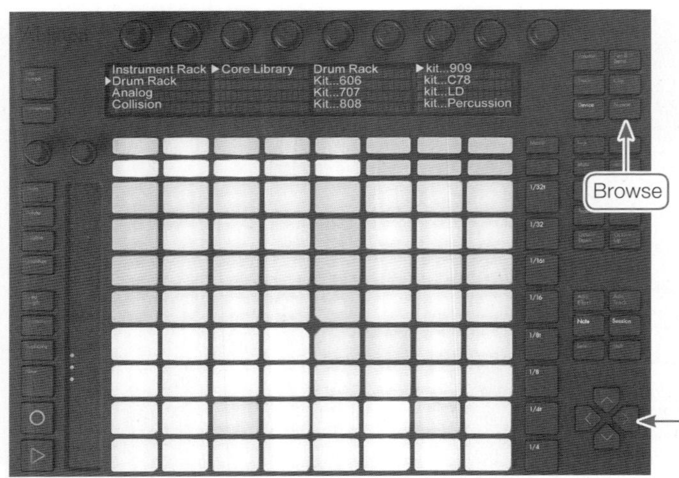

오른쪽 방향키를 눌러 2 MIDI 트랙으로 이동하고, Browse 버튼을 선택합니다.

02 1번 노브를 돌려 Places 카테고리를 선택하고, 3번 노브를 돌려 Samples를 선택합니다. 그리고 7번 노브를 돌려 Loop 01 Project를 선택합니다.

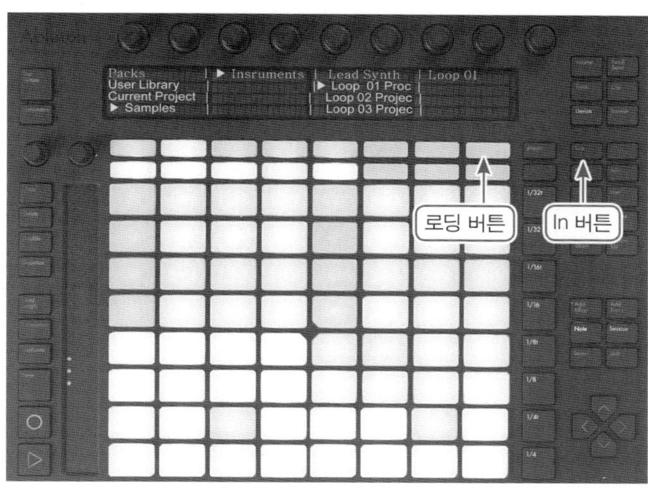

03 In 버튼을 눌러 하위 메뉴로 이동하고, Loop 1이 선택되어 있는 상태에서 녹색 버튼을 눌러 로딩합니다.

04 Note 버튼을 눌러 시퀀스 모드로 변경하고, Octave Up 버튼을 두 번 눌러 범위를 Sequence C3 to B3로 설정합니다.

05 C3에 해당하는 패드를 누르고, 그 상태에서 Length 노브를 돌려 32step으로 조정합니다. C3 노트를 두 마디 길이로 입력하는 것입니다.

06 Add Track 버튼을 누르고 앞에서와 동일한 방법으로 Samples 카테고리의 Loop 02 Project에서 Loop 02를 로딩합니다.

07 Loop 01 트랙과 동일하게 C3 노트를 32 step 길이로 입력합니다.

08 다시 한 번 Add Track 버튼을 누르고 Samples 카테고리의 Loop 03 Project에서 Loop 03를 로딩합니다.

09 앞에서와 마찬가지로 C3 노트를 32 step 길이로 입력합니다. 총 3개의 Loop 트랙을 만든 것입니다.

10 Volume 버튼을 선택하고, Loop 01, 02, 03 트랙의 노브를 돌려 -6dB 정도로 조정합니다.

11 Pan&Send 버튼을 선택하고 노브를 돌려 Loop 01 트랙은 L 15, Loop 02와 03 트랙은 R 15 정도로 조정합니다.

● 베이스 파트

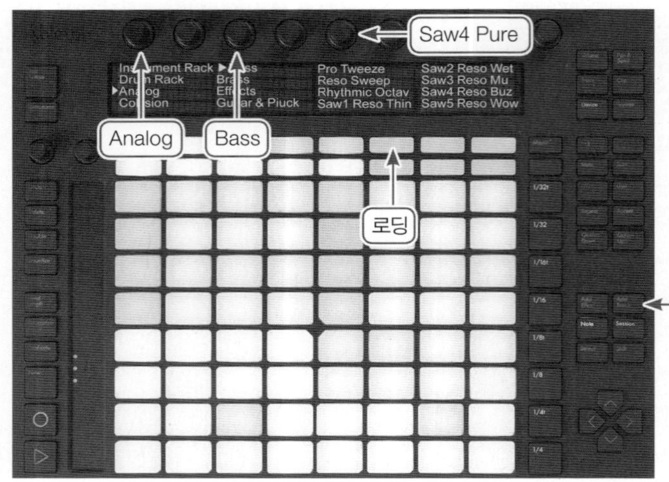

01 레코딩

Add Track 버튼을 누르고, Analog 카테고리
의 Bass 폴더에서 Saw4 Pure Buzzy Bass를
찾습니다. 그리고 녹색 버튼을 눌러 베이스
음색이 장착된 트랙을 만듭니다.

02 Quantize 버튼을 누르고 있으면 디스
플레이 창에 단위를 선택할 수 있는 메뉴가
보입니다. 기본값 1/16을 확인하고, Record
Quantize의 버튼을 눌러 On으로 합니다.

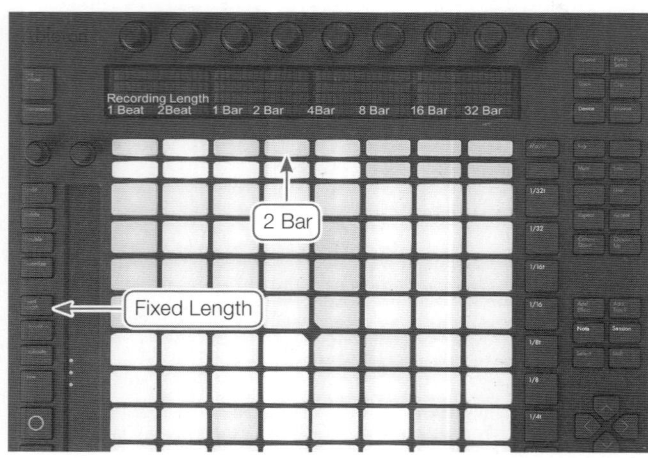

03 Fixed Length 버튼을 누르고 있으면 녹
음 길이를 선택할 수 있는 메뉴가 보입니다.
기본 길이는 두 마디 입니다.

04 Note 버튼을 눌러 시퀀스 모드를 빠져 나오고, Octave Down 버튼을 눌러 앞에서 올렸던 음역 대를 Play C0 to C4로 내립니다.

Octave Down

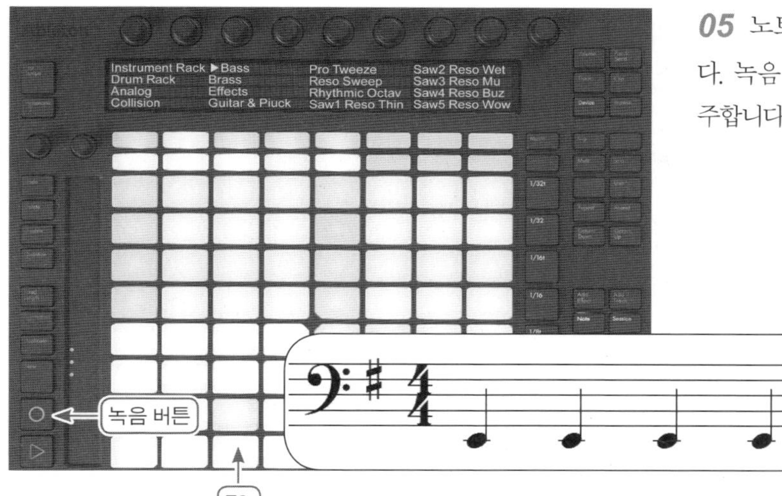

05 노트는 C0부터 이므로, 3열이 E0가 됩니다. 녹음 버튼을 누르고 E0 패드로 악보를 연주합니다. 가급적 충분한 길이로 연주합니다.

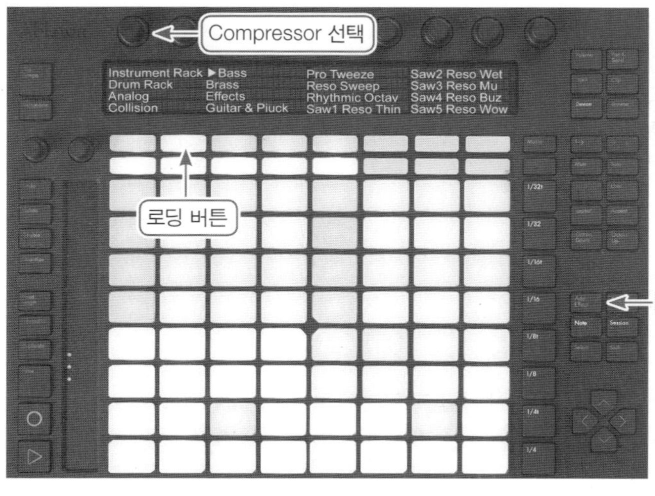

06 녹음 버튼을 다시 눌러 Off 하고, Add Effect 버튼을 누릅니다. 1번 노브를 돌려 Compressor를 선택하고, 녹색의 로딩 버튼을 눌러 장착합니다.

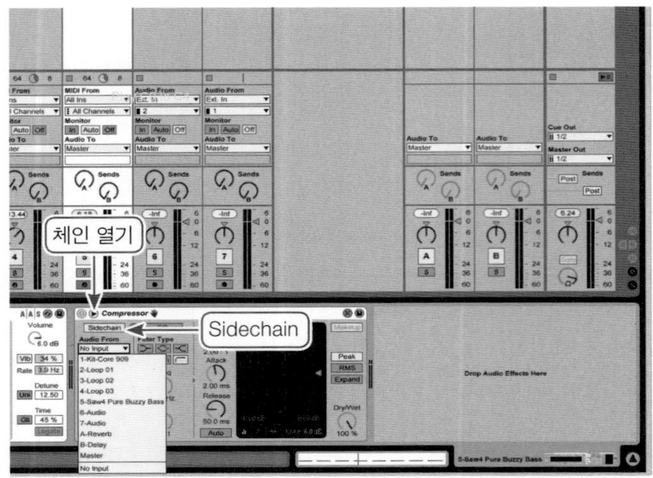

07 Compressor의 체인을 열고, Sidechain 버튼을 On으로 합니다. 그리고 Audio From 항목에서 1-Kit-core 909를 선택합니다

TIP : Push에서는 Device 모드의 sdeChan을 선택하고 Ext. In On 노브로 sidechain을 On 할 수 있습니다.

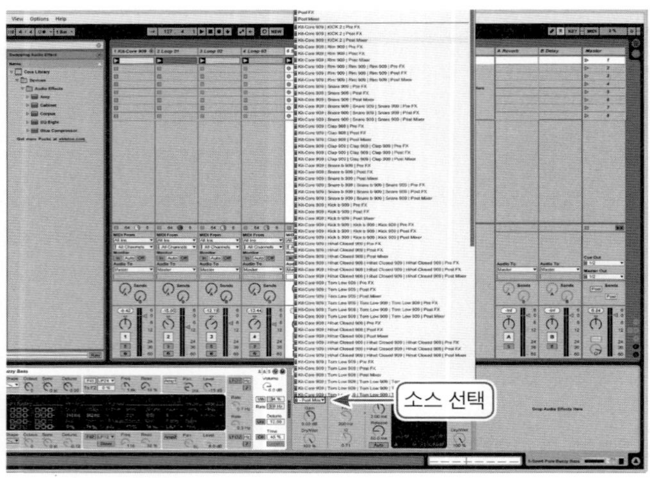

08 소스 선택 항목에서 Kit-Core 909 Kick2 Post Mixer를 선택합니다. Kick 드럼이 연주될 때 베이스에 컴프레서가 걸리게 하는 사이드체인 기법입니다.

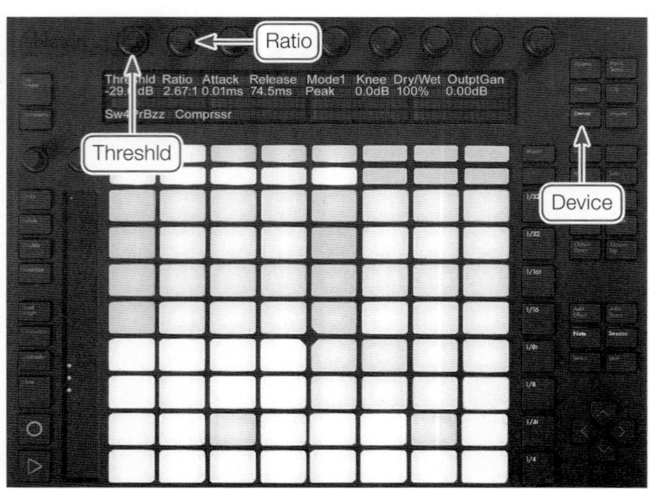

09 Device 버튼을 누르면 Compressor의 파라미터를 조정할 수 있는 메뉴가 보입니다. 노브를 이용하여 Threshld를 -29dB, Ratio를 2.6:1 정도로 조정합니다.

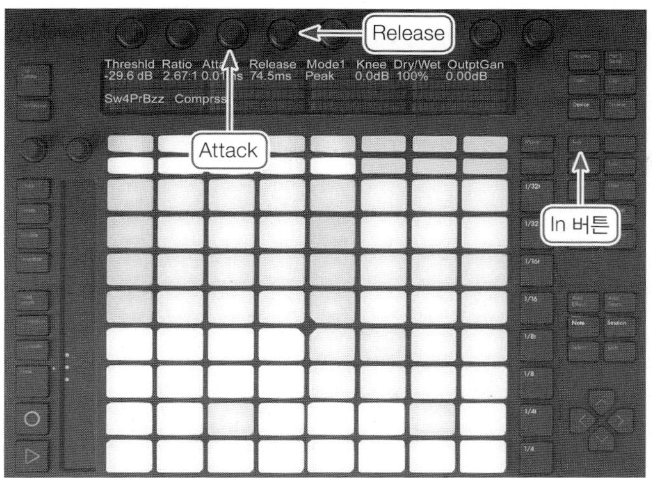

10 계속해서 Attack은 0.01ms, Release는 74ms 정도로 조정하고, In 버튼을 눌러 하위 메뉴로 이동합니다.

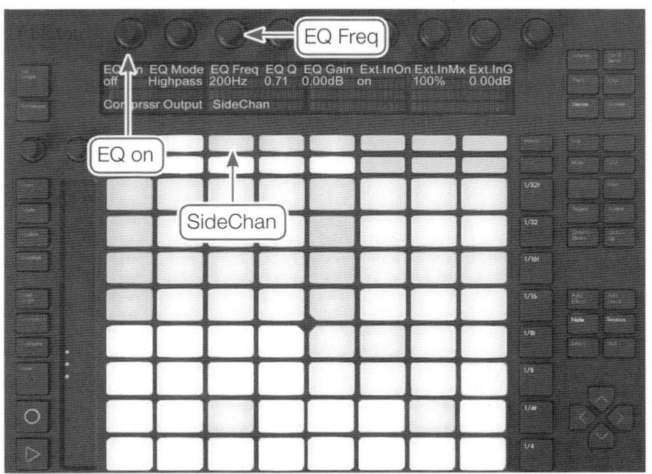

11 SdeChan 버튼을 누르고 EQ On 노브를 돌려 On으로 합니다. 그리고 Freq를 670Hz 정도로 조정합니다.

01 서브 베이스

Add Track 버튼을 누르고, 1번 노브를 돌려 Simpler를 선택합니다. 그리고 녹색의 로딩 버튼을 눌러 트랙을 만듭니다.

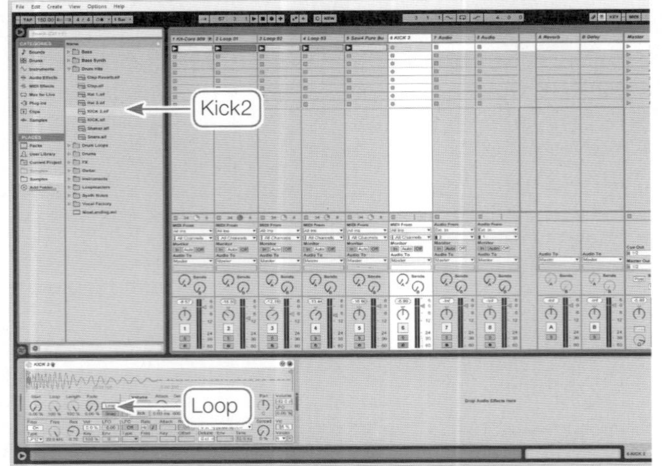

02 Samples 카테고리의 Drum Hits에서 Kick2 파일을 드래그하여 장착합니다. 그리고 Loop를 On으로 합니다.

03 Device 버튼을 선택하고, S Length 노브를 1.56% 정도로 조정합니다.

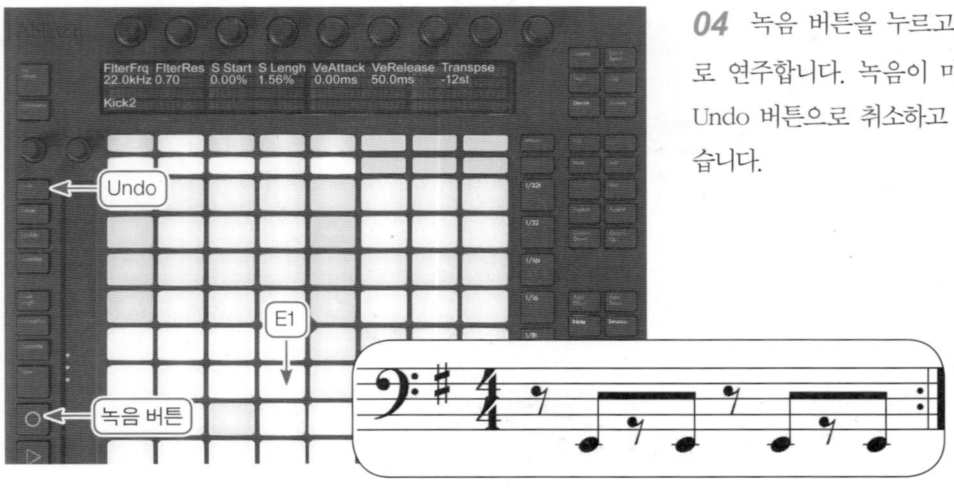

04 녹음 버튼을 누르고 악보를 E1 음정으로 연주합니다. 녹음이 마음에 들지 않으면 Undo 버튼으로 취소하고 다시 시도할 수 있습니다.

● 신디 파트

01 플러그-인

외부 플러그-인은 맵 설정 후에 컨트롤이 가
능합니다. 아날로그 신디 악기로 많이 사용하
는 Sylenth1으로 실습을 진행하겠습니다. 데
모 버전은 lennardigital.com에서 다운 받을
수 있습니다.

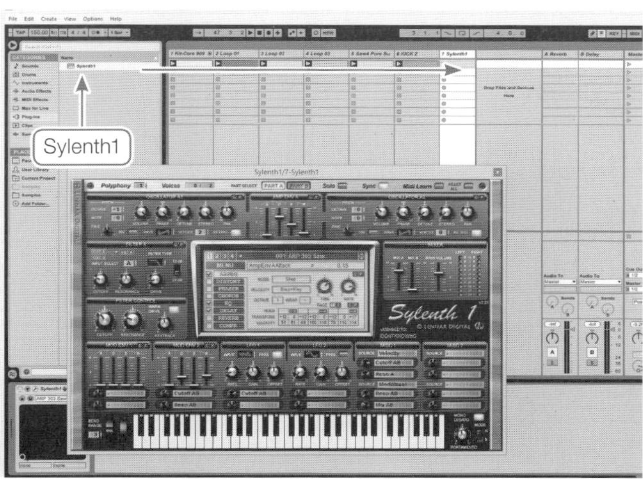

02 Plug-Ins 카테고리의 Sylenth1을 빈 공간
으로 드래그하여 트랙을 만듭니다.

> TIP : Preferences 창 File Folder 페이지의 VST Plug-in
> Custom Folder 항목에서 Sylenth1이 설치되어 있는 폴더
> 가 지정되어 있어야 합니다.

03 프로그램 항목을 클릭하여 음색 목록을
열고, 023: HOV Dominator를 선택합니다.

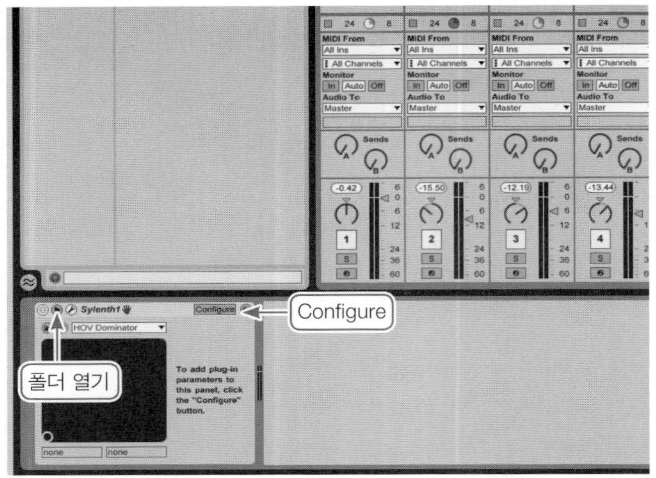

04 플러그-인은 기본적으로 선택한 파라미터를 1번 노브로 컨트롤 할 수 있지만, 8개의 노브를 모두 사용하기 위해서는 맵핑 과정이 필요합니다. 디바이스 폴더를 열고, Configure 버튼을 클릭합니다.

05 MOD ENV1 의 Attack 파라미터를 선택하고, Push의 노브를 터치하면 맵핑됩니다. 노브를 돌려 값을 0으로 조정해봅니다.

06 AMP ENV B의 Release 파라미터를 두 번째 노브에 연결하고 값을 0으로 조정해봅니다. 같은 방법으로 사용자가 자주 사용하는 파라미터를 연결할 수 있습니다.

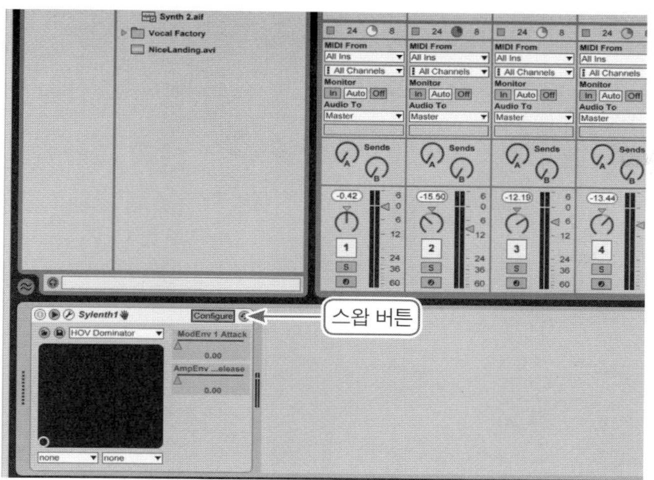

07 연결된 파라미터는 디바이스에 표시되며, 악기를 열지 않아도 컨트롤이 가능합니다. 연결이 끝나면 Configure 버튼을 Off로 하고, 연결을 해제할 때는 스왑 버튼을 On으로 하고 Delete 키로 삭제합니다.

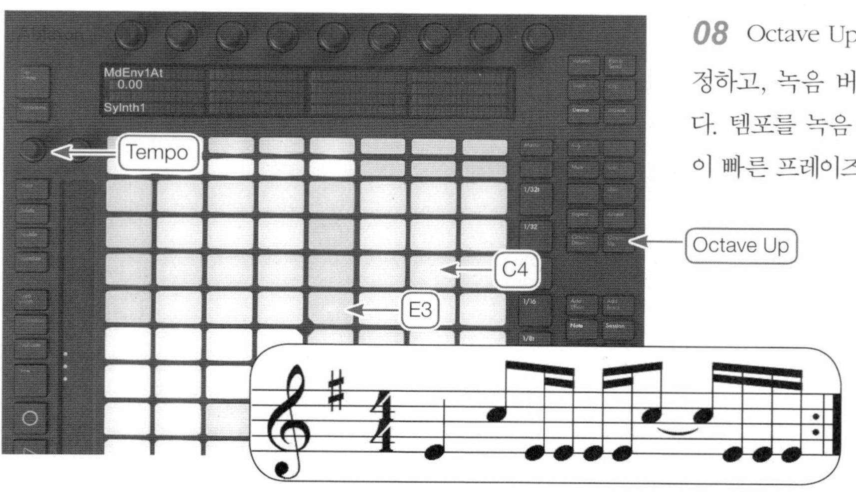

08 Octave Up 버튼을 눌러 C1 to C5로 설정하고, 녹음 버튼을 눌러 악보를 연주합니다. 템포를 녹음 가능한 수준으로 늦추는 것이 빠른 프레이즈를 녹음하는 요령입니다.

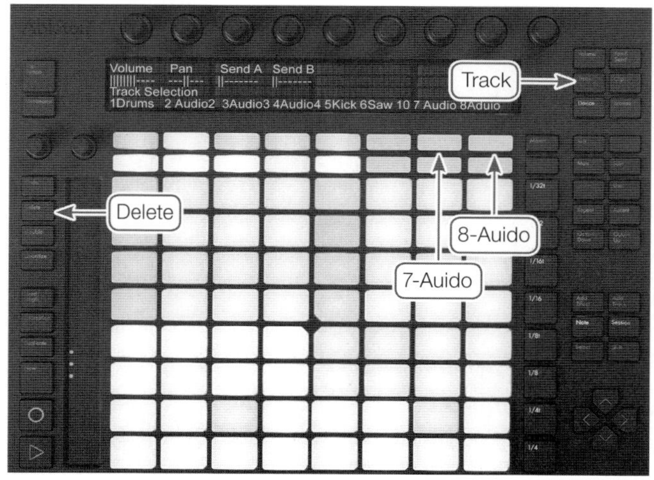

09 Track 버튼을 선택하고, Delete 버튼을 누른 상태로 7-Audio와 8-Audio 트랙을 선택하여 삭제합니다.

● 리드 파트

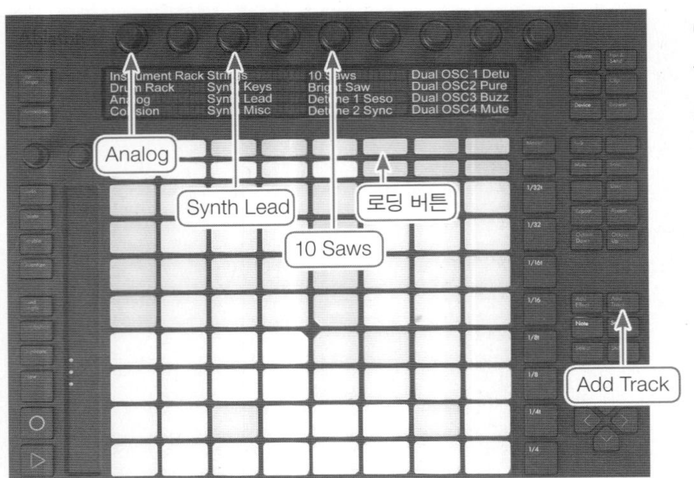

01 Add Track 버튼을 선택하고 Analog 카테고리의 Synth Lead에서 10 saws를 찾아 녹색 버튼으로 로딩합니다.

03 녹음 버튼을 누르고, 악보를 연주합니다. 스케일을 연주하는 데는 무리가 없겠지만, 템포가 빠르므로 연주 가능한 템포로 녹음합니다.

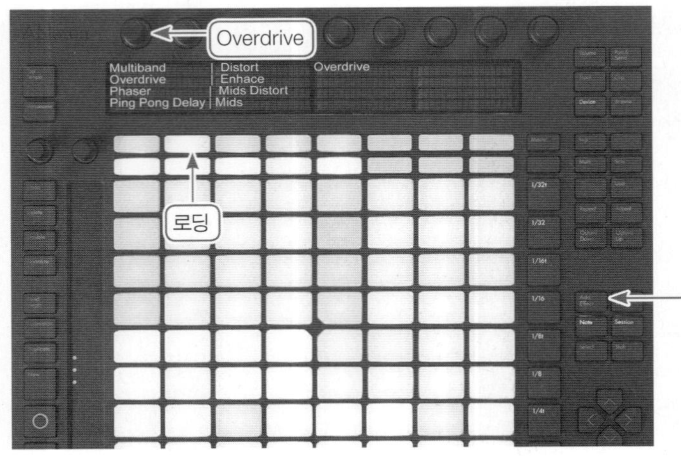

04 Add Effect 버튼을 누르고 1번 노브를 돌려 Overdrive를 찾습니다. 그리고 녹색 로딩 버튼을 눌러 장착합니다.

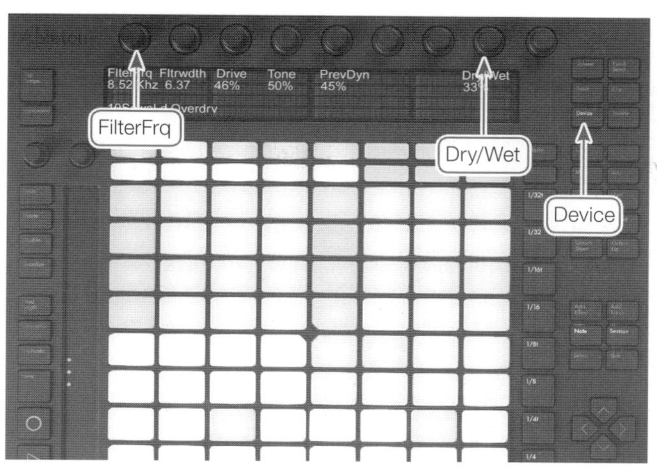

05 Device 버튼을 선택하고 Filter Frq를 8.5Khz 정도로 조정합니다. 그리고 Dry/Wet 값을 33% 정도로 줄입니다.

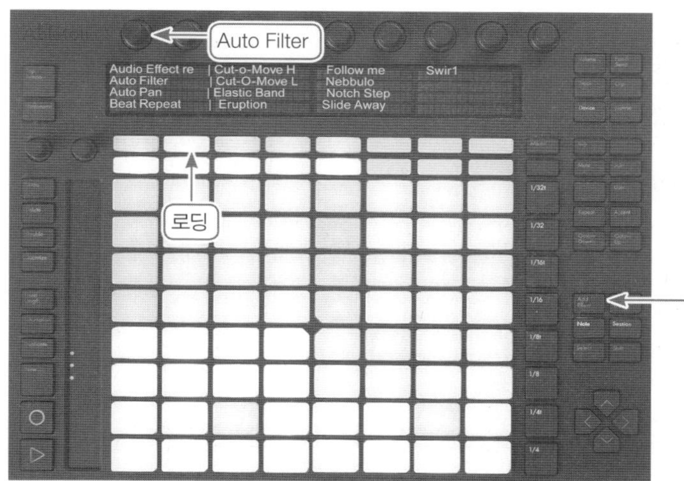

06 Add Effect 버튼을 선택하고 1번 노브를 돌려 Auto Filter를 찾습니다. 그리고 녹색 로딩 버튼을 클릭하여 장착합니다.

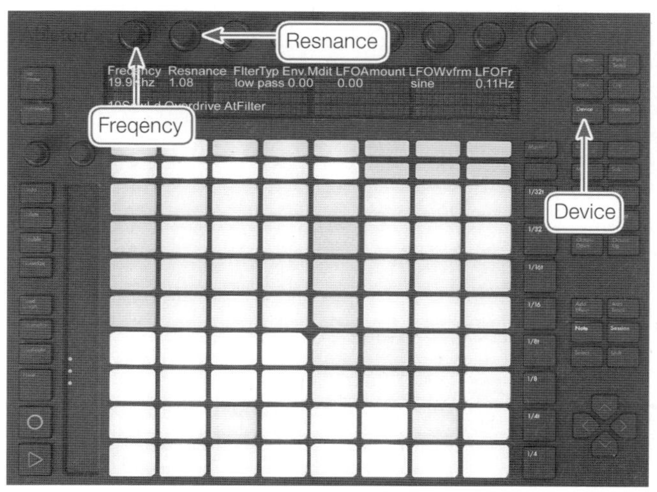

07 Device 버튼을 선택하고 Freqency를 19.9Khz로 조정합니다. 그리고 Resnance를 1.08정도로 조정합니다.

● 곡의 구성

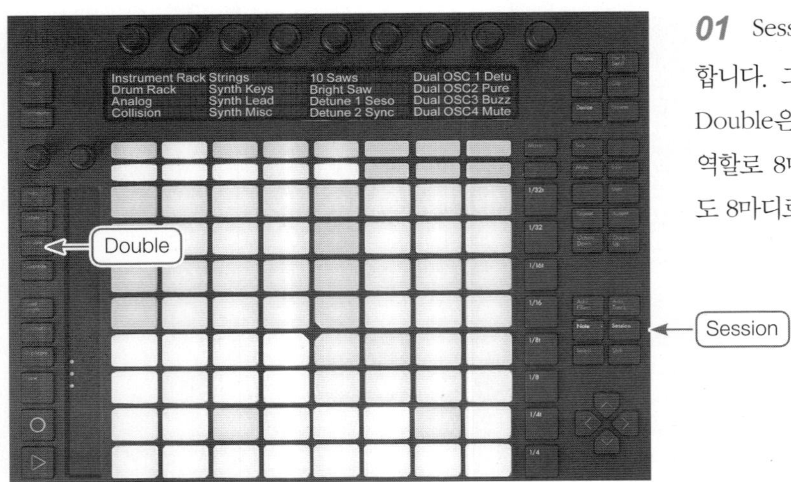

01 Session 버튼을 선택하고, 클립을 선택합니다. 그리고 Double를 두 번 누릅니다. Double은 클립의 길이를 두 배로 늘려주는 역할로 8마디가 됩니다. 나머지 트랙의 클립도 8마디로 만듭니다.

02 신디 트랙의 클립을 더블 클릭으로 열고, 8마디 노트를 악보대로 수정합니다.

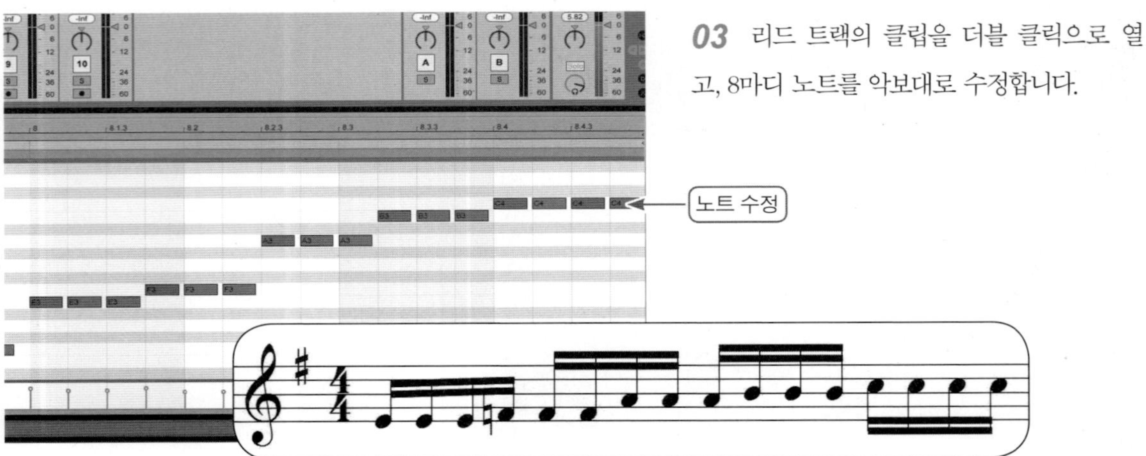

03 리드 트랙의 클립을 더블 클릭으로 열고, 8마디 노트를 악보대로 수정합니다.

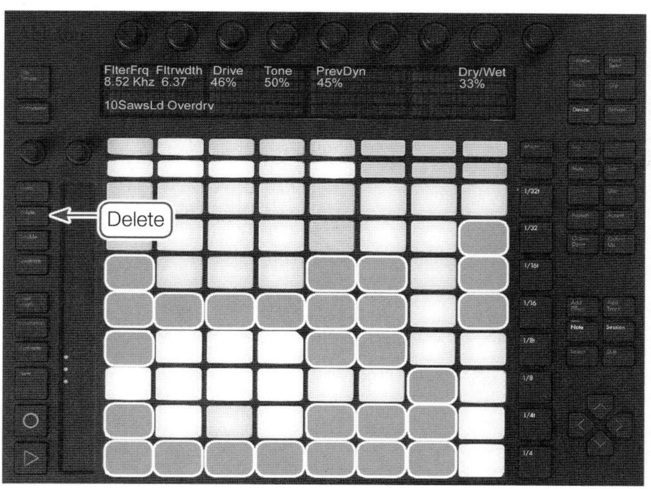

04 Delete 버튼을 누른 상태에서 그림에 회색으로 선택되어 있는 패드를 제외한 나머지 패드를 선택하여 클립을 삭제합니다.

05 Loop 01, 02, 03 트랙을 Ctrl 키를 누른 상태로 선택하고, 마우스 오른쪽 버튼을 클릭하여 Group Tracks를 선택합니다.

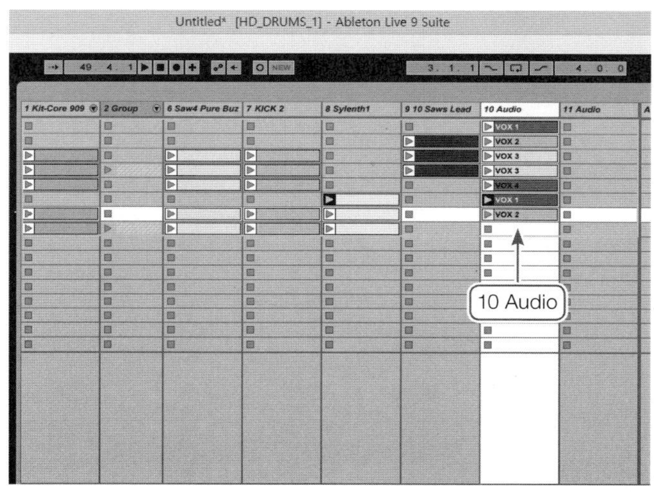

06 Samples 카테고리의 Fx 폴더에서 Vox 1, 2, 3, 3, 4, 1, 2 파일을 10 Audio 트랙에 차례로 가져다 놓습니다. 트랙 이름은 구부하기 쉽게 Vox로 변경합니다.

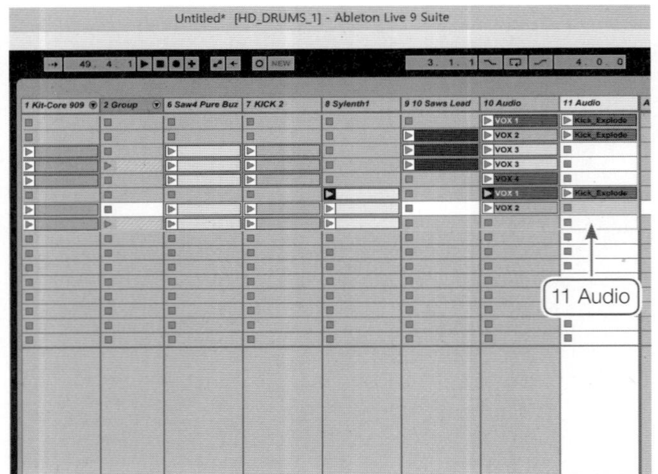

07 Kick_Explode 파일을 11 Audio 트랙 1, 2, 7번 슬롯에 가져다 놓습니다. 트랙 이름은 Fx1으로 변경합니다.

08 드럼 트랙의 2번 슬롯을 더블 클릭하여 열고, 루프 포인트를 드래그하여 8마디 길이로 만듭니다.

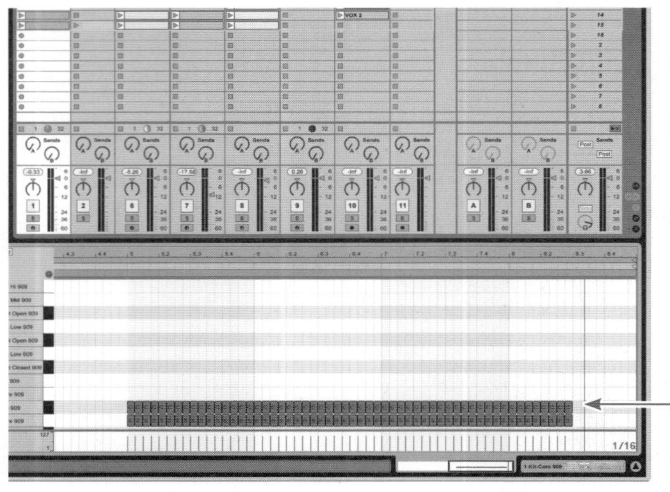

09 연필 툴로 Snare와 Clap 노트 라인을 드래그하여 5마디에서부터 8마디 3박자까지 입력합니다. 물론, Push를 이용해도 좋습니다.

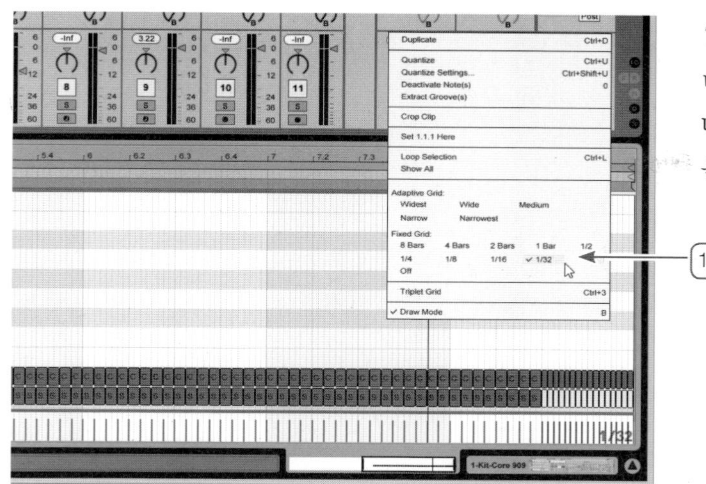

10 마우스 오른쪽 버튼을 클릭하여 단축 메뉴를 열고, Fixed Grid를 1/32로 선택합니다. 그리고 나머지 두 마디를 드래그하여 채웁니다.

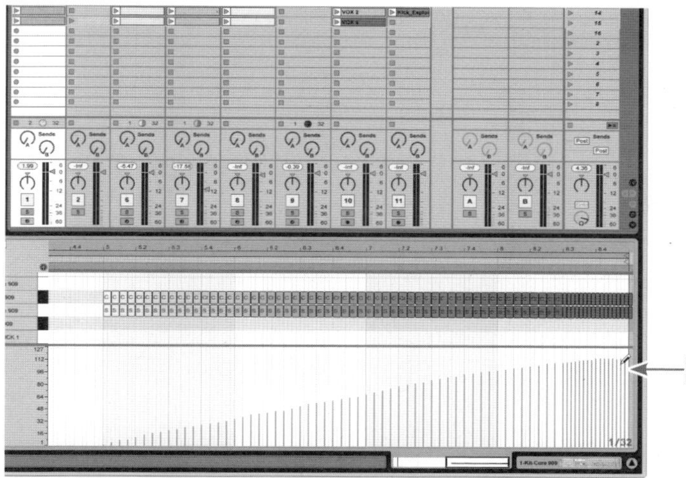

11 벨로시티 라인을 드래그하여 점차 증가되도록 만듭니다.

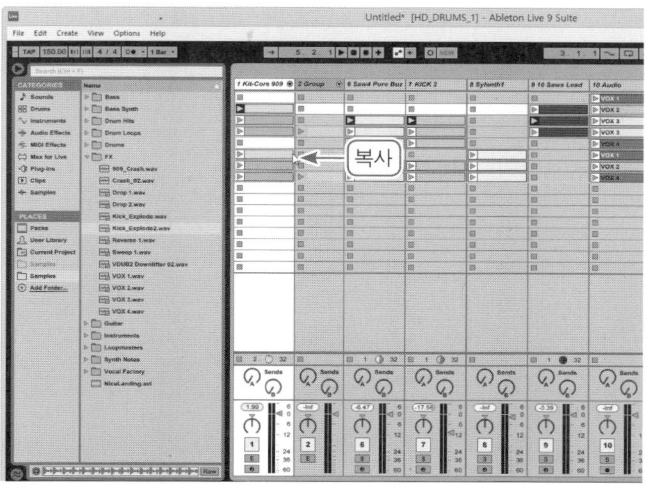

12 스네어를 입력한 2번 클립을 Ctrl 키를 누른 상태로 드래그하여 6번 슬롯으로 복사합니다.

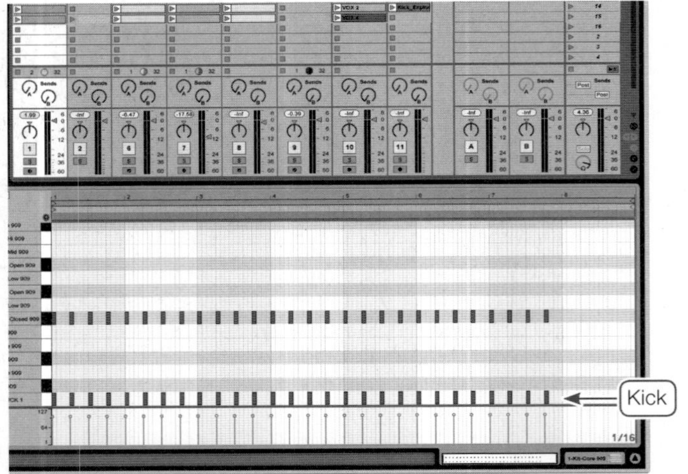

13 드럼 트랙의 3번 클립을 열고, Kickr과 C.HH를 제외한 나머지 노트를 삭제합니다. 그리고 8마디 노트는 모두 삭제합니다.

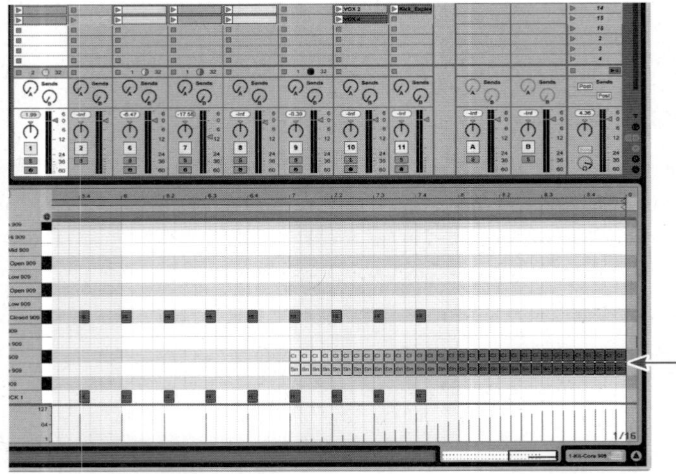

14 7, 8 마디에 Snare와 Clap 노트를 16비트로 입력하고, 벨로시티가 점점 증가되도록 만듭니다.

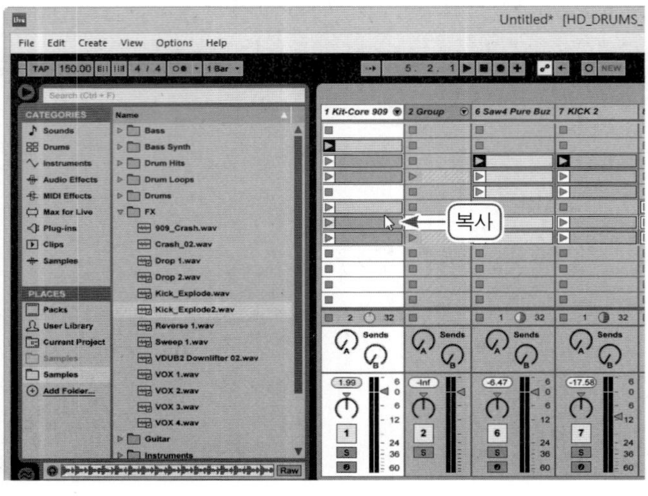

15 노트를 수정한 3번 클립을 Ctrl 키를 누른 상태로 드래그하여 7번 슬롯으로 덮어 씌웁니다.

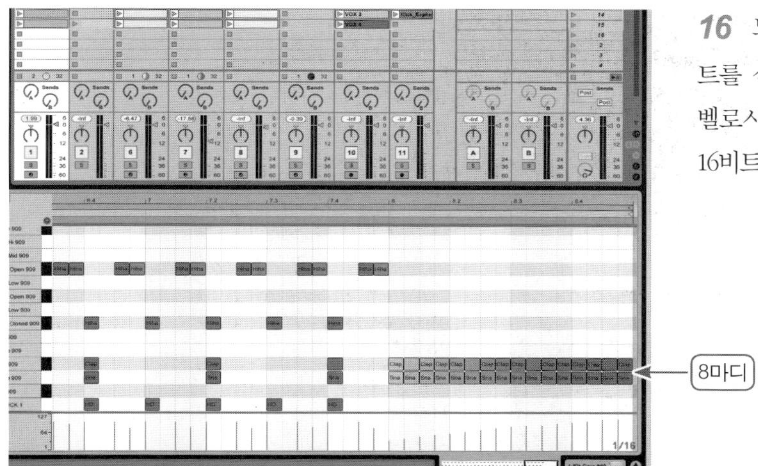

16 드럼 트랙의 4번 클립을 열고, 8마디 노트를 삭제합니다. 그리고 앞에서와 동일하게 벨로시티가 증가하는 Snare와 Clap 노트를 16비트로 입력합니다.

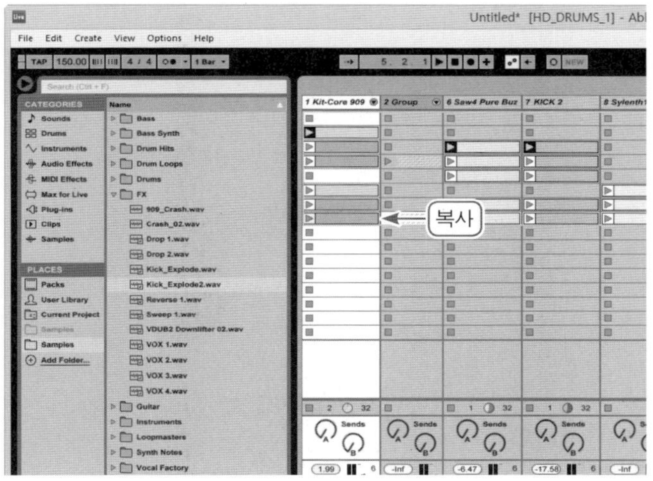

17 노트를 수정한 4번 클립을 Ctrl 키를 누른 상태로 드래그하여 8번 슬롯으로 덮어 씌웁니다.

18 F9 키를 누르고 Scene 1-8까지 버튼을 차례로 눌러 어레인지 녹음을 진행합니다. 3번과 4번, 7번과 8번은 두 번씩 반복해도 좋습니다.

01 FX 추가

Tab 키를 눌러 어레인지 창을 열고, Samples 카테고리의 FX 폴더에서 909_Crash 샘플을 빈 공간의 시작 위치로 드래그하여 트랙을 만듭니다. 계속해서 8마디 단위로 배치합니다. 트랙 이름은 Crash로 합니다.

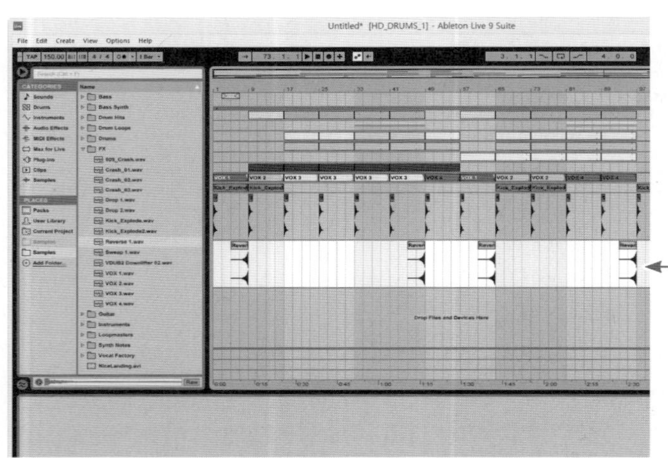

02 Samples 카테고리의 FX 폴더에서 Crash 01 샘플을 빈 공간의 8마디 위치로 드래그하여 트랙을 만듭니다. 계속해서 각 섹션이 끝나는 위치에 배치합니다. 트랙 이름은 Fx2로 합니다.

03 Samples 카테고리의 FX 폴더에서 Crash 02 샘플을 Crash 01 오른쪽에 가져다 놓습니다. 그리고 Fx1 트랙 엔딩에 Kick Explode 샘플을 추가합니다.

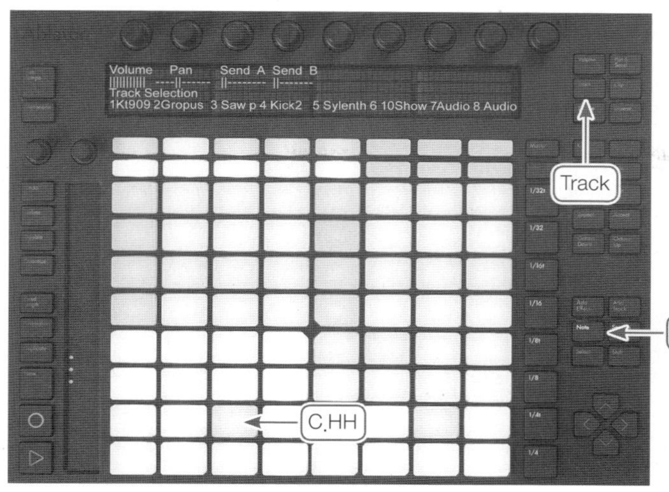

01 드럼 디자인

Track 모드에서 1번 드럼 트랙을 선택하고, Note 버튼을 선택하여 드럼 모드로 변경합니다. 그리고 C.HH 패드를 선택합니다.

02 Add Effect 버튼을 선택하고, 노브를 돌려 Overdrive를 찾습니다. 그리고 녹색의 로딩 버튼을 누릅니다.

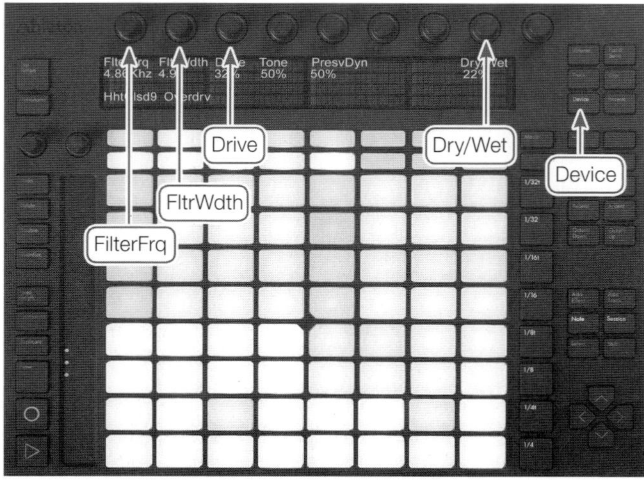

03 Device 버튼을 선택하고, Overdrive를 선택합니다. 그리고 FilterFrq를 4.8khz, FltrWdth를 4.9, Drive를 32%, Dry/Wet를 22%정도로 조정합니다.

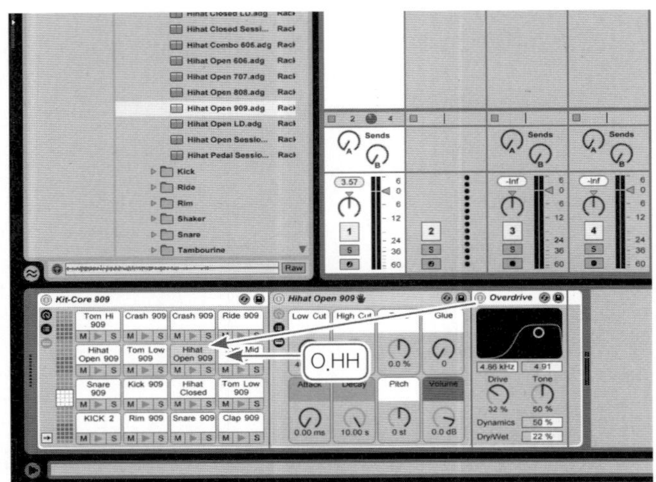

04 Ctrl 키를 누른 상태로 Overdrive를 Hihat Open으로 드래그하여 복사합니다.

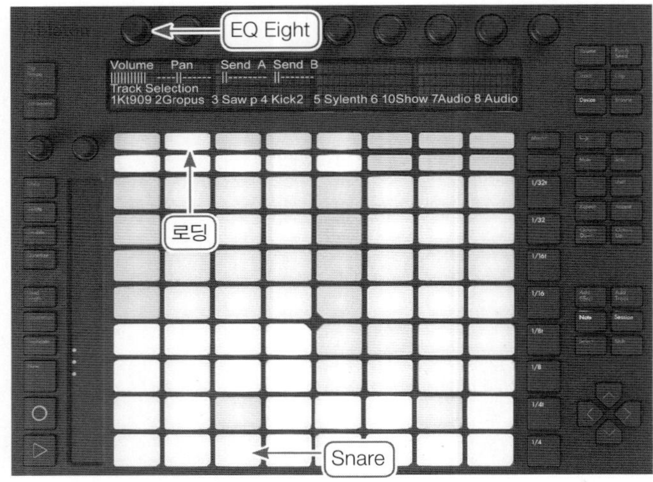

05 Snare 드럼을 선택하고 Add Effect 버튼을 누릅니다. 그리고 EQ Eight을 찾아 로딩합니다.

06 Device 버튼을 선택하고 2FreqncyA 노브를 돌려 287Hz 정도로 조정합니다. 그리고 2Gain 값을 6.33dB 정도로 조정합니다.

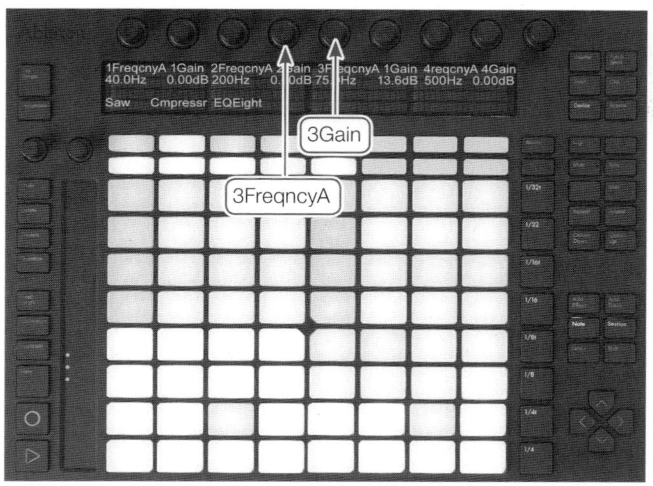

07 3FreqncyA 노브를 돌려 13.4Hz 정도로 조정합니다. 그리고 3Gain 값을 12.5dB 정도로 조정합니다.

08 In 버튼을 눌러 하위 메뉴로 이동하고, 4FltrOnA를 Off로 설정합니다.

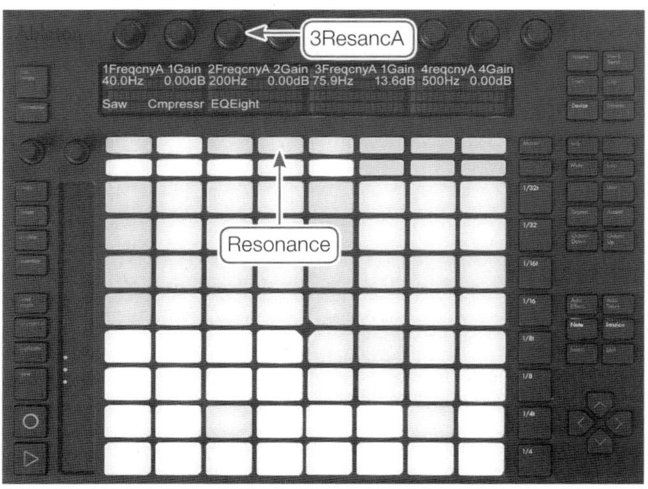

09 Resonance를 선택하고, 3ResancA를 0.28 정도로 조정합니다.

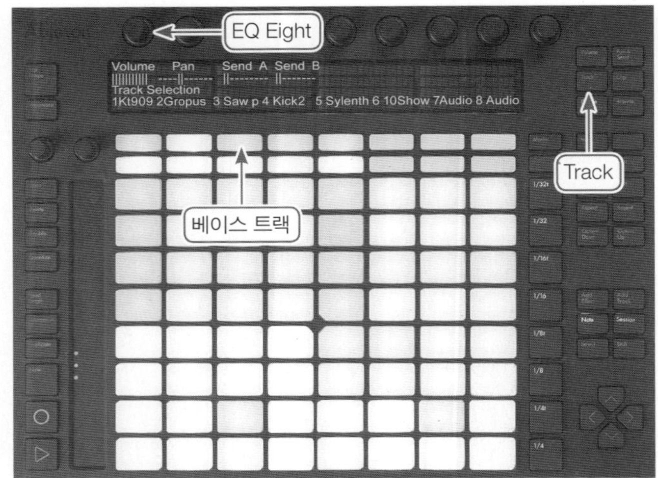

01 베이스 디자인

Track 모드에서 베이스 트랙을 선택하고 Add
Effect 버튼을 누릅니다. 그리고 노브를 돌려
EQ Eight을 찾아 로딩 합니다.

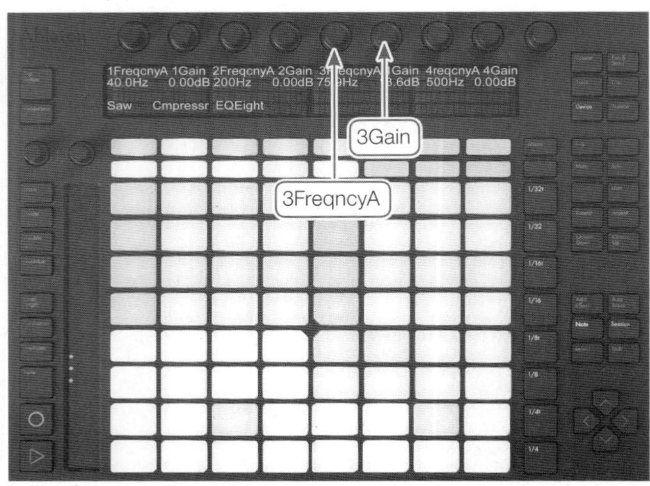

02 Device 버튼을 선택하고 3FreqncyA 노
브를 돌려 75Hz 정도로 조정합니다. 그리고
3Gain 값을 13.5dB 정도로 조정합니다.

01 신디 디자인

Track 모드에서 신디 트랙을 선택하고 Add
Effect 버튼을 누릅니다. 그리고 노브를 돌려
EQ Eight을 찾아 로딩 합니다.

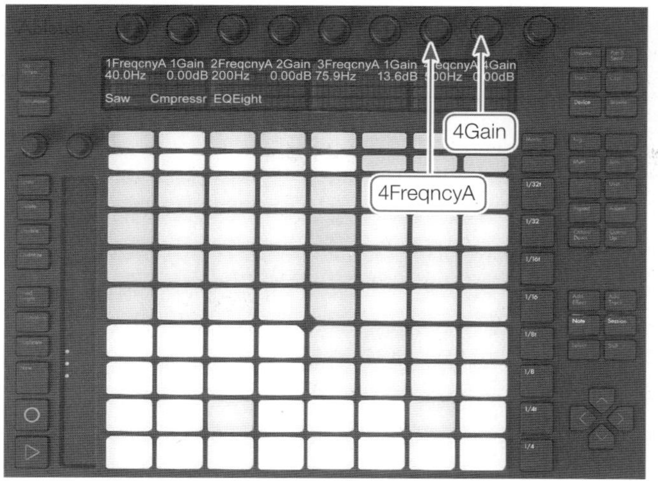

02 Device 버튼을 선택하고 4FreqncyA 노브를 돌려 4.09KHz 정도로 조정합니다. 그리고 4Gain 값을 9.26dB 정도로 조정합니다.

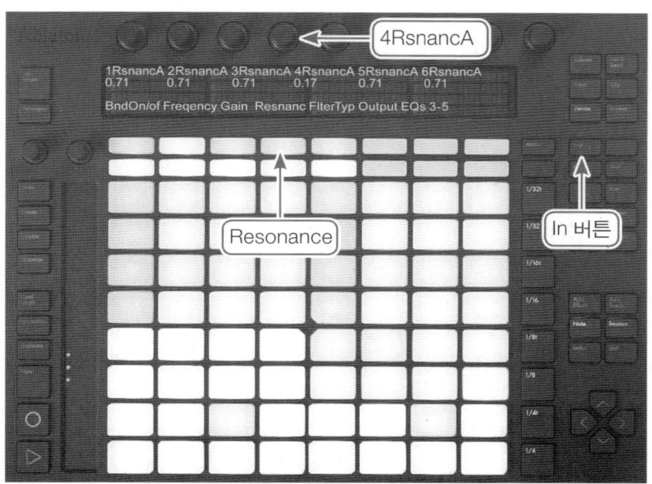

03 In 버튼을 선택하여 하위 메뉴를 열고, Resonance를 선택합니다. 그리고 4RsnancA 노브를 돌려 0.17 정도의 범위로 조정합니다.

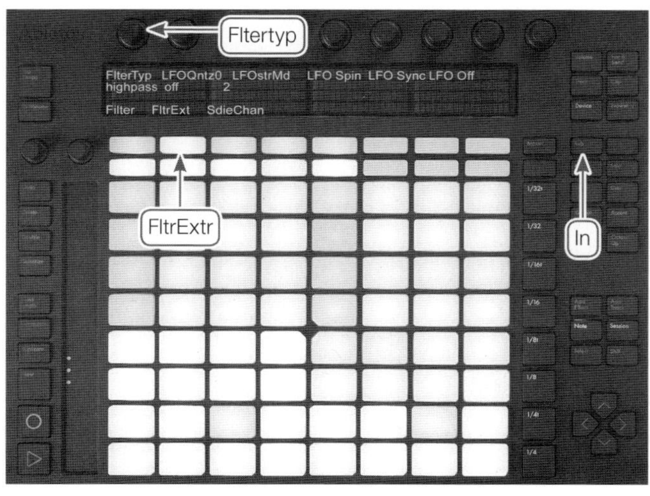

04 Device 버튼을 선택하고 In 버튼을 눌러 하위 메뉴를 엽니다. 그리고 FltrExtr를 선택하고 Fltertyp 노브를 돌려 highpass로 변경합니다.

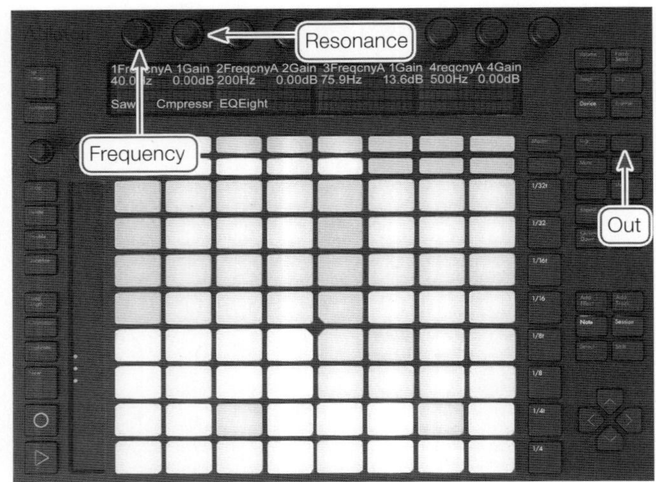

05 Out 버튼을 선택하여 상위 메뉴로 이동하고, Frequency를 230Hz, Resonance를 0.3 정도로 조정합니다.

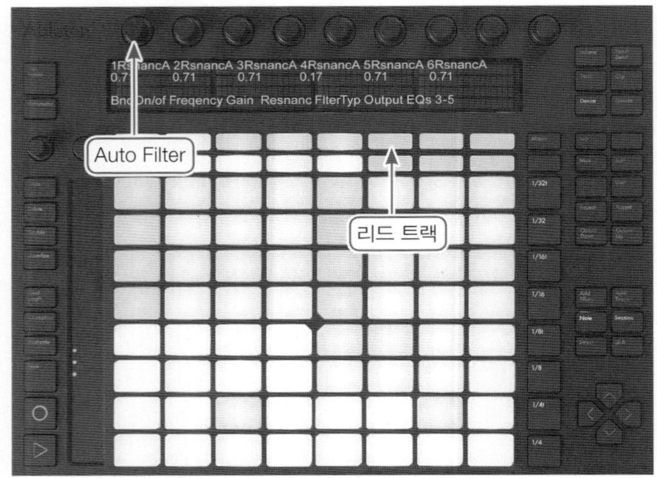

01 리드 디자인

Track 모드에서 리드 트랙을 선택하고 Add Effect 버튼을 누릅니다. 그리고 노브를 돌려 Auto Filter를 찾아 로딩 합니다.

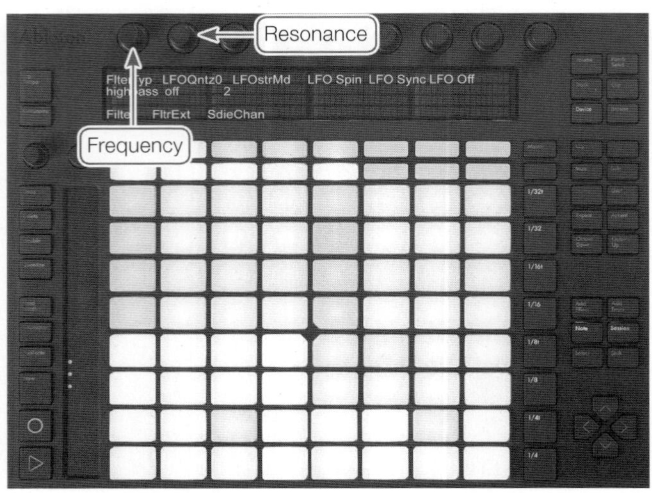

02 Device 버튼을 선택하고, Frequency를 19.9KHz, Resonance를 1.08 정도로 조정합니다.

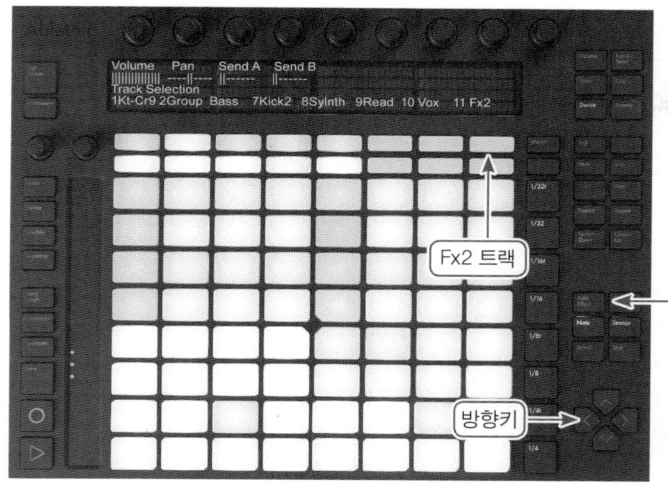

01 FX 디자인

Track 모드에서 오른쪽 방향키를 눌러 Fx2 트랙을 선택할 수 있게 하고, Add Effect 버튼을 누릅니다. 그리고 Auto Filter를 장착합니다.

TIP : Shift 버튼을 누른 상태에서는 방향키가 8개 단위로 동작합니다.

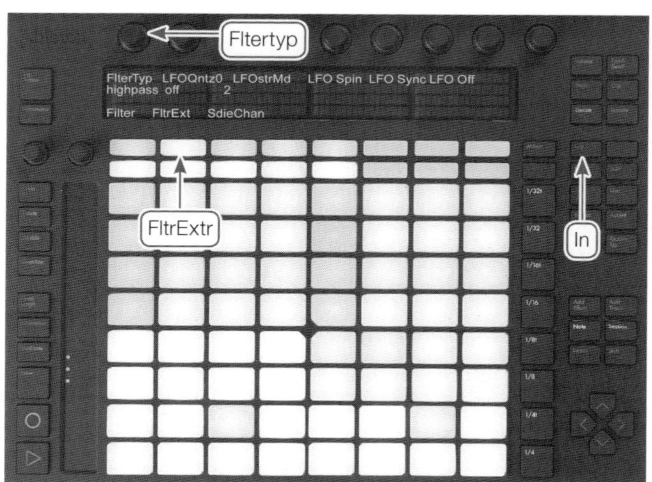

02 In 버튼을 눌러 하위 메뉴를 열고, FltrExtr를 선택합니다. 그리고 Fltertyp 노브를 돌려 highpass로 변경합니다.

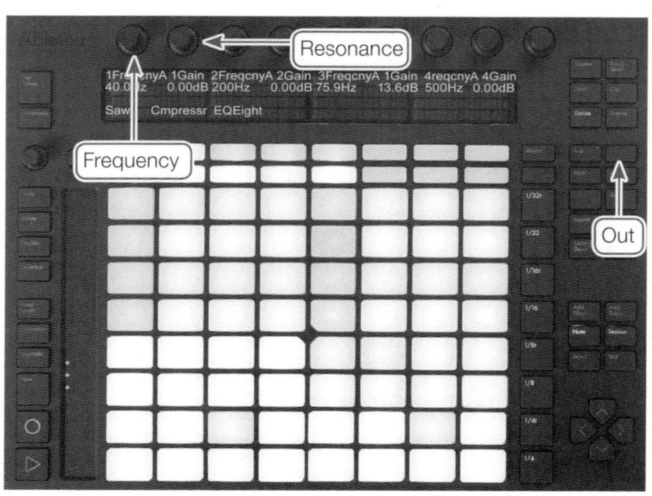

03 Out 버튼을 선택하여 상위 메뉴로 이동하고, Frequency를 380Hz, Resonance를 0.2 정도로 조정합니다.

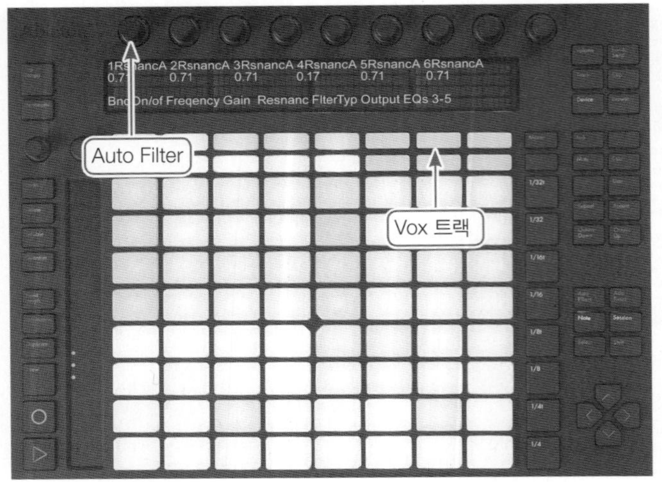

01 오토메이션

Track 모드에서 Vox 트랙을 선택하고 Add Effect 버튼을 누릅니다. 그리고 노브를 돌려 Auto Filter를 찾아 로딩 합니다.

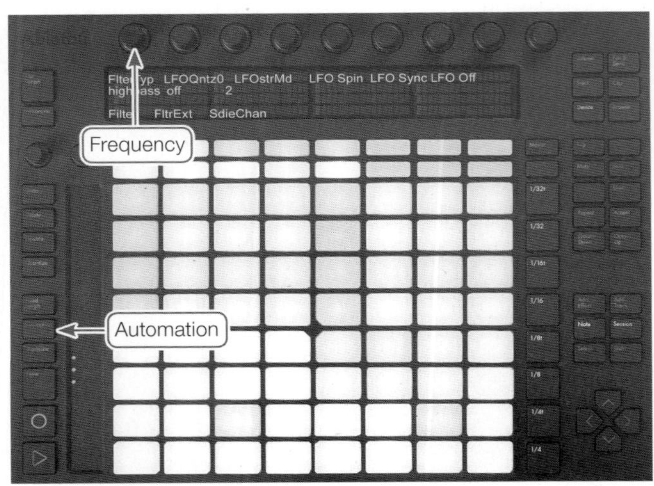

02 Device 모드에서 Frequency를 215Hz 정도로 설정합니다. Automation 버튼을 눌러 On으로 하고, F9 키로 녹음을 진행하면서 16 마디까지 4KHz 정도로 증가시킵니다.

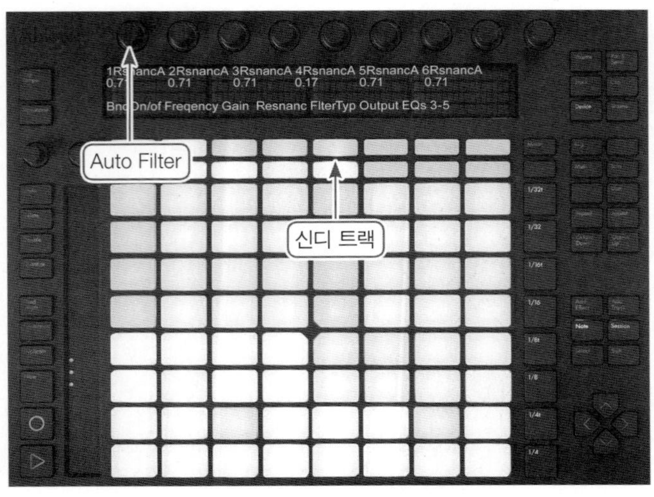

03 Track 모드에서 신디 트랙을 선택하고 Add Effect 버튼을 누릅니다. 그리고 노브를 돌려 Auto Filter를 찾아 로딩 합니다.

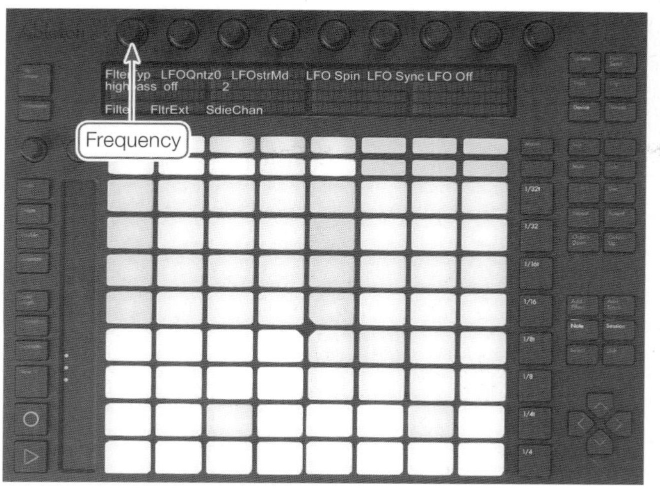

04 Device 모드에서 Frequency를 144Hz 정도로 설정하고, F9 키를 눌러 진행하면서 8 마디 동안 18 KHz 정도로 증가시킵니다.

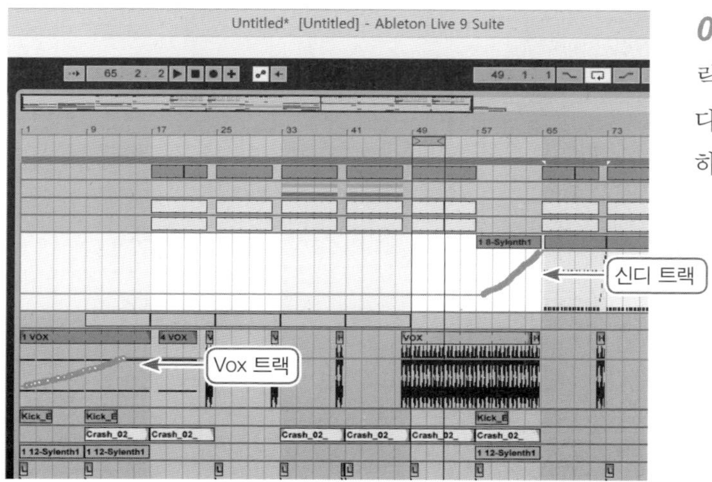

05 기록된 오토메이션 라인의 포인트는 클릭으로 삭제하거나 드래그로 수정 가능합니다. 기록이 끝나면 Automation 버튼을 off로 하여 실수로 수정되는 것을 방지합니다.

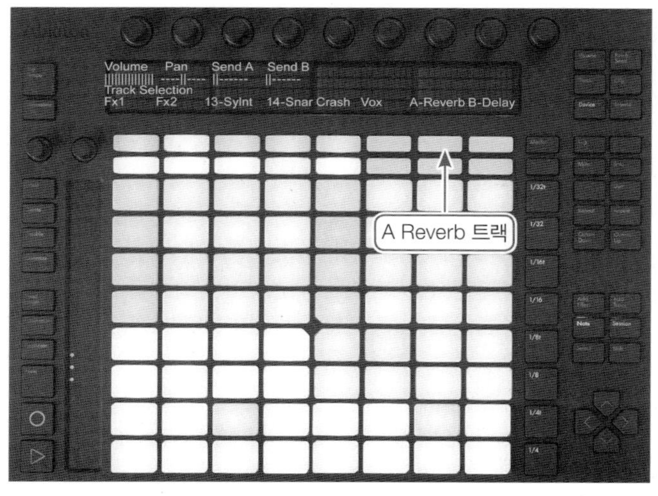

01 리턴 트랙

Track 모드에서 A Reverb 트랙을 선택합니다. Shift 키를 누르고 있으면 하나의 패드는 64 개 섹션으로 동작합니다. 즉, Shift 키를 누른 상태에서 패드를 눌러 8트랙 단위로 이동 가능합니다.

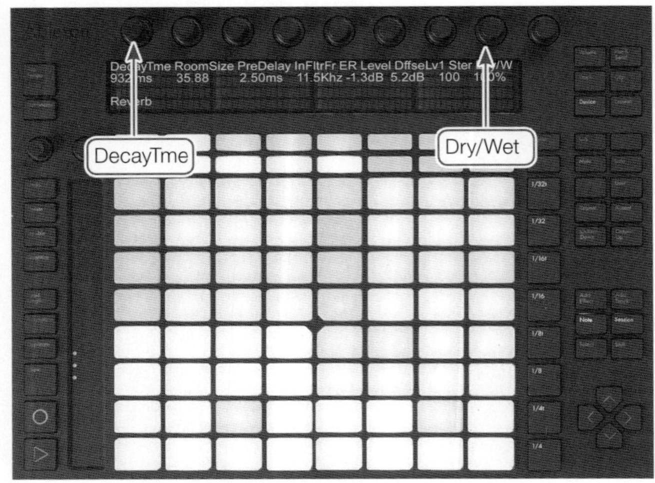

02 Device 버튼을 선택하고, DecayTme은 932ms, RoomSize는 35.88, InFltrFr는 11.5 KHz, ER Level은 -1.3dB, DffseLvl은 5.2, Dry/Wet는 100%으로 조정합니다.

03 In 버튼을 선택하여 하위 메뉴로 이동하고, InFltrWd 값을 6.52 정도로 조정합니다.

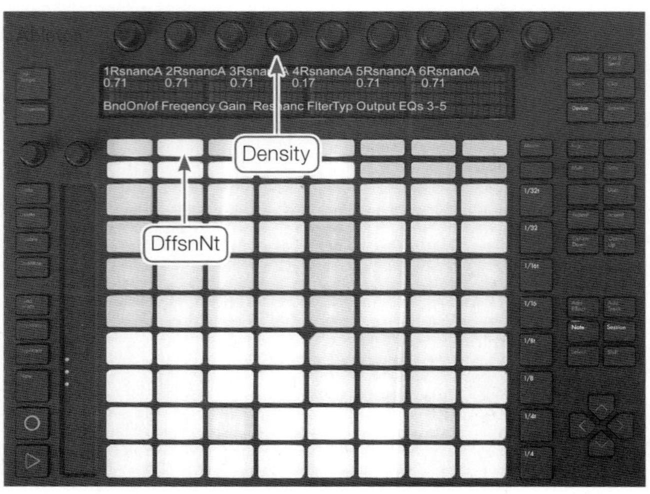

04 DffsnNt를 선택하고 Density값을 82%로 조정합니다. 각 파라미터의 역할은 기능 학습편의 리버브를 참조합니다.

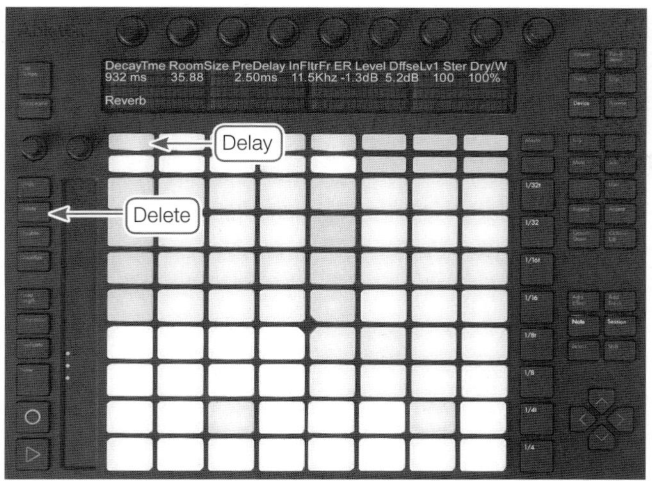

05 B Delay 트랙을 선택하고 Device 모드에서 Delete 버튼을 누른 상태로 Delay를 선택하여 기본적으로 장착되어 있는 딜레이를 삭제합니다.

06 Add Effect 버튼을 누르고 Ping Pong Delay를 찾아 로딩합니다.

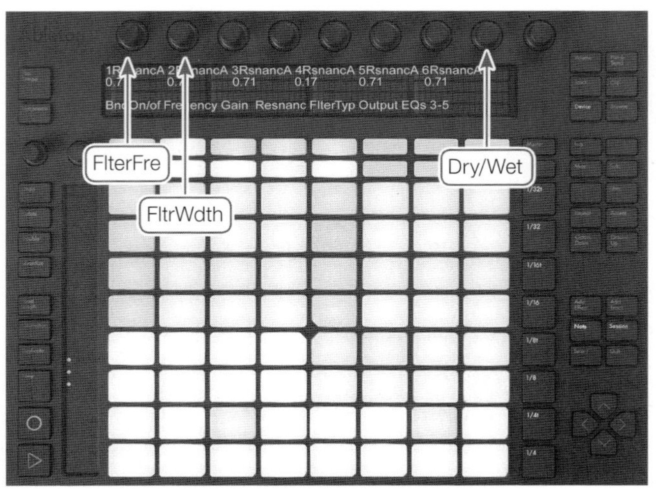

07 Device 모드에서 FlterFre는 2.42 KHz, FltrWdth는 4.11, Dry/Wet는 100%로 조정합니다.

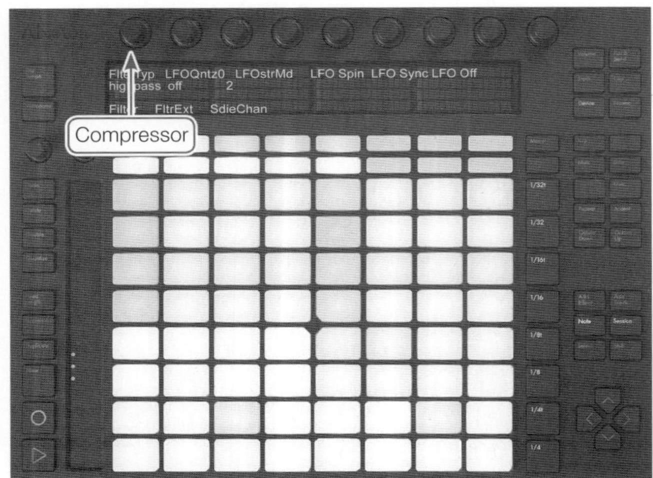

08 Add Effect 버튼을 누르고 Compressor 를 찾아 로딩합니다.

09 사이드체인을 열고, SideChain을 On 으로 합니다. 그리고 Audio From에서 1 kit 909를 선택하고, 소스 항목에서 Kick 1 Post Mixer를 선택합니다.

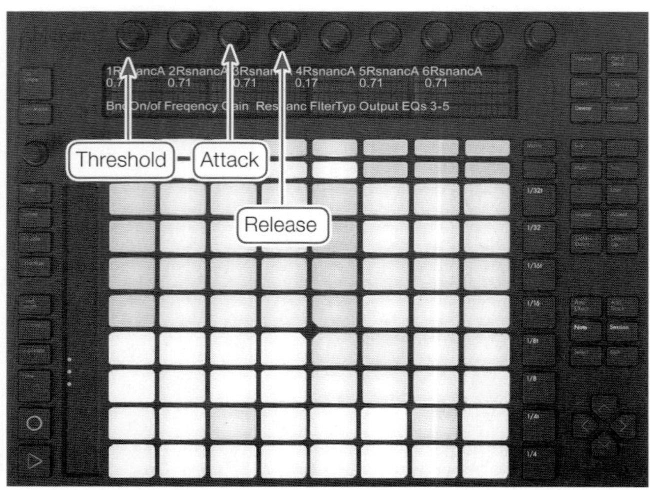

10 Device 모드에서 Threshold를 -14.3dB, Attack을 1.00ms, Release를 20ms 정도로 조정합니다.

11 Add Track 버튼을 누르고 있으면 트랙 종류를 선택할 수 있는 메뉴가 보입니다. Return을 선택하여 추가합니다.

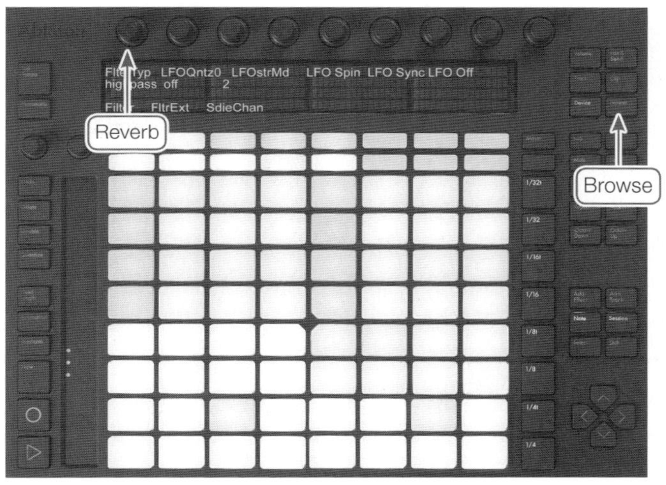

12 Browse 버튼을 선택하고, Reverb를 찾아 추가합니다.

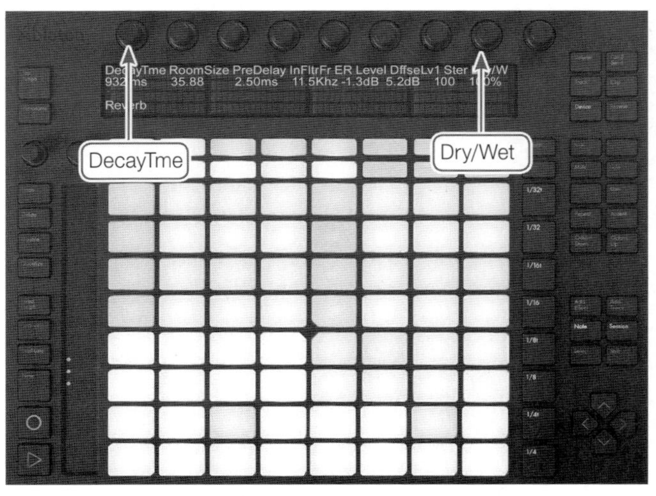

13 Device 모드에서 DecayTme은 1.92s, RoomSize는 79.57, InFltrFr는 8.82 KHz, ER Level은 -1.3dB, DffseLvl은 4.2, Dry/Wet는 100%으로 조정합니다.

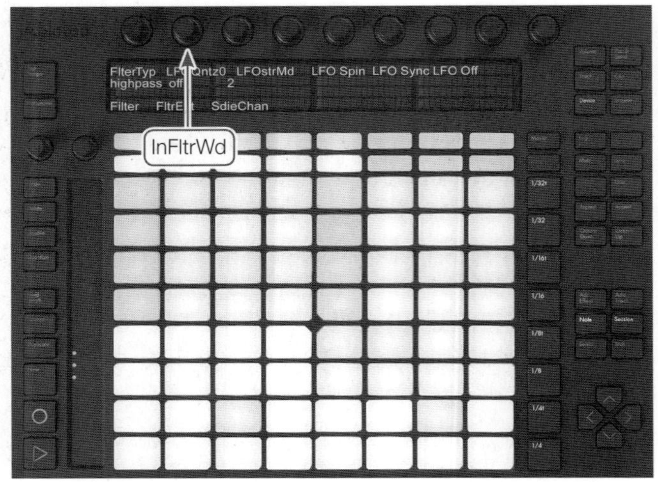

14 In 버튼을 선택하여 하위 메뉴로 이동하고, InFltrWd 값을 6.34 정도로 조정합니다.

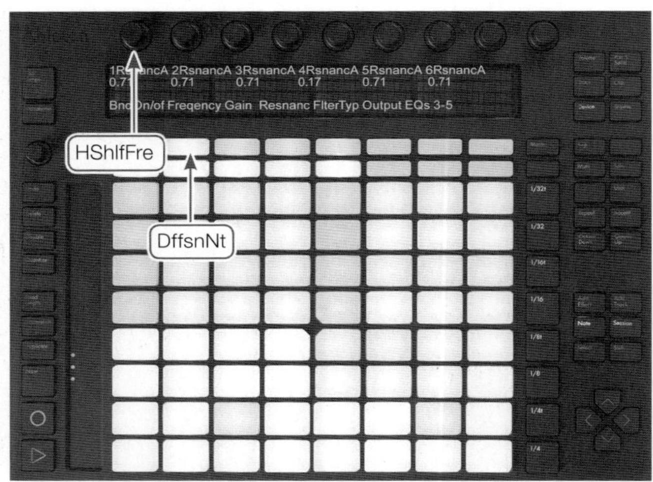

15 DffsnNt를 선택하고 HShlfFre값을 5.75KHz로 조정합니다.

16 Pan&Send 버튼을 누르면 Pan, Send A, B, C 순서로 표시됩니다, Send A를 선택하고, Loop01 트랙은 -5.7dB, Loop02 트랙은 -6.7dB, 서브 베이스 트랙은 -12dB, FX2 트랙은 0dB, Crash 트랙은 -17.5dB 정도로 조정합니다.

17 Send B를 선택하고, Loop02 트랙은 -7.3dB, Loop03 트랙은 -7.3dB, Vox 트랙은 -20dB, FX2 트랙은 -3dB, Crash 트랙은 -14dB 정도로 조정합니다.

18 Send C를 선택하고, 신디 트랙은 -7dB, 리드 트랙은 0dB, Vox 트랙은 -17dB 정도로 조정합니다.

19 Volume 버튼을 선택하고, 각 트랙의 볼륨을 조정합니다. 드럼 트랙이 0dB를 넘지 않게 하고, 나머지 트랙을 Kick 드럼 사운드보다 크지 않게 합니다.

● 마스터링

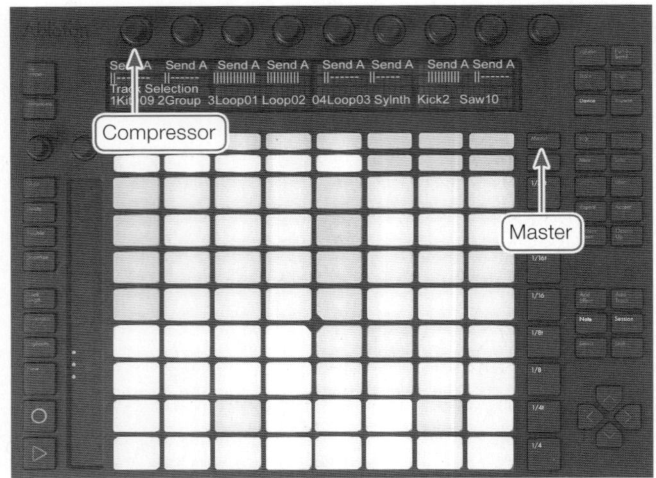

01 Master 버튼을 선택하고, Add Effect 버튼 선택합니다. 그리고 Compressor를 찾아 로딩합니다.

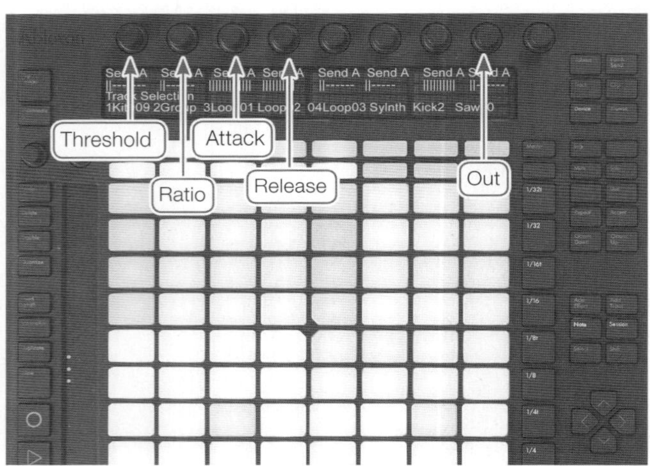

02 Device 모드에서 Threshold를 -22dB, Ratio를 1.5:1, Attack을 12.5ms, Release를 1.02s, Out을 4dB로 조정합니다.

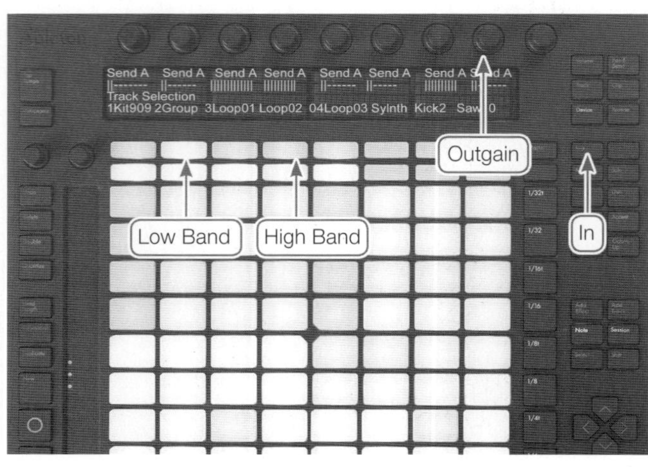

03 Multiband Dynamics을 추가하고, Amount를 56%로 조정합니다. In 버튼을 선택하여 하위 메뉴로 이동하고, Low Band의 Outgain을 5.10dB, High Band를 Outgain을 4.10dB로 조정합니다.

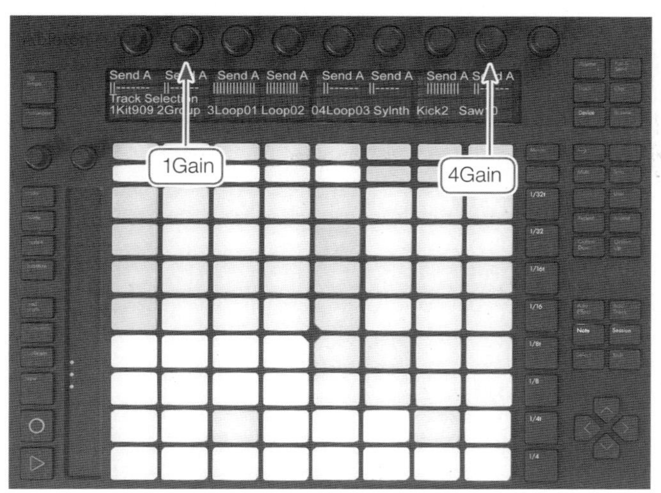

04 EQ Eight을 추가하고, 1Gain을 -5.9dB, 2FreqncyA를 500Hz, 3FreqncyA를 1.61KHz, 3Gain을 0.98dB, 4FreqncyA를 12.4KHz, 4Gain을 1.72dB로 조정합니다.

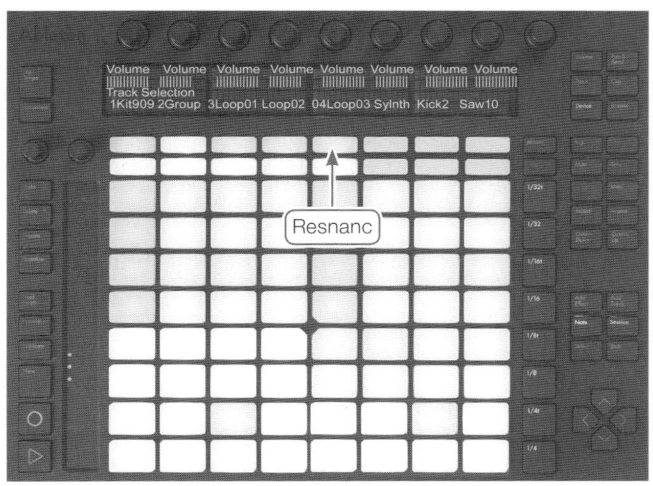

05 In 버튼을 선택하여 하위 메뉴로 이동하고, Resnanc를 선택합니다. 그리고 1RsnancA를 3.06, 3RsnancA를 0.10으로 조정합니다.

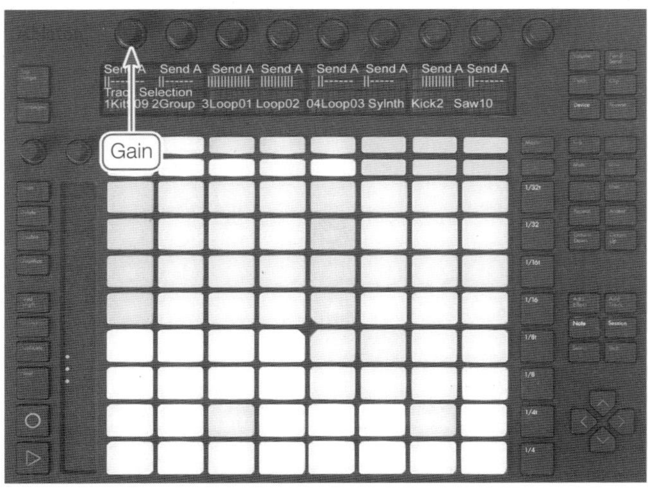

06 Limiter를 추가하고 Gain 값을 3.70dB로 조정하며 실습을 마무리 합니다.

실제 작업에서는 마우스를 더 많이 사용하겠지만, Push의 모든 기능을 익히기 위해서 진행한 실습이었습니다. 다시 한 번 반복하여 Push 기능을 완벽하게 익히고, 퍼포먼스 학습 편으로 진행하길 권장합니다.

Novation Launchpad

Novation사의 Launchpad는 Push에 비해 가격이 저렴하고, 라이브 연주용 악기로써의
기능을 갖추고 있는 제품입니다. 특히, launchpad-pro.com에서 해외 유명 뮤지션들의
화려한 퍼포먼스 영상과 프로젝트를 제공하고 있어 사용자가 급증하고 있는 추세입니
다. Novation사는 컨트롤 기능을 추가한 Pro 제품도 출시하였지만, 대부분 스탠다드 제
품을 사용하고 있으므로, 본서에서도 MK2 제품으로 학습을 진행하겠습니다.

● 드럼 파트

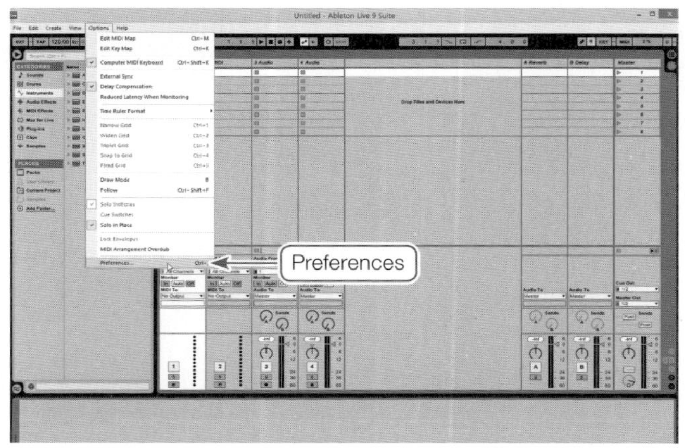

01 Launchpad를 연결하면 USB 드라이버
는 자동으로 설치되지만, Ableton Live에서
장치 설정은 해줘야 합니다. Option의 메뉴의
Preferences를 선택하여 창을 엽니다.

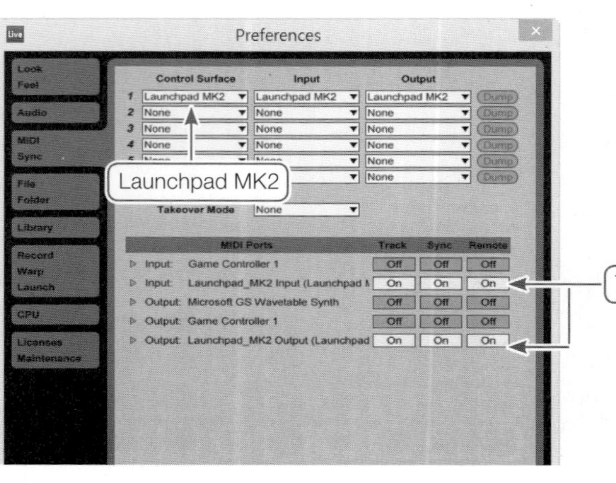

02 MIDI/Sync 페이지의 Control Surface에
서 Launchpad를 선택하고 Input과 Output에
서도 선택합니다. 그리고 Track와 Remote를
On으로 합니다.

TIP : 제품은 구형의 Launchpad와 신형의 Launchpad
MK2, Launchpad Pro로 구분되어 있습니다.

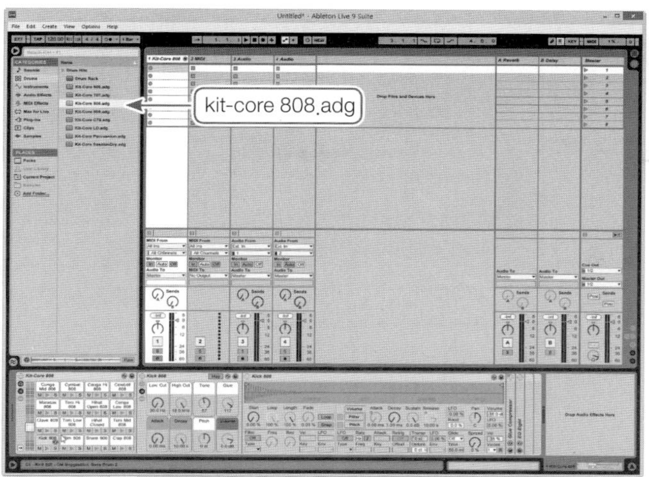

03 Drums 카테고리에서 kit-core 808을 더블 클릭하여 미디 1 번 트랙에 장착합니다.

04 런치패드의 User 1 버튼을 누르고, 패드를 연주하면 808 드럼 세트가 연주되는 것을 확인할 수 있습니다. 하지만, 패드에는 빛이 들어오지 않습니다.

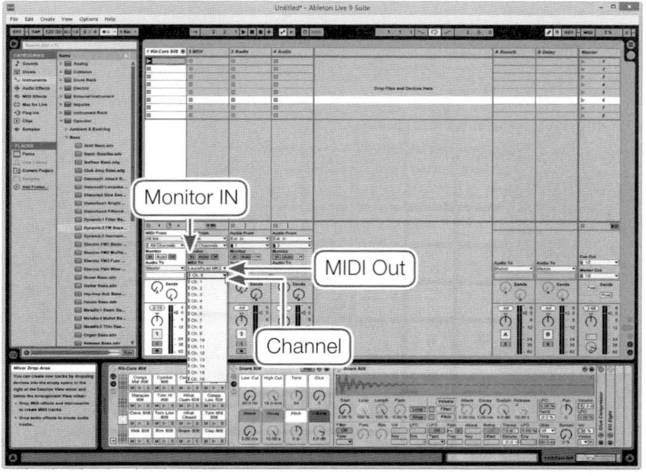

05 2 MIDI 트랙의 Out에서 Launchpad를 선택하고, Channel을 6번으로 선택합니다. 그리고 Monitor In 버튼을 On으로 합니다.

TIP : Channel 2번은 깜빡 거리는 빛을 만들며, Channel 3번은 어두워졌다 밝아지는 빛을 만듭니다. 그리고 User2 에서는 Channel 14번을 선택합니다.

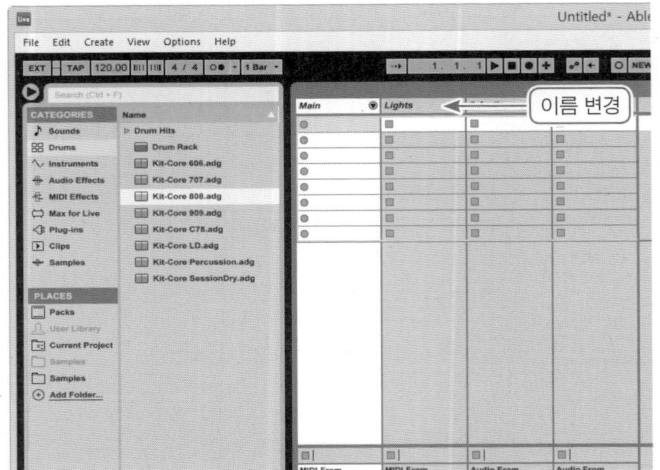

06 2 MIDI 트랙은 패드에 빛이 들어오게 하는 역할로 사용하는 것입니다. Ctrl+R 키를 눌러 Lights로 이름을 변경합니다.

07 드럼 트랙의 슬롯을 더블 클릭하여 클립을 만들고, 루프 포인트를 드래그하여 2마디 길이로 만듭니다.

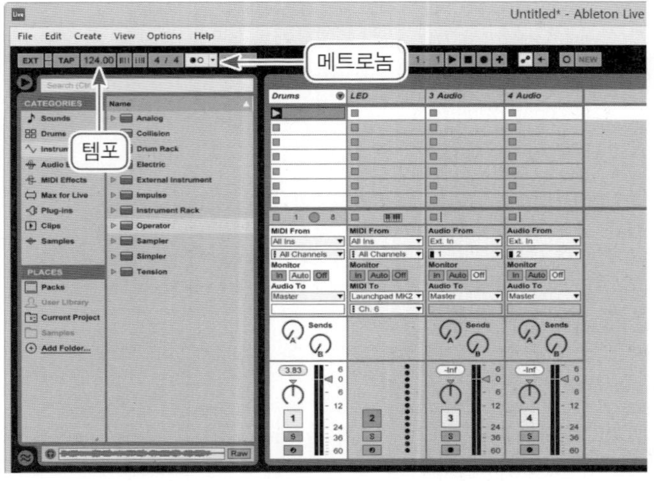

08 템포 항목을 클릭하여 124로 설정하고, 메트로놈 버튼을 On으로 합니다. 연주 가능한 느린 템포로 작업을 하고, 완료 후에 원하는 템포로 조정해도 좋습니다.

09 Edit 메뉴의 Record Quantization에서 Sixteenth-Note Quantization를 선택합니다. 녹음할 때 퀀타이즈되도록 하는 것입니다. 연주 실력이 좋다면 필요 없습니다.

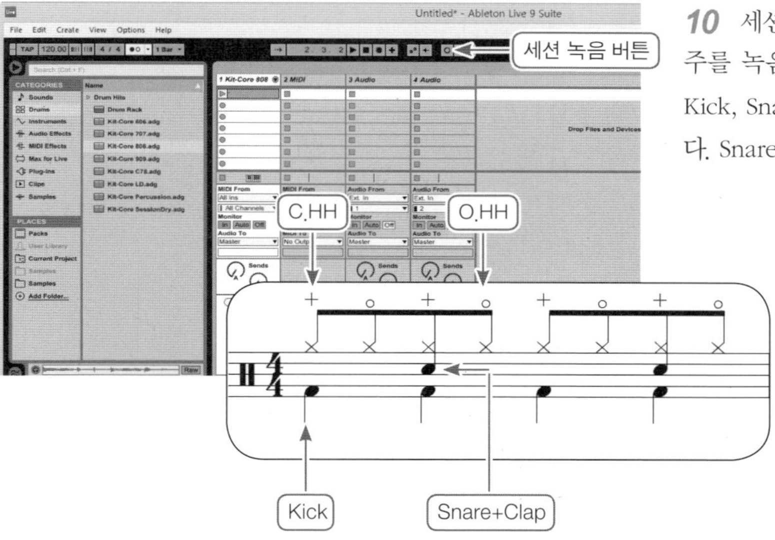

10 세션 녹음 버튼을 눌러 악보의 드럼 연주를 녹음합니다. 2마디 길이로 반복되므로, Kick, Snare, HH을 하나씩 연주해도 좋습니다. Snare는 Clap과 함께 연주합니다.

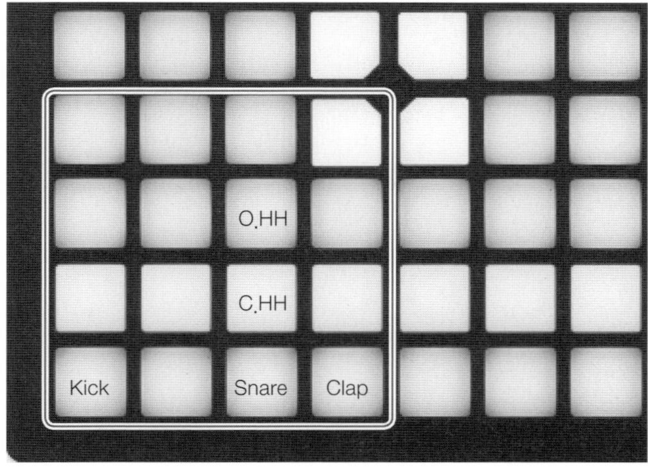

11 808 드럼 킷의 패드 위치는 그림과 같습니다. 녹음이 끝나면 스페이스 바 키를 눌러 정지합니다.

● 베이스 파트

01 Instruments 카테고리의 Operator에서 Bass 폴더를 열고, Guitar Bass.adv를 작업 공간으로 드래그하여 트랙을 만듭니다.

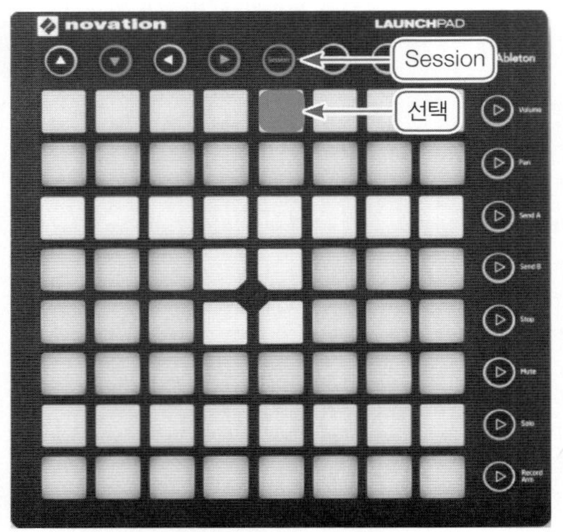

02 런치패드의 Session 버튼을 선택하고, 베이스 트랙에 해당하는 5열 첫 번째 패드를 누르면 녹음이 진행됩니다.

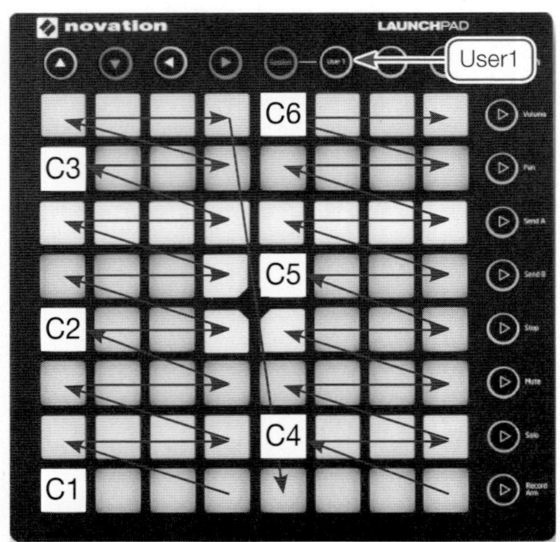

03 메트로놈 소리가 들리면 User 1 버튼을 선택하여 모드를 변경하고, 다음 악보를 연주합니다. User1 모드는 드럼 랙과 동일하게 16개의 단위로 프리셋되어 있습니다.

04 베이스 악보는 다음과 같으며, 패드 연주 순서는 번호를 참조합니다.

05 스페이스 바 키를 눌러 녹음을 정지하고, 루프 포인트의 시작과 끝 부분을 드래그하여 2마디 길이로 조정합니다.

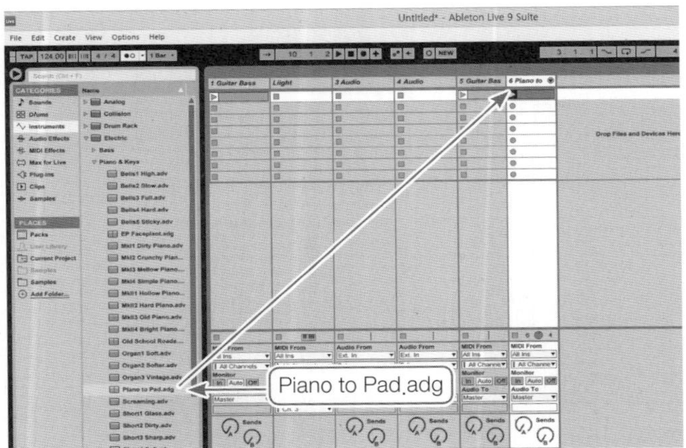

01 Instruments 카테고리의 Electric에서 Piano & Key 폴더를 열고, Piano to Pad.adg 를 드래그하여 트랙을 만듭니다.

02 MIDI Efeect 카테고리에서 Chord를 드래그하여 장치 왼쪽으로 장착합니다.

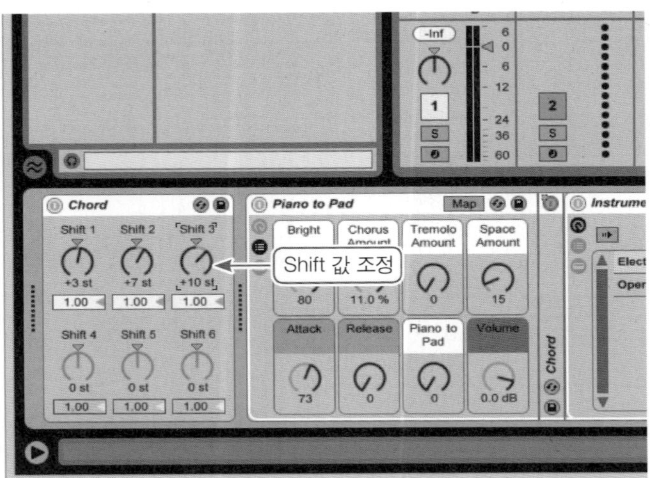

03 Chord의 Shift1은 +3, Shift2는 +7, Shift 3은 +10으로 설정합니다.

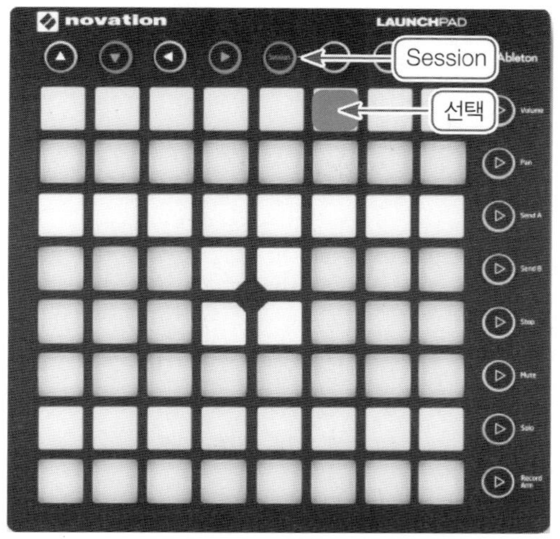

04 런치패드의 Session 버튼을 선택하여 모드를 변경하고, 코드 트랙에 해당하는 6열 첫 번째 패드를 선택합니다.

05 메트로놈 소리가 들리면 User 1 버튼을 선택하여 모드를 변경하고, 다음 악보를 연주합니다. Chord 이펙트를 걸었으므로, 각각의 코드는 패드 하나로 연주할 수 있습니다.

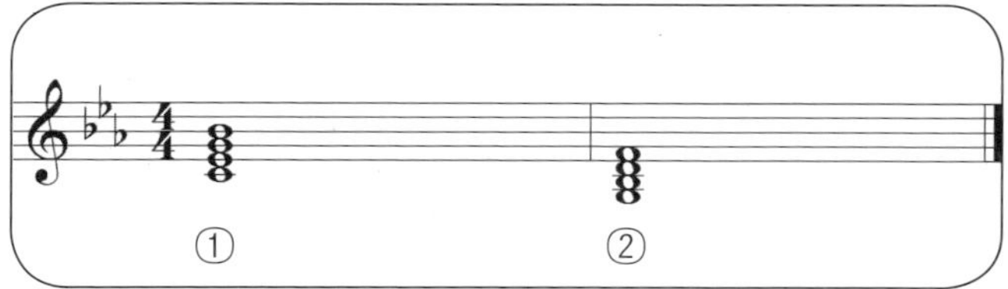

06 스페이스 바 키를 눌러 녹음을 정지하고, 루프 포인트의 시작과 끝 부분을 드래그하여 2마디 길이로 조정합니다.

● 리듬 파트

01 Instruments 카테고리의 Analog에서 Synth Lead 폴더를 열고, Saw2 Thin Vibrato Lead.adv를 드래그하여 트랙을 만듭니다.

02 MIDI Efeect 카테고리에서 Chord를 드래그하여 장치 왼쪽으로 장착합니다.

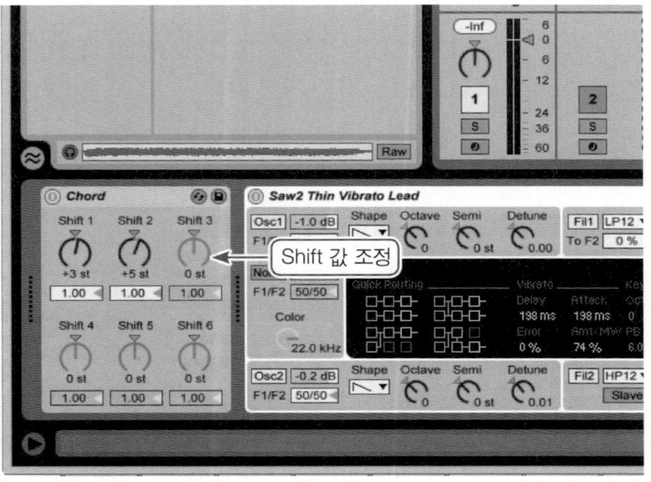

03 Chord의 Shift1은 +3으로 설정하고, Shift2는 +5로 설정합니다.

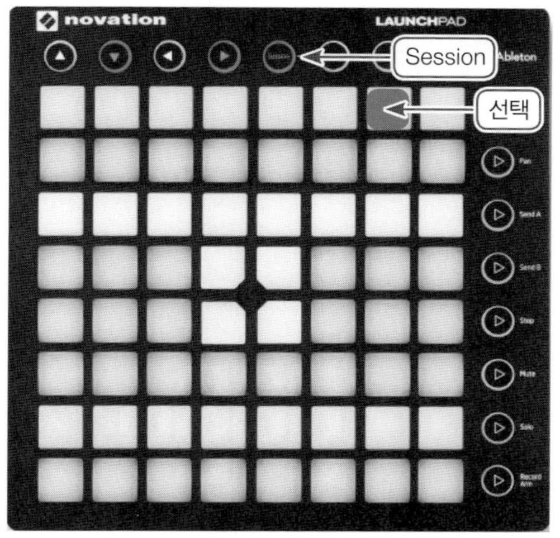

04 런치패드의 Session 버튼을 선택하여 모드를 변경하고, 리듬 트랙에 해당하는 7열 첫 번째 패드를 선택합니다.

05 메트로놈 소리가 들리면 User 1 버튼을 선택하여 변경하고, 4열의 4번 패드로 악보를 연주합니다.

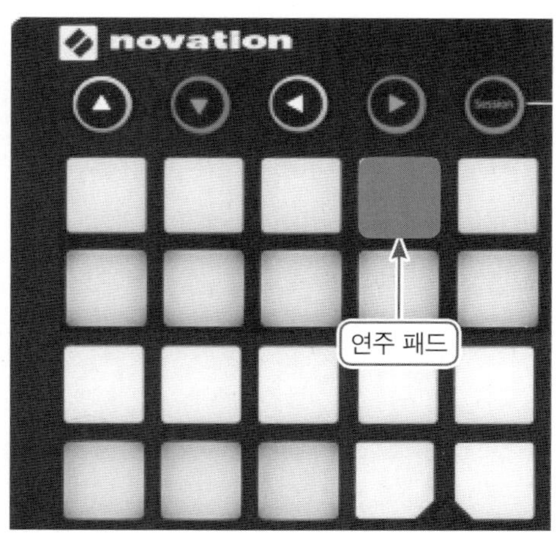

06 스페이스 바 키를 눌러 녹음을 정지하고, 루프 포인트의 시작과 끝 부분을 드래그하여 2마디 길이로 조정합니다.

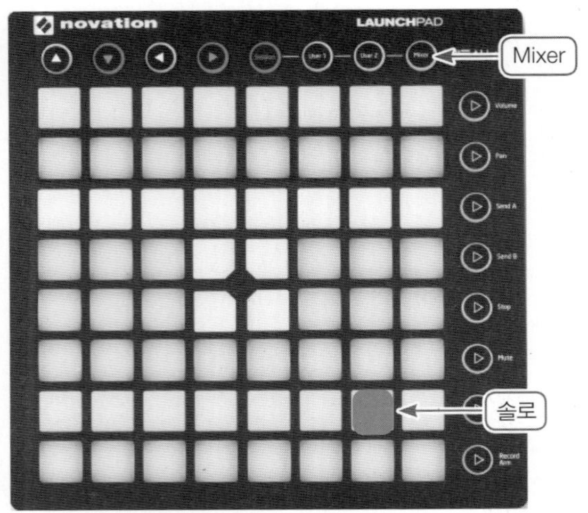

07 Mixer 버튼을 선택하고, Solo 행에서 리듬 트랙에 해당하는 7번 패드를 선택합니다. 리듬 트랙이 솔로로 연주되게 하는 것입니다.

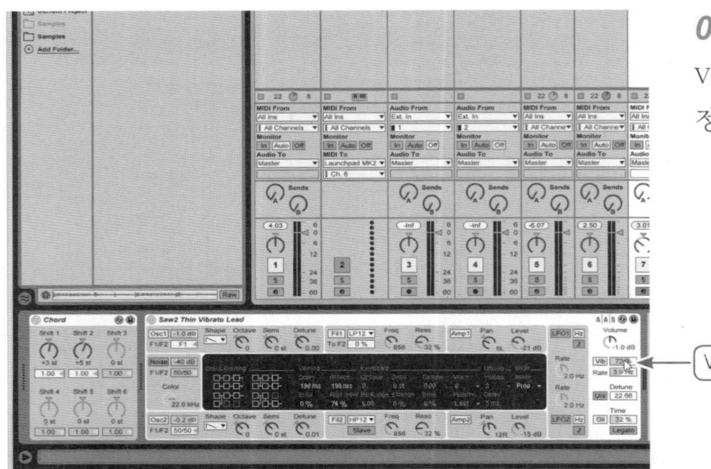

08 리듬 트랙을 솔로로 모니터 하면서 Vibrato 값을 증가시킵니다. 실습에서는 73 % 정도로 조정하고 있습니다.

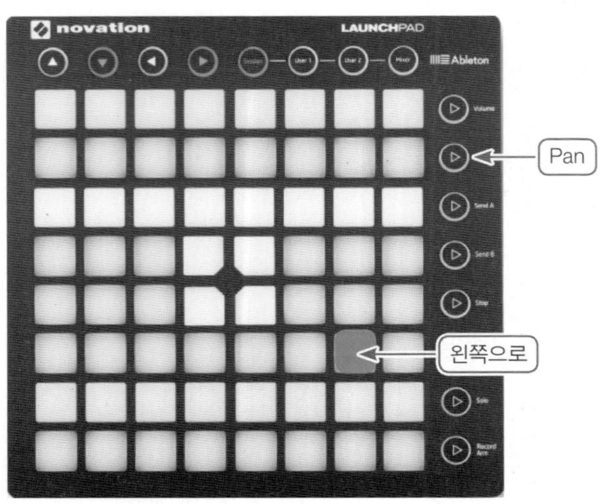

09 Solo 행의 7번 패드를 선택하여 리듬 트랙 솔로를 Off하고, Pan 버튼을 선택합니다. 그리고 7열의 3행 패드를 눌러 약간 왼쪽으로 돌립니다.

● 오디오 루프

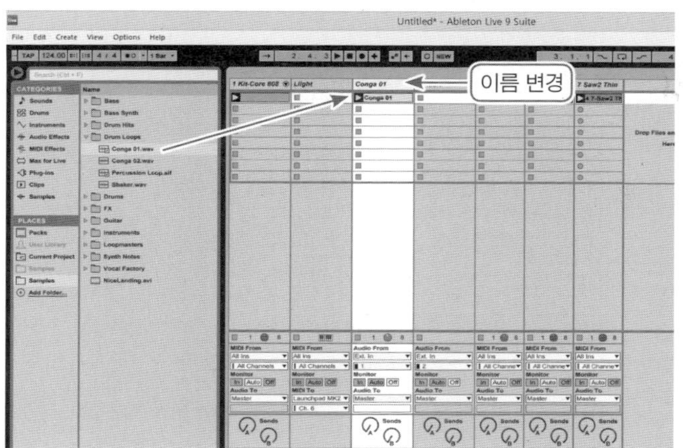

01 Samples 카테고리의 Drums Loops 폴
더에서 Conga 01 파일을 Audio 01 트랙으로
가져다 놓습니다. 그리고 Ctrl+R 키를 눌러 트
랙 이름을 Conga 01로 변경합니다.

02 Samples 카테고리의 Conga 02 파일을
Audio 02 트랙으로 가져다 놓습니다. 그리고
Ctrl+R 키를 눌러 트랙 이름을 Conga 02로 변
경합니다.

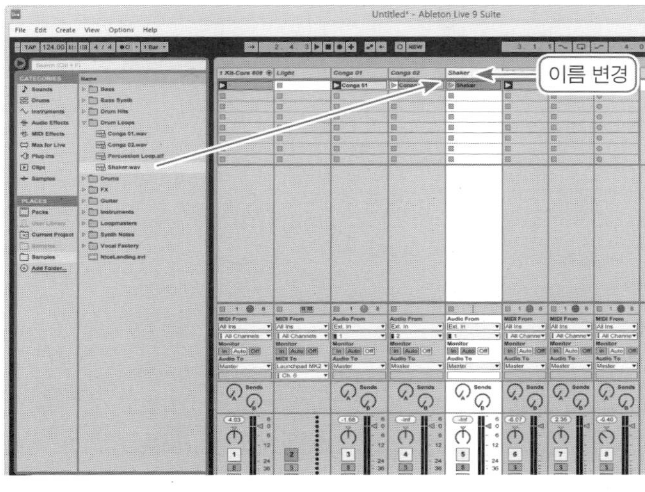

03 Ctrl+T 키를 눌러 오디오 트랙을 추가하
고, Samples 카테고리의 Shaker 파일을 가져
다 놓습니다. 그리고 Ctrl+R 키를 눌러 트랙
이름을 Shaker로 변경합니다.

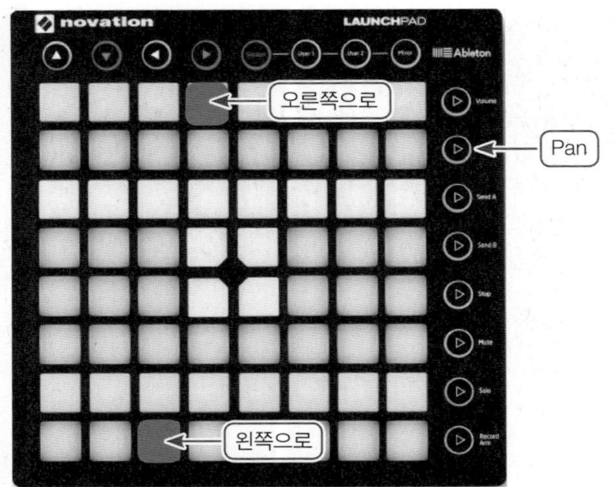

04 Mixer 모드의 Pan에서 3열의 1행 패드를 눌러 Conga1을 왼쪽으로 돌리고, 4열의 8행을 눌러 Conga2를 오른쪽으로 돌립니다.

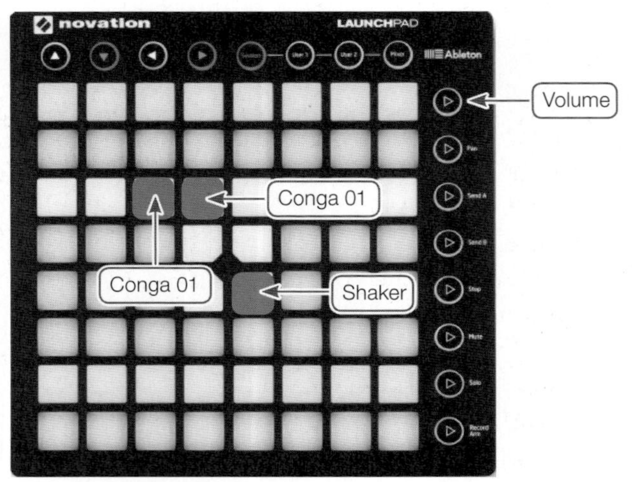

05 Volume 버튼을 선택하고, 3열의 Conga 01과 4열의 Conga 02트랙은 한 칸씩 줄이고, 5열의 Shaker 트랙은 3칸을 줄입니다.

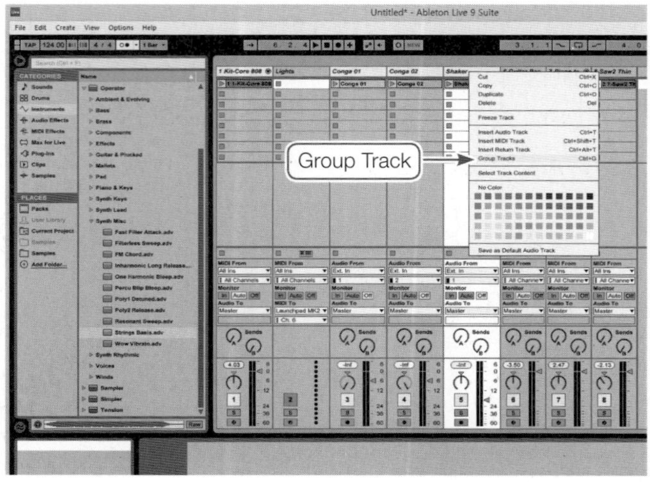

06 Ctrl 키를 누른 상태에서, 드럼 트랙, Conga 01과 02트랙, Shaker 트랙을 선택하고 마우스 오른쪽 버튼을 클릭하여 단축 메뉴를 엽니다. 그리고 Group Track을 선택하여 그룹으로 만듭니다.

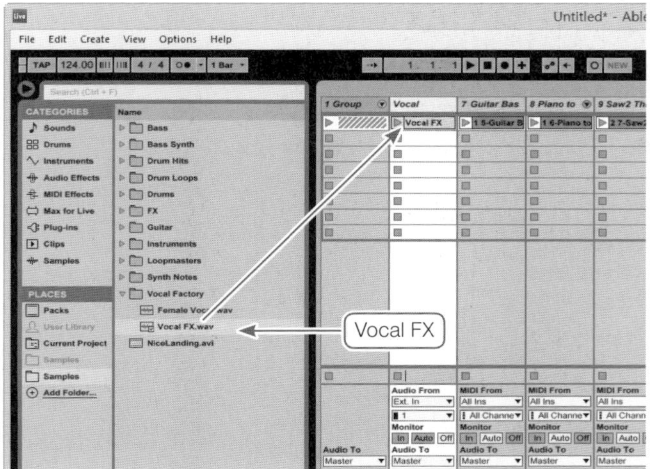

07 Ctrl+T 키를 눌러 오디오 트랙을 삽입하고, Samples 카테고리의 Vocal Factory 폴더에서 Vocal FX.wav 파일을 가져다 놓습니다.

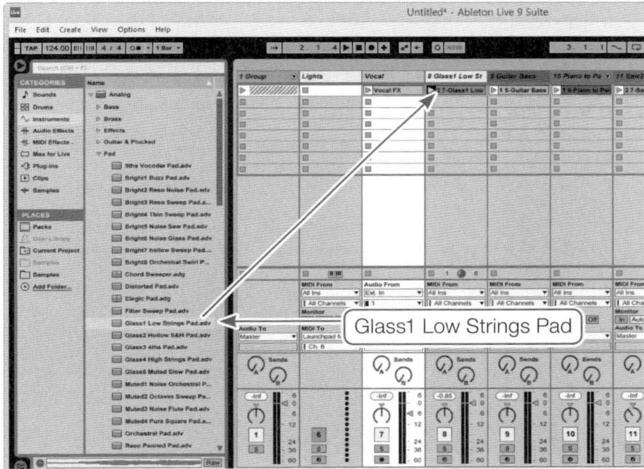

08 Ctrl+Shift+T 키를 눌러 미디 트랙을 삽입하고, Instruments 카테고리의 Analog에서 Pad 폴더의 Glass1 Low Strings Pad를 드래그하여 장착합니다.

09 Session 모드에서 Glass1 Low Strings 트랙에 해당하는 4열 패드를 선택하여 녹음을 진행합니다.

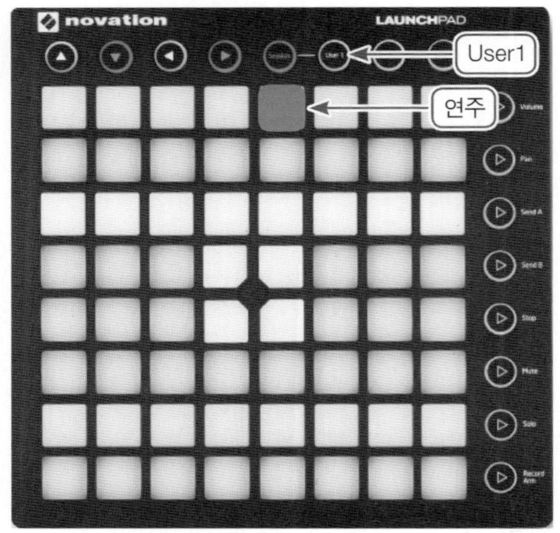

10 연주는 User 1을 선택하고, 5열 8행의 패드를 2마디 길이로 누르고 있으면 됩니다.

11 녹음이 끝나면 스페이스 바 키를 눌러 정지하고, 루프 포인트를 드래그하여 2마디 길이로 조정합니다. 노트 길이도 두 마디 길이로 꽉 차게 편집합니다.

12 Mixer 모드의 Volume을 선택하고, 보컬과 베이스 트랙은 한 칸, 나머지는 두 칸씩 줄입니다. 1열은 Group 트랙이고, 2열은 Lights 트랙입니다.

● 씬의 구성

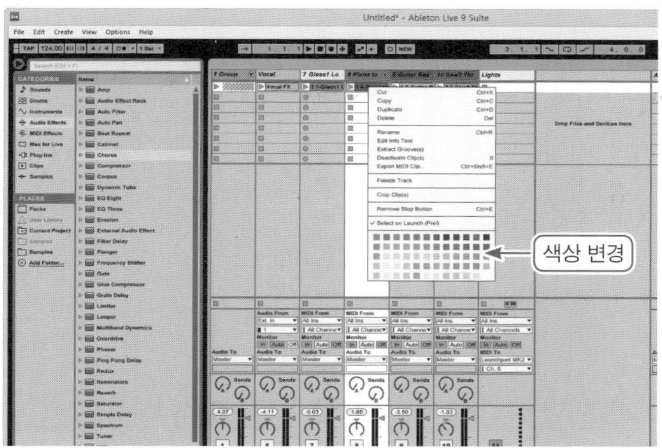

01 클립의 색상은 마우스 오른쪽 버튼을 클릭하여 열리는 색상 팔레트에서 변경 가능합니다. 변경한 색상은 패드 빛으로 표시되어 트랙을 구분하는데 효과적입니다.

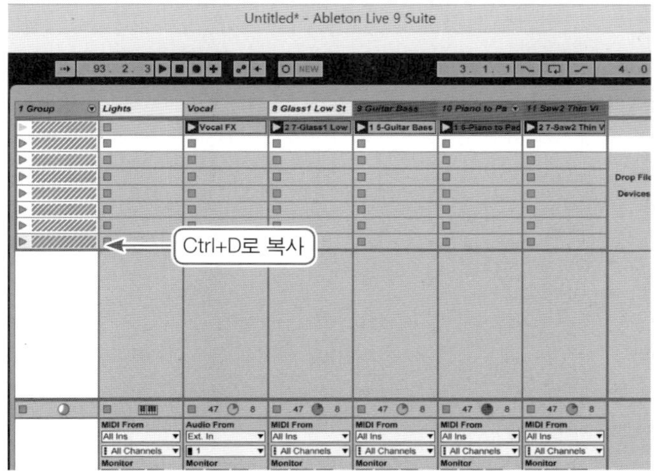

02 Group 트랙의 드럼 클립을 선택하고, Ctrl 키를 누른 상태에서 D 키를 7번 눌러 복사합니다.

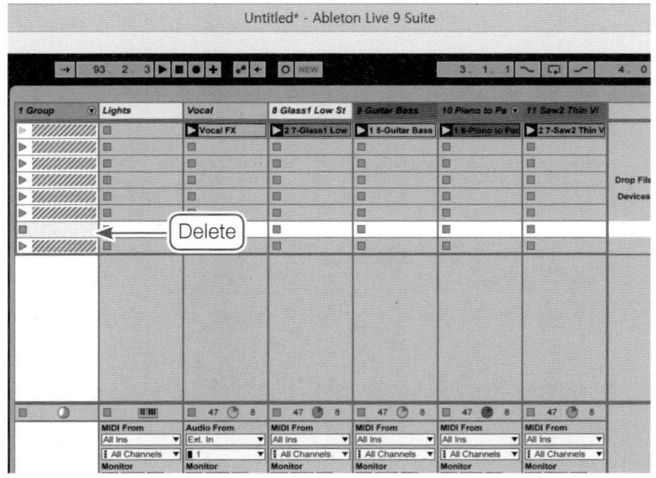

03 7번째 슬롯에 복사된 클립은 Delete 키를 눌러 삭제합니다.

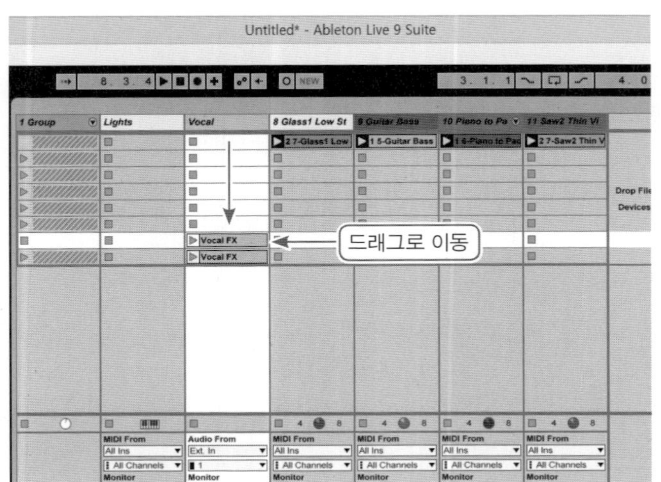

04 Vocal 트랙의 클립을 7번째 슬롯으로 드래그하여 이동시키고, Ctrl+D 키를 눌러 복사합니다.

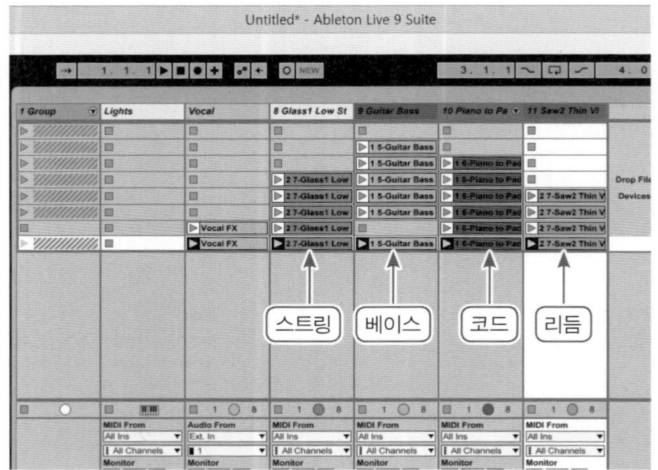

05 같은 방법으로 스트링은 4번째 슬롯부터, 베이스는 두 번째 슬롯부터, 코드 트랙은 3번째 슬롯부터, 리듬 트랙은 5번째 슬롯부터 복사합니다. 그리고 베이스 트랙의 7번째 클립은 Delete 키로 삭제합니다.

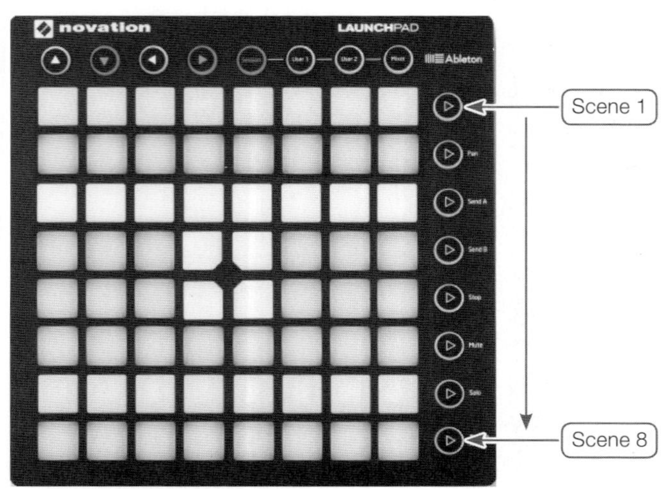

06 8개의 씬으로 구성한 것이며, Session 모드의 Scene 버튼으로 각 씬을 연주시킬 수 있습니다. F9 키를 누르고, Scene 1-8까지 8마디 단위로 재생합니다. 마지막 Scene 8은 81마디까지 16 마디를 더 반복시키고 스페이스 바 키를 눌러 정지합니다.

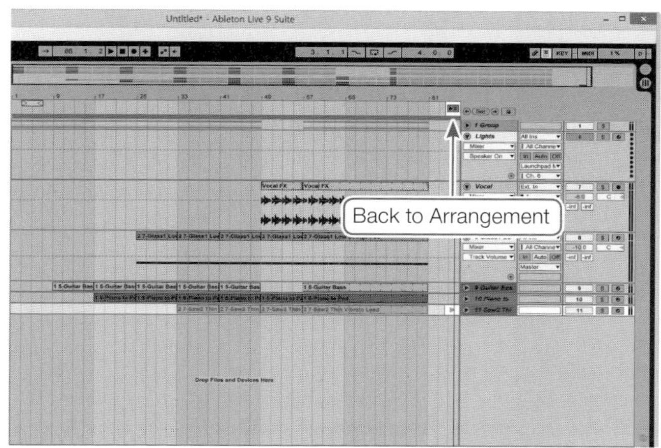

01 Tab 키를 눌러 어레인지 뷰를 열고, Back to Arrangement 버튼을 클릭하여 녹음을 완료합니다.

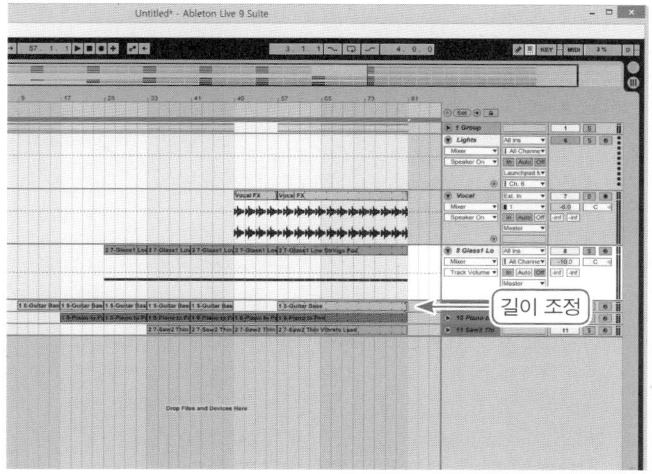

02 81마디 이상으로 녹음이 되었다면 Ctrl+A로 전체 클립을 선택하고 길이를 조정합니다.

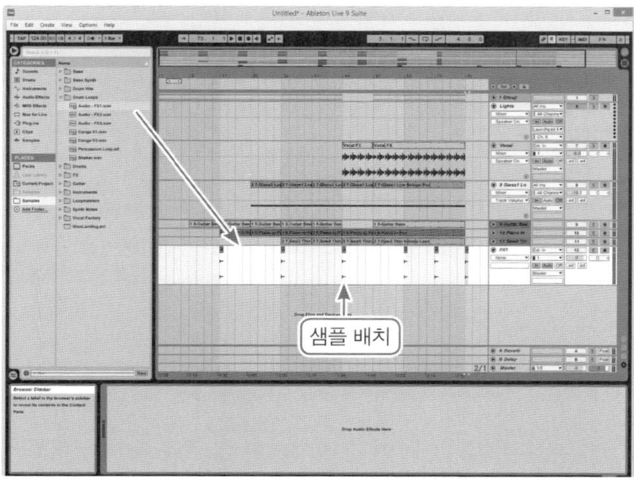

03 Samples 카테고리의 Drum Loops 폴더에서 Audio Fx1 파일을 빈 공간 17 마디 위치로 드래그하여 트랙을 만듭니다. 그리고 33, 49, 65, 77, 81 마디 위치에 각각 배치합니다.

04 Samples 카테고리의 Drum Loops 폴더
에서 Audio Fx2 파일을 빈 공간 16마디 위치
로 드래그하여 트랙을 만듭니다. 그리고 32,
48, 56 64, 72, 80 마디 위치에 배치합니다.

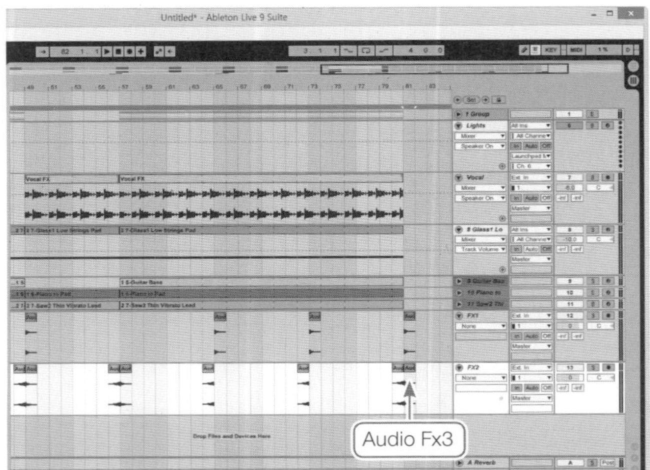

05 Samples 카테고리의 Drum Loops 폴더
에서 Audio Fx3 파일을 Fx2 트랙의 49, 57, 81
마디 위치에 배치합니다.

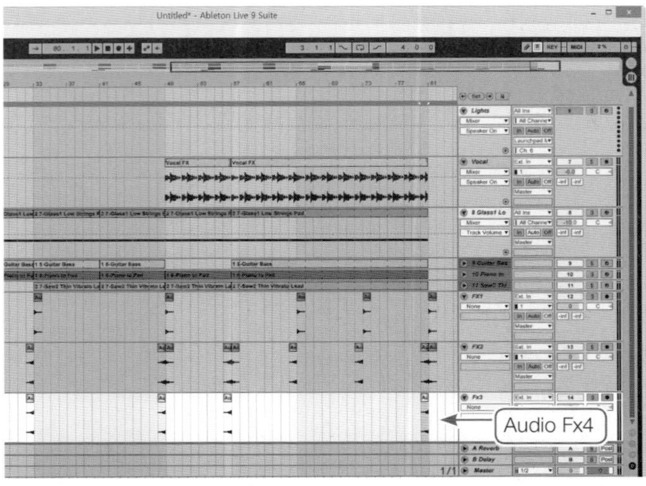

06 Samples 카테고리의 Drum Loops 폴더
에서 Audio Fx4 파일을 빈 공간 32마디 위치
로 드래그하여 트랙을 만들고, 48, 56, 80 마
디 위치에 배치합니다. 트랙 이름은 각각 Fx1,
2, 3로 변경합니다.

07 Group 트랙을 열고, Audio Effects의 Compressor를 드럼 트랙으로 드래그하여 가져다 놓습니다.

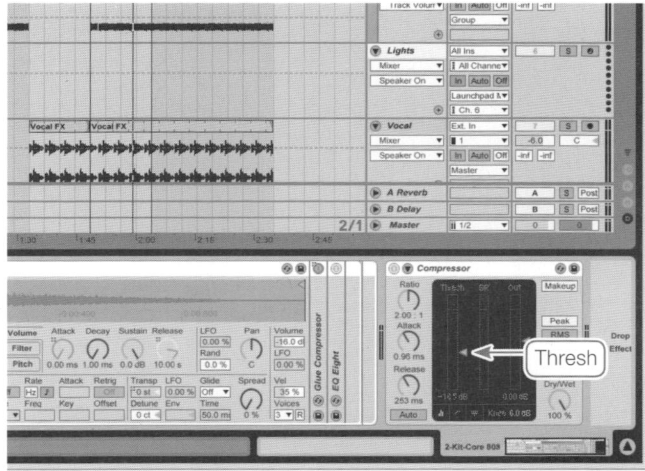

08 Thresh를 -18.5dB로 설정하고, Attack을 조금 줄입니다. 그리고 Release는 500ms 정도로 늘립니다.

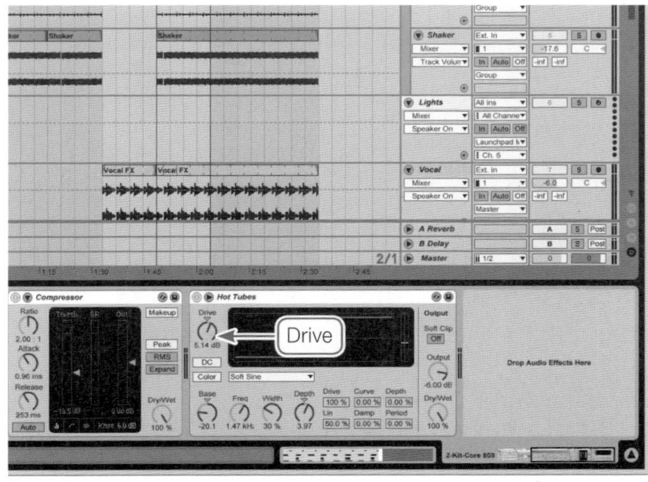

09 Audio Effects의 Saturator 폴더에서 Hot Tubes.adv를 드럼 트랙으로 드래그하여 가져다 놓고, Drive 값을 5dB로 줄입니다.

10 Audio Effects 카테고리의 EQ Eight을 드럼 트랙으로 가져다 놓고, 4번 밴드를 벨 타입으로 변경합니다.

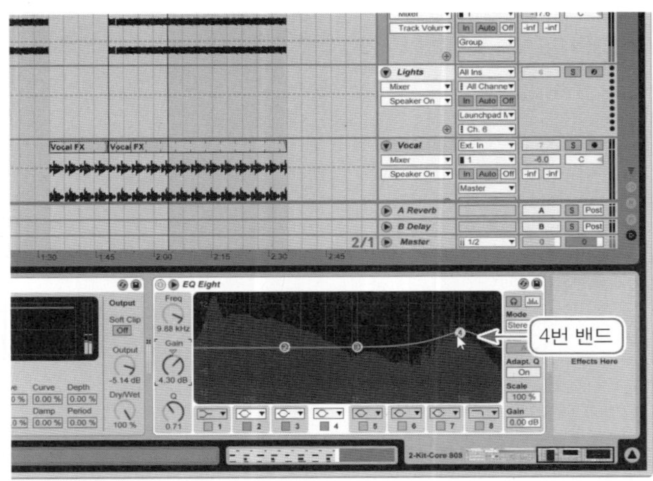

11 4번 밴드의 포인트를 드래그하여 10KHz 위치를 4dB 정도 올립니다. 심벌 소리가 더욱 선명해집니다.

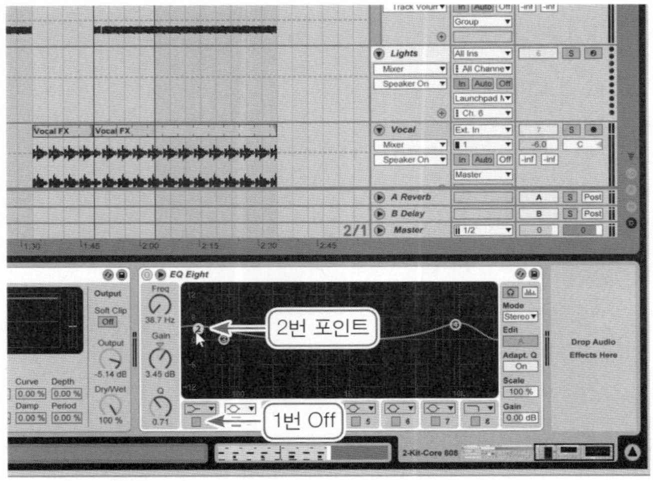

12 1번 밴드는 Off 하고, 2번 밴드로 40Hz 부근을 3.4dB 정도 증가시킵니다.

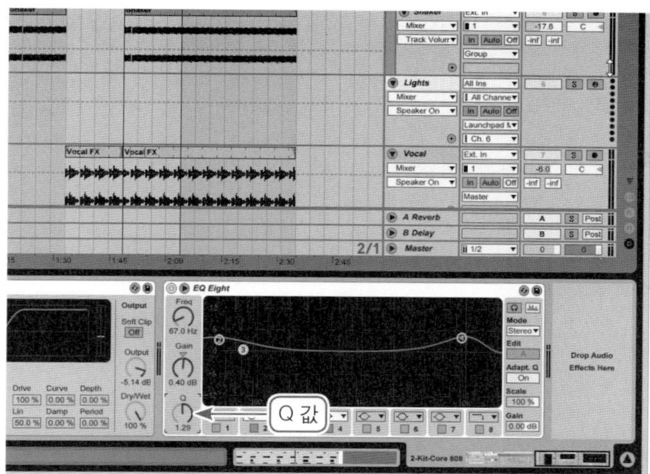

13 3번 포인트를 70 Hz 부근에 위치시키고, Alt 키를 누른 상태로 드래그하여 Q 값을 조금 증가시킵니다.

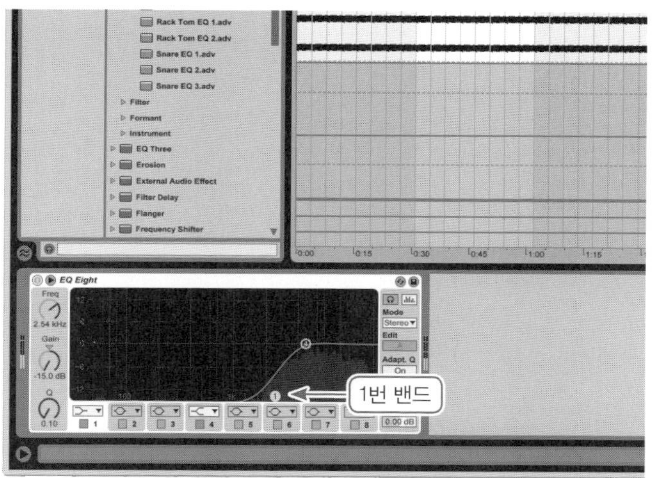

14 Shaker 트랙에 EQ Eight을 장착하고, 2, 3번 밴드를 Off합니다. 1번 밴드 포인트를 드래그하여 2.5KHz 위치의 Gain을 -15dB 정도 올립니다. 그리고 Alt 키를 누른 상태로 드래그하여 Q 값을 0으로 설정합니다.

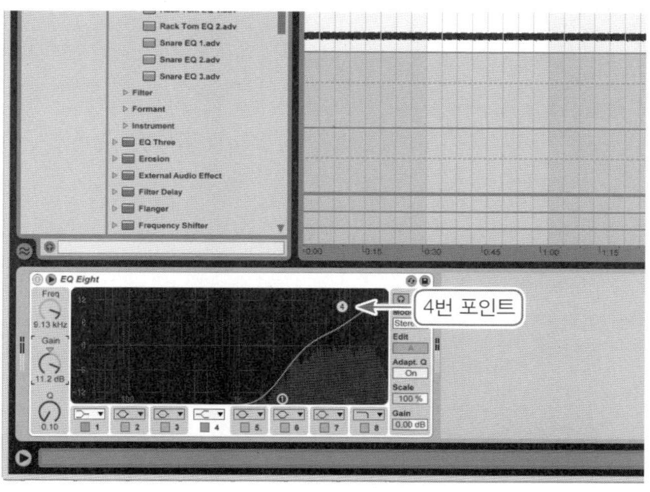

15 1번 밴드의 포인트를 드래그하여 9KHz 위치의 Gain을 11dB 정도 올립니다. 그리고 Alt 키를 누른 상태로 드래그하여 Q 값을 0으로 설정합니다.

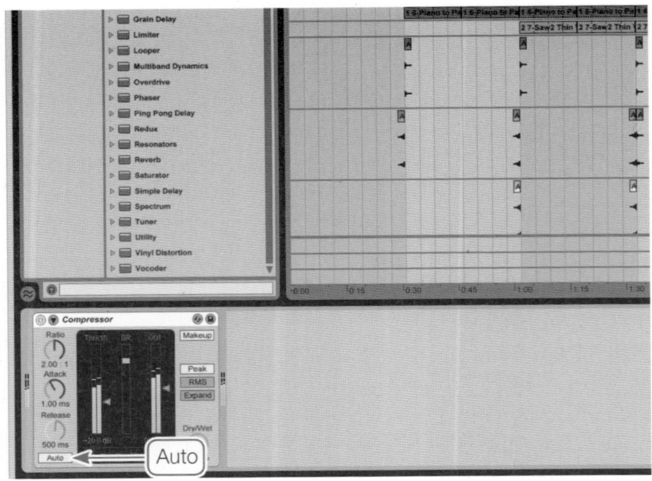

16 보컬 트랙에 Compressor를 장착하고, Threshold를 -20dB로 설정합니다. 그리고 Attack을 조금 줄이고, Release는 Auto로 설정합니다.

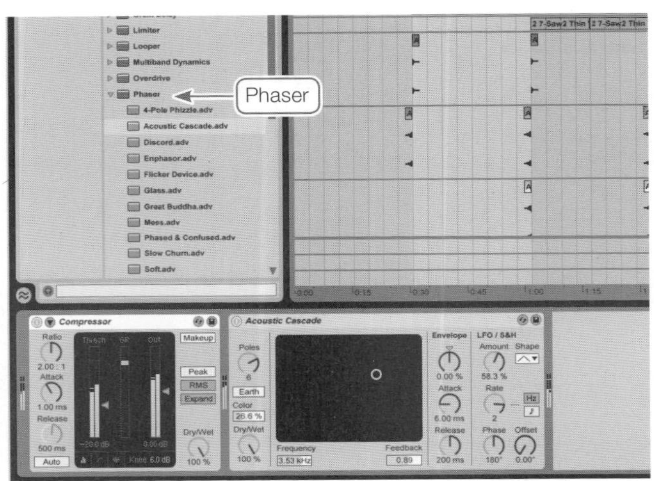

17 Audio Effects 카테고리의 Phaser 폴더에서 Acoustics Cascade.adv 프리셋을 보컬 트랙으로 드래그하여 장착합니다.

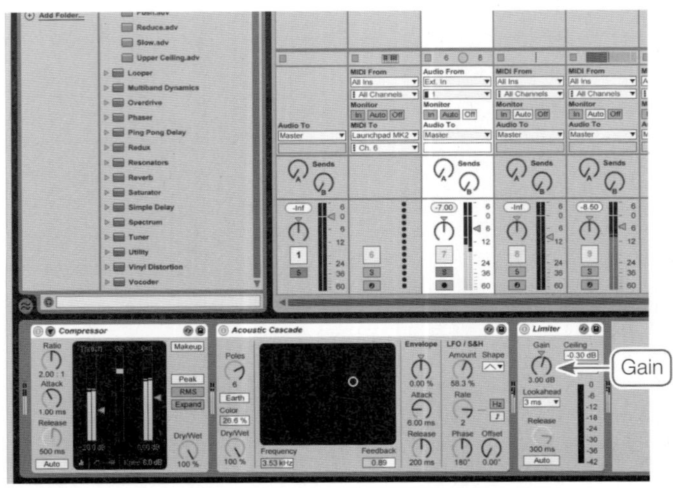

18 Audio Effects 카테고리의 Limiter를 보컬 트랙으로 장착하고, Gain 값을 3dB 정도 증가시킵니다.

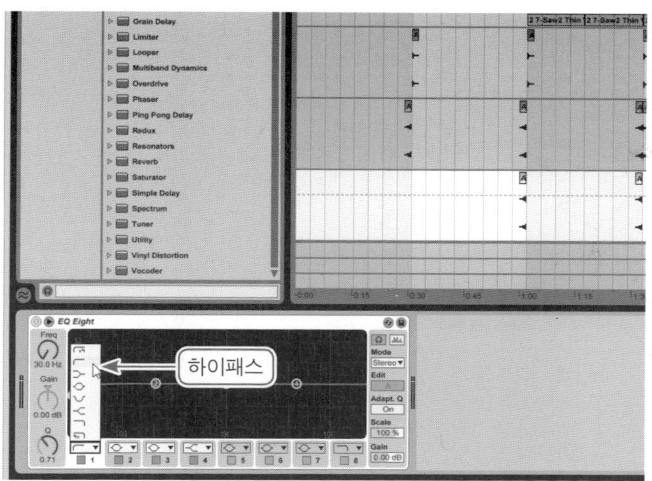

19 FX3 트랙에 EQ Eight를 장착하고 1번 밴드를 하이패스 타입으로 변경합니다.

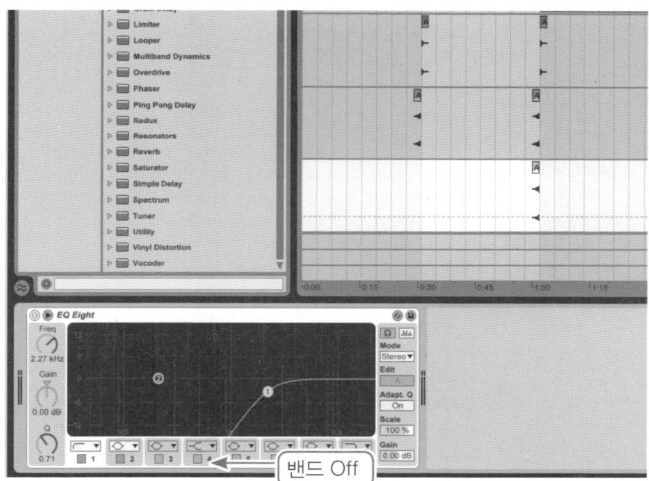

20 1번 밴드 포인트를 드래그하여 2.27KHz 위치로 이동시킵니다. 그리고 3번과 4번 밴드를 Off 합니다.

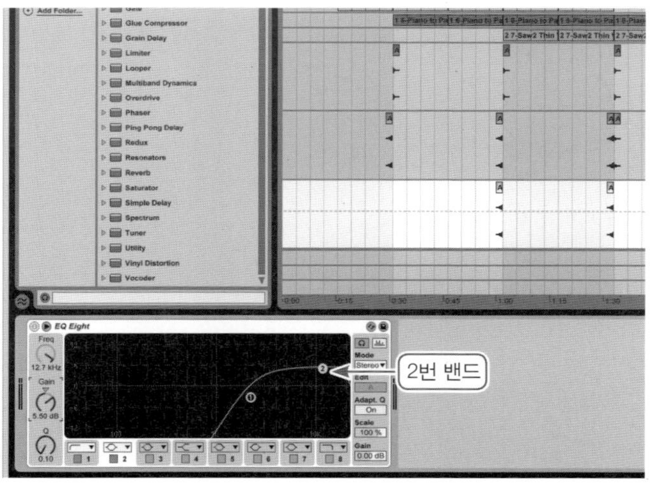

21 2번 밴드 포인트를 드래그하여 12.7KHz 위치의 Gain을 5.5 dB 정도 증가시킵니다. 그리고 Alt 키를 누른 상태로 드래그하여 Q 값을 0으로 설정합니다.

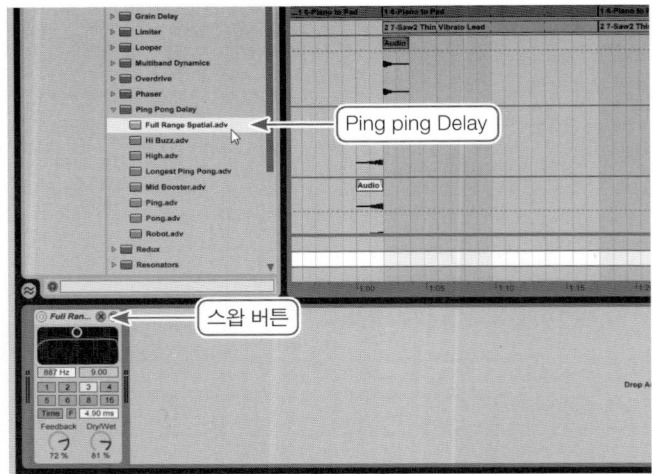

22 B Delay 리턴 트랙을 선택하고, 장착되어 있는 딜레이의 스왑 버튼을 On으로 합니다. 그리고 Ping pong Delay의 Full Range Spatial.asv를 더블 클릭하여 변경합니다.

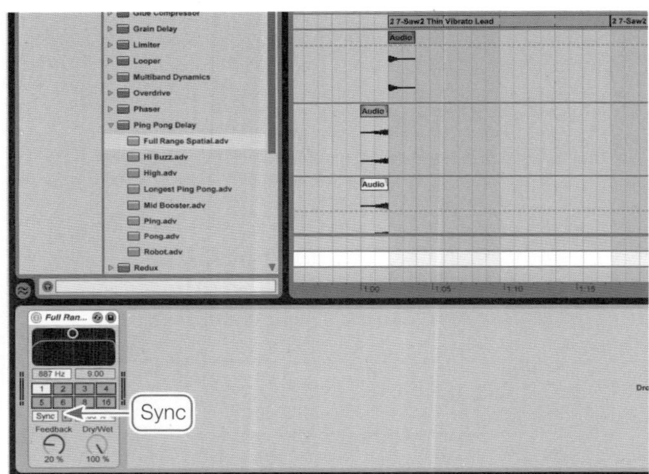

23 Sync 버튼을 On으로 하고, 비트를 1로 선택합니다. 그리고 Feedback은 20%, Dry/Wet는 100%로 설정합니다.

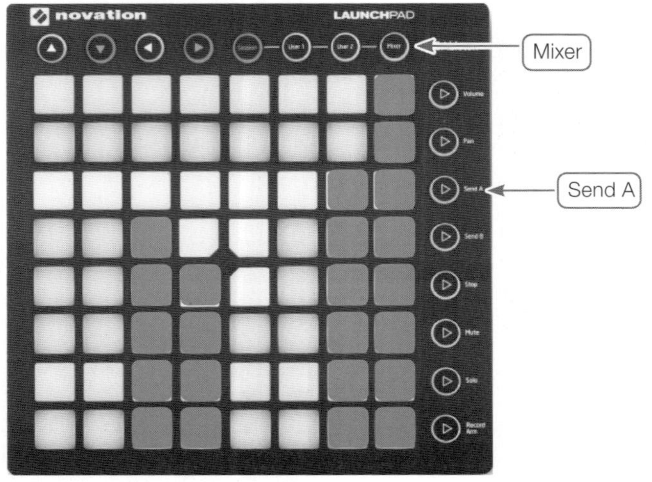

24 그룹 트랙을 열고, 런치패드 Mixer 모드에서 Send A를 선택합니다. Conga 01의 3열은 5칸, Conga 02의 4열은 4칸, 보컬의 7열은 6칸, 스트링의 8열은 8칸 올립니다.

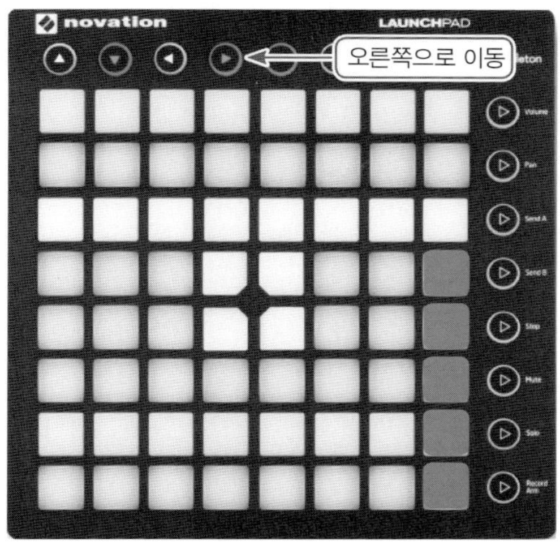

25 오른쪽 이동 버튼을 3번 눌러 3트랙 이동시키고, 8열 리듬 트랙의 Send A를 5칸 정도 올립니다.

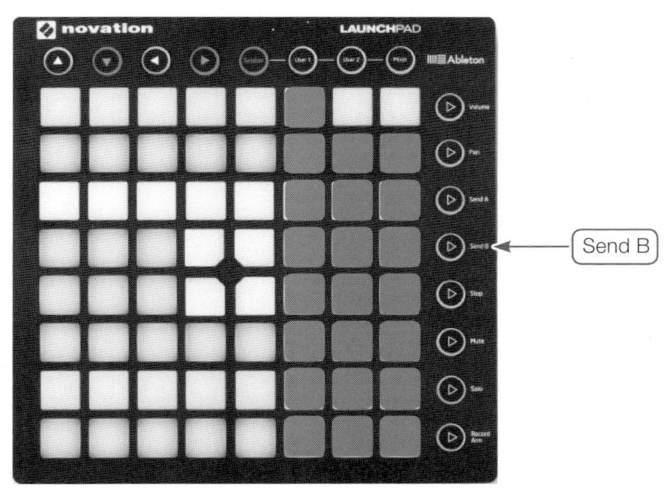

26 오른쪽 이동 버튼을 3번 눌러 3트랙 더 이동시키고, Send B를 선택합니다. 그리고 6-8열의 Fx1-3 트랙의 Sand B 값을 8칸, 7칸, 7칸으로 설정합니다.

TIP : Session 버튼을 누른 상태에서는 위/아래, 좌/우 방향키가 8개 단위로 컨트롤됩니다.

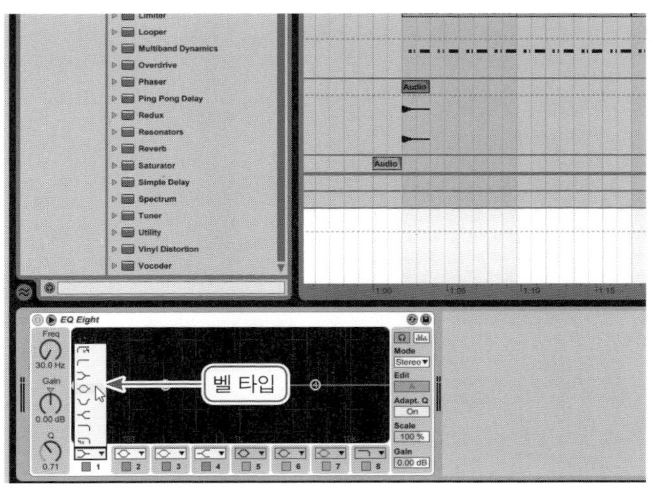

27 마스터(Master) 트랙으로 EQ Eight을 장착하고, 1번 밴드를 벨 타입으로 변경합니다.

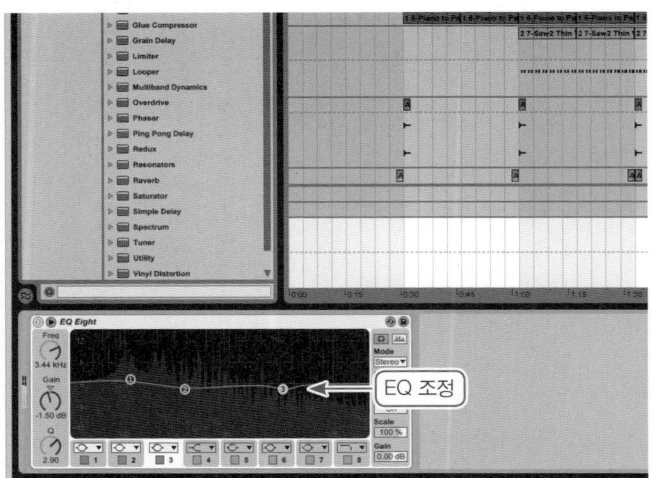

28 1번 밴드는 Freq를 105Hz, Gain을 1.3dB 정도로 조정하고, 2번 밴드는 Freq를 366Hz, Gain을 -1.5dB, 3번 밴드는 Freq를 3.44KHz, Gain을 -1.5dB 정도로 조금씩 조정합니다. 그리고 4번 밴드는 Off 합니다.

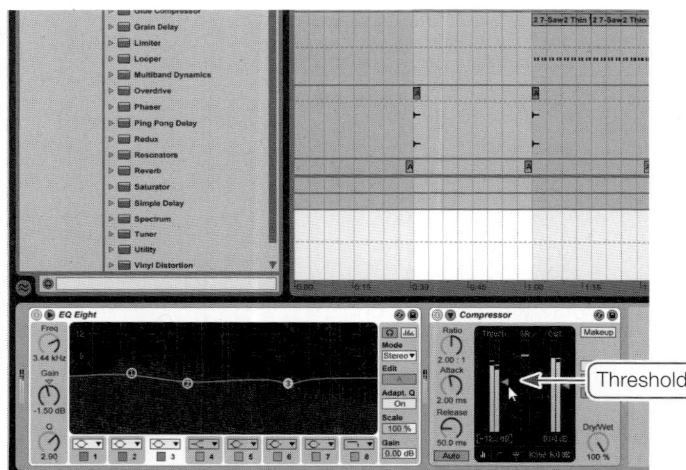

29 마스터 트랙에 Compressor를 장착하고, Threshold를 -12dB 정도로 조정합니다.

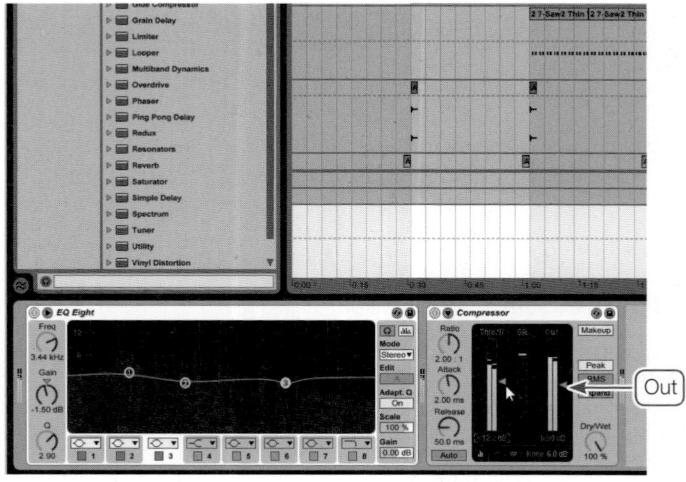

29 Ratio는 2.4:1 정도로 하고, Attack과 Release를 조금 여유롭게 설정합니다. 그리고 Out을 3dB 정도 증가시킵니다.

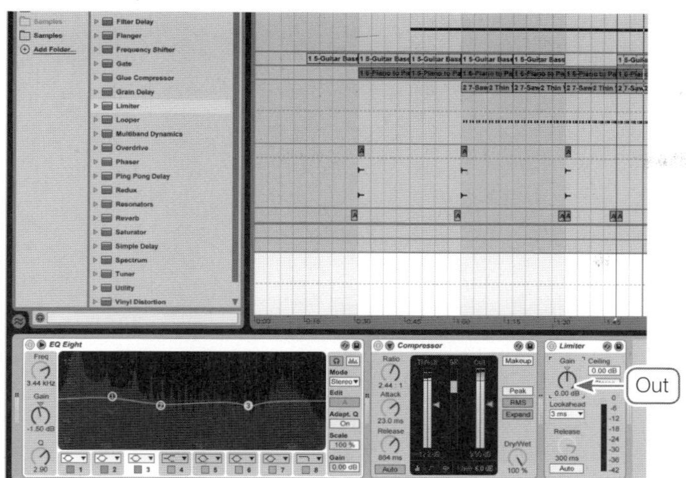

30 끝으로 Limiter를 마스터 트랙에 장착하고, Gain 값을 3.7dB 정도 증가시키는 것으로 실습을 마무리 합니다.

31 Ctrl+A 키를 눌러 전체 클립을 선택하고 File 메뉴의 Export Audio/Video를 선택하여 완성 곡을 믹스다운 합니다.

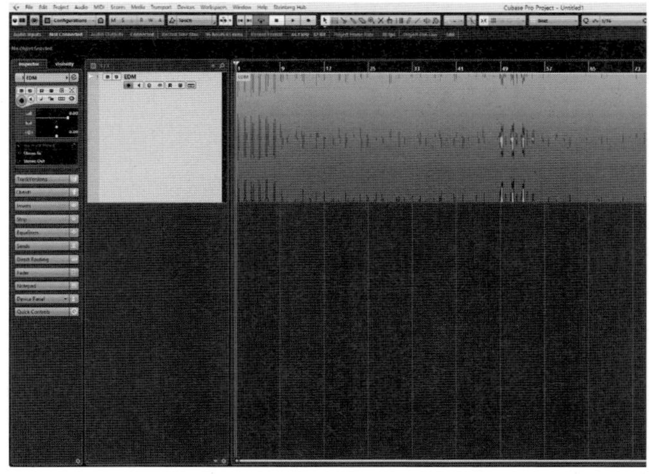

32 믹스 다운한 음악을 큐베이스에서 불러와보면 파형이 꽉 찬 것을 확인할 수 있습니다. 조금 과한 믹싱이지만, 요즘 댄스 음원은 모두 이렇게 하는 추세이고, 질문이 가장 많았던 부분이므로, 실습을 반복하여 요령을 터득할 수 있기를 바랍니다.

패드 연주 악보

launchpad-pro.com에서 보여주는 화려한 퍼포먼스 영상을 배우고 싶다는 문의가 상당히 많습니다. 이것을 혼자서 연습할 수 있도록 패드 연주용 악보를 개발하여 수록합니다. 기타 타브 악보와 비슷하기 때문에 박자만 셀 수 있다면 누구나 독학으로 연습이 가능할 것입니다. 지면 관계상 Project files 인기 순위 10위권내의 곡들만 선정하였습니다. 나머지는 hyuneum.com에서 제공될 예정입니다.

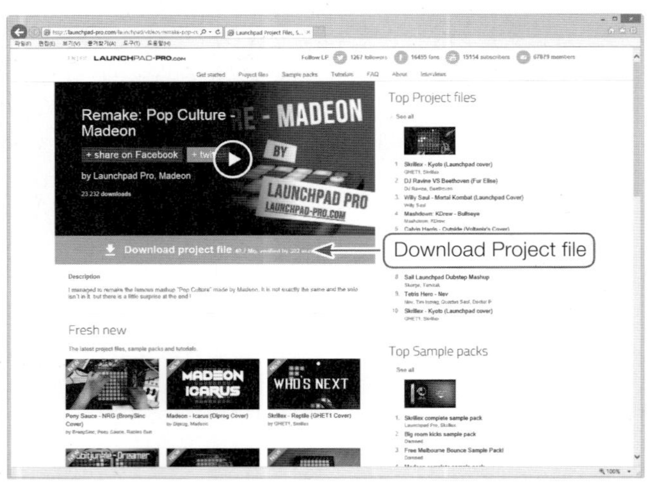

01 Download

launchpad-pro.com에서는 Launchpad 사용자를 위한 프로젝트를 제공합니다. Live 9.2부터는 Push 사용자도 패치 수정 없이 이용할 수 있습니다.

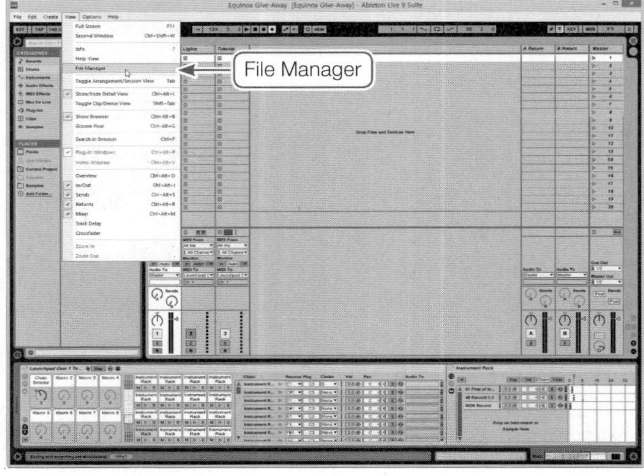

02 Set Folder

간혹, 다운받은 프로젝트의 샘플을 못 찾아 소리가 안 나는 경우가 있습니다. 이때는 View 메뉴의 File Manager를 선택합니다.

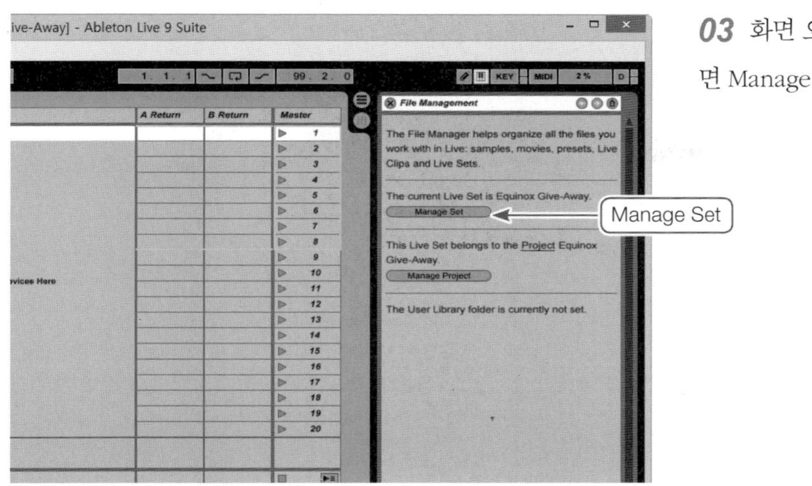

03 화면 오른쪽에 프로젝트 관리 창이 열리면 Manage Set 버튼을 클릭합니다.

04 Missing Files 항목의 작은 삼각형을 클릭하여 열고, Locate 버튼을 클릭합니다. 누락 파일이 없는 경우에는 There are no missing files로 표시됩니다.

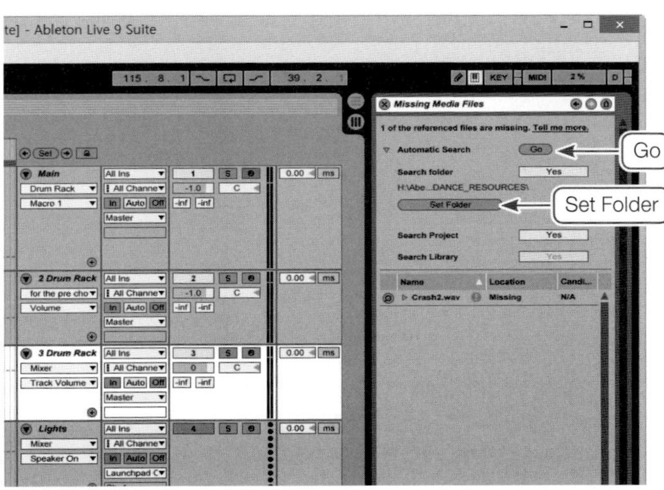

05 Set Folder 버튼을 클릭하여 압축 파일을 푼 폴더를 선택하고, Go 버튼을 클릭합니다. 파일이 아예 없는 경우에는 사용자가 가지고 있는 파일로 대신하거나 연습을 패스합니다.

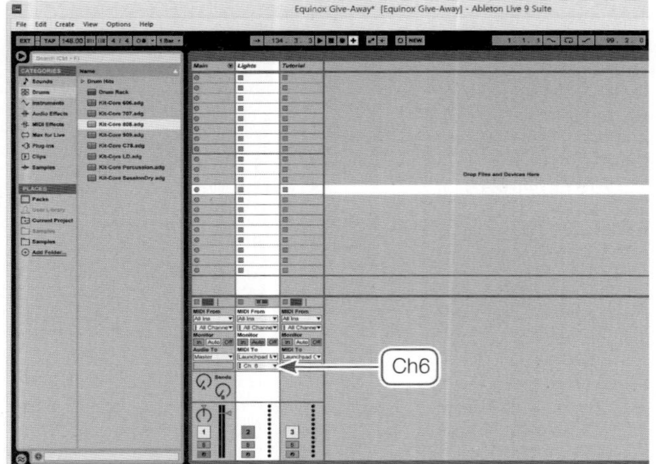

06 Light

Launchpad User1 모드로 연주하는 드럼 랙 프로젝트의 경우에는 패드 빛을 위한 Lights 트랙이 있습니다. MK2 사용자는 아웃 채널을 6번으로 변경합니다.

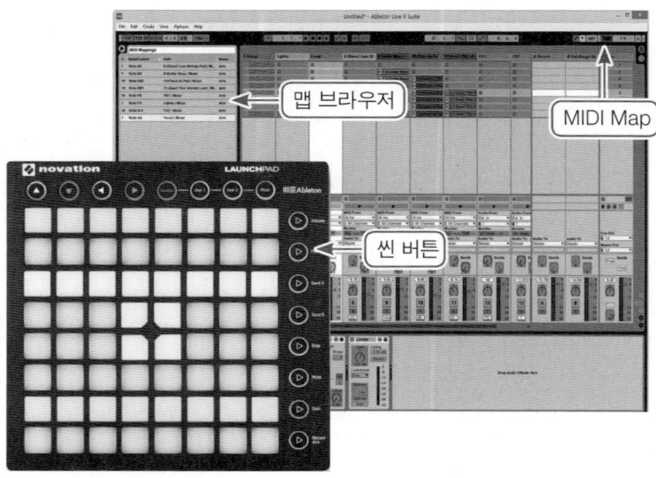

07 MIDI Map

MK2 사용자는 맵 설정을 다시 해야 합니다. MIDI Map 버튼을 On으로 하면, 맵 브라우저에서 연결된 파라미터를 확인할 수 있으며, 런치패드의 씬 버튼을 눌러 재설정 할 수 있습니다.

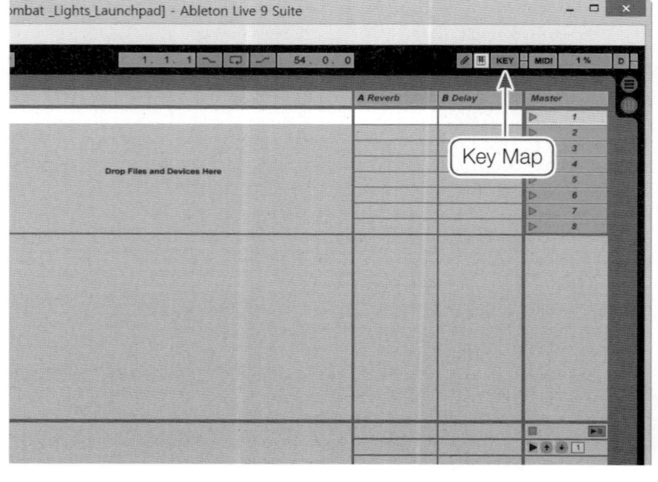

08 Key Map

Push의 Note 모드에서는 씬 버튼이 전송되지 않으므로, Key Map으로 사용합니다. 물론, Push에서도 User 모드를 제공하고 있지만, 패치를 수정해야 하는 번거로움이 있습니다.

> TIP : Push에서 User 모드로 연주할 때는 미디 맵을 노브로 연결하여 사용할 수 있습니다.

09 악보 보기

● 패드 악보는 피아노 악보와 같은 큰 보표입니다. 총 8칸이므로 패드의 1행은 악보의 1칸, 2행은 2칸 순서입니다.

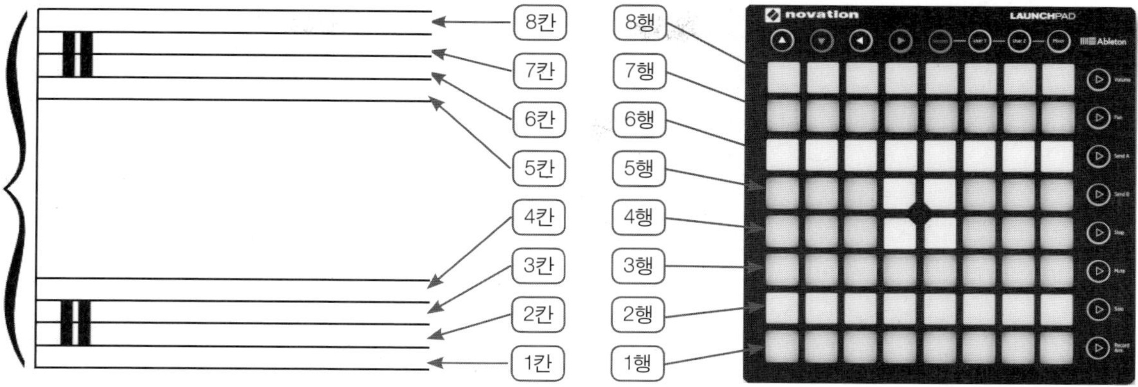

● 패드 열의 위치는 기타 타브 악보와 같이 숫자로 표시합니다.

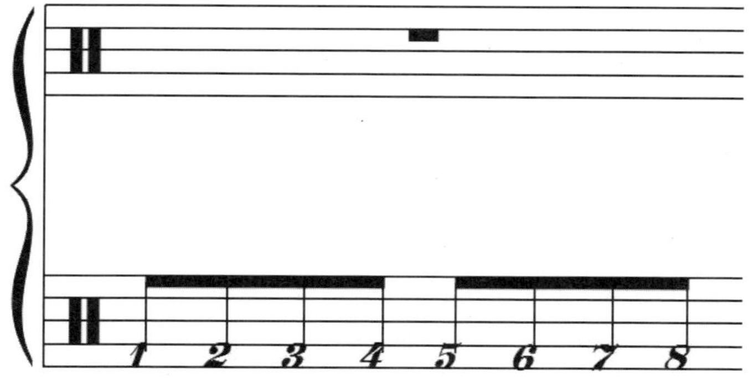

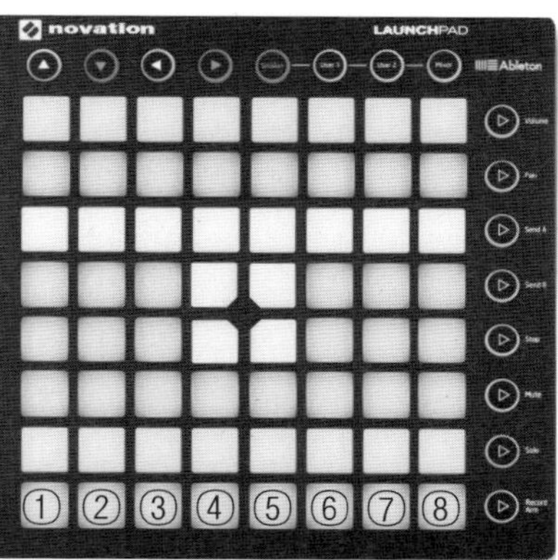

● 같은 행에서 두 개 이상의 패드가 연주될 때는 두 자리 숫자로 표시합니다.
● 악보를 참조하며 영상을 보면 혼자서도 충분히 패드 연주를 연습할 수 있을 것입니다.

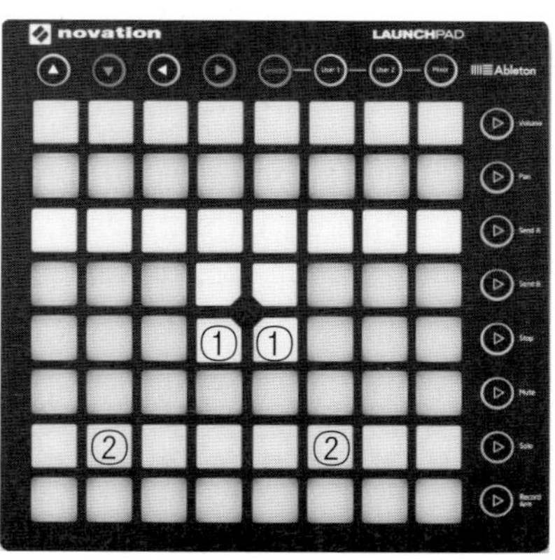

● DJ Ravine VS Beethoven by DJ Ravine, Beethoven

▷ 2015년 8월 프로젝트 인기순위 : 1위

▷ Mode : Session

▷ Launchpad와 Push 모두 Session에서 연주합니다.

▷ 본서가 출간되어 있을 때는 프로젝트 인기 순위가
바뀌었을 것이므로, 곡 제목으로 검색하여 다운받
습니다.

DJ Ravine VS Beethoven

by DJ Ravine, Beethoven

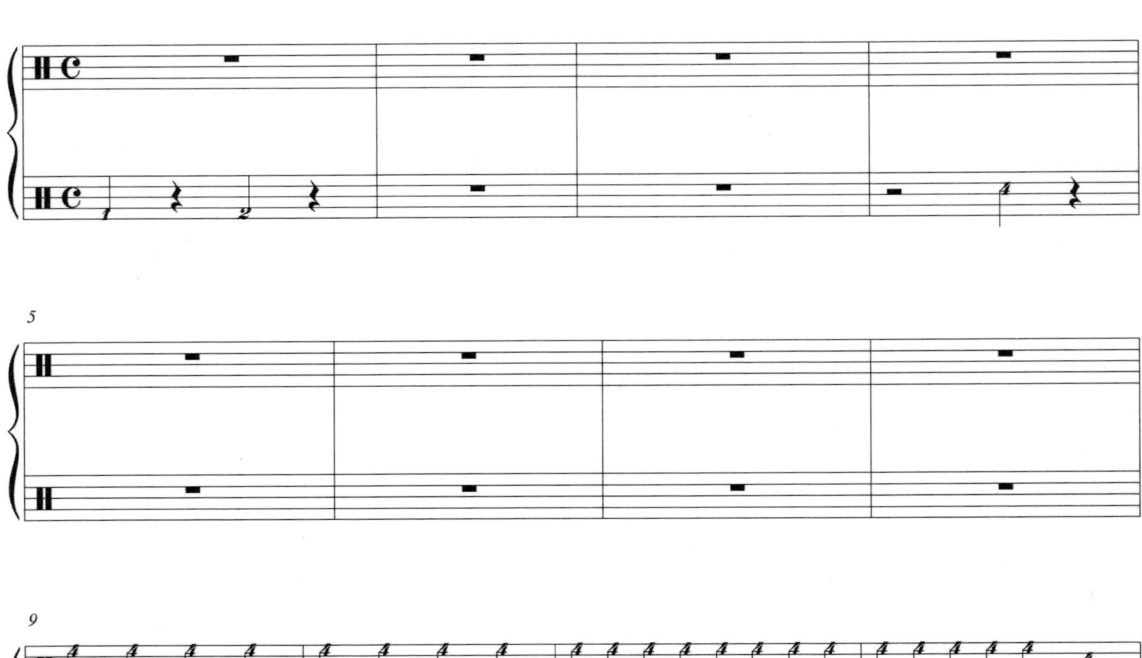

▶ 1-8 마디의 긴 쉼표는 박자를 세는 것 보다 음악의 포인트를 기억해두는 것이 좋습니다.

▶ 21 마디의 1-3, 3-2, 3-4, 4-1 패드를 동시에 누르기 위해서는 왼손이 미리 준비되어 있어야 합니다.

▶ 28 마디는 24마디와 같은 타입의 오른손 연주에 8행 4열(8-4) 패드의 왼손 연주가 추가된 형태입니다.

● Mortal Kombat by Willy Saul

▷ 2015년 8월 프로젝트 인기순위 : 2위

▷ Mode : Launchpad(user1) / Push(note)

▷ 다운로드 프로젝트 파일에는 4-3 패드의 샘플이 누락되어 있습니다. 부록 CD₩Samples₩FX 폴더의 VDUB2 Down lifter 02 파일로 대신해도 좋고, 생략해도 상관없습니다.

Mortal Kombat

by Willy Saul

▶ 15-18 마디의 리듬은 붙임줄이 있는 음표에서 왼손이 연주되는 형식입니다. 잘 안 되는 초보자라면 왼손을 연주하면서 오른손 리듬을 입으로 불러보는 것도 좋습니다. 워낙 유명한 게임 음악이므로 따라 하기 쉬울 것입니다.

▶ 23 마디는 시작과 동일한 오른손 연주에 왼손 1-3, 3-3 패드가 추가된 것입니다.

▶ 43 마디부터는 시작과 동일한 오른손 연주에 35 마디부터의 왼손 연주가 추가된 형태입니다.

● Sail Launchpad Dubstep Mashup by Skorge, Turvzak

▷ 2015년 8월 프로젝트 인기순위 : 3위

▷ Mode : Launchpad(user1) / Push(note)

▷ Mk2 사용자는 Scene 버튼의 MIDI Map을 재설정
하고, Push 사용자는 Key Map으로 설정합니다.

▷ Scene은 Rack Chain 선택으로 맵핑되어 있습니다.

▷ 한 마디를 2beat로 계산하는 Dubstep 입니다.

Scene 1

17   Scene 2
21
25
29
33

37
41 Scene 3
45
49
53

● **Outside** by Voltapix, Calvin Harris, Ellie Goulding

▷ 2015년 8월 프로젝트 인기순위 : 4위

▷ Mode : Launchpad(user1) / Push(note)

▷ Mk2 사용자는 Scene 버튼의 MIDI Map을 재설정하고, Push 사용자는 Key Map으로 설정합니다.

▷ Scene은 Group 선택으로 맵핑되어 있습니다.

Outside

by Voltapix, Calvin Harris, Ellie Goulding

13
17
21 Scene 2
25
29

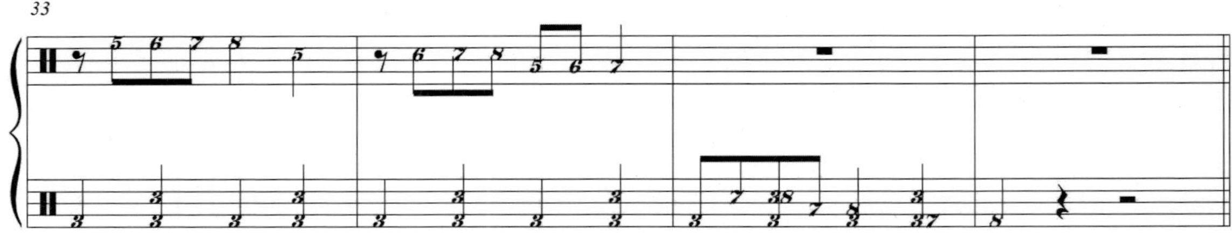

Scene 3

Scene 4

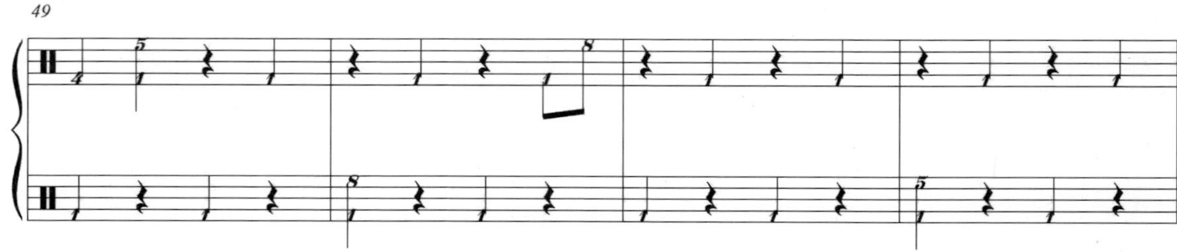

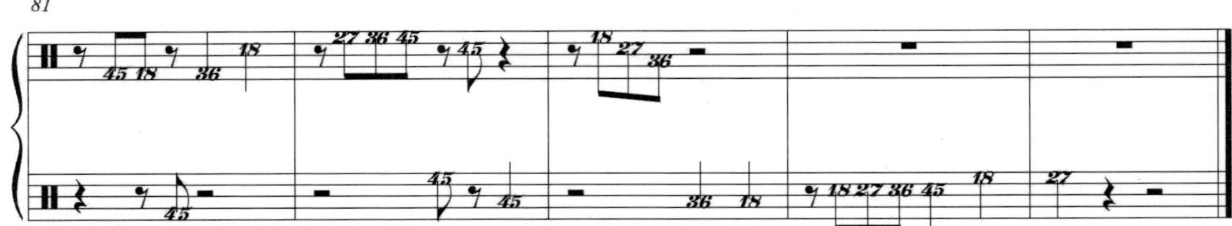

▶ Scene 1 : 1-4 마디의 왼손 패턴이 계속되고, 5마디부터 오른손 연주가 추가된 형태입니다.
▶ Scene 3 : 왼손과 오른손이 대칭으로 움직이며, 오른손은 Light 효과를 위한 것입니다.
▶ 61마디에서부터 Scene 2와 3이 반복되며, Ending은 Light 효과를 위한 것입니다.

● Bullseye by Mashdown, KDrew

▷ 2015년 8월 프로젝트 인기순위 : 5위

▷ Mode : Launchpad(user1) / Push(note)

▷ Mk2 사용자는 Scene 버튼의 MIDI Map을 재설정하고, Push 사용자는 Key Map으로 설정합니다.

▷ Scene은 Rack Chain 선택으로 맵핑되어 있습니다.

Bullseye

by Mashdown, KDrew

13
17
21
25 Scene 3
29 Scene 4

33 Scene 5
37
41 Scene 6
45
49

53
57 Scene 3
61 Scene 4
65 Scene 7
69

● Remake: Pop Culture by Launchpad Pro, Madeon

▷ 2015년 8월 프로젝트 인기순위 : 6위

▷ Mode : Session

▷ Scene 버튼은 악보에서 9번으로 표시합니다.

▷ 두 마디 이상 패드를 연주하지 않는 마디는 멀티 쉼표로 표시합니다.

Remake: Pop Culture

by Launchpad Pro, Madeon

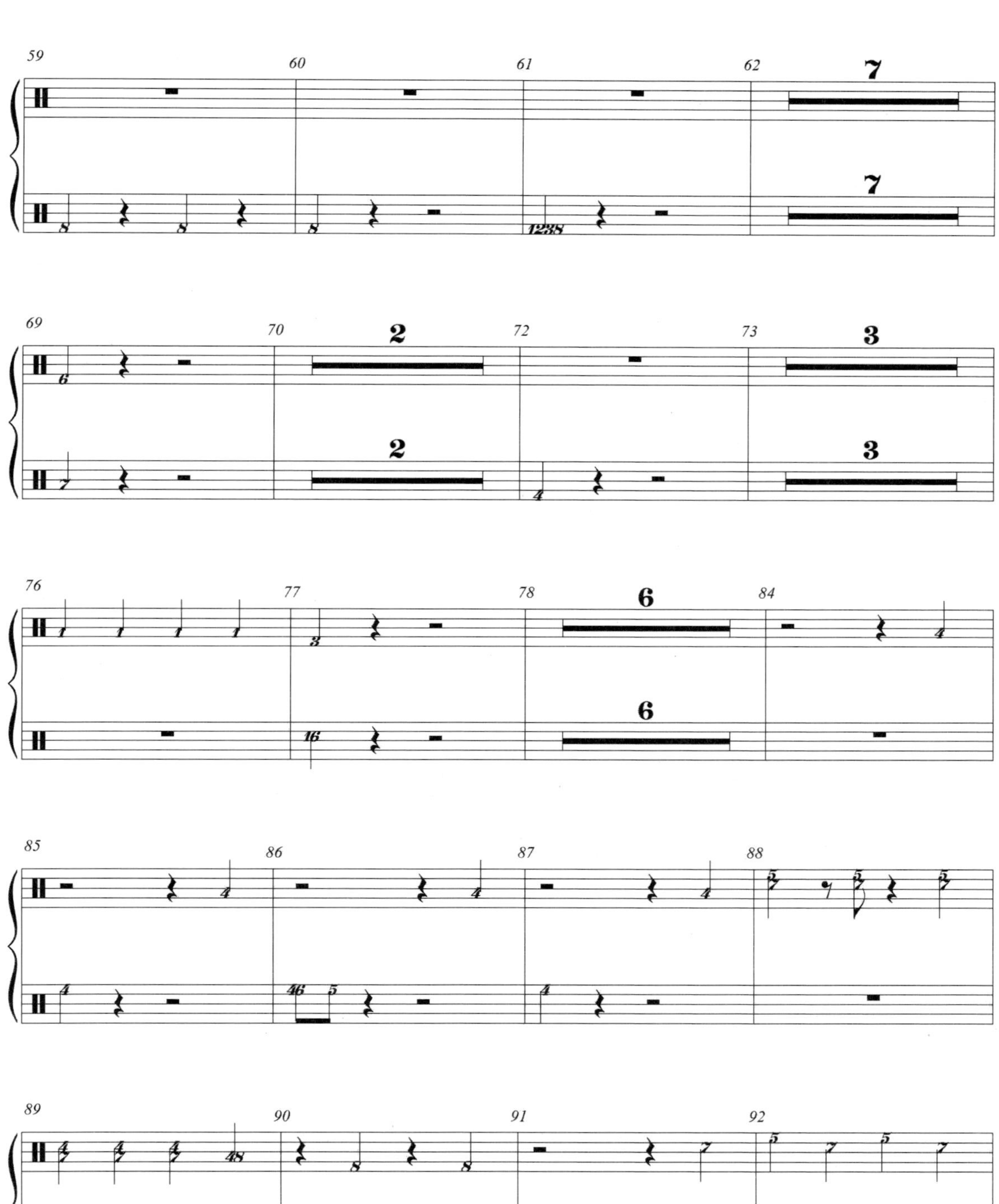

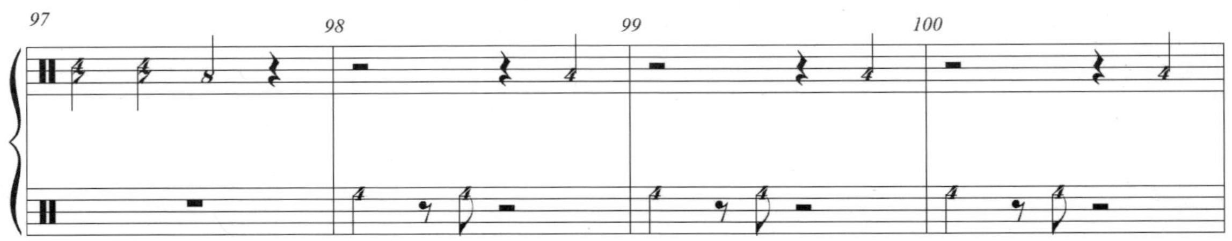

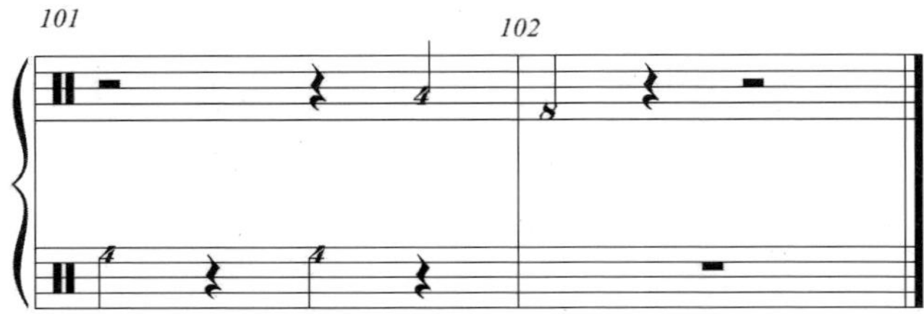

▶ 쉬는 마디가 많기 때문에 음악을 충분히 모니터 해보는 것이 좋습니다.
▶ 재생 퀀타이즈가 1/2이므로, 리듬을 먼저 타고 있어야 합니다.

● Daft Punk Skrillex Remix by LevelUp, Conte, Skrillex

▷ 2015년 8월 프로젝트 인기순위 : 7위

▷ Mode : Launchpad(user1) / Push(note)

▷ Scene 버튼이 노트 연주로 사용되고 있으며, 악보에서 9번으로 표시합니다.

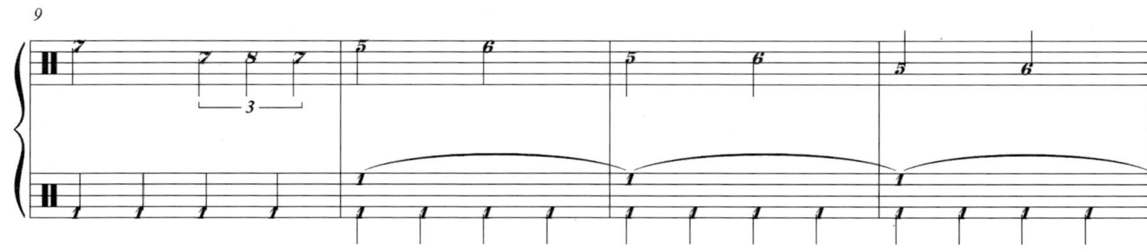

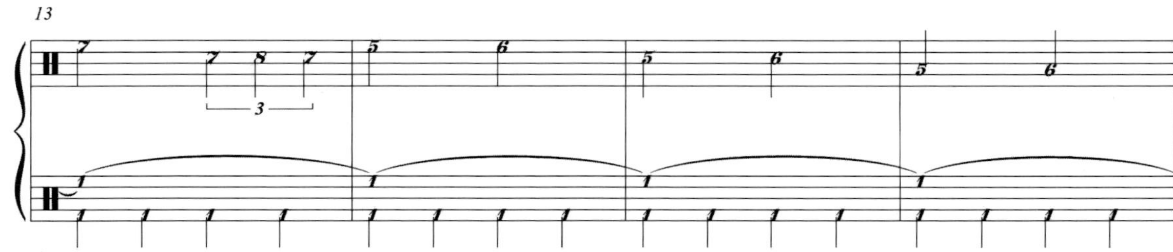

● First of the year by Nev, Skrillex

▷ 2015년 8월 프로젝트 인기순위 : 8위

▷ Mode : Launchpad(user1) / Push(note)

▷ Mk2 사용자는 Scene 버튼의 MIDI Map을 재설정
하고, Push 사용자는 Key Map으로 설정합니다.

▷ Scene은 Rack Chain 선택으로 맵핑되어 있습니다.

▷ 리듬은 Triplet(♫ = ♩♪) 입니다.

First of the year

by Nev, Skrillex

● (Love) you up by TheRazor88, Zatox

▷ 2015년 8월 프로젝트 인기순위 : 9위

▷ Mode : Launchpad(user1) / Push(note)

▷ Mk2 사용자는 Scene 버튼의 MIDI Map을 재설정하고, Push 사용자는 Key Map으로 설정합니다.

▷ Scene은 Group 선택으로 맵핑되어 있습니다.

Scene 1

17
21
25 Scene 2
29
33

77
81
85 Scene 3
89
93

117
121
125
129
accel.
133

137
141 Scene 2
a tempo
145
149
153

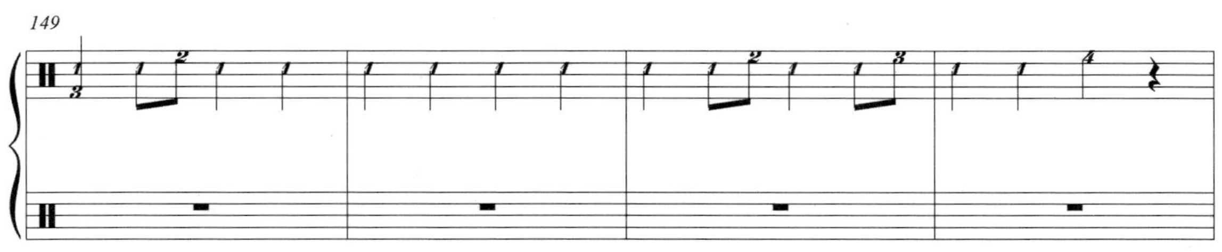

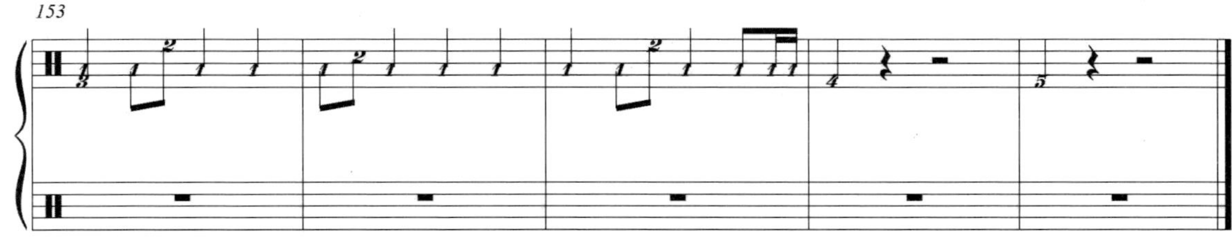

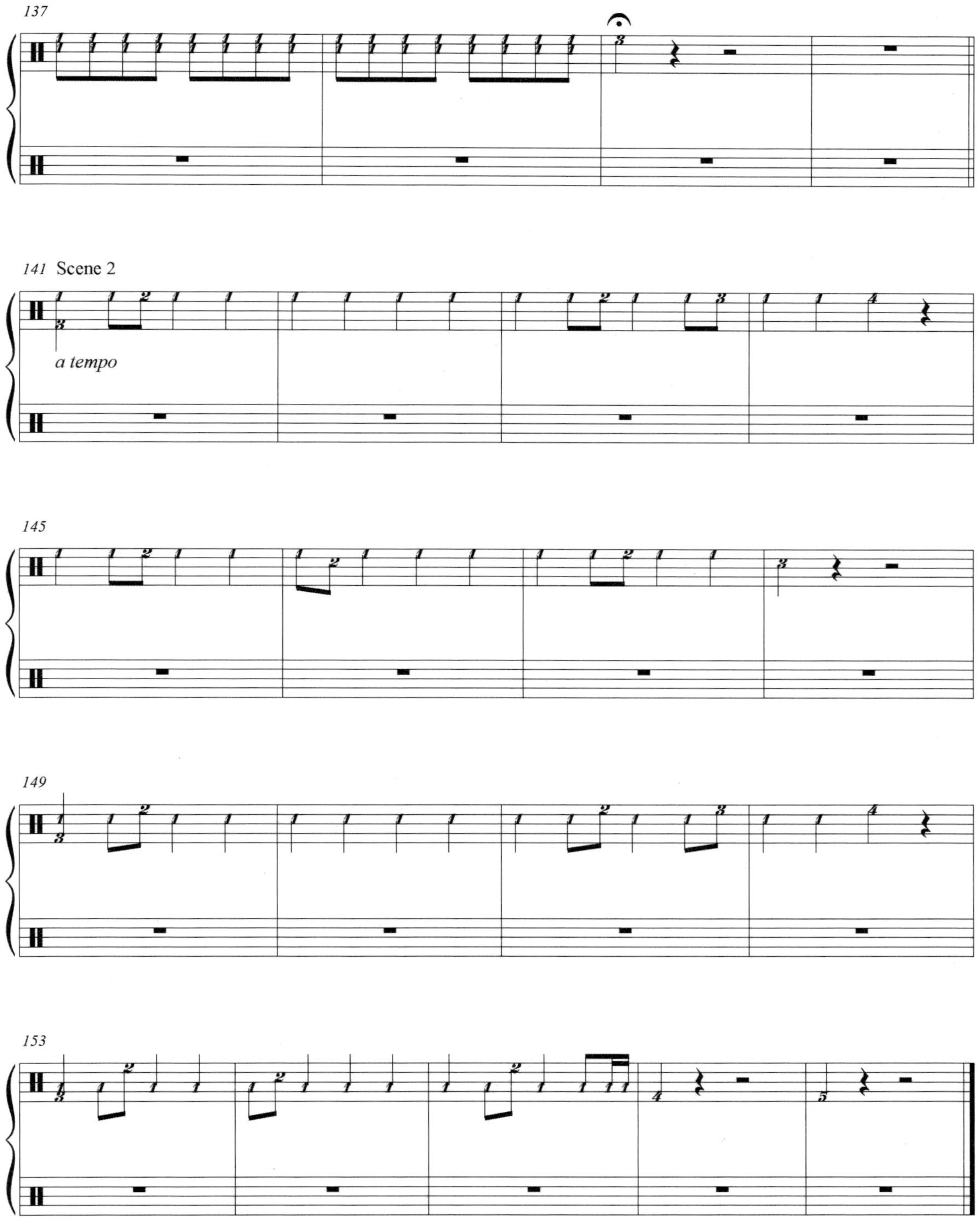

학원 선택?

누구에게 배울 수 있는지가 중요합니다!

1%의 가능성을 보고 꿈을 꾼다는 것은 99%의 현실을 포기하는 일입니다.
그 힘겨운 시간을 단축시켜줄 국내 최고의 교육 전문가 최이진이 있습니다.

◐ 수강 과목 (입시/취미/프로반)

보컬	취미 반과 프로 반으로 운영되고 있으며, 프로 반은 HM Entertainment 전속으로 음반 및 방송 활동을 할 수 있는 기회를 제공합니다.
작/편곡	세계 최초 특허 출원 작/편곡 이론에 관한 특별한 노하우로 그 어떤 학교나 학원에서도 만나 보지 못한 이론 수업을 접할 수 있습니다.
재즈피아노	수 많은 피아노 석사와 프로 연주자를 배출한 교육 시스템. 초, 중, 고급 개인차를 고려한 일대일 수업 방식으로 누구나 프로 연주자가 될 수 있습니다.
컴퓨터음악	국내 대부분의 실용음대에서 표준 교재로 사용되고 있는 저자의 일대일 수업. 큐베이스 및 로직의 실무 작업 테크닉을 전수받을 수 있습니다.
디제잉	현장 경험과 다양한 교육으로 축적된 노하우를 제공합니다. 초급자부터 화려한 테크닉을 숙련시키고 싶은 프로까지 개인별 목적에 맞추어 올바른 DJing 길로 안내합니다
기타/베이스	포크, 클래식, 재즈, 일렉 스타일별 맞춤 교육. 십 년 이상의 공연과 수 많은 앨범 세션 경험을 바탕으로 한 실무 테크닉을 배울 수 있습니다.

◐ 위치 : 2호선 서울대입구역 8번 출구

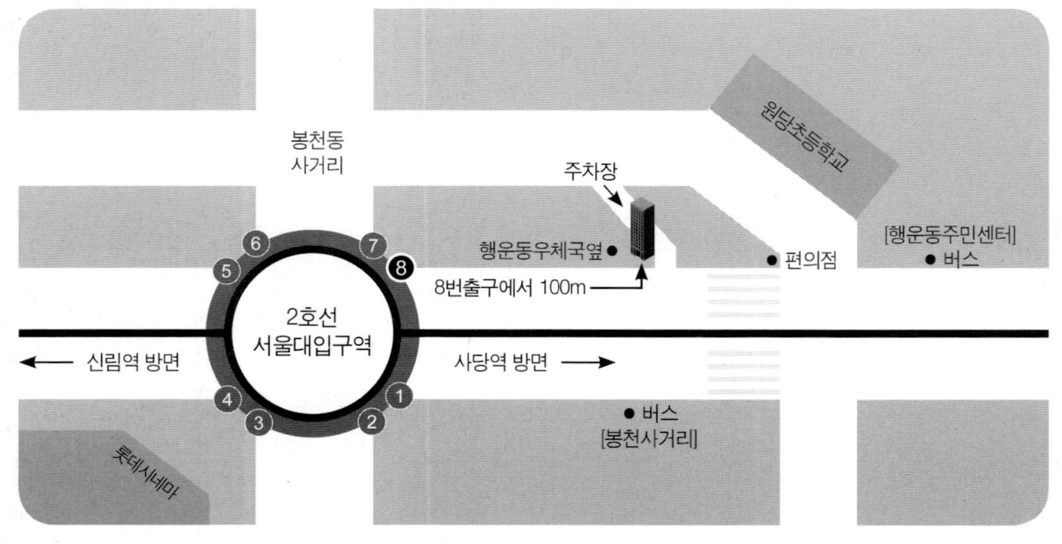